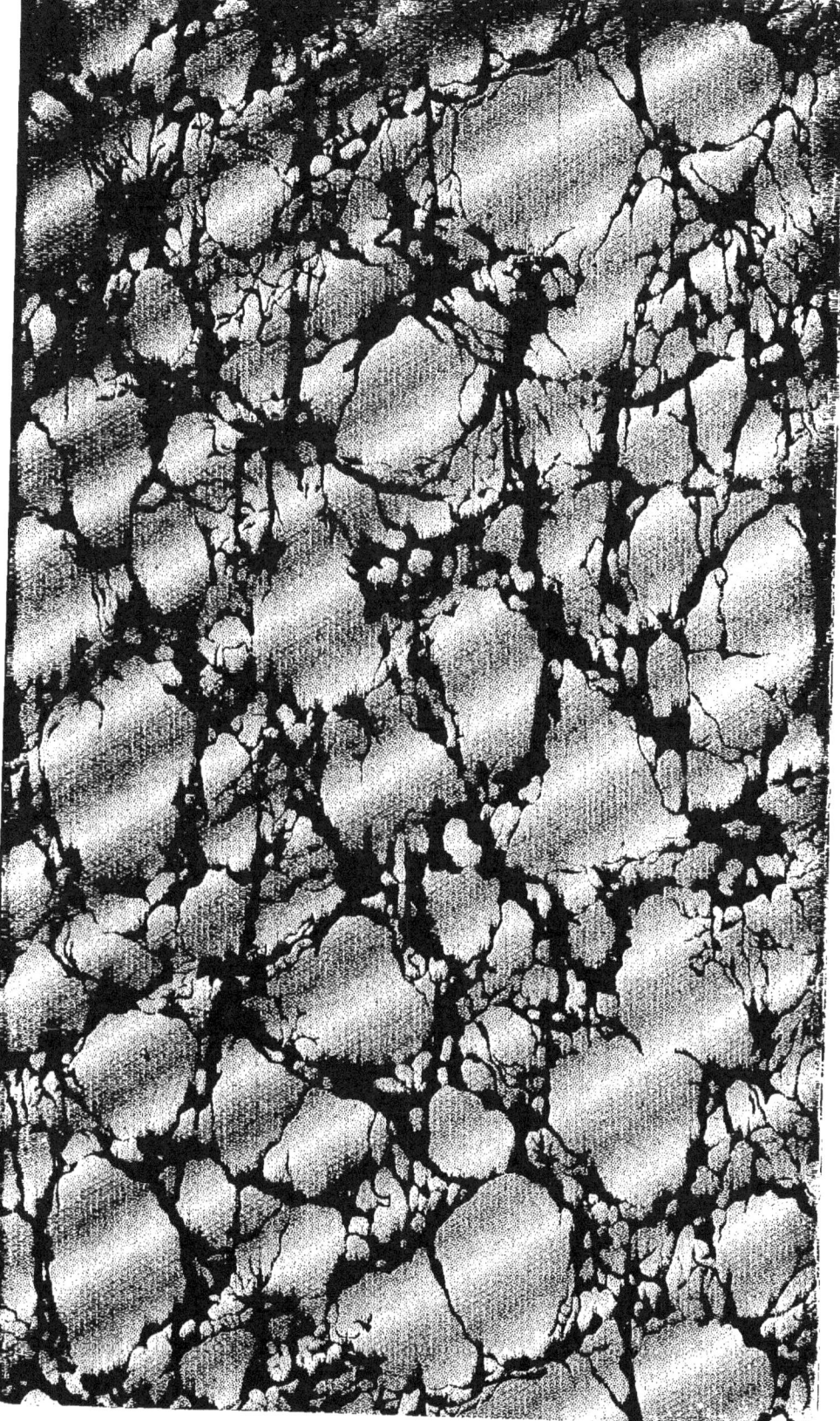

PAUL BROCA

PAUL BROCA

CORRESPONDANCE

1841-1857

TOME SECOND

(1848-1857)

PARIS

TYPOGRAPHIE PAUL SCHMIDT

5, RUE PERRONET, 5

1886

PAUL BROCA

CORRESPONDANCE

(1848-1857)

Janvier 1848 (?).

Ma chère maman,

L'esprit humain est porté à tout voir de couleur noire; voilà pourquoi, sans doute, vous vous êtes, là-bas, inquiétés sur mon compte. Je reçois à l'instant, par l'entremise de Mme Cadars, une nouvelle lettre de reproches sur mon inexactitude qui est moindre que jamais. Voilà depuis vingt-trois jours trois lettres que j'écris pour Sainte-Foy. Vos doutes sont levés maintenant et là-dessus je suis sans crainte, car la lettre que je vous ai envoyée vendredi dernier vous est assurément parvenue; mais je crains toujours que vous n'ayez pas reçu ma lettre de nouvel an, moins pour la valeur de la lettre qu'à cause du petit paquet que j'y avais joint. Je n'ai pas trouvé Mme Guillot chez elle dimanche dernier, et je n'ai pas le temps d'y retourner les jours de la semaine, tant que cet éternel concours du prosectorat ne sera pas terminé. Convoqués deux fois dans le courant de cette semaine et de la précédente, nous nous sommes deux fois rendus à la Faculté, mais toujours l'absence d'un juge a nécessité le renvoi du concours. En effet, il n'y en a plus que quatre, et il paraît que le règlement ne permet pas d'en diminuer le nombre. C'est le concours actuellement ouvert pour la chaire de professeur qui nous cause tous ces déboires; car il se fait précisément aux jours et heures fixés pour le nôtre. Nos séances n'ont lieu que par hasard, et, comme vous voyez, souvent elles n'ont pas lieu. Enfin, il paraît certain que nous aurons vendredi une épreuve de chirurgie. Puissions-nous ne pas être renvoyés encore une fois, comme cela nous est déjà arrivé!

Ma lettre sera mise à la poste à Bordeaux. C'est Jules Cadars qui la portera. Il va être placé chez un négociant en vins. Vous le verrez à Sainte-Foy d'ici à peu de jours.

Le bruit court ici que le roi est à l'agonie. Les uns disent qu'il est mort depuis trois jours. Les autres pensent qu'il est plein de santé et que cette rumeur n'est qu'un habile stratagème pour éviter les cruelles révélations de la discussion de l'adresse à la Chambre des députés. Nous sortirons d'incertitude d'ici à quelques jours.

J'apprends avec un vif plaisir que vos grippes sont sans gravité, et que papa est bien rétabli.

Je devais dîner demain chez le général, mais M. Georges est obligé de s'absenter et le dîner est remis à la semaine prochaine.

Mes chers parents, je vous embrasse tous de cœur.

BROCA.

23 février 1848.

Mes chers parents,

J'ai reçu hier votre lettre et j'ai maudit mon étourderie et ma négligence. Aujourd'hui je suis de garde, c'est déjà un premier motif pour vous jeter quelques mots à la poste. Mais surtout je vous rassure sur ce qui pourrait m'arriver dans les événements de ce jour. Les ordonnances ont paru hier au soir, avec cent mille hommes de troupes pour les faire respecter. Les députés de l'opposition ont eu peur et tout annonçait pour aujourd'hui une journée tranquille. Cependant des troupes de deux ou trois cents hommes couraient dans la ville avec des drapeaux et des bâtons. On a, dit-on, envahi la Chambre des députés et les dragons d'Orsay ont dû intervenir. Il y a environ cinquante mille ouvriers dans les Champs-Élysées. Quant à nous, de la grille de l'Hôtel-Dieu nous ne voyons rien; nous voyons de loin passer des têtes sur le quai de l'Hôtel-de-Ville, mais nous n'avons aucune idée de ce qui se passe actuellement ailleurs.

Ne craignez donc rien sur mon compte; pour aujourd'hui je suis incarcéré, et si demain le tumulte continue il y aura des blessés et mon poste encore sera à l'Hôtel-Dieu.

C'était comme cela le 26 juillet 1830.

Adieu, mes chers parents. Je vous écrirai probablement demain, mais à coup sûr vous aurez une lettre après-demain; je ne puis savoir jusqu'à quel point il y aura des blessés, jusqu'à quel point mon temps sera pris.

Du reste, peu de nouveau. J'ai dîné avant-hier chez le général. J'ai revu M. Dez... Je suis allé chez le D. D., mais j'ai dû me contenter de lui laisser une carte, car il a subi la semaine dernière l'opération de la lithotritie. Dites cela à l'oncle B... La commission de Pelletreau est faite enfin. Qu'il n'aille pas voir dans ce retard une mauvaise volonté. Mes jours sont pris sur la semaine, et la maison où il m'adressait est fermée le dimanche.

Adieu encore, chers parents, je vous embrasse tendrement.

BROCA.

Hôtel-Dieu, mercredi une heure après midi.

Chers parents,

Hier soir on a cru un moment que l'agitation était terminée; mais pendant la nuit la garde municipale a tiré sur les ouvriers dans la rue Transnonain de fatale mémoire, et ce matin le peuple est exaspéré.

La garde nationale va descendre dans la rue, se mêler aux ouvriers, les supplier de rentrer chez eux, et crier comme eux : Vive la réforme! Déjà elle est entrée en pourparlers avec la ligne, qui est bien déterminée, dit-on, à ne pas tirer sur le peuple. Des barricades sont faites dans les rues Saint-Denis, Rambuteau, Montorgueil. La fusillade est établie, et nous attendons le moment où l'on portera les blessés. Cette nuit je n'ai pas pu me coucher, j'ai dû rester auprès de trois dont deux sont déjà morts.

Il y avait ce matin environ trente morts dans Paris. Il doit y en avoir actuellement beaucoup plus. Nous ne quittons pas le péristyle de l'Hôtel-Dieu.

Adieu, je vous embrasse en courant.

Chers parents,

Tout est fini, et la République est proclamée. Je n'ai quitté l'Hôtel-Dieu que pendant une heure pour aller voir les Tuileries. A bientôt une lettre plus détaillée, mais je n'ai pas dormi depuis mardi matin et je tombe de fatigue. Aucun de nos amis et compatriotes n'a reçu de blessure.
Adieu, adieu.

BROCA.

Vendredi, une heure de l'après-midi.

Je n'ai pas écrit hier, parce que la poste n'allait plus.

Février 1848.

Chers parents,

Nous vivons dans une époque sans analogue dans l'histoire. La face d'un pays change aussi vite que les décorations d'un théâtre. Paris, véritable Protée, rugissait hier comme un lion irrité, et repose aujourd'hui comme Hercule après ses travaux. L'imagination orientale n'inventa rien de plus magique, et plus d'un a vu se réaliser la fiction du *Dormeur éveillé*.

Dimanche dernier, en dînant chez le général Subervie, nous parlions des abus à réformer dans l'administration de l'armée. « Si j'étais pour vingt-quatre heures ministre de la guerre », disait le général. Et il est aujourd'hui ministre de la guerre. Le même jour, en parlant avec M. Thierry de nos ossements antiques, je signalais un nouvel envahissement de l'administration des hôpitaux. « Que n'ai-je la main sur eux, s'écriait-il, je ferais cesser cet odieux pillage! » Ce matin M. Thierry a reçu le mandat de reconstituer l'administration. Il a soufflé sur le château de cartes et nous sommes aujourd'hui maîtres souverains dans les hôpitaux.

A bas le doyen de la Faculté de médecine! c'est Bouillaud qui le remplace. Le conseil de l'instruction publique, à bas! Gerdy a la haute main sur tout ce qui regarde les lycées, et j'espère qu'Élie n'y perdra pas.

La République! je l'avais rêvée bien souvent, et voilà qu'en vingt-quatre heures elle se réalise plus grande, plus noble, plus forte que je n'osais l'espérer. Pendant deux jours j'ai eu des craintes bien vives, et j'ai versé d'amères larmes de regrets. On faisait courir des bruits sinistres. Ivres de leur victoire et du vin des Tuileries, des bandes armées parcouraient les rues, incendiant les postes et menaçant les chemins de fer. Où devait s'arrêter ce mouvement? Ces hommes opprimés depuis leur enfance, exploités depuis longtemps par des maîtres coalisés et devenus tout à coup, par leur seul héroïsme, rois d'une grande cité, auraient-ils la magnanimité de poser leurs armes et de reprendre leur dur collier de travail? Cette abnégation dont nous n'eussions peut-être pas été capables, nous, les heureux de ce monde, qui avons reçu les bienfaits de l'éducation; cette abdication de la toute-puissance à laquelle aucun roi n'a su se résoudre, c'est dans le peuple seul que nous en avons trouvé l'exemple. Noble, noble peuple, plus courageux encore au travail qu'à la barricade! Plus d'alarmes! Ne croyez pas les bruits mensongers de désordre et d'anarchie. Les jésuites sont à l'œuvre, mais l'opinion publique fait justice de leurs menées.

Raspail, nouveau Marat, pousse à l'ultra-révolution;

mais son *Ami du peuple* n'a pas d'écho et cette tentative d'exploitation tombe comme l'industrie du camphre. Plus de craintes! la guerre est impossible; loin de nous attaquer, les voisins frissonnent et portent la main à leur couronne, car le contre-coup de février sera terrible, et le tremblement des trônes se propage dans l'Europe. Vous allez voir la Prusse, l'Espagne, le Portugal, l'Italie. On attaquera peut-être l'Autriche, mais l'Autriche n'attaquera pas.

Et surtout, pas de craintes sur mon compte. Vous savez que je ne puis quitter mes blessés. Triste revers d'une si belle médaille. Nos salles sont pleines de mourants, car, dans cette lutte à bout portant, presque toutes les balles étaient mortelles. Demain (trois jours se sont écoulés depuis que j'ai commencé cette lettre), demain je suis de garde à l'Hôtel-Dieu, après-demain je suis de garde aux Tuileries. Ce n'est pas la besogne qui manque, et le sommeil devient rare. Dieu merci, cette vie d'agitation et de fatigue semble augmenter ma santé.

Que vous dirai-je encore? Vous connaissez maintenant les événements aussi bien que moi, et si je devais vous les dire un volume n'y suffirait pas. Je vous dirai seulement que la révolution est venue à point pour les internes de l'Hôtel-Dieu en général, pour moi en particulier. Dès le mardi les discussions avec l'administration avaient recommencé. Le mercredi elles devinrent intolérables. Batel, de la commission administrative, et Pérignon, du conseil général, ricanaient à l'arrivée des blessés et applaudissaient entre eux, sous le péristyle de l'Hôtel-Dieu, aux exploits de la garde municipale. Tout à coup un escadron de municipaux débouche par la rue d'Arcole et se livre à des excès incroyables sur des ouvriers désarmés; quelques hommes se réfugient dans le Bureau central; la garde enfonce la porte, saisit ces malheureux par les cheveux et les traîne sous les pieds des chevaux. Rangés à la grille de l'Hôtel-Dieu, nous assistions à cette odieuse scène de brutalité, de férocité. Nous nous écriâmes tous ensemble : A bas les municipaux ! à mort les municipaux ! Ils l'entendirent et coururent sur nous ; mais la grille et nos tabliers les tinrent en respect ; ils nous lancèrent des regards farouches, et leur chef, avant de partir, nous montra le poing en nous menaçant. Le directeur, le Batel, le Pérignon, vinrent alors nous faire une scène, et je me permis d'envoyer ces messieurs au diable avec l'assentiment de mes collègues. Il fallait voir le lendemain tous ces messieurs changer de langage, et le surlendemain, quand M. Thierry vint à l'Hôtel-Dieu avec son mandat du gouvernement provisoire, il n'y avait pas, parmi ces gens d'ordinaire si insolents, assez de flatteries sur notre zèle pour les blessés.

Adieu, chers parents, j'aurais une multitude de choses à vous dire, mais le temps me coupe la parole, et je suis obligé de clore ici cette lettre dont la première ligne a quatre ou cinq jours de date.

Adieu, pas n'est besoin de vous dire que je vous embrasse tendrement.

Votre PAUL.

Mercredi soir.

Chère maman,

Les quelques lignes que tu m'as adressées en particulier nécessitent une réponse particulière. Mais il faut aussi que je te fasse d'abord quelques questions sur lesquelles ta lettre laisse planer le vague de l'indécision.

Tu dis que votre fortune est compromise : comment,

depuis quand, par quelle série de circonstances? Vous aviez de l'argent chez Rolland, vous en aviez chez Planteau, vous en aviez chez des particuliers qui possèdent et au delà de quoi répondre de leurs dettes. Rolland et Planteau sont-ils menacés? craignez-vous seulement qu'ils soient menacés plus tard? Tu parles d'assignats! Vos débiteurs se seraient-ils hâtés de vous rembourser leurs dettes en coupons de la Banque de France?

En un mot, donnez-moi des détails sur les causes qui vous paraissent annoncer dans vos affaires comme dans celles des tantes, une crise prochaine. Vous ne dites pas que vos banquiers aient fait faillite. Vous aurait-on payés en papier?

Dans ce dernier cas, la chose est bien simple. Si vous avez des craintes, il ne faut pas garder ce papier; il faut faire une acquisition quelconque. Dans notre pays on doit vendre peu, mais voyez si quelques personnes qui ont des dettes urgentes ne cherchent pas à se débarrasser d'un coin de terre, d'une maison, d'un moulin : tout est bon pour mettre à couvert votre fortune. Le pis qui puisse arriver, c'est de perdre le revenu pendant tout le temps de la crise; mais, Dieu merci, nous pouvons vivre, sans trop souffrir, pendant quelques mois, du moins, sans avoir recours à nos revenus. Je regrette d'avoir acheté mon microscope, que j'ai entièrement payé avec une rentrée qui s'est effectuée la semaine dernière; mais mon indemnité de 500 francs va être payée avant un mois, et si cette somme vous est utile pour attendre vos revenus ou vos rentrées, elle vous appartient avant de m'appartenir.

J'ai pris conseil de plusieurs personnes. Je regrette de n'avoir trouvé personne chez le général. Mais j'ai parlé à M. Cadars, à M. Blandin, au directeur des Messageries nationales, dont le fils est mon élève particulier. Et voici la réponse qu'on m'a faite : Rien, jusqu'ici, ne permet de croire à la banqueroute, ni même de la craindre. Cependant, en présence de crises incalculables, il faut se prémunir contre tout. Donc, si l'on a des fonds en argent, il faut les garder. Si l'on a du papier, il faut acheter des immeubles; si cela n'est pas possible, il faut acheter des rentes.

Dans les banqueroutes, les titres de rente perdent intégralement leur valeur. Garder ces billets dans un portefeuille, c'est donc s'exposer à une ruine complète. Au contraire, les rentes ne perdent jamais complètement leur valeur, et dans la déconfiture du Directoire, la plus affreuse de toutes celles qui ont pesé sur la France, tandis que les assignats étaient annulés, les rentes continuèrent à être payées au tiers de leur valeur; celui qui avait acheté 300 francs de rente, continua à posséder 100 francs de rente. Aujourd'hui le 3 % est à 38, il y a trois jours il était à 30; le 5 % a remonté aussi, c'est une preuve que le crédit renaît. Du reste, qu'importe la hausse ou la baisse? Tant qu'on n'a pas besoin de vendre ses rentes pour payer quelque dette urgente, on n'est ni enrichi ni appauvri; on n'en a ni plus ni moins une inscription sur les rentes de l'État. Or, si nous avions des rentes, il est certain que nous pourrions attendre la fin de la crise sans les vendre. La banqueroute seule pourrait nous perdre, mais en partie seulement; elle nous perdrait tout à fait si nous gardions nos billets.

Faisons une supposition. Nous avons 40,000 francs. Le 3 est à 38, c'est-à-dire qu'avec 38 francs on a 3 francs de rente; avec 40,000 francs on aura donc :

$$\frac{3 \times 40,000}{38} = 3,157 \text{ fr. } 85.$$

En saisissant pour acheter le moment d'une baisse à 30, on aurait 4,000 francs de rente. Or, en supposant une banqueroute comme sous le Directoire, avec payement d'un tiers seulement de la rente, il resterait toujours 1,300 francs de rente échappés au naufrage. Si la banqueroute n'arrive pas, ce qui est plus que probable, il nous reste 4,000 francs de rente.

Toujours, avant la banqueroute, les rentes diminuent rapidement; sous le Directoire, le 5 était descendu à 10 francs. Aujourd'hui, un pareil sauve-qui-peut ne se présenterait pas, mais il est bien permis de penser que le 3 descendrait à 20 francs avant le terme fatal. Or, à 20 francs, nous pourrions acheter pour 6,000 francs de rente, et, en admettant une déchéance des deux tiers, il nous resterait encore 2,000 francs de rente, état actuel de notre fortune. Acceptez les billets sur la Banque de France, refusez les autres qui n'ont pas cours forcé; refusez aussi les bons du Trésor, qui, du reste, doivent peu circuler dans nos contrées. Puis, si ces billets vous embarrassent, faites-les-moi passer, je puis faire deux choses : les convertir en rentes, ce que je ne ferais jamais que sous l'aile de M. Rombaud (directeur des Messageries) ou les convertir en argent, ce que je ferais petit à petit, en quelques jours, avec 2 % de perte.

Adieu, chère maman, prompte réponse, et surtout des détails sur la nature exacte de vos craintes.

Ne sachant si tu désires que le tout soit montré au reste de la famille, je t'écris sous le couvert de Pelletreau. D'ici deux jours je vous écrirai une lettre générale.

Samedi soir, 11 mars 1848.

Mes chers parents,

Dans cette période de fièvre et d'agitation, on trouve à peine un instant de repos pour écrire à sa famille. Aurait-on dix existences, qu'on ne pourrait encore subvenir à tout ce qu'on devrait faire. A l'hôpital, la visite du matin dure quatre heures et demie, celle du soir dure au moins une heure. L'École pratique et les élèves particulièrement marchent toujours leur train, et il faut encore trouver du temps pour les affaires de l'École de médecine, pour la garde nationale (deux gardes par semaine), pour les assemblées électorales et pour les clubs.

Oui, pour les clubs. Il y en a d'incendiaires, présidés par des républicains d'hier, qui seront blancs à la prochaine occasion; nous donc, républicains sincères et honnêtes, qui, Dieu merci, depuis six ans avons reçu assez de pierres pour cela, nous devons nous efforcer de moraliser le peuple, de l'éclairer autant qu'il sera en nous, de le garder à la fois de l'anarchie et de la contre-révolution. Nous fondons par conséquent un club, *le Club de la Cité*, qui tiendra ses séances dans l'amphithéâtre des hôpitaux. Nous ouvrirons probablement nos séances dans le courant de la semaine prochaine.

Il est clair que dans les affaires du pays nous ne jouerons qu'un rôle très infime, et que notre influence se réduira à un cercle très restreint. Il n'en est plus de même des affaires de la Faculté. Le premier décret du gouvernement provisoire dans le département de l'instruction publique a été l'indispensable destitution d'Orfila. Plus d'un à sa place n'aurait pas attendu le coup qui l'a frappé;

tout le monde du moins se serait soumis sans murmurer. Mais l'accoucheur de la duchesse de Berry ne s'est pas tenu pour battu; il a organisé dans l'école une espèce d'émeute. L'étudiant de première année, arrivé depuis trois mois, s'est laissé attendrir par les larmes du doyen. « Adieu, disait-il, mes amis, mes enfants; adieu, je ne suis plus votre doyen. J'en pleure, parce que je vous aimais; j'en pleure surtout, parce que ma destitution est toute politique! moi qui ai toujours été si bon républicain. Adieu, je n'ai pas la force de vous parler de potasse. » Et l'auditoire de s'émouvoir. Vive Orfila! protestations. On rédige une adresse au gouvernement provisoire, on fait circuler des lettres dans le quartier Latin, on va chez le ministre de l'instruction publique. Et quels étaient les meneurs, bon Dieu! Le neveu d'Orfila, et Gros, l'homme de toutes les mauvaises choses. Ils ont si bien fait que le gouvernement a cru un instant que l'École était unanime, et il a été sérieusement question de réintégrer, en pleine République, l'homme qui a dû sa fortune à la du Cayla, maîtresse de Louis XVIII; qui a déshonoré la duchesse de Berry; qui, en 1836, a donné aux mouchards des cartes d'étudiants en médecine pour faire espionner les blessés dans les hôpitaux; l'homme qui a si largement trempé dans les mariages espagnols; l'homme enfin qui le 23 février dernier, au lieu d'une leçon de chimie, fit à ses élèves une harangue contre les émeutiers dans les termes les plus flétrissants.

Vite nous nous sommes assemblés et notre parti a été bientôt pris. Il était six heures et demie du soir, à huit heures la délibération décisive devait avoir lieu. Le ministre de l'intérieur était précisément à l'Hôtel-Dieu, visitant les blessés. Alors encore les externes venaient tous les soirs à l'hôpital pour les besoins du service. En arrivant sous le péristyle, Ledru-Rollin a trouvé soixante tabliers rangés en bataille. L'un de nous, j'avoue que c'était moi, a pris la parole : « La manifestation de ce matin a été faite par des élèves sans expérience, arrivés à Paris depuis trois mois; nous, au contraire, nous sommes des étudiants anciens, dont le plus jeune a trois années d'études. Le hasard nous réunit ici devant vous; eh bien, nous sommes unanimes pour remercier le gouvernement provisoire du nouveau doyen qu'il nous a donné. » Nous avons affirmé que tous nos collègues des hôpitaux, que tous les étudiants sérieux sont du même avis que nous, et nous demandons vingt-quatre heures pour organiser une manifestation bien autrement importante que celle de ce matin. Ledru-Rollin nous a chaleureusement remerciés et nous a engagés à envoyer une députation chez le ministre de l'instruction publique. Nous n'y avons pas manqué, et le soir même la nomination de M. Bouillaud a été ratifiée.

Le lendemain, à quatre heures, le grand amphithéâtre de la Faculté était plein. Nous avions mené tous nos élèves, tous nos amis; nous étions mille deux cents, entassés les uns sur les autres. Il y avait une séance de concours et Bouillaud était juge. Après le concours, nous avons demandé le nouveau doyen, et Bouillaud est monté en chaire, au milieu des applaudissements les plus effrénés. Il a prononcé quelques paroles, et dès ce moment il a été évident qu'Orfila n'avait pour lui qu'une faible minorité.

Aujourd'hui, nous savons pourquoi le doyen résistait si vivement au décret du gouvernement provisoire, pourquoi il se cramponnait à sa planche des doigts et des ongles, le malheureux. La caisse de la Faculté a été le théâtre des dilapidations les plus scandaleuses; quand il manquait de l'argent, on faisait des faux. En voici un exemple. Quand nos concours de prosectorat sont terminés, nos pièces restent dans le musée. Afin de faire indemniser la Faculté des petites dépenses d'alcool et de flacons que ces pièces ont coûté (soit 15 à 20 francs pour chacun), nous signons un écrit par lequel nous déclarons avoir remis à la Faculté une pièce représentant tel ou tel sujet. Mais avant, le doyen faisait ajouter, par le secrétaire de l'École, entre l'écrit et la signature, une ligne ainsi conçue : « Pièce pour laquelle j'ai reçu la somme de... » Tantôt 250, 300 et souvent même 500 francs. Le manège a commencé il y a une dizaine d'années, et voilà déjà pour 71,000 francs de concussions! Qu'est devenu cet argent? Une partie, dit-on, est allée au musée. Je le veux bien, mais il y a plus : on a trouvé des quittances signées par des anatomistes inconnus, et relatives à des pièces qui ne se trouvent pas dans le musée. L'affaire se poursuit, et elle prend des proportions tellement considérables qu'Orfila va être obligé de quitter Paris et de rentrer aux îles Baléares, qu'il n'aurait jamais dû abandonner.

Nous avons fait une autre exécution aussi juste que la première. M. Béhier, médecin de Guizot, pourvu, grâce à son puissant protecteur, de onze places et de 15,000 francs d'appointements, avait été nommé agrégé au concours, il y a trois ans; la durée des fonctions ne devait être que de trois ans. Mais voilà qu'à l'expiration de son temps il s'est fait prolonger de six ans, par ordonnance ministérielle. La Faculté a réclamé, mais Salvandy a tenu bon, et il a fallu digérer cet acte inouï d'arbitraire. Samedi dernier, nous apprenons, à l'École pratique, que Béhier est juge d'un examen. Follin et moi, nous menons nos pavillons; nous faisons ranger notre monde dans la salle de l'examen, et nous attendons Béhier à la porte de l'École, en le priant de donner sa démission d'une place où sa nomination avait été illégale. Il refuse, revêt sa robe, et monte à l'examen. Là, les sifflets l'ont assailli; il a voulu parler, mais on l'a hué; enfin, de guerre lasse, il a donné sa démission par écrit, et l'École, Dieu merci, est débarrassée de son doyen exotique et de son agrégé de contrebande.

Parlons d'autre chose. Le général est presque introuvable, et vous le comprenez. Je n'ai pu lui parler des affaires du collège. Mme Subervie n'était pas au courant de la question. Mais j'ai parlé du bureau de poste. Le général a déjà reçu une demande collective faite par un grand nombre d'habitants de Sainte-Foy pour le maintien de M. Masmontet. Tout cela est parfaitement inutile, et le gouvernement provisoire a proclamé partout que les employés de l'ancien régime sont maintenus dans leurs fonctions. Il y a des exécutions, sans doute, mais elles se font en haut lieu, sur les personnes ayant joué un grand rôle politique.

On a maintenu le président Séguier, on ne destituera pas le directeur de la poste de Sainte-Foy. M. Jodin peut avoir la même tranquillité. Vous me parlez du comte de Tascher, et je vous avoue que je ne m'en suis pas informé. Je n'en veux plus à ces gens-là. L'opinion publique en a fait justice, et je ne cherche pas à leur rendre le mal qu'ils m'ont fait. On avait fait contre Batel, de la commission administrative, un pamphlet où ses méfaits étaient en partie énumérés; j'ai proposé de le brûler sans le lire, et la proposition a été adoptée à l'unanimité. Mon cœur est trop plein de joie pour que la haine y puisse vivre, et je fais des vœux pour conserver longtemps la même disposition. Paris est toujours calme; l'ordre est admirablement installé. Les ouvriers ont repris leurs travaux; on ne rencontre plus d'hommes armés ni d'hommes ivres; les rues sont repavées, mais les affaires, dit-on, ne recommencent pas. Les bourgeois ont peur, parce que le bourgeois a toujours peur. Ils savent bien que leurs vies ne peuvent être en danger; mais ils disaient hier qu'on allait brûler leurs maisons; ils disent aujourd'hui qu'on veut partager leurs propriétés. L'organisation du travail les épouvante, et, dans leur ignorante obstination, ils ne voient pas de différence entre cette organisation et le communisme, qu'elle exclut de la manière la plus complète. Faut-il, après ces dissertations politiques, tomber dans les infimes détails du ménage? C'est un malheur, mais il le faut. Eh bien! donc, si vous voulez m'épargner l'humiliante nécessité de simuler une maladie pour cacher mes misères, envoyez-moi, dès que vous le pourrez, les chemises que vous m'avez promises. Je n'en ai que six. Les autres se déchirent par leur propre poids, et je tremble sans cesse de recevoir des invitations trop nombreuses de dîners en ville.

On nous gâte. Le cuisinier a reçu d'en haut des ordres sévères, et nous sommes maintenant nourris tous les jours d'une manière très convenable. Les employés du bureau, qui recevaient à notre place, malgré le règlement, le réfectoire de premier ordre, sont obligés de se contenter du deuxième réfectoire, et gémissent en silence. Le directeur, je veux dire l'agent de surveillance, car c'est maintenant son nom officiel, l'agent de surveillance est aussi plat aujourd'hui qu'il était fier avant la révolution.

Adieu, chers parents, je vous embrasse tous tendrement.

BROCA.

Quel est l'aspect de notre petite ville? que prépare-t-on pour les élections? qui porte-t-on? je crains que les élections ne se fassent mal en province. Le paysan n'a pu jusqu'ici penser à la politique, et il subira évidemment toutes les influences possibles. Il faut que personne ne puisse réclamer contre la compétence de l'Assemblée nationale. Le suffrage direct et universel est donc de rigueur pour cette fois, mais il est à désirer que la Chambre nouvelle fasse une loi électorale plus applicable; l'élection des électeurs est en assez grande faveur ici; pour ma part, je l'appelle de tous mes vœux, jusqu'à plus ample informé.

Mars 1848.

Chers parents,

M. Catuffe, qui part pour Sainte-Foy, a eu l'obligeance de me faire demander mes commissions. Je profite de l'occasion pour vous écrire quelques mots.

Je ne savais pas que M. Catuffe fût à Paris. Il a appris mon adresse par un de mes amis, qu'il a rencontré dans le monde. J'aurais voulu aller le voir chez lui, mais je me trouve précisément de garde aujourd'hui et il part demain matin.

Gardez-vous de juger la situation actuelle par le journal *la Presse*. C'est un journal qui a toujours été vendu et qui, depuis huit jours, a reçu des fonds de la Russie. Il a fait de la république pendant une semaine ou deux; mais, dès qu'il s'est écoulé assez de temps pour permettre à une réponse de revenir de Saint-Pétersbourg, il a changé de ton, et vous allez le voir bientôt demander la régence d'abord, Henri V ensuite. Je sais que son journal est le plus lu de tous, et je vous prie de ne rien croire de ce qu'il dit, quand ce qu'il dit n'est pas confirmé par les **autres journaux.**

Il y aurait peut-être à avoir de l'inquiétude à cause de l'agitation des bourgeois de Paris. Aujourd'hui, il n'y a plus rien à craindre parce qu'ils sont devenus ridicules. Voici le fait :

Il y a des compagnies d'élite qui se recrutent elles-mêmes ; les grands sont grenadiers, avec un bonnet à poil qui coûte 80 francs ; les petits sont voltigeurs. Il y a une troisième catégorie composée de chasseurs.

Tous les bourgeois sont grenadiers ou voltigeurs. On leur a laissé l'absurde privilège de se recruter eux-mêmes ; il en résulte qu'on n'est admis dans les compagnies d'élite qu'à la condition d'être bon bourgeois ; si, à l'heure qu'il est, on consultait les grenadiers, dix-neuf sur vingt proposeraient la régence. Enfin, ils sont bons bourgeois, et, au moment des élections de la garde nationale, on ne pouvait pas leur permettre de faire des choix aristocratiques. Le gouvernement provisoire, considérant que tous les gardes nationaux sont égaux, a dissous les compagnies d'élite.

Tant que le gouvernement provisoire n'avait fait que publier des circulaires, que je crois nécessaires, mais qui leur paraissaient iniques et révoltantes, les hommes d'élite n'ont rien dit. Mais dès qu'on leur a enlevé leurs bonnets à poil, ils ont levé l'étendard de la révolte. Ils se sont réunis en costume de gardes nationaux et sont allés à l'Hôtel de ville. La foule ricanait sur leur passage ; on leur chantait : *Grenadier, que tu m'affliges !* Le gouvernement provisoire les a renvoyés purement et simplement ; mais aujourd'hui les chasseurs et les ouvriers se réunissent pour aller remercier le gouvernement de cette mesure juste.

Les bonnets à poil eux-mêmes sont obligés de rire. On s'amuse à dire que la Banque de France n'a plus d'argent. Elle en a, mais elle n'en donne plus pour empêcher l'émigration. Elle donne du papier; mais, comme les gens qui fuient n'ont pas confiance dans la stabilité de la Banque, ils ne croient pas non plus au papier, et cette mesure les empêche de partir. Notre club ne s'appellera pas Club de la Cité. Nous avons changé de projet. Le désordre qui règne dans les autres clubs, où tout le monde parle et vote, nous a montré l'impossibilité d'un club raisonnable à l'heure qu'il est. Nous avons donc formé une Société : *Société des Libres-Penseurs*. Les séances sont publiques. Tout assistant aura le droit de demander la solution d'une question, mais les membres de la Société auront seuls le droit de parler et de voter. Nous sommes une centaine déjà, et c'est bien assez pour commencer.

Je vous ai écrit ces lignes incohérentes pendant que M. Blandin faisait sa clinique.

La clinique est finie; adieu, je vous embrasse tendrement.

Broca.

27 mars 1848.

Mon cher oncle,

La naturalisation de M. Henriquet est une chose tellement claire, que ce ne sera certainement qu'une affaire de pure formalité. Mais tu comprends qu'aujourd'hui le gouvernement provisoire ait des occupations bien autrement importantes. Laissez établir un ministère définitif, et c'est alors seulement, je crois, qu'il faudra faire une demande qui est trop simple et trop juste pour rencontrer le moindre obstacle. Si l'ordre actuel des choses était menacé d'un prompt bouleversement, je comprends qu'il fût nécessaire de se hâter d'en profiter avant le mouvement réactionnaire. Mais le mouvement réactionnaire est aujourd'hui impossible. Personne ne pense aux Bonapartes, les Bourbons n'ont laissé derrière eux que des haines et les d'Orléans que du mépris. Donc la République est, de fait, le seul gouvernement possible. Cela est fort heureux. Car, s'il y avait encore une royauté possible, et que l'Assemblée constituante proposât cette royauté, malheur alors, car ce serait la guerre civile sans pitié ni relâche, la guerre civile jusqu'à la mort du dernier royaliste ou du dernier républicain. Tout homme qui réfléchit et qui voit Paris pendant une seule journée reste pleinement convaincu de ce que j'avance. Légitimisme, régence ou République, quelle que soit la nature du gouvernement pour lequel penche un député de province arrivant à Paris, il est certain qu'au bout de vingt-quatre heures ce député ne pourra vouloir que la République.

Mais je m'aperçois que je parle toujours politique. Passons à autre chose. J'ai cherché à trouver l'adresse du duc D...; j'étais allé chez lui deux jours avant la révolution, j'y retournerai aujourd'hui. Il est probable que je ne pourrai pas le voir, car il est toujours au lit; il subit tous les dix jours à peu près une séance de lithotritie. Tu connais fort peu ton neveu, cher oncle. Si je répugnais tant jadis à lui faire des visites, ce n'était point par timidité, mais parce que je ne voulais pas avoir l'air de faire des courbettes chez un homme qui aurait pu m'être utile, aujourd'hui cet homme ne peut rien ni pour ni contre moi. L'homme politique est à terre, et j'oublie tout ce qu'il a fait comme homme politique. Il ne reste dans ma mémoire que ce qu'il a fait ou voulu faire pour toi et pour Élie. Je me mets en dehors de la question, car j'ai aujourd'hui comme toujours la conviction que, loin de désirer m'être utile, il s'attachait au contraire à me noircir afin de tirer parti de cette affaire au point de vue électoral. Si tu te souviens de ce que j'écrivais dans le temps, tu dois savoir que ce que je dis aujourd'hui, je le disais alors. Je n'en veux nullement au duc D... pour cette peccadille. C'est un acte politique, et j'ai déjà pardonné à tous les mensonges, à tous les brocantages de l'ancien régime. Après quatre jours d'intervalle, cher oncle, je continue ma lettre que j'ai été obligé d'interrompre pour les affaires d'Élie. J'ai beaucoup couru pour lui, et je commence à espérer que ce n'aura pas été inutilement.

Quoi qu'il en soit, j'ai vu M. Feuillade Chauvin, qui m'a engagé à ne rien faire maintenant pour la naturalisation de M. Henriquet. Il m'a, du reste, parfaitement reçu.

Puis j'ai vu le duc D... Il était encore au lit, mais éprouvait déjà une grande amélioration. Il m'a parlé de sa maladie, assez gaiement, du reste. Il paraît parfaitement résigné. Il n'ira dans le Midi que dans deux mois au moins. Il ira auparavant en Belgique pour les couches d'une personne de sa famille.

Il m'a dit d'une manière très naturelle : « Eh bien, maintenant, j'espère que l'avancement de votre cousin n'éprouvera plus d'obstacle. Je ne puis rien aujourd'hui, mais par sa seule justice sa demande doit être suivie de succès. »

A tout prendre, c'est un bon homme au fond. Enfin, j'ai vu le général Subervie et sa famille. Ils sont bien portants, et les fatigues d'un pouvoir temporaire n'ont pas porté atteinte à la santé du général. Tu sais qu'il n'est plus à la guerre et qu'il est chancelier de la Légion d'honneur.

J'ai vu chez eux les Darbonnier, qui m'ont beaucoup parlé de papa et de maman.

Du reste, le général accepte parfaitement la candidature

de la Gironde. Travaillez tant que vous pourrez pour le faire réussir. Que si par hasard le général était nommé ailleurs, il opterait vraisemblablement pour la Gironde ; mais même s'il optait pour un autre département, rien ne serait changé chez vous ; on prendrait à sa place le dixième candidat qui deviendrait ainsi le quinzième. Les Bordelais font des sottises. Je l'avais prédit, parce que les Bordelais ne font jamais que des sottises. Que peut-on attendre de gens dont l'intelligence est renfermée dans un coffre-fort? Aie la bonté, cher oncle, de faire savoir à Chaucherie que l'abonnement au *Siècle* pour le lendemain coûtera, rendu à Sainte-Foy, avec tous les suppléments, 7 fr. 25 par trois mois.

Adieu, cher oncle, je vous embrasse tous de cœur. Je fais de sincères vœux pour la chère santé de ma tante Joséphine, et pour les heureuses terminaisons des grossesses de ses filles. Sois assez bon pour faire part à mes parents de ma lettre, ou du moins pour leur dire que je continue à aller parfaitement.

Adieu encore. Ton neveu dévoué,

BROCA.

Après février 1848. Fin mars ou avril (?).

Chère maman,

Je commence par faire amende honorable. J'étais convaincu que vous aviez reçu de mes nouvelles tous les huit jours au moins. Il paraît que non. M. Catuffe serait-il resté trop longtemps en route? Puis j'ai longtemps moi-même attendu de Sainte-Foy une réponse qui n'arrivait pas.

Cette réponse était dans le paquet que vous m'avez envoyé par la diligence et que je n'ai ouvert qu'avant-hier. Il était arrivé depuis huit jours au moins, mais j'avais négligé de l'ouvrir ne croyant pas qu'il renfermât une lettre. Quoi qu'il en soit, merci de vos chemises, de vos chaussettes; les chemises de Jules lui seront remises scrupuleusement. Merci surtout de vos inquiétudes, mes bons parents. Votre tendresse s'exagère le danger, je dirai plus, elle le crée de toutes pièces. S'il est une ville, je ne dirai pas tranquille, mais sûre, c'est Paris. Le peuple est maître, c'est vrai, mais il est sage. Parce que deux ou trois cents vauriens s'amusent le soir à demander des lampions, il ne faut pas croire que la sécurité publique coure le moindre danger. Et parce qu'on se propose d'intervenir dans le cas où l'Assemblée demanderait une monarchie quelconque, il ne faut pas croire qu'il y ait là matière à émeute, puisque toutes les villes ont le projet d'envoyer des candidats républicains.

Il y a des socialistes à Paris, mais il n'y a qu'une poignée de communistes, et les clubs réputés les plus incendiaires proclament tout haut le principe du respect à la propriété.

Le commerce a subi un ébranlement violent; n'en accusez pas la forme actuelle du gouvernement. C'est la conséquence obligée de toute révolution, quelle qu'elle soit. Mais il y a des gens qui ont besoin de crier.

Girardin, par exemple, payera cinquante individus pour venir clabauder sous ses fenêtres afin de poser le lendemain pour une victime de la brutalité populaire. Tout de suite on dira : « Voyez comme ces républicains entendent la liberté! » Aveugles! Mais si le peuple voulait le moins du monde se débarrasser de Girardin, dans dix minutes Girardin, son journal, ses presses, sa maison, seraient anéantis par des hommes qui ont anéanti une royauté. Le peuple ne le veut pas, parce qu'il exige pour les autres la liberté qu'il a conquise pour lui. Tous les trembleurs qui ont des rentes retiraient leurs fonds pour partir et faisaient courir l'État à la banqueroute; pour empêcher ces émigrations pécuniaires, l'État se met à payer en billets, parce que l'homme qui ne croit pas à la République ne croit pas non plus au papier de la République et se dispense dès lors de retirer ses fonds. Vite, on crie à l'assignat, sans réfléchir que les biens de la liste civile garantissent cinq fois et au delà des sommes émises en papier, sans savoir que la caisse de la Banque de France renfermait plus de 70 millions en écus le jour où elle a interrompu ses payements. L'écho de notre révolution retentit dans toute l'Europe : Italie, Autriche, Allemagne, Pologne, bientôt l'Irlande, la Belgique et l'Espagne, s'empressent de suivre l'exemple de la France, de telle sorte que la monarchie qui n'était que détestée il y a un mois, qui n'est aujourd'hui qu'absurde, sera une folie dans trois semaines; le gouvernement provisoire, afin d'éviter des représentants monarchiques et la guerre civile, renvoie les élections jusqu'à cette époque. Aussitôt on crie au despotisme. On accuse ces hommes, ces décemvirs, de vouloir rendre définitif leur pouvoir provisoire, comme si le peuple qui a renversé une monarchie hérissée de hallebardes n'était pas capable de faire évacuer l'Hôtel de ville que personne ne défend.

Laissez passer ces clameurs, ne jugez pas de Paris par ce qui se passe à Sainte-Foy. Ne jugez pas de 1848 par 1793. Sainte-Foy, c'est le Paris de 1793 pour l'ignorance de la population; l'ouvrier de Paris, c'est le bourgeois de 1793, et il sera modéré, parce qu'aucune fraction de l'État n'est au-dessous de lui, et ne s'efforce de le pousser au large pour prendre place au soleil. Ne comparez pas ce qui n'est pas comparable; les excès ne commencèrent autrefois qu'après la trahison des nobles et l'invasion étrangère; aujourd'hui les nobles ne peuvent trahir et les étrangers, occupés chez eux, ne peuvent envahir. Vous voyez bien que 93 ne peut pas recommencer.

Plus que jamais aujourd'hui je suis tranquille. Une seule chose m'inquiète. C'est que les curés, évêques, archevêques, s'en vont bénissant les arbres de la liberté. Je ne puis m'empêcher de penser que le premier arbre de la liberté planté au Champ-de-Mars fut aussi, en 1790, le jour de la Fédération, béni par un évêque qui fut depuis Talleyrand. Quant à moi, mes chers parents, je commence à m'habituer à l'idée de République, je n'éprouve plus le besoin d'expansion qui m'entraînait, il y a quelques semaines, dans les clubs, les assemblées populaires. Je suis maintenant rentré chez moi, reprenant mes habitudes anciennes, recommençant mes leçons d'anatomie et travaillant de plus belle. L'interruption des travaux pendant la quinzaine de la révolution a porté les élèves à faire une juste demande, et les dissections continueront pendant tout le mois d'avril. La médecine opératoire commencera le 15 mai et la révolution me prive de mes vacances projetées; mais grâce à cette même révolution je pourrai, je l'espère, prendre en septembre deux mois de vacances. Nous demandons et nous obtiendrons sans peine, maintenant qu'Orfila est culbuté, que le concours du prosectorat ait lieu pendant l'été et soit terminé au mois d'août. Vous seriez heureux alors d'embrasser en moi un prosecteur, et j'ai de grandes chances de le devenir au prochain concours. En effet, Houel, notre ancien, se retire spontanément de la lice; il vient de donner sa démission d'aide d'anatomie; le dernier concours l'a découragé, et il a obtenu en compensation une place plus modeste, mais plus paisible, celle de conservateur du musée Dupuytren.

Les voies sont donc déblayées. Il n'y a plus de candidat plus ancien que moi ; Gros est de mon année, mais j'espère bien qu'il restera *lui-même*, c'est-à-dire une machine à dissection. Follin est bien plus redoutable, mais je suis son ancien et, il ne tient pas à être nommé. Enfin, à part Velpeau qui déteste en moi l'élève de Blandin et de Gerdy, je suis bien vu de tous les professeurs qui composent le jury. Vous voyez que les chances sont belles, qu'il ne s'agit plus que de travailler.

Ainsi fais-je. On m'a proposé un grade de lieutenant. J'aurais fort bien pu être nommé, car c'est une coterie puissante qui portait ma candidature, et le quartier tout entier est fort bien disposé pour les habitants de l'Hôtel-Dieu ; vous pensez bien que j'ai refusé, et que je n'ai réclamé qu'un honneur, celui d'être simple soldat. Ne craignez donc pas que je m'occupe de politique ; mon avenir d'abord est ailleurs, puis je connais vos transes et je les respecte profondément.

Adieu donc, bons parents, chassez vos alarmes sur mon compte d'abord, mais surtout sur le pays. Confiance, espérance, le présent est dur pour quelques-uns, mais l'avenir est radieux pour tous. Ah ! si le grand-père Thomas vivait encore, il vous rassurerait, et c'est en pleurant de joie qu'il répéterait le cri de sa jeunesse : Vive la République !

Adieu. Je vous embrasse bien, bien tendrement. Je charge la tante Jourdit de se faire auprès de la bonne Thérèse l'interprète de ma vive gratitude.

Votre Paul.

Samedi, 15 avril 1848.

Mes chers parents,

J'ai eu pendant deux jours l'espoir d'aller passer quelques instants avec vous, comme nous y comptions les uns et les autres. En effet, les dissections devaient durer jusqu'à la fin d'avril, ce qui était un obstacle à mon voyage, mais trois ou quatre jours de chaleur avaient rendu les pavillons déserts. Gosselin croyait les travaux anatomiques terminés pour cette année, et j'aurais obtenu aisément que la médecine opératoire ne commençât qu'après les élections; malheureusement deux jours de pluie ont ramené la fraîcheur dans l'air et les dissections continuent. J'ai donc prié Gosselin d'annoncer la médecine opératoire. Elle commencera le 17 de ce mois (lundi prochain) et j'espère la terminer pour la fin de mai. C'est alors que j'irai à Sainte-Foy, à moins que je n'obtienne le concours immédiat du prosectorat, auquel cas j'irais passer avec vous deux bons mois, septembre et octobre, libre enfin pour la première fois depuis cinq années de toute tracasserie et de toute inquiétude. J'aurais bien voulu, chers parents, aller vous voir maintenant, ne fût-ce que trois semaines. Quoique je ne partage pas vos inquiétudes, votre tristesse me rend triste. Si je pouvais vous voir, ne fût-ce que quelques heures, je ferais certainement passer dans vos âmes une partie de la confiance qui remplit la mienne. Puis mon langage et mes manières vous rassureraient certainement sur mon compte. Vous avez l'air de me prendre pour un forcené, pour un exalté, prêt à tomber dans toutes les extravagances, et vous seriez tout étonnés de voir que je suis au contraire un modéré du moment. Républicain depuis longtemps, et connu comme tel par tous ceux qui vivaient avec moi, je n'ai pas besoin d'affecter l'exagération, comme les nouveaux convertis. J'ai gémi assez longtemps sur les déportements de l'ancien régime, pour être convaincu que le nouveau doit éviter de semblables excès. Je désire donc avant tout l'ordre, et vous n'avez pas à redouter de me voir prendre part au désordre, si le désordre se produisait.

Une chose surtout vous alarme : j'ai, dans mes lettres, plaisanté sur la bourgeoisie, et vous me le reprochez ; c'est que nous ne nous entendons pas sur les mots. La bourgeoisie, dans le langage de Paris, est loin de représenter ce qu'elle représente en province. Ce mot de bourgeois a eu une singulière destinée. C'était d'abord l'habitant libre des villes ; plus tard, tout homme indépendant par sa fortune a été bourgeois, à la ville comme à la campagne ; lorsque la science et l'art ont réussi à rendre indépendants les hommes qui les cultivaient avec fruit, cette nouvelle catégorie s'est ajoutée à la liste des bourgeois. Jusque-là tout était bien, la bourgeoisie était la partie vivante, intelligente, progressive du pays ; elle était appelée à lutter courageusement et victorieusement par la dignité et la liberté des hommes, et nous devons être fiers d'appartenir à cette généreuse avant-garde qui a fait la Révolution de 89 et celle de 1830. Mais sur les ruines de l'aristocratie des noms il s'en est élevé une nouvelle : l'aristocratie de l'argent, cent fois pire que la première. Plus on a d'argent, mieux on vaut ; tous les moyens sont bons pour s'en procurer, car l'argent n'a ni père ni mère. Noblesse obligeait, argent n'oblige pas. Ceux qui, parmi les riches, se firent les défenseurs de ce système, refusant obstinément tout droit politique, toute protection directe à ceux qui n'avaient pas le précieux métal, ceux-là n'étaient pas tous les bourgeois, mais c'étaient des bourgeois ; on donna un nom à la caste nouvelle qu'ils venaient d'établir, et le nom de bourgeoisie se présenta le premier.

Ainsi définie, la bourgeoisie a fait deux choses au dedans et au dehors : d'abord elle a joué envers la classe des travailleurs de toute sorte, travailleurs des mains et travailleurs de l'intelligence, le rôle que jouait jadis la noblesse envers le peuple tout entier. Lois électorales tant pour les députés que pour les conseils municipaux, lois sur l'organisation des jurés, lois sur les cautionnements des journaux, tout a été fait par elle dans le but d'anéantir l'influence de ceux qui possèdent peu ou point. Aussi sourde aux souffrances actuelles qu'aveuglée sur les crises futures qu'elle préparait, elle a toujours refusé de s'occuper de la classe ouvrière. Exploités par des maîtres qui s'entendent pour diminuer les salaires, les ouvriers demandent des tarifs, on les leur refuse, et, si à leur tour ils font la grève dont les maîtres leur ont donné l'exemple, on les mitraille. Entassés dès l'âge de huit ou dix ans dans les manufactures, les enfants se pervertissent et s'étiolent. Qu'importe ? Pour combler l'abîme, il faudrait nourrir et élever les enfants des prolétaires; on a bien de quoi payer 200,000 francs pour les livrées des valets du roi, mais on ne trouve pas d'argent pour faire des hommes honnêtes et utiles de ces êtres qui deviendront des criminels ou des moribonds. Des philanthropes viennent dire : « Celui qui n'a rien ne doit rien payer à l'État, abolissez l'impôt du sel et celui du vin. — Non, répond-on, car, pour remplacer cette source de richesse, l'idée viendrait peut-être d'imposer les capitaux ou les objets de luxe, et le fardeau retomberait sur nous. » Pourquoi continuer cette triste énumération ? Ah ! si des désordres sociaux se préparent, la bourgeoisie n'y aura-t-elle pas contribué pour beaucoup ?

Ensuite, nos agioteurs se sont dit : le peuple est notre

ennemi naturel; il nous débordera comme nous avons débordé la noblesse, si, plus prudents qu'elle, nous ne cherchons pas au moment du danger un appui tutélaire auprès des puissances absolutistes. Il suffisait de faire un signe de tête, et l'Italie devenait indépendante de l'Autriche, et la Pologne, un moment victorieuse, restait une nation libre, barrière infranchissable contre les ours de la Russie. Mais on avait besoin de l'Autriche et de la Russie, et puis l'égorgement de la Pologne et de l'Italie devenait un exemple salutaire à mettre sous les yeux des populations qui pourraient avoir envie de secouer le pouvoir établi.

Enfin, la paix favorise le commerce; quel pays plus que l'Angleterre peut développer nos relations et donner des flots d'or à nos commerçants? Il faut donc à tout prix la paix avec l'Angleterre; la voisine d'outre-Manche ne l'ignore pas, elle la désire plus que nous, mais elle sait de quelle trempe sont nos gouvernants et elle se fait un jeu de nous bafouer sans cesse. Elle nous défend d'accepter la Belgique, et nous obéissons; en Orient, au Maroc, en Océanie, en pleine mer, partout où elle nous rencontre, elle nous humilie et insulte notre drapeau; si nous faisons les mutins, elle nous fait payer l'aubade. Et voilà comment notre noble pays de France est devenu une terre d'agioteurs et de filous. Ceux qui ont mis la main à cette œuvre de turpitude ont vu la révolution de février avec effroi et la proclamation de la République avec terreur. Ceux-là se trouvent lésés dans leurs espérances de domination, comme le furent les nobles en 1789. Trop lâches pour résister ouvertement à un ordre de choses qui leur est odieux, ils ont paru l'adopter sans restriction, mais leur défiance a ruiné le crédit, mais leurs calomnies ont bafoué le parti victorieux; en province, leurs menées ont poussé à la résistance des classes ignorantes; tous les malheurs privés ou publics, ils les désirent ardemment, car ils ont mis leur argent dans leur coffre-fort, et si une moitié du peuple pouvait égorger l'autre moitié, ils rétabliraient la régence et recommenceraient leur règne de dix-huit ans. La noblesse se montrait et résistait ouvertement; la bourgeoisie, dans le sens restreint du mot, se cache et manœuvre dans l'ombre; la première était brave, la seconde est lâche; on pouvait haïr celle-là, celle-ci, on ne peut que la mépriser. Bien modérés ceux qui comme moi se contentent d'en rire.

Du reste, tout va bien. Les élections de la garde nationale se sont faites avec le plus grand ordre, et les élections des députés de la Seine seront aussi bonnes et aussi paisibles. Quelques calottins se remuent; on se contente, quand ils veulent parler dans les clubs, de leur jeter leur passé à la face, et de les huer quand ils sont convaincus d'hypocrisie.

Que la province soit aussi sage que Paris, et le calme sera parfait. Du reste, l'argent reparaît, le crédit revient, les fonds, depuis huit jours, ont monté de 10 francs; tout permet de croire que la crise financière va s'améliorer d'une manière complète.

J'ai vu la famille Cadars qui va bien. M. Cadars est capitaine en premier de la garde nationale. Je n'ai pas vu d'autres personnes, car je ne sors plus. Je suis dans la première ardeur du microscope, et je ne quitte pas, dans mes moments de loisir, le petit cabinet que M. Blandin vient de faire faire pour mon microscope, dans un coin de l'Hôtel-Dieu.

Je vous embrasse tendrement.

Votre Paul.

27 avril 1848.

Chers parents,

Certain que vous avez reçu de mes nouvelles par la lettre qu'Élie vous écrivit, il y a six jours, j'ai renvoyé de jour en jour ma réponse, étranglé que je suis par mes occupations nouvelles. En effet, j'ai commencé mon cours de médecine opératoire, et je le poursuis activement, faisant une leçon tous les jours, de telle sorte que dans cinq semaines, j'espère avoir tout à fait fini, et aller enfin me reposer auprès de vous. Je croyais même pouvoir terminer plus vite, mais le nombre des élèves, cette année, a dépassé de beaucoup le chiffre de l'année dernière, sans doute parce que je suis plus connu qu'alors ; de sorte que, pour faire répéter les opérations par tout le monde, il faudra plus de temps que je n'avais pensé. Élie est parti comme une bombe. Un beau jour, lundi dernier, j'ai reçu une lettre qui m'annonçait son départ, il n'avait pas embrassé son moutard depuis huit jours et il n'y pouvait plus tenir. Il emportait, du reste, d'assez bonnes nouvelles ; on lui avait fait des promesses très satisfaisantes, et il est probable qu'il ne tardera pas beaucoup à être nommé proviseur.

Il y a eu beaucoup de nouveau depuis ma dernière lettre, chers parents. Après la manifestation contre la contre-révolution du 17 mars, il y a eu le 17 avril une manifestation plus importante encore contre les ultra-révolutionnaires. Blanqui et Cabet voulaient renverser le gouvernement provisoire. Aussitôt on battit le rappel dans les rues, et, un quart d'heure après, il y avait sur le pavé 250,000 hommes armés pour le maintien du gouvernement provisoire. Le surlendemain, la poignée de communistes voulut faire son coup pendant la nuit; elle croyait que le garde national, fidèle à ses traditions pour les choses du dehors, ne quitterait pas son bonnet de coton pour descendre dans la rue à minuit. Ils se trompaient. Cette fois il ne fut même pas nécessaire de battre le rappel. Les tambours frappèrent à chaque porte et chargèrent les portiers de réveiller paisiblement les gardes nationaux. Vingt minutes après, une armée formidable était sous les armes, et des patrouilles de trois cents hommes parcouraient les rues avec le fusil chargé. Plus de craintes par conséquent : ni du côté de messieurs de la régence qui ont reçu une leçon le lendemain de la journée des bonnets à poil; ni du côté des ultras qui, désormais, devront se contenter de faire des utopies et de reconnaître qu'ils sont une infime minorité. Tout Paris est joyeux, on parlait d'illuminer spontanément; les fonds montent tous les jours de 5 francs à peu près, et voici pourquoi. Il paraît que Ledru-Rollin, — c'est à tort que certains journaux lui ont associé Louis Blanc qui est un rêveur peu heureux, mais qui est avant tout honnête, — il paraît, dis-je, que Ledru-Rollin n'ignorait pas les coups montés contre le gouvernement provisoire, et qu'il était porté comme président du conseil dans le nouveau gouvernement qui devait remplacer l'ancien. Malgré la répugnance que j'éprouve à croire ce qu'on me dit sans me le prouver, j'avoue que je commence à ajouter foi à cette accusation à force de l'entendre répéter de tous côtés. Vrai ou non, peu importe, le fait est généralement cru, et les élections ont fourni une précieuse occasion de se compter. Cabet, Raspail, Blanqui, Sobrier et leurs clubs avaient fait des listes d'élections d'où tous les membres du gouvernement provisoire étaient exclus à l'exception de Ledru-Rollin, Flocon, Albert et

Louis Blanc. On disait partout : « Ces gens-là mènent deux cent mille ouvriers, tous voteront comme un seul homme, et les suffrages des autres électeurs seront littéralement annulés. » C'est ce qui aurait eu lieu si Louis Blanc avait voulu prêter les mains à la chose, car il est en rapport journalier avec les délégués du travail, et exerce sur eux la plus grande influence. Mais il a refusé de se mêler des élections, et, à part quelques corporations, les ouvriers ont voté individuellement, comme ils ont voulu. Il est même malheureux qu'ils aient voté avec si peu d'ensemble, car certains choix regrettables paraissent devoir sortir de l'urne.

Donc, on était en grande anxiété. On disait : « La liste de Blanqui va passer intégralement; les trente-quatre députés de Paris seront communistes ou du moins perturbateurs jusqu'au délire; le reste de la Chambre s'opposera à eux, mais ils seront soutenus par les clubs, prêts à s'armer au besoin. » Jugez avec quelle impatience on attendait le scrutin.

Eh bien! des candidats de Blanqui, quatre ou cinq seulement, et encore deux étaient portés sur la liste du comité central, paraissent devoir être nommés. Ledru-Rollin lui-même ne sera nommé que dans les vingt-cinq ou trente. Preuve bien évidente que la grande majorité de la population parisienne est dans des idées convenables d'un progrès sage et modéré; que ses sympathies, en un mot, sont pour le national et non pour la réforme. Il n'est plus permis de conserver la moindre inquiétude.

Je trouve même les élections un peu trop tièdes. J'aurais voulu voir éloigner de la première législature les anciens députés de Paris, ceux qui du moins n'attendaient qu'un changement de ministère pour devenir centriers. J'aurais voulu qu'il y eût au moins sept ou huit ouvriers, tandis qu'il n'y en aura probablement que quatre ou cinq. Il serait bon qu'il y eût à la Chambre quelques hommes très avancés, surveillants inquiets de l'intérêt des pauvres, sentinelles avancées d'améliorations sociales qu'il est impossible d'établir d'un seul coup, mais qu'il faut amener aussi vite et en même temps aussi graduellement que possible.

Le succès de Lamartine a dépassé toutes les imaginations; il aura les 19/20 des voix de Paris. Malgré ses refus nombreux et publics, notre Béranger sera aussi nommé des premiers, ainsi que Dupont (de l'Eure). De tels noms doivent rendre la province confiante dans la sagesse des Parisiens.

Assez causé politique. Je n'ai vu personne et ne puis rien vous dire. Je n'ai pas le temps de sortir. Toutes mes soirées sont consacrées à la préparation de mon cours, et vous savez quel est l'emploi de mes journées. Voilà quinze jours que je cherche un moment pour écrire à Roudier.

Adieu, chers parents, la nuit est avancée et je vous embrasse tendrement.

Vendredi soir, 12 mai 1848.

Chers parents,

Depuis le premier jusqu'au dernier degré de l'échelle sociale, tout aujourd'hui est soumis au plus complet bouleversement; bien fin celui qui sait la veille ce qu'il fera le lendemain. Notre malheureuse Faculté n'échappe pas à la loi générale, et les scandales administratifs de la Compagnie Orfila ont jeté le Conseil de l'École dans un tel désarroi qu'on prend à chaque séance nouvelle des décisions contradictoires. Il y a quinze jours le Conseil décida que le concours pour la place d'aide d'anatomie s'ouvrirait le 1er juin et que le concours du prosectorat s'ouvrirait au 15 août; jeudi dernier, c'est-à-dire hier, on a changé d'avis, je ne sais et personne ne sait pourquoi, et ce matin nous avons aperçu avec étonnement sur les murs de Paris un grand placard de l'instruction publique annonçant que le concours du prosectorat commencera le 1er juin.

Au premier abord, j'ai été mécontent. Je m'attendais à m'en aller à Sainte-Foy avant le concours; puis je comptais sur plusieurs mois pour revoir les matières de mes épreuves; enfin je ne voyais pas sans inquiétude que, grâce au nombre de mes élèves, la médecine opératoire ne pourrait être terminée que vers le 12 ou 15 juin, de telle sorte qu'une partie du temps consacré aux pièces devait nécessairement être absorbée par mon cours; mais, réflexion faite, j'aime mieux maintenant cette combinaison que l'autre. Je prendrai, à partir du 15 août, des vacances plus tranquilles et plus longues; mes compétiteurs sont pris à l'improviste aussi bien que moi. Avec de l'activité, en faisant les leçons plus longues, je tâcherai d'expédier la besogne opératoire et d'en être délivré vers le 3 ou 4 juin, et, somme toute, je serai débarrassé plus tôt de tout souci. Puis, si j'étais nommé! M. Blandin, qui sera juge, m'a donné de l'espérance : « Gerdy m'a parlé de vous, m'a-t-il dit, il croit que vous devez arriver au prochain concours. » Gerdy n'est pas juge, mais Laugier est juge; je suis son élève, et je pense que mes épreuves lui plairont. Les autres juges me seront moins favorables. Velpeau ne votera jamais pour l'élève de ses ennemis Blandin et Gerdy; Bérard et Denonvilliers ne me connaissent pas, mais, en République, j'espère que les épreuves vaudront mieux que les recommandations. Le général est introuvable, l'Assemblée nationale tient ses séances nuit et jour, et on n'ose guère déranger ces messieurs. Moi, de mon côté, je ne me décide qu'à la dernière extrémité à sacrifier une soirée, ou même une partie de soirée, car chaque soir je prépare l'inévitable leçon du lendemain. Voilà pourquoi, en partie, je n'ai pas pu m'occuper de l'affaire du cousin Dupuy. J'aurais cependant surmonté les obstacles si je n'avais trouvé dans la lettre du cousin le passage suivant : « Dépêche-toi, parce que le jeune homme doit partir le 5 mai. » Or, j'ai reçu sa lettre le 3 au soir, et il m'était impossible d'obtenir pour ce jeune militaire le congé qu'il demandait pour cette époque. Ce qu'il voulait éviter, c'était de partir. Il est bien certain d'avoir promptement son congé, puisque son frère, qui est resté bénévolement au régiment, ne demandera pas mieux que de le remplacer. Enfin, quand je pourrai trouver le général, je lui parlerai de cette affaire. Je ne tarderai pas d'y aller, car j'aurai besoin de lui parler d'Élie.

Voilà, au surplus, pourquoi je n'ai reçu que si tard la lettre du cousin Dupuy. Je me suis permis un plaisir plus qu'improvisé. Mon collègue de garde Bouteiller m'a conduit à Rouen chez son père, et j'ai passé deux jours dans cette excellente famille. J'avais d'abord formé le projet de partir un certain jeudi soir. M. Blandin y avait consenti, mais nous apprîmes qu'il y avait des troubles à Rouen et notre voyage fut remis. Nous ne partîmes que le dimanche matin et je revins dans la nuit du lundi au mardi. J'ai vu en détail les monuments qui sont fort beaux, mais j'ai été privé de voir les ateliers et les fabriques. En revanche, j'ai vu une ville en état de siège, quoique tout danger eût disparu depuis deux jours, et j'ai continué dans les hôpitaux de cette ville mes études sur les plaies d'armes à feu. J'ai rapporté de ce voyage une pénible impression. Si tout autre que ce brouillon de Barbès eût appelé l'attention de l'Assemblée nationale sur les événements de Rouen, il est probable que cette affaire n'eût pas été traitée avec autant de légèreté. C'est malheureux à dire! mais j'ai logé chez le chirurgien-major de la garde nationale, et il est certain que pas un seul garde national n'a eu un cheveu arraché ; qu'à part le coup de pistolet tiré au début par un enfant de douze ans sur un fonctionnaire qui a été manqué, ce qui a été l'origine du mal, aucune cartouche n'a été brûlée par les insurgés. Ils avaient des cartouches, mais ils n'avaient pas d'armes ; au lieu de faire des feux de peloton, ne pouvait-on pas disperser à la baïonnette des rassemblements tumultueux ? Je blâme autant, et je déteste plus que personne, les folles tentatives d'ouvriers égarés par d'infâmes meneurs, mais j'ai acquis la conviction que ces malheureux avaient été poussés à bout, pendant deux mois, par l'obstination réactionnaire de leurs maîtres. Le 24 février il y avait à Rouen 7,000 gardes nationaux, on ne put envoyer que 3,000 fusils supplémentaires pour cette population de 120,000 âmes. On ne pouvait donc pas armer tout le monde, mais on refusa obstinément de donner un seul fusil aux 35,000 ouvriers qui se présentèrent. On leur disait qu'il n'y avait pas d'armes et on en délivrait les jours suivants aux bourgeois qui se présentaient. Puis on affectait des allures méprisantes pour les gens de rien, comme on les appelait. Les journaux de la localité, qui sont très légitimistes ou régence, ridiculisaient les clubs, poursuivaient de leurs sarcasmes les candidats que les ouvriers proposaient. Enfin, dans cette ville, exclusivement manufacturière et commerçante, la suspension des affaires se faisait sentir plus que partout ailleurs et les ouvriers mouraient de faim. Voilà bien des circonstances atténuantes pour leur faute. Voilà qui aurait dû les faire plaindre plutôt que haïr, inspirer du moins quelque humanité à ceux qui étaient obligés de sévir contre eux. Au lieu de cela, on a été féroce, et je n'en citerai qu'un seul exemple : j'ai vu le corps d'un malheureux qui était traversé par cinq balles et percé de quinze coups de baïonnette.

Ah! combien vaut mieux la population parisienne, éternelle garantie de l'ordre et de la prospérité du pays! Cette crise électorale que vous craigniez tant a été traversée sans la moindre agitation. Les fonds montent, le crédit renaît de toutes parts, et je commence à croire que ma jeune tête sans cervelle ne s'est pas plus trompée, cette fois, qu'elle ne se trompait, il y a quelques années, lorsqu'elle était républicaine au grand scandale d'un chacun. Quoique vous ayez enfoncé l'abbé de Salicis, il ne manque pas de calottins à la Chambre, calottins en robe ou calottins en habit noir. La nomination de Buchez à la présidence a une certaine importance, car Buchez est le fondateur de l'école néo-catholique. On a refusé de faire un ministère à part pour l'agriculture, mais on a bien vite fait des cultes un ministère particulier. Mais qu'importe! tant que les calottins crieront : Vive la République! on les laissera faire; le jour où ils demanderont le jeune Éliacin comme président héréditaire, on fera luire au soleil les 400,000 baïonnettes parisiennes et les chouettes éblouies rentreront dans leur clocher. Voyez déjà comme on a mené le pape. Je suis fâché de dire une chose banale, mais ce que j'espérais est réalisé : l'Église a fait son temps.

Adieu, chers parents, je finis toujours par parler politique. C'est bien le moins que je m'en occupe quand je suis en tête-à-tête avec vous, car je n'ai pas le temps de m'en occuper ailleurs. J'ai encore refusé avant-hier d'être président du club de Peupin. Je n'ai pas vu la famille

Cadars depuis un siècle. J'espère que vos troubles villageois sont apaisés et que le spirituel Briançon est rentré dans son auguste Pierrail.

Votre Paul.

Mai 1848.

Ma chère maman,

Tout va bien. Ne vous inquiétez pas. Par la ruse et surtout par la trahison, quelques êtres infâmes ont pu se croire un instant vainqueurs de la République. Par sa seule présence, par sa masse compacte et sa force morale, sans une seule goutte de sang, la garde nationale a anéanti l'émeute et les chefs du parti anarchique sont arrêtés. J'ai passé la nuit sous les armes. Je vais dormir.

Adieu. Broca.

Je quitte Chaucherie il y a une demi-heure.

1er juin 1848.

Chère maman,

Notre concours s'est ouvert aujourd'hui. Les pièces qu'on nous a données sont difficiles, mais elles ne seront pas très longues et elles doivent être remises le 17 juillet; puis, le Conseil de la Faculté a décidé qu'à l'avenir le concours du prosectorat serait régularisé comme les grands concours de l'École; qu'il y aurait, à jours et à heures fixes, trois séances par semaine, de telle sorte qu'entre le 1ᵉʳ et le 5 août tout sera terminé. Au lieu d'aller passer chez vous septembre et octobre, j'irai donc passer août et septembre; d'abord le temps sera plus beau, ensuite je pourrai prendre un pavillon au 1ᵉʳ octobre, et je ne serai pas obligé de demander à la Faculté un congé et un remplaçant. Enfin, je ne courrai pas la chance de voir manquer les élèves particuliers; car il n'y en aura pas beaucoup l'année prochaine, vu l'état des finances générales, et ceux qui seront les premiers à leur poste auront sans doute la préférence sur les absents.

Je vais donc commencer à faire des pièces. Vous savez que ce genre de travail m'est quelque peu antipathique; mais enfin espérons que ce sera pour la dernière fois. Je vais n'avoir plus une seconde à moi. Détournez nos compatriotes de l'envie de me donner des commissions, car il me serait impossible de les faire. On va voter de nouveau à Paris, mais tout est parfaitement paisible. Tout va bien, tout ira bien, mais à la condition que l'Assemblée nationale fasse preuve de tête et de cœur.

Je vous embrasse.   Paul.

Jeudi, 14 juin 1848.

Chers parents,

Puisque vous voulez bien vous contenter d'un petit bout de lettre, je me hâte de vous répondre en courant pour vous parler de moi; d'abord, je ne puis que vous répéter ce que je vous disais dans ma précédente lettre, c'est-à-dire que ma santé prospère beaucoup et que je travaille encore plus. Mes pièces sont fort peu avancées, mais mes compétiteurs sont dans le même cas. Maintenant que mes plans sont tracés, ma besogne va aller vite, et j'espère bien ne pas être talonné par le temps, comme je l'ai été dans les derniers jours de mon dernier concours d'anatomie.

Du reste, rien, absolument rien. Je n'ai pas vu la famille Cadars, à laquelle j'ai fait parvenir la chanson qui a tant égayé notre ville natale, et qui n'est pas mauvaise, ma foi. Je n'ai aucune nouvelle de cette famille, car Jules, occupé des affaires de la garde nationale, ne vient plus me voir.

Paul Dupuy s'inquiète de ne pas recevoir de nouvelles des siens. Je le vois tous les jours à l'hôpital où il travaille en qualité de *roupiou*. Je lui ai dit que si quelque membre de sa famille était malade, vous m'en auriez parlé dans votre dernière lettre, et que, par conséquent, il n'eût pas à s'inquiéter. Il continue à se porter très bien. Je n'ai pas encore pu faire votre commission auprès du directeur des Messageries. Son fils, que je voyais tous les jours à l'Hôtel-Dieu, est allé passer une semaine à la campagne. Je lui en parlerai quand je le verrai.

La politique me dégoûte. Le peuple français est trop nigaud pour qu'on s'occupe de lui. Les élections de Paris l'ont bien prouvé. Il s'est trouvé des ânes qui ont nommé Louis Napoléon, des égoïstes qui ont nommé Thiers, des fous qui ont nommé Lagrange et des filous qui ont failli nommer Girardin. Voilà Paris, la ville du progrès, des lumières et de l'intelligence. C'est dur à dire, mais non seulement notre pays n'est pas intelligent, mais il ne renferme même pas d'hommes intelligents. La Chambre, la fine fleur de la France, est certainement la plus sotte des assemblées passées, présentes et futures. Je ne puis mieux la comparer qu'aux moutons de Panurge. J'en rougis de honte, j'ai eu la faiblesse de prendre mon pays au sérieux.

Un pays de grenouilles! quand viendra donc le morceau de bois? Serait-ce du bois de la souche de Napoléon, par hasard?

Donc, adieu la politique. Tourne comme elle voudra, la roue des événements! La République est d'un côté, le despotisme de l'autre, la tartufferie constitutionnelle entre deux, et l'eau qui fait tourner la roue ne semble pas près de s'arrêter. Tourne, tourne, tourne, je m'en bats l'œil. Il y aura toujours des Anglais qui voudront apprendre l'anatomie et des citoyens qui se casseront la jambe.

Adieu donc, mes rêves chéris. Adieu aussi, mes chers parents; mais à vous, du moins, je dis : Au revoir.

BROCA.

Juin 1848.

Paris est pacifié, mais à quel prix, grand Dieu! De mémoire d'homme il n'y avait eu dans Paris tant de sang versé. Les insurgés avaient tous déclaré qu'ils vaincraient ou mourraient. Ils n'ont pas vaincu, mais ils sont tous morts.

Devant l'artillerie, ils ont dû quitter la rue; alors ils ont commencé la guerre de maison en maison, à chaque porte il y a eu un assaut et des flots de sang répandu. Garde nationale sédentaire ou mobile, garde nationale de province, troupe de ligne, garde républicaine, tous ont payé leur tribut.

L'Hôtel-Dieu est plein; cinq cents blessés et plus de cent morts. Déjà les salles de médecine ont été évacuées et beaucoup de blessés ont été évacués depuis hier sur la Charité. Nous n'avons plus de place et il a fallu faire une ambulance sous le vestibule. Où mettrons-nous les blessés qu'on portera ce soir et en grand nombre ?

L'Hôtel-Dieu, terrain neutre, a été le centre de toutes les opérations des insurgés et des soldats de la République. L'Hôtel-Dieu est la clef de la Cité et de la rive gauche. Pendant trente-six heures la fusillade n'a pas cessé, et plus d'une balle est venue briser nos fenêtres; heureusement personne dans l'Hôtel-Dieu n'a été blessé.

J'ai passé sans m'asseoir trois jours et trois nuits. Je vais enfin me jeter pour quelques heures sur un matelas.

Adieu, pardonnez l'écriture d'un homme qui dort aux trois quarts.

Broca.

Juin 1848.

Chers parents, vos inquiétudes sont passées maintenant, j'en suis certain; mais je réponds immédiatement à votre lettre désespérée.

Il n'est plus question de mon concours, mais abandonner mes malades maintenant, je ne le puis pas. Et pourquoi d'ailleurs les abandonnerais-je, même en faisant abstraction des engagements inviolables que j'ai contractés en acceptant la position que j'occupe? Paris est maintenant une ville épuisée, et l'émeute n'y est plus guère possible faute de combattants. Les insurgés sont morts, blessés ou prisonniers.

Morts surtout, car bien peu ont consenti à se rendre; il a fallu faire une tuerie qui a duré un jour entier dans le faubourg Saint-Antoine. Tuerie affreuse de maison en maison, d'étage en étage, de chambre en chambre. Les forces matérielles de l'insurrection sont anéanties, et ses

armes sont prises. Quant à ses forces morales, c'est-à-dire
à l'argent que des agents infâmes distribuaient à des for-
çats libérés et à des souteneurs de filles, l'enquête qui
s'ouvre va dévoiler bien des ignominies et bien des crimes.
La Russie, l'Angleterre, les légitimistes et surtout le Louis
Napoléon ont lancé leurs millions sur Paris et y ont excité
cette guerre atroce, sans analogue encore dans nos fastes
révolutionnaires. C'est au cri de : Vive Napoléon! que les
rassemblements se sont formés, c'est le prétendant qui a
soudoyé les rédacteurs des trente journaux bonapartistes
qui ont sali les rues de Paris dans cette dernière quinzaine.
C'est encore son nom qu'on prononçait sur les barricades.
Ce n'est pas d'aujourd'hui que mes malédictions et mes
haines sont acquises à cet ambitieux brigand qui a fait
tuer 12,000 Français et qui en a fait blesser près de 20,000.
Ah! ce serait pour moi une poignante douleur de voir mon
père rester encore attaché à ce nom longtemps glorieux,
mais aujourd'hui déshonoré par tant de meurtres. Que
l'état de siège, chers parents, ne vous effraye pas. D'abord,
je n'ai pas quitté l'Hôtel-Dieu, et je ne le quitterai pas de
sitôt. Ensuite, conformément au décret qui licencie notre
légion (la 9e), j'ai renvoyé mes armes à la mairie, de telle
sorte que je ne pourrai en aucun cas être pris les armes à
la main et soumis à la loi martiale. Cet état, du reste, sera
transitoire. L'insurrection est déjà complètement désarmée,
elle n'a plus ni argent, ni munitions, et, bien plus encore,
elle n'a plus d'hommes.

Aucune des personnes que nous connaissons n'a souffert
de la fusillade. M. Cadars et Jules n'ont pas été blessés.
Antonin Guillot, que j'ai vu par hasard hier dans les rangs
de la garde nationale, est plein de vie. Pendant quelques
jours j'ai cru à des bruits sinistres. On m'annonçait la
mort de plusieurs de mes meilleurs amis qui ne sont pas

même blessés. Les journaux, entre autres, ont annoncé la mort de mon collègue Richard qui n'a eu qu'une légère blessure à la tête, et qui est maintenant tout à fait rétabli.

Adieu, excusez la rapidité avec laquelle je vous écris cette lettre décousue. Je commence à avoir un peu moins de travail; mais je profite de tous mes moments de répit pour me livrer au sommeil.

Je vous embrasse de cœur. BROCA.

Paul Dupuy a écrit sans doute à ses parents. Il vient tous les jours à l'Hôtel-Dieu avec Brunet qui est très bien, ainsi que son frère.

———

18 juillet 1848.

Chers parents,

Le concours du prosectorat, qui devait être renvoyé de quinze jours au moins à cause des affaires de juin, ne l'a pas été du tout, et voici comment les choses se sont passées : j'étais convenu avec M. Blandin et avec M. Bouillaud, que j'avais vu, que le répit de quinze jours serait accordé même quand un seul d'entre nous le demanderait. Le 4 juillet, jour où je fis ma rentrée à l'École pratique, je proposai à X..., alors un de mes meilleurs amis, de demander quelques jours de prolongation pour la durée du temps consacré à nos pièces. Il y consentit de grand cœur, et il fut convenu que nous ferions notre demande le lendemain. Je ne cachai même pas que ce répit était à peu près indispensable pour moi, car mes pièces, que j'avais laissées sur la table le 22 juin, avaient eu le temps de se corrompre complètement pendant les huit jours de l'émeute.

Le lendemain, X... vint à moi. « Pourquoi, dit-il, demanderions-nous une prolongation? Gros, qui n'est pas interne et qui n'a pas cessé de disséquer pendant l'émeute, ce qui était vrai, aurait ainsi quinze jours de plus que nous, ce qui serait tout à fait à son avantage; puis nous sommes déjà bien assez fatigués, sans nous condamner encore, par cette chaleur, à quinze jours de pièces. Il vaut mieux nous entendre tous les deux, nous engager à ne faire qu'une seule pièce au lieu de deux, et exposer à nos juges la cause de ce déficit. » Cette proposition, qui me donnait la certitude de pouvoir terminer mon concours et partir en vacances quelques jours plus tôt, me sourit beaucoup, et nous nous engageâmes sur l'honneur, devant deux de nos amis qui étaient là par hasard, à ne faire qu'une seule pièce représentant les aponévroses du périnée. Je me mis au travail, et je ne me dépêchai pas trop de faire mon unique pièce, bien certain de la terminer puisque j'avais quinze jours devant moi. Nos pièces devaient être remises hier lundi, 17 juillet. Voilà que vendredi dernier, quatre jours avant la fin du concours, j'appris que X... avait deux pièces, l'une représentant les aponévroses, l'autre représentant les vaisseaux et les nerfs du périnée. Il y avait eu peu de blessés à la Charité, X... était revenu à l'École pratique le 28 juin, avait continué la pièce commencée avant les émeutes, et le 4 juillet, jour de notre convention, sa pièce était à peu près terminée. Lorsque je lui parlai de la prolongation qu'on ne pouvait pas me refuser, il reconnut d'abord qu'elle était très juste; mais pendant la nuit il réfléchit qu'il aurait tout le temps de faire une seconde pièce, et, pour conquérir cet avantage sur moi, il me tendit un piège dans lequel je donnai complètement. Le jour où je commençai mon unique pièce, il commença la seconde, et il réussit par fraude à m'empêcher d'obtenir une prolongation qui ne pouvait pas ne pas m'être accordée.

Vendredi donc, par hasard, j'appris que X... avait deux pièces. Je ne pouvais pas, sans être hors de concours, n'en présenter qu'une seule. Les juges auraient dit : « X... est interne comme vous, il a perdu du temps comme vous, et d'ailleurs pourquoi n'avez-vous pas demandé quinze jours de prolongation ? »

Il me fallait donc deux pièces. La première était terminée, et je n'avais que quatre jours pour disséquer, sécher et peindre la seconde. Bon gré, mal gré, il fallut bien en passer par là. Je fis donc avec précipitation une seconde pièce fort incomplète. Je la séchai dans la nuit de samedi à dimanche et dans la journée du dimanche et le lundi matin je n'allai pas à l'Hôtel-Dieu pour la peindre. J'ai donc hier présenté deux pièces : l'une bonne, l'autre très mauvaise. Je ne suis pas hors de concours, mais, grâce à la loyauté de X..., je suis complètement battu dans cette épreuve, l'une des plus importantes, sinon la plus importante du concours. Et pourtant X..., après Roudier, était de tous mes amis celui à qui j'aurais le plus aveuglément confié mes intérêts. Cette leçon me servira. Sur cent hommes il y a quatre-vingt-dix-neuf coquins. Je ne sais rien de nouveau. Voici une lettre de Mme Guillot. Mme Subervie partira samedi prochain, mais je ne sais si je pourrai la voir. Les épreuves théoriques commenceront après-demain. Je vais travailler. Adieu.

Votre Paul.

Dans la lettre de Mme Guillot il y a deux parties : l'une, écrite le 7 juin, devait être remise par M. Coste, qui n'est pas parti ; l'autre est une réponse à la dernière lettre de maman. Je ne mets ici que cette dernière pour ne pas surcharger ma lettre. Le reste vous parviendra dans ma prochaine.

Je suis le premier pour la composition écrite. Les juges ont été unanimes, même Velpeau, l'ennemi de mes maîtres. X... est le second, Gros est de bien loin, de bien loin le troisième.

Tout à vous.   BROCA.

Ce samedi, 21 juillet 1848.

Notre question écrite était : *Anatomie et physiologie de la glotte. Discuter les indications de la trachéotomie.*

Mercredi soir, 26 juillet 1848.

Bonne nouvelle, bonne nouvelle.

Gros, qui était écrasé par la question écrite et que la première épreuve orale avait réduit en poussière, vient de s'anéantir complètement lui-même en filant sur la seconde épreuve orale.

Il faut avouer que les juges ne nous ménagent pas les difficultés. Avant-hier, ils ont donné pour question d'un quart d'heure : *La structure intime des dents chez les mammifères*. Aujourd'hui, pendant le même temps, il a fallu parler sur les mouvements du voile du palais. Gros a mieux aimé filer, on ne peut pas empêcher un homme de filer. Mais un homme qui file est perdu dans l'estime des juges. Et comme parmi les juges il en est trois, c'est-à-dire la majorité, qui ne changent jamais, Gros ne sera jamais prosecteur.

Nous sommes donc aux prises, face à face, X... et moi. Il faut avouer que dans les épreuves orales il y a eu jusqu'ici entre nous une égalité parfaite. Les juges sont très contents de nous deux. Je suis seulement le premier pour l'épreuve écrite et lui pour les pièces. Je ne vois pas la possibilité d'une épreuve décisive. X... et moi nous ne sommes ni l'un ni l'autre de trempe à nous laisser enfoncer sur une épreuve de chirurgie ou de médecine opératoire, les seules que nous ayons à subir. Et je crains bien que cette égalité tenace qui a toujours existé entre nous dans tous nos concours ne se présente encore cette fois-ci.

Velpeau et Denonvilliers ne se cachent pas de voter pour lui. Blandin et Laugier ne se cachent pas de voter pour moi. Que fera Bérard? Je crois qu'il votera pour l'ancien, c'est-à-dire pour moi.

S'il en est ainsi, il y aura d'ici quinze jours, que dis-je! d'ici dix jours, un prosecteur de plus dans notre famille.

Adieu, je vous embrasse de tout cœur.

Broca.

Paris, le 2 août 1848.

Chers parents,

Vous serez certainement de mon avis. Mieux vaut dans un concours être battu et rester honnête qu'être déloyal et vainqueur. Il me semble que dans le premier cas je dormirais bien, que dans le second cas je dormirais mal; que dans le premier cas je serais fier d'annoncer ma défaite, que dans le second cas je rougirais d'annoncer ma victoire.

Par un de ces pièges où ne tombent que les amis intimes, X... s'est assuré la supériorité dans l'épreuve la plus importante du concours. Je m'y suis laissé prendre aveuglément; j'aurais eu honte de douter de la loyauté d'un homme à qui j'avais accordé une confiance absolue.

X... a mis en jeu tous les rouages de l'intrigue; par ses protecteurs nombreux et haut placés, il a fait circonvenir les juges, et a usé de porte en porte une paire de bottes. Je n'ai fait aucune visite, aucune démarche par M. Subervie qui doit connaître Arago, beau-père de Laugier, j'aurais pu agir sur ce dernier; par M. Gerdy, par M. Dezeimeris, par M. Bouillaud, j'aurais pu influencer M. Denouvilliers. J'ai préféré me reposer sur les épreuves, et je ne suis allé voir personne.

Et cela étant, si on m'eût donné à choisir entre X... vainqueur et Broca vaincu, je n'aurais pas hésité un seul instant, ni vous non plus. Eh bien, au lieu de cela, il se trouve que je suis prosecteur et que X... continue à être aide d'anatomie. Cela vous explique comment je dormirai doublement bien et X... doublement mal. Je ne veux pas d'autre vengeance. Il ne s'agit plus que de faire revenir Macquet et de partir à sa place. Macquet marie sa sœur, et je ne crois pas pouvoir partir avant le 10 août. Donc, répondez à cette lettre et ne répondez pas à celle que je vous écrirai dans quatre ou cinq jours pour vous fixer exactement l'époque de mon départ.

Après vous, après M. Blandin, après la famille Cadars qui a eu un accès de joie, savez-vous quelle a été la personne la plus contente de ma nomination? C'est M. Thierry. Dès que le scrutin a été dépouillé, je suis allé à l'administration des hôpitaux lui en porter la nouvelle. Il m'a embrassé avec effusion. « Vous me dites que vous êtes prosecteur, a-t-il ajouté; je vous dis, moi, que vous êtes un brave garçon! » Si M. Thierry me l'a dit, c'est qu'il le pensait.

Adieu, je vous embrasse bien tendrement, et je vous embrasserai bien mieux dans quelques jours.

A vous. BROCA.

Que, dans votre réponse, papa m'indique exactement les opérations qu'il me garde en réserve, afin que je porte les instruments nécessaires.

Paris, 11 août 1848.

Mes chers parents,

Pardon de ne pas vous en écrire plus long, mais j'ai tant de choses à faire pour combler toutes les lacunes que j'avais laissées pendant mon concours à mes affaires et à celles des autres, que je dors moins maintenant qu'avant ma nomination. Je quitterai Paris lundi 14 août. M. Macquet père m'a fait écrire par son fils pour m'inviter à rester un jour à Angoulême en m'en allant. J'ai refusé une première fois parce que je ne connais pas la famille Macquet. Mais Macquet doit aller m'attendre à Angoulême. Nous y passerons une journée ensemble, et de là nous partirons lui pour Paris, moi pour Sainte-Foy. Il s'agissait d'obtenir l'autorisation de M. Blandin, dont le service restera privé pendant trois jours de ses deux internes les plus chers; cette autorisation, il nous l'a accordée avec une complaisance incroyable. Je vous écrirai d'Angoulême. Si vous avez le temps de m'y répondre poste restante, je vous dirais de m'y faire connaître votre opinion à cet égard. Il me semble que d'Angoulême je pourrais aller directement à La Roche-Chalais passer une journée avec les Rochelais, et aller de là à Sainte-Foy où je ne serais que le 18 ou le 19.

Adieu, je vous embrasse tendrement.

BROCA.

La sœur de Mme Grimard trouvera Élie Broca installé dans ma demeure.

Angoulême, mercredi soir 16 août 1848.

Chers parents,

J'ai reçu ici l'accueil le plus affectueux ; si je voulais céder à des instances pressantes, je resterais ici plusieurs jours. Mais mon temps ne m'appartient pas, et je me reproche même d'avoir pris sur moi de disposer d'une journée.

Je partirai demain matin à sept heures pour La Roche-Chalais, où je serai à trois heures de l'après-midi. Je compte rester là vingt-quatre heures au plus et je tâcherai de vous ramener quelques Rochelais. Tout bien calculé, par conséquent, vous pouvez m'attendre au plus tard samedi 19 courant.

Adieu, je vous embrasse tendrement.

BROCA.

J'ai eu beaucoup de difficultés pour mon congé, mais je les ai en partie surmontées et je suis à vous jusqu'à la fin de septembre.

Samedi soir, 21 septembre 1848.

Mes chers parents,

Je suis maintenant revenu à cette vie d'Hôtel-Dieu et d'École pratique, qui, par sa monotonie, me donnera jusqu'au mois de janvier la plus grande ressemblance avec une horloge. Ce que je vous en dis n'est pas pour m'en plaindre, car je vois au contraire arriver avec désolation l'époque où il faudra quitter mon service d'interne. Je suis si bien maintenant à l'Hôtel-Dieu, ne recevant jamais la moindre observation de mon chef, travaillant tranquillement à mes observations et à mon microscope dans mon petit cabinet, et trouvant dans la complaisance de mes collègues toutes les facilités pour continuer, pendant mes jours de garde, mon service à l'École pratique! Mais enfin il faut prendre avec philosophie ce qu'on ne peut empêcher; et d'ailleurs n'aurai-je pas mes entrées à toute heure, après l'expiration de mon temps, dans cet hôpital, où depuis deux ans je suis connu de tout le monde? Premièrement, du reste, les affaires vont très bien. Et d'abord la Faculté s'est enfin décidée à me payer mon indemnité de 500 francs, quoique le procès Orfila ne soit pas encore vidé. Puis il s'est effectué une rentrée inattendue de 60 francs. Enfin, malgré la République, les élèves ne manquent pas. J'ai déjà reçu une série d'Américains auxquels j'enseigne la médecine opératoire, ce qui me vaudra 120 francs au bout du mois. Une autre série attend que la première ait fini. J'ai aussi, quoique le mois de novembre ne soit pas arrivé, trois élèves à ma table particulière. Enfin, je suis en pourparlers avec quatre Égyptiens qui veulent disséquer dans mon cabinet à 150 francs chacun pour les cinq mois d'hiver. Je ne sais si je me déciderai à les prendre. Si je croyais remplir mes places avec des Français ou des Américains, je le préférerais de beaucoup, parce que l'Égyptien est obtus, mauvais coucheur et mauvais payeur. Quoi qu'il en soit, vous voyez que, pour une première année de République, je n'ai pas trop à me plaindre du sort. J'ai actuellement dans mon secrétaire, comme je vous le disais tout à l'heure, un bel et bon billet de banque que le caissier de l'École m'a remis ce matin. Je le porterai demain chez M. Cadars, mais je suis un peu indécis sur l'emploi que j'en veux faire. L'argent de mes élèves suffira pour mes frais de doctorat, et deux placements honnêtes se présentent : l'achat d'une montre à secondes, et un voyage en Suisse pour le mois d'août. N'oubliez pas que l'un n'empêche pas l'autre, puisque j'ai un nouveau billet de 500 francs à toucher le 15 avril prochain. Mais attendrai-je d'être à Genève pour acheter une montre, ou garderai-je ma bassinoire jusqu'à l'an II de la République? Vous savez que la coquetterie n'est pas mon fort. Donnez-moi donc votre avis et je m'y conformerai.

Vous ai-je écrit depuis que mon nom a paru dans le *Moniteur?* Je vous avoue que je suis médiocrement flatté d'une récompense nationale distribuée sur une aussi large échelle. Lorsqu'on donne quatre-vingts médailles pour le service chirurgical de juin, bien malheureux serait celui qui n'en serait pas atteint. La médaille est désignée comme médaille d'or. Cependant, vu l'état des finances publiques, on les frappera en argent, en indiquant sur chaque médaille qu'elle devait être en or. Encore un hochet! Les inquiétudes de quelques alarmistes ne se sont pas réalisées. On disait qu'il y aurait du train à la levée de l'état de siège, on avait prudemment distribué des cartouches dans les postes pour ce jour-là, mais il n'y a eu aucun mouvement, aucun attroupement. Jusqu'ici je ne suis pas sorti du quartier depuis le départ de M. Battanchon. Je ne suis encore allé ni chez le général, ni chez M. Dezeimeris, ni même chez M. Gerdy. Avant-hier cependant j'ai passé la soirée chez M. Bouillaud, et demain je suis invité à déjeuner chez M. Roubaud dont le fils est mon élève. Dans l'après-midi, j'irai voir la famille Cadars qui me donnera des nouvelles de Jules; M. et Mme Cadars sont allés la semaine dernière à Chantilly où il y avait des courses, et leur fils a dû s'y trouver avec eux.

J'ai reçu une lettre qu'Élie m'a écrite en partant. Il est sans doute déjà rendu à son nouveau poste, mais il est probable que vous n'avez pas encore de ses nouvelles. Il aura précisément là-bas pour professeur de physique un de mes bons amis avec lequel je suis lié depuis six ans. Je lui ai écrit par cette occasion.

Je vois tous les jours, à l'École pratique, X... qui me fait beaucoup d'avances. Je l'ai d'abord accueilli un peu froidement; mais comme, d'une part, je ne saurais lui en vouloir d'avoir multiplié par deux le plaisir que j'ai éprouvé lorsque j'ai été nommé prosecteur; comme, d'autre part, maintenant que je suis fixé sur son compte, je saurai désormais me mettre en garde contre ses manipulations, je ne lui fais pas trop mauvaise figure, et bientôt peut-être nous serons en apparence aussi bien qu'avant. Que sont les récoltes en vin? La grêle avait-elle fait beaucoup de mal? Comment s'arrangent vos affaires municipales? Coste est-il marié? Comment va le pauvre M. Lamaure? Comme dans votre lettre vous ne me parlez pas de tante Joséphine, j'en conclus qu'elle va bien.

Adieu, chers parents. BROCA.

Paris, dimanche 1er octobre 1848.

Mes chers parents,

Mme Chaucherie vous a sans doute annoncé que mon voyage s'est fait heureusement, car son mari lui écrivit sous mes yeux quelques instants après mon arrivée à Paris. Sûr de votre tranquillité, j'ai attendu trois jours avant de vous écrire afin de pouvoir du moins vous dire quelque chose. J'ai trouvé le service de M. Blandin dégarni. Le pauvre Macquet a reçu, il y a huit jours, une lettre lui annonçant que sa sœur était fort mal et il s'est hâté d'aller la soigner. Il était donc à Angoulême lorsque j'y suis passé, et si j'avais pu le prévenir je serais allé lui serrer la main en passant. Peut-être m'écrira-t-il à Sainte-Foy pour me prier de hâter mon retour. D'après les calculs de mes collègues, sa lettre aurait dû me parvenir là-bas le 25 au matin. Y a-t-il un retard d'un jour, ou mon exactitude connue lui a-t-elle donné confiance dans mon retour? Quoi qu'il en soit, si vous avez cette lettre, il est, je crois, inutile de me la faire parvenir. L'absence de Macquet laisse un vide dans le service, car Gautier part ce soir pour la Suisse, et je suis obligé de prendre la moitié des malades en sus du travail des observations; en outre, les pavillons de la Faculté rouvriront demain, 2 octobre, de façon que mon temps va se trouver aussi rempli que possible. J'ai dîné, il y a deux jours, chez Mme Cadars, que j'ai trouvée incomparablement plus tranquille et plus rassurée qu'avant mon départ. La décoration va très bien à son mari et lui donne l'air d'un ex-pair de France. Il continue à gagner peu et à ne perdre pas.

J'ai fait ou fait faire toutes les commissions dont j'étais

chargé. J'ai vu moi-même le docteur Bonnet, qui vient d'être très gravement et très longuement malade, et qui a entre autres, depuis quatre mois, une affection inquiétante du larynx. Il m'a donné un reçu en bonne forme. Il ne me reste plus de toutes mes commissions que le paquet destiné à Edmond Dascols. Il ne partira que dans quelques jours. Mon collègue Bouteiller va passer quelques jours chez son père, à Rouen, et il se chargera de le faire parvenir au Havre, car les occasions ne lui manqueront pas.

Quoique j'aie depuis longtemps perdu l'habitude de me mêler aux cancans, je puis, si vous me promettez de déchirer ma lettre, vous faire passer quelques renseignements et vous soumettre une supposition. J'ai fait route, vous le savez, de Sainte-Foy à Bordeaux avec l'homonyme d'un ancien roi de Naples. Le jeune homme avait bien dîné, il était expansif et je le fis parler : « Il n'y a pas de demoiselle à marier à Sainte-Foy, dit-il. — Je ne trouve pas, » lui répondis-je, et là-dessus je lui fis une longue énumération, et je n'oubliai pas, vous le croyez bien, le nom de certaine demoiselle. Il m'interrompit aussitôt : « C'est certainement la plus belle demoiselle du pays, dit-il avec admiration. — Oui, ajoutai-je, et d'une très bonne famille. — Baste! la famille, à quoi cela sert-il quand il n'y a pas de fortune? Voyez-vous, dit-il en terminant, il est impossible qu'un jeune homme se marie à Sainte-Foy. » Interprétez cela comme vous voudrez. Mais il m'a semblé comprendre que le jeune homme s'en allait débouté et qu'il laissait les raisins verts aux goujats. Du reste, les quelques heures que j'ai passées avec lui l'ont fait baisser dans mon estime. Je le savais mauvais sujet, d'après ce qu'on m'avait dit, mais je l'avais jugé intellectuellement au-dessus de sa valeur dans le déjeuner que j'avais fait avec lui il y a un mois. Mme Blandin a trouvé les *percés* excellents. Son mari me charge de vous en remercier. Il m'a demandé des détails sur l'arbre qui les produit, s'il y avait possibilité de le cultiver dans le Nord, et peut-être vous prierai-je au printemps de m'envoyer quelques greffes pour lui.

Charles Bouny est venu me voir, mais il ne m'a pas rencontré. J'ai vu Mme Labrunie mère qui cloche toujours.

Du reste, pas grand'chose de nouveau. Je trouverais bien encore à jaser s'il le fallait, mais je n'ai pas d'enveloppes et je suis obligé de fermer ma lettre. Tenez-moi au courant des intéressantes affaires de la ville; j'espère que les créanciers de votre premier citoyen ne se sont pas privés de lui envoyer leurs comptes. Dites-moi aussi comment vont les malades auxquels je m'intéresse. J'espère que l'indisposition de ma tante Joséphine n'a pas été grave et qu'elle est maintenant bien remise.

Adieu, chers parents, je vous embrasse de tout cœur.

Votre Broca.

Paris, ce 7 octobre 1848.

Mes chers parents,

M. Léonce vous portera cette lettre et vous en dira sur mon compte tant que vous pourrez lui en demander. Je ne l'ai, à la vérité, que peu vu, car nous sommes l'un et l'autre restés absents pendant toutes les journées, et il ne rentrait le soir que pour se coucher. Mais enfin il connaît ma chambre, ma manière de vivre, etc., et je suis sûr que vous trouverez à lui faire plus d'une question. Aujourd'hui a eu lieu le mariage de M. Gosselin, notre chef des travaux anatomiques. Il a épousé la fille d'un académicien, doyen de l'École de pharmacie. C'est pour lui un beau mariage sous tous les rapports, et ainsi se marient ceux qui savent attendre suffisamment. Je suis allé, bien entendu, à la bénédiction nuptiale. Mais de noce point, c'est assez mal porté à Paris; les époux partent généralement pour la campagne aussitôt que les cérémonies sont terminées. Heureux pays, où chacun est libre de se soustraire au fardeau des importuns. Mais de quoi vais-je vous parler, lorsque vous avez de bien plus graves préoccupations suscitées par le départ d'Élie pour Alger? Je vous avoue que je suis loin de partager votre consternation. La difficulté du provisorat est doublée pour toujours, ce qui est immense. Car cette difficulté était très réelle ; proviseur pour proviseur, on le placera aisément plus tard dans un lycée plus rapproché. Il y aura là-bas à déployer de l'intelligence, de la fermeté, et Élie, Dieu merci, ne manque ni de l'un ni de l'autre. Je suis certain qu'il obtiendra de bons résultats dans ce pays indiscipliné, et que ses services lui seront comptés plus tard. Je ne sais si Alger est sur le pied des autres colonies, où les temps de service comptent pour double. Mais, en tout cas, le proviseur du lycée ne peut pas ne pas jouir là-bas d'une indépendance plus grande que partout ailleurs.

Reste l'expatriation. Expatriation plus apparente que réelle. C'est un pays français, à une portée de canon de la France, la traversée est rapide et présente la plus grande sécurité. Un retard de quelques jours dans l'arrivée des lettres, des visites un peu plus rares, voilà les seuls inconvénients de cette position nouvelle, essentiellement transitoire, inconvénients que compensent bien les avantages que je viens de signaler. Le climat d'Alger n'est pas plus mauvais que le nôtre, et Élie n'ira pas aux défrichements s'exposer aux miasmes marécageux. Et puis, n'aura-t-il pas avec lui sa famille? Ne sera-t-il pas presque dans les mêmes conditions qu'à Metz? Virginie est bien plus à plaindre, et c'est d'elle que je m'inquiète le plus, car elle n'a jamais quitté sa mère, et elle la quittera peut-être pour longtemps. Enfin, tout bien considéré, je trouve heureux, surtout au point de vue de l'avenir, le changement de position d'Élie, et je viens de lui écrire pour l'en féliciter. Je pense qu'il passera par Paris en s'en allant, et je m'attends à le voir arriver d'un jour à l'autre, car il faudra sans doute qu'il soit rendu pour le 1er novembre. Mes occupations sont maintenant aussi réglées que l'année dernière. J'ai repris un pavillon et l'anatomie va son train. J'ai deux élèves particuliers. Y en aura-t-il beaucoup d'autres? je n'en sais absolument rien.

Il paraît qu'il y a eu du remue-ménage à Sainte-Foy, que des démissions ont suivi dans le conseil municipal la destitution de Célestin. Vous aurez donc bientôt des élections, et je vous recommande la candidature du citoyen bottier... de la République.

Je n'ai pas revu la famille Cadars. Je la verrai demain. Adieu, chers parents, je vous embrasse de tout cœur.

Votre Broca.

Dimanche soir, 8 octobre 1848.

Mes chers parents,

N'ayant pas eu le temps de faire avant le départ de M. Léonce l'acquisition du sabre que j'ai promis à Émile, je l'ai *confié* à M. Battanchon qui vous le remettra. Vous ferez parvenir comme vous pourrez ce terrible instrument à La Roche. Les occasions ne doivent pas vous manquer. Je n'ai pas encore reçu la caisse mise au roulage quelques jours avant mon départ de Sainte-Foy; je croyais cependant que vous l'aviez mise au roulage accéléré. Du reste, un peu plus tôt, un peu plus tard, pourvu qu'elle arrive, c'est l'essentiel. J'ai parlé à Charrière du bandage compressif que j'ai fait faire à Sainte-Foy, et il pense comme moi qu'on ne peut pas le placer au-dessous de 15 francs. Je prie donc maman de prévenir Aurore, qui préviendra sa couturière. Il serait important que la chose se fît promptement, car je ne me suis jamais dissimulé que la ressource que j'ai tentée n'a que de faibles chances de succès, et il ne faudrait pas attendre que la mère pût croire le bandage inutile pour lui en réclamer le payement. Je me proposais d'aller voir aujourd'hui Mme Cadars et Mme Labrunie. Mais le temps était si beau ce matin que nous avons voulu recevoir les derniers rayons du soleil d'automne. Nous sommes donc partis en canot et nous sommes allés à Asnières où l'affluence était considérable. Nous avons eu la satisfaction de laisser tous nos concurrents derrière sans trop d'efforts et sans accidents. Nous venons de rentrer un peu fatigués, mais très contents de notre journée.

Adieu, je vous ai écrit hier, de sorte que je n'ai plus grand'chose à vous dire.

Je vous embrasse tendrement.

BROCA.

Jeudi soir, 9 novembre 1848.

Mes chers parents,

J'ai devant les yeux plusieurs lettres que Noguès m'a remises avant-hier. Je voulais attendre pour vous répondre d'avoir aussi les lettres que me porte Paul Dupuy; mais afin de ne pas trop vous faire attendre, je commence dès ce soir. J'ai reçu votre caisse de vin, et je l'ai fait parvenir à M. Blandin. Aucune bouteille n'était cassée, et nous irons le goûter la semaine prochaine lorsque M. Blandin aura achevé son déménagement. Je pense que la caisse de Mme Cadars, partie en même temps, est aussi arrivée en même temps; j'irai dimanche prochain afin de prendre les livres que vous y aurez joints. J'interrompis ma dernière lettre au moment où je venais vous parler de ma visite au général. Le baron de Br... lui a écrit et lui a adressé les plus beaux renseignements sur l'état de notre pays. Les blancs y sont représentés comme la quintessence des républicains, et le banquet du Pierrail comme un des plus patriotiques qui aient jamais eu lieu. Quoique venus d'une source aussi suspecte, ces détails ont paru de bon aloi au général, qui dans son honnête franchise ne croit pas à l'hypocrisie. Je ne l'ai pas vu depuis cette époque; mais je sais qu'il se porte bien, car ce soir je l'ai vu passer en voiture près de moi, sans être vu de lui. J'ai fait pour Noguès tout ce que j'ai pu, c'est-à-dire qu'après lui avoir donné tous les renseignements que je possédais, je l'ai adressé à un ingénieur des mines. Il est probable que ce dernier va le faire entrer comme préparateur dans le laboratoire de M. Duvernoy, professeur à l'École des mines. Cet ingénieur pense comme moi que, pour des études de chimie appliquée et surtout appliquée à l'exploitation des mines, qui est ruineuse quand elle n'est pas lucrative, une seule année n'est pas suffisante. Quoi qu'il en soit, s'il n'entre pas chez M. Duvernoy, j'ai la certitude de le faire entrer au laboratoire de chimie de la Faculté; ce serait moins bon que le laboratoire de l'École des mines, mais ce serait toujours très bon. Quand je verrai M. Cadars, je lui parlerai de vos barriques de vin; je n'ai pas encore fait de choix sur la brochure que papa me demande sur le choléra. On ne s'en est guère occupé depuis la grande épidémie, et les travaux du temps n'ont guère de valeur à cause de la précipitation avec laquelle on les rédigeait et des idées préconçues qui présidaient à ces travaux. Comme il est fortement question du choléra, plusieurs praticiens s'en occupent actuellement, M. Tardieu, agrégé de la Faculté, prépare un volume qui va bientôt paraître. Désires-tu que je l'attende ou que je t'envoie ce qu'il y a de moins mauvais parmi les brochures qui ont déjà paru?

Je me reproche, dans ma dernière lettre, de ne vous avoir rien dit des plants de pêcher dont je vous avais parlé un peu en l'air. Jamais il n'a été question avec M. Blandin de faire venir ces plants. Il m'avait demandé des renseignements sur leur espèce, leur culture, et j'avais pensé que peut-être il m'en reparlerait et qu'il serait bien aise d'avoir des plants; mais il ne l'a pas fait, et, comme il s'occupe d'horticulture aussi peu que possible, je ne crois pas utile de lui en envoyer sans qu'il le demande. Le cadeau serait trop mesquin pour être offert; ce que je pourrai faire, si jamais la conversation revient là-dessus, ce sera de le mettre sur la voie de vous en demander.

Adieu, mes chers parents; je ferme ma lettre pour ce soir, je l'achèverai demain à l'École pratique où Paul

Dupuy doit me porter la vôtre. Ce dernier est arrivé en très bonne santé, et il est déjà inscrit dans mon pavillon où j'avais eu la précaution de lui réserver une place.

Adieu, chers parents, je vous embrasse tous tendrement.

Votre Paul.

J'avoue, en toute humilité, que je ne sais pas combien a coûté le manteau de papa. Il me semble vaguement avoir entendu parler par M. Cadars de 90 francs, mais je ne sais pas si c'était une évaluation faite avant l'achat ou si c'était le prix réel.

Autre chose. Nous avons eu, Roudier et moi, un malentendu au sujet de l'abonnement que j'ai pris pour lui à la *Gazette des Tribunaux*. Nous croyions être abonnés pour six mois, nous ne l'étions, disent les employés, que pour trois seulement. Je me souviens d'avoir laissé à Sainte-Foy la quittance de cet abonnement avec une autre quittance de 130 et quelques francs pour des livres que j'ai envoyés à Roudier. Ces deux quittances doivent être ensemble; pendant les vacances, je les ai vues plus de cent fois sur la table où était ma cuvette ou dans son tiroir. Peut-être les ai-je mises en sûreté, en partant, dans mon petit secrétaire en bois blanc. Vois, chère maman, si tu peux retrouver ce papier qui représente une valeur de 12 francs, si, comme je le pense, il porte abonnement pour six mois.

6 ou 7 décembre 1848.

Mes chers parents,

Je n'ai pas voulu répondre à la lettre que m'a portée M. Larégnère, parce que je supposais avec raison qu'une lettre de papa était en route. Cette lettre, je l'ai reçue avant-hier, et j'y aurais répondu par M. Larégnère, sans une légère incommodité qui m'a forcé à garder la chambre pendant deux jours. Mon tailleur m'avait fait un gilet qui me gênait un peu dans l'aisselle droite; j'ai eu la négligence de le porter pendant trois ou quatre jours. La peau s'est enflammée, puis écorchée, et j'ai dû rester en robe de chambre pendant deux jours pour éviter les frottements dans l'aisselle. Aujourd'hui j'ai repris mon service à l'hôpital et à l'École pratique, et je suis parfaitement guéri. Hier je n'ai pu me rendre chez M. Larégnère, et voilà pourquoi je l'ai laissé partir sans lettre. Jules Cadars est arrivé avant-hier de Beauvais. Il a saisi l'occasion des élections pour venir passer quelques jours dans sa famille; j'irai dîner avec lui dans quelques jours.

Hier, le grand jour des élections, a été beaucoup plus calme qu'on ne s'y attendait. En effet, il y avait depuis quelques jours une grande fermentation dans les faubourgs. On y criait : Cavaignac à la lanterne! A bas les mobiles! Vive Poléon! C'est contre la mobile surtout que l'exaspération était grande. Et si, par un scrupule louable, le gouvernement n'eût fait déménager la mobile casernée place Maubert, pour la remplacer par la troupe de ligne, une collision aurait certainement eu lieu. Je dis par un scrupule louable, car il y avait pour le pouvoir tout à gagner à établir un engagement dont l'issue n'eût pas été douteuse.

Une insurrection nouvelle, grande ou petite, pourvu qu'elle eût été vaincue, et elle l'aurait été, aurait fait voter pour Cavaignac toutes les provinces.

Hier donc, la journée a été aussi calme que le ciel était beau. Malheureusement la lune est pleine, et à sa clarté qui était plus grande que celle de certains jours sombres de l'hiver, des rassemblements se sont formés et se sont prolongés très avant dans la nuit. Aujourd'hui, il y a des groupes sur toutes les places; au centre du Château-d'Eau pérore un orateur bonapartiste. Paris est pavé de bulletins portant le nom de Bonaparte, et je n'exagère pas en portant à deux millions le nombre de tous ceux qu'on a ainsi répandus de tous côtés. Sur la place Vendôme on a mis sur un mannequin un petit chapeau et une redingote grise, et sous les fenêtres du futur président on porte le mannequin en triomphe aux cris de : Vive Napoléon! Singulière manifestation, qui n'est qu'une idolâtrie stupide, mais qui ressemble à une ironie amère, à un rapprochement insultant.

Quoi qu'il en soit, s'il faut que je vous dise ce que répètent beaucoup de personnes, et ce dont je suis convaincu, c'est que le Bonaparte sera très probablement nommé parce qu'il aura la majorité absolue. Mais si par malheur il n'avait qu'une majorité relative et que la Chambre nommât Cavaignac (elle n'y manquerait pas), je suis persuadé qu'une tentative insensée reproduirait dans Paris le coup de feu de juin. Avec cette différence, toutefois, que les insurgés n'ont pas d'armes, que la mobile est déterminée et qu'il y a 80,000 hommes de troupes, que l'ascendant moral de l'émeute serait nul, parce qu'elle sort d'être vaincue, que l'affaire, en un mot, ne durerait pas une journée. Voilà froidement la situation que la réaction nous a faite en donnant aux classes inférieures un prétexte à émeute dans la personne de Louis Napoléon. On a démâté le vaisseau et il vogue à la dérive au milieu des écueils. Heureusement que la France sait nager. Elle sait nager même dans le sang. J'ai un mot à corriger dans ma dernière lettre. Je voulais une révolution ferme, inflexible, basée sur la logique et l'égalité. Un seul homme, parmi ceux qui ont passé au pouvoir, me semblait l'avoir comprise ainsi : c'était Ledru-Rollin, et, malgré quelques fautes plus ou moins explicables, c'était en lui que je personnifiais la révolution. Aujourd'hui il n'en est plus de même. Il vient de montrer qu'il était sans courage et sans honneur. Je sais bien qu'il est dur pour un candidat à la présidence de n'avoir autour de soi à l'Assemblée nationale que cinq ou six partisans dévoués et de n'obtenir dans un pays de 35 millions d'habitants que les voix des révolutionnaires purement et simplement, c'est-à-dire 60,000 ou 80,000 voix. Je sais bien qu'il est dur pour un homme dévoué au progrès d'être insulté comme réactionnaire par la presse et les clubs socialistes, tandis qu'on est insulté comme mangeur d'hommes par la presse et les clubs rétrogrades. Mais quand on veut être chef de parti il faut avoir ce courage. Soit qu'un pareil isolement ait blessé son amour-propre, soit que pour rester un homme important il ait voulu se faire donner les voix des socialistes, soit, en un mot, par faiblesse ou par ambition, il vient de signer le manifeste des socialistes, c'est-à-dire de faire une alliance officielle avec ceux dont il a pendant trente ans et avec connaissance de cause repoussé les folles idées; cet homme donc n'est plus le mien, et si j'ai voté pour Cavaignac ce n'est pas le résultat d'un calcul de probabilités, c'est l'expression de ma conviction actuelle.

Vous me demandez ce que je fais de mes examens. Je passerai, dans le courant de la semaine, l'examen de pathologie et de médecine opératoire (troisième examen).

J'espère que vous n'avez pas d'inquiétudes sur le résultat. Plût au ciel que les affaires de la France fussent aussi tranquilles que les miennes!

Adieu, chers parents, je vous embrasse tendrement.

Votre Paul.

Mercredi, 27 décembre 1848.

Chers parents,

Il y a trois jours déjà je prenais la plume pour vous écrire, lorsqu'au moment de mettre la date un coup d'œil jeté sur mon almanach me rappela la proximité du nouvel an. Sans attacher trop d'importance aux traditions de ce genre, j'ai préféré attendre quelques jours de plus pour que ma lettre puisse vous parvenir à cette époque consacrée. Aussi bien au milieu des tracas supplémentaires que me procurent mon déménagement, le règlement de mes observations et l'acquisition de quelques meubles indispensables; aussi bien, dis-je, j'ai à peu près complètement oublié l'époque où je vous écrivis pour la dernière fois. Je sais seulement que la France alors possédait déjà son président et que je n'avais pas encore passé mon troisième examen ; et puisque je trouve une occasion de ne pas vous parler politique, c'est de cet examen que je vais vous parler.

Le hasard, le plus grand hasard du monde, a voulu que mes juges fussent précisément MM. Marjolin, Blandin et Tardieu, que je connaissais tous les trois. Dès lors l'examen n'a plus été qu'une simple formalité. M. Marjolin, qui était souffrant, n'a pas interrogé. M. Blandin, après avoir commencé par me féliciter sur l'habileté avec laquelle j'avais pratiqué mes trois opérations, m'a dit : « Ce n'est pas un homme comme vous qu'on examine sur la chirurgie; je sais que vous la savez. Mais je sais aussi que vous vous occupez de microscopie, que vous êtes là-dessus beaucoup plus fort que moi. Dites-moi donc quelle influence anatomique et clinique le microscope a exercée et est appelé à exercer sur l'étude de ces tumeurs nombreuses que nous autres désignons sous le nom de cancer. » Et là-dessus j'ai parlé pendant le temps prescrit. Puis, lorsque j'eus terminé, il a ajouté : « Je vous félicite sur les observations intéressantes que vous avez faites, sur la clarté avec laquelle vous venez de les exposer; je vous remercie, et pour moi et pour les élèves ici présents qui vous ont écouté avec autant de plaisir que moi. » Tardieu m'a ensuite interrogé avec presque autant de bienveillance sur diverses parties de la médecine, et je me suis retiré avec la note *extrêmement satisfait*.

Me voilà donc en face du quatrième examen qui roule sur la thérapeutique, l'hygiène, la pharmacie, la médecine légale, tant de choses sur lesquelles je ne sais pas grand'-chose et que je n'ai guère le temps d'apprendre. Je vais me mettre au travail après avoir quitté l'Hôtel-Dieu, mais je ne trouverai pas, sans doute, un jury aussi indulgent, et messieurs les chimistes n'auront que faire de mon microscope. Le microscope, du reste, revient à point pour établir une transition à un sujet plus délicat : j'ai perdu hier 400 francs! Le mot est lâché! Allons, voilà déjà que vous vous gendarmez, vous gémissez sur mon compte, vous cherchez quel égarement... A-t-il joué? Rassurez-vous, je n'ai rien perdu du tout. Écoutez plutôt avec le plus grand calme possible : l'année dernière, au mois d'avril, mes Américains me remirent en un seul jour quatre billets de 200 francs. total 800 francs. Je rentrai chez moi, je les inscrivis sur mon avoir, me promettant bien de les porter à M. Cadars. Je ne fis mon dépôt que quelques jours après. A la fin de l'année, je demandai à M. Cadars le montant de mes dépenses ; il me le remit ; puis je revins chez moi, je retranchai cette somme de celle que j'avais inscrite sur mon avoir, et je me trouvai quitte, à quelques francs près.

Lorsque j'ai touché mon indemnité au commencement de novembre, j'ai porté de nouveau à M. Cadars un billet de 500 francs. Comme je ne lui ai adressé depuis lors qu'un compte de tailleur, presque insignifiant, je croyais fort et ferme que mon actif chez lui se montait à 500 francs environ. Déception amère ! En établissant hier chez lui l'état de mon budget, j'ai trouvé que mon actif n'était que d'une soixantaine de francs ; que la somme inscrite sur son livre, de ma main, au mois d'avril dernier, n'était que de 400 francs au lieu de 800, et que 400 francs étaient sortis à mon insu de ma poche ou de ma mémoire. Ils étaient sortis de l'une et de l'autre. Rentré chez moi, j'ai voulu approfondir cette question, qui n'était pas sans quelque intérêt pour moi, et j'ai bientôt découvert le fin mot de la chose. Une quittance de Nachet a rassemblé mes souvenirs. Pendant les quelques jours qui s'écoulèrent l'année dernière entre la réception des 800 francs et le dépôt de mes économies en lieu de sûreté, Nachet vint m'offrir la quittance de mon microscope. Je lui dis : « Parbleu, vous tombez bien, j'ai de l'argent dans mon secrétaire. Au lieu de 50 francs par mois, vous allez recevoir tout à la fois. » Et je lui donnai, entre autres choses, deux billets de 200 francs ; puis j'oubliai de rayer cette somme dans mon livre, je portai à M. Cadars les 400 francs qui me restaient, puis... puis, vous savez le reste. Je n'ai donc rien perdu, mais je suis dans l'état d'un homme qui vient de perdre 400 francs, et je vous avoue que je ne me croyais pas aussi philosophe ; j'ai supporté ce coup de boutoir avec un flegme de millionnaire. Ceci est encore une transition, chère tante Madeleine, pour t'annoncer que l'argent de la commission d'Élie a été emprunté à M. Cadars, et que, malgré la grande complaisance du créancier, il ne sera pas mal de ne pas trop lui faire attendre le remboursement.

Malgré le délabrement de mes finances, malgré les charges du nouvel an et du déménagement, j'ai des acquisitions indispensables à faire. Je n'ai pu trouver d'appartement parqueté dans le quartier où je vais demeurer ; je ne me soucie pas de demeurer sur le carreau et j'ai prié Mme Cadars de m'acheter un tapis. Puis mes livres m'encombrent ; j'ai dépensé une quarantaine de francs il y a vingt mois pour me faire arranger une bibliothèque dans mon logement de la rue d'Arcole, laquelle bibliothèque ne pourra servir dans mon nouveau domicile ; par économie et par nécessité, il faut donc que j'achète aussi une bibliothèque ; c'est un meuble qui sert partout et toujours et qui ne perd presque rien de sa valeur. Quoi ! tu espères avoir tout cela : déménager, faire les étrennes, avec les 60 francs qui te restent ? Point du tout. Tu vas emprunter ? Point du tout. J'oubliais de vous dire que, dans un petit coin de mon secrétaire, j'ai en or une somme de 200 francs qui va subir le sort des rois et des républiques. Ah ! si la banque du citoyen Proudhon se réalisait, comme ma position serait plus agréable ! Je donnerais au citoyen marchand de meubles un bon pour des leçons d'anatomie et, bon gré mal gré, j'emporterais sa bibliothèque.

Mais je m'aperçois que ma lettre est finie, et j'en ai deux fois autant à vous dire encore. Une lettre double ou deux lettres simples ne payent que le même port. A demain donc, chers parents, la continuation de mon bavardage.

Votre Paul.

28 décembre 1848.

Je reprends donc aujourd'hui la lettre que j'ai interrompue hier soir. J'en étais resté, je crois, au chapitre de mon déménagement, et je me suis souvenu après coup que je ne vous avais pas encore fait part de mon changement de domicile. Quelque agréable que soit mon logement actuel et quelque bien percée que soit la rue d'Arcole, le quartier n'est habitable que pour un citoyen de l'Hôtel-Dieu. Donc, j'ai donné congé et j'ai arrêté un petit appartement rue Jacob, 19. Mon nouveau domicile est moins grandiose que l'ancien; en conséquence, mon salon est moins grand, le plafond moins élevé, la maison moins neuve; mais j'y ai trouvé des commodités que je n'avais pas. Indépendamment de mon salon et de ma chambre à coucher, j'y ai trouvé un petit cabinet très clair, dans lequel je puis mettre ma table à microscope sans craindre que le portier, en faisant ma chambre, renverse mon précieux instrument. En outre, je possède une petite terrasse charmante, entourée de caisses pleines de terre, dans lesquelles je n'aurai qu'à semer des plantes grimpantes pour avoir, au printemps et à l'été, un charmant cabinet de verdure. Mes fenêtres ne donnent pas sur la rue; bien mieux, elles donnent sur d'immenses jardins admirablement cultivés, de telle sorte que sans être trop haut, — je suis au troisième étage, — sans être trop haut, dis-je, j'aurai beaucoup d'air et beaucoup de jour. Le tout me coûtera 75 francs par an de plus que mon domicile de la rue d'Arcole. L'entrée de la maison est splendide, c'est une belle porte cochère avec une large voûte qui conduit à la première cour. Les habitants sont tous des personnes notables, le propriétaire est un vieux militaire décoré sous l'empire et très jovial. En un mot, je n'aurai, je l'espère, aucune espèce de désagrément dans mon nouveau domicile.

J'ai déjà réalisé l'acquisition de mes tapis. J'ai eu d'occasion de beaux et bons tapis pour 70 francs les deux. Il me reste maintenant à acheter une bibliothèque. Je puis le faire sans m'endetter, attendu que le caissier de la Faculté m'a remis aujourd'hui une somme de 250 francs, moitié de mon indemnité de chef de pavillon.

30 décembre. Je reprends, après trois jours d'interruption, cette lettre que j'avais voulu vous faire parvenir pour le nouvel an. Mercredi j'ai dîné chez M. Blandin, jeudi chez M. Bouillaud; hier vendredi j'ai pris part au dîner de fin d'année des internes de l'Hôtel-Dieu; mes matinées et mes journées sont prises, de sorte que j'ai en vain cherché un moment pour vous écrire. J'avais cependant à vous dire beaucoup de choses nouvelles.

Et d'abord, parlons du dîner chez M. Blandin. Nous y avons dégusté ton vin, cher papa, et M. Blandin l'a bu à ta santé. Le hasard a fait qu'on était tombé sur une bouteille de Montbasillac, qui a beaucoup plu à Mme Blandin.

M. Bouillaud, se sentant sur le point d'être destitué de sa place de doyen, a voulu réunir une dernière fois quelques convives dans les salons de l'École, et voilà pourquoi j'ai dîné chez lui jeudi. L'arrivée de je ne sais plus quel blanc personnage au ministère de l'instruction publique a déterminé sa chute. On n'a pas osé réintégrer Orfila, mais on a pris un homme de sa clique, très honnête cependant, M. Bérard.

Enfin hier, par un motif analogue, les internes de l'Hôtel-Dieu ont voulu dîner ensemble une dernière fois avant de se quitter. Nous nous disposions à faire les commandes nécessaires pour ce joyeux festival, lorsque le directeur, instruit de nos projets, a craint qu'on ne fît du bruit — il n'avait, du reste, pas tort — et nous a autorisés à partir tous ensemble en faisant remplacer les internes de garde par deux de nos externes. Ainsi avons-nous fait, et nous avons joyeusement trinqué à la bonne amitié chez Deffieux, surnommé le restaurateur des sciences et des arts. Le dîner s'est prolongé un peu avant dans la nuit, et l'accumulation de ces trois extra à vingt-quatre heures de distance m'a donné un besoin de dormir, qui doit avoir influé singulièrement sur le style de ma lettre. J'ai fait aujourd'hui à l'École pratique une leçon qui n'avait ni tête ni queue; heureusement c'est demain dimanche et je me donnerai du repos. Je n'ai pas vu le général Subervie depuis sa destitution. Je ne sais pas exactement quel est son domicile; mais on me l'indiquera à la Légion d'honneur. Je ne sais même pas si Mme Subervie et M. Georges sont à Paris. J'ai reçu ce matin une superbe surprise. On a remis à mon adresse, de la part du délégué du gouvernement près l'administration des hospices (M. Thierry), un exemplaire du traité de *Chirurgie pratique*, de Jobert de Lamballe. C'est un ouvrage qui a paru hier, qui se compose de deux volumes in-8° et d'un admirable in-folio contenant trente planches coloriées. L'ouvrage broché coûte 50 francs; or, il est relié avec luxe et revient au moins à 60 francs. Je suis maintenant dans l'indécision. Est-ce officiellement, est-ce officieusement que cet ouvrage m'a été envoyé? en suis-je redevable à la caisse des hôpitaux ou à celle du délégué? C'est ce que je ne pourrai élaborer que mardi prochain.

J'ai fait à moitié seulement la commission d'Élie. Les bureaux de la *Providence* ne sont ouverts que le jour, de dix heures du matin à quatre heures du soir. Or, l'hôpital jusqu'à midi, l'École pratique de midi à quatre heures, absorbent tout mon temps jusqu'au 1er janvier. Le 2 janvier je pourrai le matin, avant midi, me rendre place de la Madeleine et remettre la somme en question. Cependant, comme je ne savais pas si le retard n'avait pas quelque inconvénient, j'ai écrit au caissier de la Compagnie et je lui ai annoncé que j'avais une somme que je ne pourrais lui porter que le 2 janvier, que s'il y voyait le moindre inconvénient il eût à me le faire savoir; il ne pas écrit, et j'en ai conclu que la chose ne souffre pas la moindre difficulté.

Je pense que vous avez reçu, par la diligence, le petit livret que le gouvernement a substitué aux médailles promises en or. Au reste, ce n'est pas la nature du métal qui fait la valeur de la médaille.

Adieu, chers parents; ai-je besoin de vous souhaiter une heureuse année? En temps de révolution il se passe tant de choses dans un an qu'on ne saurait faire trop de vœux pour les siens. Heureusement que nous sommes de ceux sur lesquels glissent les révolutions. Adieu, je vous embrasse tendrement tous trois, les tantes, l'oncle Broca et la tante Joséphine.

Votre Paul.

Paul Dupuy, s'il a été indisposé, ne l'a pas été longtemps, car je l'ai vu jusqu'ici très régulièrement à l'École pratique, où il dissèque assidûment. Sa mère s'est inquiétée sans fondement.

11 janvier 1849.

Chers parents,

Je suis maintenant à peu près complètement emménagé. Malgré un peu de désordre, je commence à pouvoir me retourner un peu dans ma chambre, ou plutôt dans mon appartement. Mes livres seuls m'embarrassent encore; désespérant de trouver de rencontre une bibliothèque telle que je la désire et à un prix abordable, je me suis enfin décidé à faire purement et simplement disposer des rayons contre la muraille. Seulement, plus prudent qu'à l'époque où j'entrai dans la rue d'Arcole, je les ferai faire de telle sorte qu'ils soient susceptibles d'être utilisés dans un autre logement, si, ce dont Dieu me garde, je suis encore obligé de déménager. J'ai reçu, il y a deux jours, une lettre de notre cousin d'Eymet. Il paraît qu'il est sérieusement menacé d'une destitution. Il m'a écrit pour me demander un renseignement sur certain club auquel les dénonciations qui le concernent ont été adressées; j'aurai ce renseignement demain, et je lui répondrai aussitôt pour qu'il s'en serve comme il le pourra. Quant à moi, je ne puis évidemment rien faire pour lui, toutes les personnes que je connais ayant voté pour Cavaignac.

Ceci me mène sur le terrain de la politique. Vous me demandez ce qu'on dit à Paris de notre nouveau président. On n'en dit pas grand'chose, et on parle infiniment moins politique qu'on n'en parlait aux plus paisibles époques de la monarchie. Cela se conçoit. La presse a été à peu près unanime pour entrer dans une voie d'expectation. Les journaux opposés au président le laissent faire pour savoir dans quelle voie il va s'engager. On sait bien que le premier ministère a été purement transitoire, qu'il s'use chaque jour de plus en plus et que M. Bonaparte attend sa chute prochaine pour donner un ministère de son choix. Mais on n'en sait pas davantage, et les bruits les plus contradictoires circulent sur l'issue de cette évolution. Les uns annoncent un ministère orléaniste : Thiers, Bugeaud, Molé ; les autres parlent d'un ministère impérial : Victor Hugo et compagnie; puis, on raconte que les ministres de Cavaignac vont être pris par son successeur; puis, on dit que ce sera un ministère rouge avec Jules Favre pour président du conseil. Quoi qu'il en soit, les rues sont paisibles, les clubs s'amortissent, les discussions languissent et les esprits sont merveilleusement disposés à quitter les hautes régions de la politique pour s'occuper d'intérêts moins grands.

Voilà pourquoi, depuis une huitaine de jours, le public accueille avec empressement les articles des journaux relatifs aux affaires de la Faculté de médecine, et si vous êtes curieux de savoir ce que j'ai cru démêler dans tout cela, je ne demande pas mieux que de vous en donner le résumé succinct.

Je vous ai dit que des dilapidations de toutes sortes avaient été découvertes dans les bureaux de la Faculté lorsque le nouveau doyen succéda à Orfila, au mois de février dernier. Une foule de personnes honorables, du reste, étant par imprudence ou autrement compromises dans ces tripotages administratifs, M. Bouillaud ne crut pas devoir poursuivre l'affaire et dit à M. Orfila : « Payez les 58,000 francs de déficit que je trouve dans le budget de 1848, et je passe l'éponge sur les années précédentes. » Orfila n'avait pas d'argent pour payer, mais il s'engagea à le faire devant le conseil des professeurs. Une commission fut nommée, composée de ses meilleurs amis, qui vérifia les comptes, et conclut aussi au payement.

Orfila allait donc payer, lorsque les affaires de juin interrompirent les négociations, et les vacances étant venues sur ces entrefaites, l'affaire dormit jusqu'au 15 octobre. M. Vaulabelle nomma une commission dans le conseil de l'Université; c'étaient des amis ou des collègues de M. Orfila, et cependant les faits étaient si palpables que le rapport fut défavorable à l'ancien doyen. Tout ce qu'on put faire pour lui fut de faire deux catégories des charges qui pesaient sur lui. On trouva que, sur les 58,000 francs, 40,000 avaient été par imprudence détournés de leur destination, mais qu'ils avaient été de près ou de loin dépensés pour l'École; quant aux 18,000 francs de plus, on les laissait entièrement à la charge de M. Orfila; il était convenu que celui-ci payerait 18,000 francs et qu'on présenterait à l'Assemblée nationale un projet de crédit de 40,000 francs pour les dépenses de la Faculté pendant les deux années précédentes.

Les choses en étaient là lorsque M. Freslon fut nommé à l'instruction publique. Son premier acte fut de donner les 40,000 francs sur les fonds de son ministère; originaire d'Angers, intimement lié avec Bérard, Dubois, Béclard fils, et tous les hommes qui constituent ce qu'on appelle la coterie Orfila, il consentit à libérer ce dernier des 18,000 francs suspendus sur sa tête. Pour cela il prépara des mémoires fictifs, qu'il s'engagea à viser pour la Cour des comptes, et invita Bouillaud à les signer en sa présence. Bouillaud refusa énergiquement. On lui donna à entendre que sa destitution était au bout, et qu'avant la fin de 1848 la signature d'un nouveau doyen, plus complaisant que lui, mettrait fin à toutes les discussions. Bouillaud avait bien une manière de sortir de là, c'était de saisir les tribunaux de l'affaire. Mais il reculait devant le rôle odieux d'un homme qui accuse de sang-froid; il préférait laisser constater le déficit à la Cour des comptes et il suffisait pour cela de rester doyen et de refuser de signer jusqu'au 31 décembre 1848. Il était fort alors, car le Conseil de l'École était pour lui avec une majorité de trois ou quatre voix; afin d'être plus certain de son affaire, il voulut mettre les élèves de son bord, et en cela il manqua de tact. C'est le 2 novembre qu'il avait eu son entrevue avec Freslon; le 3 novembre eut lieu la séance d'ouverture de l'École; Bouillaud prépara en quelques heures un discours où il mêla la Pologne, l'Italie et l'insurrection de Vienne. Le discours, destiné à emporter l'auditoire, était plein de déclamations sentimentales, de mauvais goût toujours, mais de mauvais goût surtout lorsqu'une rédaction prudemment calculée ne tempère pas les banalités du sujet. Les étudiants applaudirent, mais les professeurs eurent peur de ce doyen rouge, et plusieurs de ceux qui le soutenaient auparavant en haine d'Orfila se retirèrent sous leur tente, bien décidés à laisser user Orfila par Bouillaud ou Bouillaud par Orfila. La coterie Orfila, grâce à cette défection, se trouva donc en majorité dans le Conseil de l'École, et se promit bien de trouver une occasion de faire changer le doyen. Provisoirement, dit la chronique, Freslon remit à Richard père une destitution de Bouillaud avec la nomination de Bérard; la date seule était en blanc et devait être placée le jour où la majorité du Conseil trouverait l'occasion d'émettre un vote sur une proposition du doyen. Il fallait une occasion, en effet, car on ne peut pas en République destituer un doyen parce qu'il est républicain.

Bouillaud connaissait le complot, et pendant un mois et demi il ne fit aucune proposition, ne prit pas la parole dans le Conseil. Il annonçait l'intention de donner sa démission le 2 janvier, ce qui avait fait perdre le rôle agressif à tous ceux que son discours politique avait séparés de lui. La coterie était donc désappointée. Le 1er janvier s'avançait et il n'y avait qu'un espoir : on espérait que le président de la République prendrait un ministre complaisant, qui, à la faveur du remue-ménage général, destituerait Bouillaud sans autre forme de procès. Par malheur, M. de Falloux est légitimiste, et il n'a pas pardonné à Orfila, favori de la Restauration, cette affaire de Blaye qui valut à Orfila la robe de doyen. Donc, la clique fut renvoyée sans pitié et Bouillaud resta doyen.

On était au 28 décembre, jour du dernier Conseil de la Faculté en 1848. Quand l'ordre du jour de la séance fut épuisé, Richard demanda la parole et commença ainsi : « Je viens accuser M. le doyen. — Je vous enlève la parole, s'écrie M. Bouillaud. Le règlement vous défend d'attaquer le doyen dans une assemblée qu'il préside ; c'est au ministre que vos plaintes doivent être portées, et dans la prochaine séance seulement, sous la présidence du plus âgé des professeurs, le secrétaire fera lecture de l'acte d'accusation visé par le ministre. » Là-dessus il fait lecture du règlement, se couvre, lève la séance et sort. Ses amis sortent, les neutres surtout, et la coterie reste seule maîtresse de la salle du Conseil. Ils décident qu'ils feront en corps une visite au ministre, et se donnent rendez-vous pour le lendemain, vendredi 29 décembre. Sur ces entrefaites, M. Thénard, chancelier de l'Université, tiraille le ministre ; celui-ci hésite et, croyant se tirer d'affaire par la ruse, donne rendez-vous aux professeurs récalcitrants pour le samedi 30 décembre, dernier jour ouvrable de la Faculté. Le samedi donc, à trois heures, il leur fit donner par Thénard la révocation de Bouillaud et la nomination de Bérard. Il espérait ainsi satisfaire la coterie, sans sauver Orfila, puisque Bérard, ne pouvant être installé que le

2 janvier, ne pouvait signer aucun mémoire de 1848. Pour échapper au piège, la coterie fait convoquer à six heures du soir les professeurs absents, à l'exception de Bouillaud; elle se présente à huit heures à l'École avec la lettre de Thénard qui donne pleins pouvoirs à Bérard, se fait ouvrir la salle du Conseil et, chose inouïe jusqu'ici, ouvre une séance de nuit à laquelle n'assistèrent pas la moitié des professeurs; puis elle installe Bérard, et celui-ci, avant minuit, signe les mémoires fictifs qui, datés de 1848, ont pu aller à la Cour des comptes combler le déficit Orfila. Mais le ministre était joué; trop indécis pour lutter contre le Conseil de l'Université, il n'osa pas désavouer la signature de Thénard; il ne la visa cependant pas; Bouillaud ne reçut aucun avis. La nomination de Bérard avait paru dans la partie non officielle du *Moniteur*, et avait été reproduite dans tous les journaux. Bouillaud écrivit deux lettres au ministre : « Suis-je, ne suis-je pas doyen de la Faculté? » Ses lettres restèrent sans réponse; alors, à deux reprises, Bouillaud écrivit au ministre par la voie des journaux. Même silence et, à l'heure qu'il est, nous avons deux doyens qui donnent des ordres contradictoires et auxquels on ne sait comment obéir. Mais les journalistes avaient goûté de l'affaire, et ils ont pris le scandale pour leur compte. Le *Siècle*, l'*Estafette*, la *Réforme*, la *République*, une dizaine de journaux au moins, tirent à boulets rouges sur les dilapidations d'Orfila, et les scandales de la Faculté sont tombés dans le domaine public. On attend avec anxiété la solution de ces malheureux débats.

Une autre destitution, puisque nous sommes sur ce chapitre, a été celle du préfet de l'Oise dont Jules Cadars était secrétaire. Voilà donc Jules sur le pavé, attendant que son préfet soit refait quelque chose. Comme il n'avait aucun appointement, il ne se trouve que médiocrement lésé.

Vite, tant que j'y pense, il faut que je fasse part aux tantes de ce qui a rapport à l'assurance d'Élie. L'Algérie est considérée comme territoire français et par conséquent européen. La prime de contre-assurance doit donc être payée, quoique Élie soit à Alger, sous peine d'annulation d'icelle. Ce sont 68 fr. 45 de plus à verser. Je n'ai pas voulu prendre sur moi d'effectuer ce payement, pour lequel on accorde jusqu'au 31 janvier. Le directeur, que j'ai revu à cet effet, m'a dit avoir fait écrire à Élie, et être fort étonné de ce qu'aucune réponse n'ait été encore adressée soit à moi, soit au bureau d'assurance. Cette réponse est-elle arrivée maintenant? Je l'ignore. Il est trop tard pour avoir une réponse d'Alger avant la fin de janvier. Et je vous demande si vous pensez qu'il faille verser les 68 francs sans l'autorisation d'Élie. Vous savez ce que c'est que la contre-assurance. C'est une prime payée par le père pour recouvrer ses déboursés si l'enfant vient à mourir avant lui. La chose vaut donc la peine de ne pas être négligée.

Quant à moi, mon interminable déménagement ne m'a laissé que peu d'instants pour courir la ville. J'ai cependant vu quelques personnes. Le général était absent, mais j'ai trouvé M. Georges et Mme Subervie. Ils semblent avoir pris gaiement leur déconfiture, et le général est lui-même très bien portant.

Je continue, sans interruption, à aller tous les matins à l'hôpital, tantôt à l'Hôtel-Dieu, tantôt à la Charité. A part le dîner de la salle de garde, il n'y a donc que peu de chose de changé à mon existence; je dîne à une table d'hôte, celle précisément où j'allais avant que la révolution de février eût mis les internes de l'Hôtel-Dieu sous le régime de la communauté.

Adieu, mes chers parents, pardonnez-moi si, sur ces

huit longues pages de prose, j'ai dit si peu de nos affaires, et tant de celles des autres. Mais lorsque j'ai commencé l'histoire de la Faculté, je ne croyais pas qu'elle fût si longue à raconter.

Dites à Mme Jodin, quand vous la verrez, que j'ai vu sa fille dimanche dernier chez Mme Forestier, et que je l'ai trouvée pleine de fraîcheur, d'embonpoint et de santé. Il y avait un an que je ne l'avais vue et je ne l'ai presque pas reconnue.

Adieu encore, je vous aime et vous embrasse tendrement.

Paul BROCA,
19, rue Jacob.

Ce 11 janvier 1849.

Jeudi soir, 25 janvier 1849.

Chers parents,

J'attendais, pour vous répondre, la lettre que j'ai reçue hier matin; comme toujours, nos lettres se sont croisées, et je vais en une seule fois répondre à vos deux dernières.

Pour terminer d'abord ce qui a rapport aux affaires matérielles, je vous dirai que je n'ai reçu aucune lettre d'Élie. Comme vous, il me semble tout simple de payer la prime de contre-assurance, et c'est ce que je vais faire dans le courant de cette semaine. Quant à la somme de 68 francs et je ne sais combien de centimes, je ne sais si je l'ai actuellement dans mon secrétaire; mais, en tout cas, j'ai cette somme déposée chez M. Cadars.

Puis vient, comme toujours, cette éternelle, cette monotone, cette banale question d'argent. A voir tous les soucis qu'elle vous donne, tous les tourments qu'elle vous procure ; à voir le changement qu'elle opère en vous, à ce point que vous me prodiguez les remontrances et les sermons alors que vous m'aimez le plus et que vous êtes le plus contents de moi, je me félicite presque de la considérer de si haut, et de la reléguer sur le dernier plan. Sais-tu, chère maman, la place que cette question occupe dans chacune de tes dernières lettres? Une page tout entière, une page sur trois. Chaque fois que tu prends la plume, c'est le sujet obligé de ton premier-Paris. Faute de mieux, cette fois-ci, tu me reproches ce luxe effréné qui m'a fait, au prix de 70 francs, acheter deux tapis destinés à me séparer du carreau. Eh bien, j'accepte la discussion sur ce terrain : je veux bien reprendre mes vieilles tables de logarithmes, et calculer, avec vous, jusqu'aux derniers centimes. Ces deux tapis dureront environ sept ans ; si je les revends avant cette époque, ils auront encore une certaine valeur; je puis donc évaluer à 10 francs par an le coût de ces tapis; j'y ajoute l'intérêt. Je vais jusqu'à calculer l'intérêt d'une somme qui ne m'en eût rapporté aucun, vous voyez que j'y mets de la bonne foi. J'y ajoute l'intérêt de la somme; mais, de plus, comme la somme s'amortit au bout de sept ans, j'augmente les intérêts de moitié, je les porte à 10 %, et j'arrive à ceci : que mes tapis me coûteront 17 francs par an. Un sou par jour, pour ne pas avoir les pieds sur le carreau, pour ne prendre ni rhumatismes ni pneumonie, pour diminuer d'un tiers au moins mes frais de chauffage; un sou par jour ! C'est précisément ce que me coûteraient la cire et le frotteur. Il est vrai qu'on peut éviter cette source de dépense en prenant un appartement parqueté; superbe économie qui augmenterait mon loyer d'une centaine de francs; mais quand on n'a pas de quoi acheter du pain, on est bien obligé de se nourrir de brioches : c'est ce que je me propose de faire, dès que la misère m'aura forcé de mettre mes tapis au Mont-de-piété. J'ai donc prodigué beaucoup d'argent l'année dernière! Il est vrai que j'ai touché 1,800 francs d'appointements et 1,500 francs de leçons particulières; là-dessus, j'ai dépensé 450 francs pour mon microscope et ses accessoires, 50 francs d'instruments, 300 francs de livres, 200 francs de reliure. J'ai de plus payé quelques fragments arriérés du prix de mes meubles; j'ai payé un examen, payé les dépenses d'un concours de prosecteur. Plus d'un tiers, en un mot, de mon budget de 3,300 francs a disparu utilement, sans passer dans ma poche, et près d'un tiers, c'est-à-dire 1,000 francs, a été mis de côté, puisque mon microscope, mes livres et mes instruments auront une durée sans limites. Et maintenant, vous, gens raisonnables, connaissez-vous beaucoup de gens raisonnables aussi raisonnables que cet écervelé qui a su, dans une année de révolution, économiser le tiers de son revenu? Et de bonne foi, même au point de vue de ce fastidieux métal, est-il beaucoup de gens aussi heureux que nous le sommes? Comme résultat d'un travail honorable, nous avons de quoi vivre honorablement. Nos besoins ne dépassent pas nos revenus. Voilà pour le présent. Rien à perdre et tout à gagner; une profession parfois fatigante, mais assurée, indépendante et sans ennui; pas de charges, des estomacs qui aiment les truffes, mais qui trouvent excellents les haricots avec ou sans ventrèche; enfin, un petit saint-crépin, bien modeste, il est vrai, mais suffisant pour acheter des haricots, dans le cas d'une paralysie qui frapperait à la fois le père et le fils. Voilà pour l'avenir. Est-il un banquier, un rentier plus tranquille et plus heureux que nous?

Voyez où nous mènent les questions financières! Trois pages sont déjà remplies et je n'ai encore parlé de rien. De rien, pas même de cette aimable Améline, dont le mariage me remplit de joie. Puisse-t-elle, cette excellente amie d'enfance, être aussi heureuse qu'elle le mérite! J'ai aussi, moi, un mariage à vous apprendre. « Comment, dites-vous, mais toutes les personnes que nous connaissons à Paris sont mariées; il y a cependant M. Georges. — Ce n'est pas lui. — Oh! la bonne plaisanterie! serait-ce Jules Cadars? — Pas davantage. — M. Audebez n'est pas veuf. C'est à jeter sa langue aux chiens. » Il s'agit de quelqu'un dont vous m'avez beaucoup entendu parler, de mon excellent Bleu, dont la santé paraît parfaitement rétablie. Il épouse une charmante fille unique, avec 150,000 francs comptant et 200,000 pour plus tard. Il porte en échange, comme jadis Élie, son diplôme et sa bibliothèque. Le mariage se fera seulement dans quatre mois, parce que la future est en deuil de sa mère. Depuis que le citoyen Proudhon menace la propriété, les actions des médecins ont monté.

J'ai vu M. Thierry. C'est à sa générosité particulière que je suis redevable du superbe cadeau que j'ai reçu. Je lui ai témoigné toute ma reconnaissance, et surtout mon étonnement, de recevoir une récompense de celui précisément à qui je dois moralement ce que je suis devenu, ce que je deviendrai plus tard. Alors il m'a fait toute une longue histoire, que je vous répète à vous, à condition que vous n'en parlerez pas; cela ressemblerait à une fanfaronnade, et vous avez trop bon goût pour vous y exposer. Cela posé, je reprends les choses de haut, depuis le 24 février.

L'ancien Conseil des hôpitaux, dans le but de déprécier et plus tard de détruire l'internat, pour le remplacer par des nominations de faveur, avait réduit de quatre à trois ans la durée de l'internat. Toutes les réclamations faites depuis six années s'étaient brisées contre l'obstination de M. Orfila. L'année dernière avait paru une ordonnance nouvelle. « Les internes ne sont nommés que pour deux ans; ils ne pourront faire la troisième année qu'après un examen en forme de concours. » Vous savez à quel prix on obtenait la quatrième année; le jour approchait où on ne serait nommé que pour deux ans et où la place deviendrait illusoire. Par cet examen imprévu de la fin de l'année, deux de nos collègues avaient été sacrifiés, dans le but principalement de faire devenir internes les deux premiers provisoires de la liste, auxquels M. de Liancourt et M. de la Moskowa s'intéressaient tout particulièrement. Le 24 février au soir, nous adressâmes de l'Hôtel-Dieu au Conseil des hôpitaux, que nous croyions encore debout, une lettre très républicaine de forme et de fond. « Au moment où tous les droits sont rétablis, où toutes les injustices sont réparées, disions-nous, nous vous rappelons que l'internat doit être de quatre années et que deux de nos collègues ne sont plus dans nos rangs. » Au moment où notre lettre paraissait au bureau central, M. Thierry entrait, lui aussi, avec des pouvoirs illimités. Le lendemain les deux proscrits furent réintégrés, et un décret fixa à quatre ans la durée de l'internat. Mais, en bonne logique, les arrêtés ne doivent pas avoir d'effet rétroactif. Il aurait donc fallu n'en pas dire davantage; M. Thierry eut la faiblesse d'annoncer à tous les internes de troisième année qu'ils seraient prolongés d'un an sans concours. La chose une fois dite, il était trop tard pour revenir sur ses pas, mais une injustice avait été commise envers une promotion d'internes qui se trouvaient privés des chances du concours de 1848. Les externes s'émurent, s'agitèrent;

M. Thierry y perdit une grande partie de sa popularité, et les internes lui surent peu de gré d'une chose qui était cependant une injustice faite en leur faveur. La haine et la rancune chez les masses ont, vous le savez, plus de poids que la reconnaissance. Les six que le concours de 1847 avait prolongés d'un an avaient au moins autant de droits à une cinquième année que les internes nommés pour trois ans, qui n'avaient concouru qu'une seule fois, en avaient à leur quatrième année. Nous fûmes donc convoqués par l'un d'entre nous, à l'effet de demander cette prolongation qu'on ne pouvait nous refuser. Or, ces six places et les éventualités de démissions étaient les seules chances qui restaient au directeur général pour calmer les externes en leur jetant une quinzaine de places au concours, et je me promis bien de faire mon possible pour empêcher la demande. Bernard, l'un des prolongés, était sur le point de donner sa démission; Macquet, désigné pour être chef de clinique, n'avait non plus aucun intérêt à conserver une place incompatible avec ses fonctions futures; je m'assurai donc de leur concours, et, lorsqu'après la discussion nous allâmes aux voix, il y eut trois voix pour, trois voix contre; la demande ne put être faite d'une manière collective, et les demandes isolées furent considérées comme non avenues. Les solliciteurs déboutés répandirent le bruit que Macquet et moi nous n'avions agi que pour flatter M. Thierry, et nous faire donner par lui, n'importe où, des places quelconques.

Survinrent les affaires de juin, pendant lesquelles M. Thierry resta constamment à l'Hôtel-Dieu; une centaine de cadavres entassés dans la salle des morts et impossibles à évacuer dans cette guerre dont on ne prévoyait pas la fin, se putréfiaient rapidement par cette étouffante chaleur; Gannal, le grand embaumeur, vint faire ses offres de service et réclama 3 ou 4,000 francs qui lui furent refusés. On envoya chercher à l'École pratique le garçon qui fait les injections conservatrices, mais Gannal eut soin de graisser la patte au garçon d'amphithéâtre de l'Hôtel-Dieu, et, deux heures après le commencement des embaumements, Tapart, l'embaumeur de l'École pratique, était complètement ivre. Grand fut l'embarras de M. Thierry, qui ne voulait pas capituler avec Gannal, et qui voyait sur sa tête la responsabilité de quelque épidémie dans l'hôpital; alors je m'entendis avec M. Bouchardat, qui nous fabriqua du liquide, et, pendant que mes collègues allaient prendre du repos, j'enrôlai quatre ou cinq roupious et j'allai à la salle des morts, où je fis l'embaumement pendant près de cinq heures. Lorsque je fus trop fatigué, Macquet prit ma place, et les cadavres furent conservés. L'administration de l'Hôtel-Dieu eut plus tard la maladresse de m'offrir une indemnité pécuniaire que je refusai, bien entendu. Au milieu de cette inondation de récompenses nationales qui suivirent les journées de juin, M. Thierry voulut demander pour Macquet et pour moi une distinction particulière. Les médailles qui ont été de bronze devaient être d'argent, il demanda que les nôtres fussent en or. Le ministre lui répondit qu'une récompense donnée uniformément devait être distribuée uniformément, qu'il ne pourrait accorder qu'une distinction supplémentaire. Macquet et moi fûmes donc, à notre insu, portés par M. Thierry sur la liste de présentation pour la croix d'honneur. Le soir du jour où il fit dresser cette liste, et avant qu'elle fût partie, je le rencontrai sur la place du Parvis; il était accompagné de Stuart Cooper, chef de clinique à l'Hôtel-Dieu, mon ami et le sien. Il me raconta son entrevue avec le ministre, et m'annonça son intention de demander la croix. « Je sais fort bien, dit-il, ce que c'est que les jalousies et les rivalités entre collègues. Comment pensez-vous que les collègues recevraient cette distinction pour deux d'entre eux ? » Je ne lui cachai pas que cette nouvelle serait fort mal reçue ; que les internes lui en voudraient autant de notre ruban que les externes lui en avaient voulu de la quatrième année ; que Macquet et moi nous étions sûrs de gagner la croix d'une autre manière, et que nous serions désolés d'être pour lui la cause du moindre désagrément. Il me remercia, me serra la main et rentra au bureau central, où il fit faire une seconde liste sur laquelle nous n'étions pas et qui fut envoyée. Ceci se passait vers le mois d'octobre, quelques jours avant la dernière fournée de croix. Mais les gens des bureaux racontèrent que deux internes de l'Hôtel-Dieu avaient été portés sur la liste, puis rayés avant le temps. Deux internes de l'Hôtel-Dieu, ce devaient être Broca et Macquet, les embaumeurs, les flatteurs de M. Thierry ; on se le répéta sans nous le dire, bien entendu, et le bruit arriva aux oreilles de Stuart qui le reporta à M. Thierry. Le brave homme fut indigné ; il vint à l'Hôtel-Dieu, demanda deux des plus exaltés de la salle de garde et leur dit : « Vos collègues n'ont jamais demandé la croix, mais ils l'ont méritée ; j'ai voulu la leur donner, et c'est eux qui l'ont refusée ; répétez cela à ceux qui vous en parleront. » La calomnie fut ainsi éventée, et nos collègues, à partir de ce moment, nous serrèrent la main sans arrière-pensée.

M. Thierry, après m'avoir fait part de ces détails dont je ne connaissais qu'une partie, m'a dit : « Ce n'est pas le directeur des hôpitaux qui vous a donné ces livres, c'est Thierry ; quand vous les prendrez dans votre bibliothèque, vous penserez avec plaisir à la manière dont vous les avez gagnés. Ce n'est pas une récompense, c'est un souvenir. » J'oubliais de vous dire que Macquet a reçu de la même manière un cadeau presque aussi beau que le mien, les œuvres de Hunter. J'espère, au moment où je vous écris, que la chère tante Joséphine est rétablie. Elle a déjà eu plusieurs crises analogues dont l'issue a été heureuse. Il n'en est pas moins triste d'être si souvent et si cruellement malade, surtout lorsque la médecine a si peu de prise sur le mal. J'ai reçu, la semaine dernière, une invitation de Mme Dezeimeris pour le bal de Mme Bonvier où elle m'avait présenté l'année dernière. Elle m'a engagé à mener avec moi un ou deux de mes amis; j'y ai conduit Jules Cadars. J'ai aussi reçu, il y a une dizaine de jours, une invitation pour le bal de la préfecture. C'est M. Thierry qui m'a fait mettre sur la liste. Nous y serions allés, Macquet et moi, sans le mauvais temps, mais nous irons une autre fois. J'ai vu le général qui va bien et qui rit de ce qui se passe. La réaction a beau faire, la Chambre fera les lois organiques pendant que les paysans continueront à goûter les douceurs des 45 centimes qui ne sont plus destinés maintenant à enrichir Cavaignac. Qui est bien capot, ce sont les légitimistes. Le mémoire de Bouillaud paraîtra dans quatre ou cinq jours. Le linge sale sera lavé en public. Il n'y a pas grand'chose de changé dans mon existence, car je vais à l'hôpital tous les matins. Il y a seulement une légère différence à la fin du mois; mais je n'ai aucune acquisition à faire et, du reste, les élèves remontent à l'horizon.

Je vous embrasse tendrement.

PAUL.

Dupuy va bien.

Jeudi soir, février 1849.

Chère maman,

Je ne sais si je me trompe, mais il me semble qu'il y a bien longtemps que je ne t'ai donné de mes nouvelles; j'ai bien écrit à tante Magdeleine et j'ai reçu sa réponse, mais je suis un peu brouillé avec les dates; j'attendais une lettre de toi; enfin, s'il y a du retard de mon côté, je te prie de m'excuser et de le mettre sur le compte de mon étourderie. Depuis que je vous ai écrit, il ne m'est pas arrivé grand'chose de nouveau; je ne suis sorti que deux fois. La première, c'était pour aller chez M. Cadars manger une dinde truffée du Périgord; la seconde, c'était pour aller avec la famille Cadars à une fort jolie soirée de mardi gras. Du reste, je n'ai fait aucune visite et je suis en retard avec beaucoup de monde; j'espère réparer cela dimanche prochain. Je profite de tous les instants dont je peux disposer pour travailler le microscope et pour faire des dessins d'observations microscopiques; dès que ma besogne sera achevée, je me propose de tenter une spéculation qui me paraît devoir réussir. Les études microscopiques, longtemps repoussées par les professeurs qui n'y entendent rien, ont pris une telle importance, que bon gré mal gré il faut bien finir par se rendre à l'évidence. Beaucoup d'étudiants voudraient les connaître, mais un microscope coûte cher, et il faut y consacrer plus de temps que n'en ont la plupart d'entre eux avant d'arriver par soi-même à un résultat satisfaisant. Je me propose donc de faire un cours particulier de microscopie, ce qui me paraît pouvoir rapporter 200 francs par mois. Si cela ne réussit pas, j'en serai quitte pour avoir fait une étude sérieuse qui me servira toute ma vie. Cela ne m'empêchera pas de faire, comme l'année dernière, mon cours public de médecine opératoire et de prendre des élèves particuliers pour leur faire répéter les opérations. En attendant, avant de commencer, je veux être libre de tout souci. Je vais donc me faire recevoir docteur; mais je m'arrête toujours devant cet ennuyeux quatrième examen, qui traite de botanique, de chimie, de pharmacie, de médecine légale, toutes choses que j'ai oubliées depuis bien longtemps; dans ma position, il n'est pas permis de passer un examen médiocre, voilà pourquoi je n'en suis pas encore sorti. Cette épine tirée de mon pied, le doctorat sera une affaire de quinze jours; car je suis prêt pour le cinquième qui est un examen de diagnostic, et j'ai dans mes cartons trois thèses au lieu d'une. Il ne me reste que l'embarras du choix. Je crois que je me déciderai à prendre pour sujet les anomalies artérielles; j'en ai, cet hiver et l'hiver dernier, recueilli et dessiné un grand nombre; le sujet n'est pas neuf, mais il a été envisagé jusqu'ici d'une manière que je crois vicieuse, et je le présenterai sous un point de vue nouveau. Un autre avantage, c'est que cette thèse sera plus courte que mon mémoire des prolongations, et que je réaliserai une économie qui ira peut-être à une centaine de francs. J'ai vu Oscar Baysselance qui est dans l'état le plus florissant de santé et de gaieté; il est tout à fait guéri de son spleen, et s'occupe activement d'un travail sur l'Algérie. Il y avait six ou sept ans que je ne l'avais vu; il est tombé chez moi comme une bombe, et je ne l'ai reconnu qu'à sa ressemblance avec Adrien. C'est un très aimable garçon, et je suis enchanté d'avoir fait connaissance avec lui.

J'ai eu, ces jours derniers, un tracas bien grand; le menuisier m'a enfin porté ma bibliothèque, et j'ai, avec l'assistance de Jules Cadars et de Brunet, mis mes livres en ordre. Tous mes livres sont maintenant reliés, et mon salon est mieux orné qu'il ne le serait par les meubles les plus luxueux. J'ai fait le relevé de ma bibliothèque, en attendant que j'aie le temps d'en faire un catalogue : je possède actuellement six cents volumes ; il y en a environ quatre-vingts que j'ai petit à petit portés de Sainte-Foy ; j'ai payé la reliure d'un bon nombre de ces derniers et de la plupart des autres. Beaucoup de ces derniers ne m'ont coûté que 1 franc d'achat et 1 franc de reliure ; mais beaucoup d'autres m'ont coûté 6, 8, 15 et 20 francs le volume, de sorte que j'évalue à environ 4,000 francs la valeur intrinsèque de ma bibliothèque. Puis j'ai des livres rares ; je n'en ai que de bons ; il faut chercher deux ou trois ans pour en faire une pareille collection ; de sorte que je ne donnerais pas mes livres chéris à celui qui m'en offrirait 5,000 francs comptant. Enfin, j'y ai déjà dépensé 4,000 francs, et ils ne perdent plus de leur valeur. Si quelques-uns perdent, d'autres gagneront à mesure qu'ils deviendront plus rares ; voilà donc 4,000 francs que ce dépensier a mis de côté. Tant que le citoyen Proudhon ne m'aura pas prouvé que je suis un voleur, je considérerai ce placement comme plus avantageux que s'il était chez un banquier. Ajoutez à cela mon microscope, mes instruments, mes meubles, et vous serez obligés de reconnaître que je suis plus réglé que beaucoup de pères de famille.

Mais voilà bien assez longtemps que je fais mon éloge ; parlons d'affaires. La lettre de tante Magdeleine roule principalement là-dessus. Je viens de chercher dans mes papiers pendant près d'une heure pour trouver les reçus qu'elle me demandait. Je les avais mis de côté, mais j'ai tant de liasses que j'ai été obligé de fureter pendant longtemps. Enfin, voilà ces reçus ; je vous les confie, enchanté que je suis de n'avoir plus à les conserver. Tu as cru, chère tante Magdeleine, devoir t'excuser pour les quelques lignes de morale que tu as insinuées dans ta lettre; vraiment, tu me crois beaucoup plus insoumis et beaucoup plus revêche que je ne le suis. D'abord, je te reconnais éternellement le droit de contrôler mes actions et mes paroles; ensuite, relativement aux recommandations et aux morales qui me viennent de votre part et qui sont pour mon bien, je me dispose toujours d'avance à les recevoir avec philosophie. Si je les mérite, ou plutôt si je trouve que je les mérite, je les mettrai à profit; si je trouve que je ne les mérite pas, je les recevrai avec le calme majestueux de l'innocence opprimée, de la vertu méconnue.

Je vais écrire à Élie pour le féliciter sur les heureuses couches de Virginie. Je lui ai déjà écrit il y a quinze jours. Je passerai un de ces jours au bureau des assurances pour tâcher d'obtenir à l'amiable un écrit relatif à sa contre-assurance.

Adieu. BROCA.

Fragment de lettre de février 1849.

Jamais Paris ne fut en meilleure disposition pour faire amuser ses enfants. Le carnaval a été quelque peu troublé par les tentatives de coup d'État du sérénissime vainqueur de Boulogne, auquel heureusement il n'a manqué que l'armée d'Égypte. On s'est rejeté sur le carême. On ne voit maintenant que bals et soirées. Je suis allé au bal samedi dernier, j'irai samedi prochain, sans parler de deux invitations que je n'ai pu accepter. Hier je prenais la plume pour vous écrire, lorsqu'un de mes amis vint me prendre et m'entraîna à un délicieux concert où j'ai entendu les meilleurs artistes; vous comprenez qu'avec tant de soirées perdues, avec tant d'occupations que me donnent mes élèves, mes cours, mes conférences, mes examens, il me reste bien peu de temps pour m'occuper des affaires de mon pays et remplir mes devoirs de citoyen. Aussi ai-je été vivement désappointé lorsque j'ai reçu ce matin l'ordre de me rendre au conseil de recensement pour la garde nationale de la dixième légion. Peu soucieux d'aller en pure perte passer la nuit au corps de garde au milieu des poux et des puces, je me suis rendu à cet appel en maugréant. J'ai exposé piteusement à mes juges que toute mon ambition était de devenir docteur, que mon avenir tout entier dépendait des examens que j'allais subir; qu'un refus me ferait perdre toute une année. Ce qui est vrai, du reste. Enfin, ils ont été touchés de mon malheureux sort et m'ont accordé trois mois de répit. C'est toujours autant de pris sur l'ennemi. D'ici là, je verrai à m'industrier d'une manière quelconque. Peut-être ferai-je prendre mon logement sous le nom d'une personne déjà inscrite dans la garde nationale, ou sous le nom de Mme Cadars, peut-être prendrai-je une inscription de théologie pour la modique somme de 15 francs, peut-être, peut-être. Mais, en temps de république monarchique, peut-on savoir ce qui se passera d'ici à trois mois? J'ai appris avec plaisir vos innombrables mariages, tant ceux qui sont faits que ceux qui vont se faire; j'ai appris surtout avec plaisir que celui de Goy ne se faisait pas. Une seule chose m'étonne, c'est qu'après avoir dit qu'il se marierait, il ne se soit pas marié; c'est l'homme le plus têtu que j'aie vu de ma vie. Enfin, le voilà guéri, et j'espère que cela lui servira. Je ne trouve pas comme vous qu'il soit nécessaire qu'il quitte le Fleix pour cela. Tout homme a ses fautes. Heureux celui qui s'arrête au moment de faire une sottise! Je ne vois pas pourquoi on l'engagerait à s'en aller pour recevoir à sa place quelque crétin diplômé. Quand vous verrez Verneuil, dites-lui que je suis enchanté de devenir son cousin. Est-il toujours décidé à venir se faire recevoir docteur à Paris? Je connais l'homme. Quand il saura son pain assuré, il ne sera plus capable de rien faire. Ceci, entre nous. Laissons-le d'abord faire son mariage, nous verrons ensuite à le talonner.

Et à propos de docteur, je vous annonce une grande nouvelle. J'ai jeté dans un coin tous mes livres de thérapeutique, d'hygiène, de médecine légale, de botanique et de chimie, et j'ai hardiment consigné : advienne que pourra. Demain je serai probablement fixé sur l'époque de mon quatrième examen, qui aura lieu dans le courant de la semaine prochaine. Je verrai quels sont mes juges; s'il faut les influencer, on les influencera. Rien n'est ennuyeux comme d'étudier une science à demi; j'aime mieux ne pas savoir un seul article du code que d'en mal connaître quelques-uns.

Adieu, chers parents, je vais maintenant vous écrire toutes les semaines; si le choléra fait des siennes, vous recevrez de mes nouvelles plus souvent.

Adieu encore, je vous embrasse tendrement.

Votre Paul.

Commencement de mars 1849.

Mon cher papa,

Les mauvaises nouvelles sont comme les boules de neige, elles s'accroissent en raison du carré des distances. Depuis quelques jours, on observe çà et là, dans Paris, quelques cas de choléra peut-être sporadique, peut-être aussi épidémique ; c'est ce que l'avenir nous montrera. Cela suffit probablement déjà pour jeter l'alarme dans les provinces ; la famille Brunet vient d'enjoindre à ses fils de revenir à Bergerac ; pareille idée pourrait bien venir à maman.

Toi qui es médecin, tu sais qu'un homme de notre profession ne peut sans ignominie abandonner un pays qu'une épidémie ravage. A ce point de vue déjà, il me serait impossible de quitter Paris. Mais il y a autre chose encore : pour partir, il faudrait demander un congé à la Faculté, et tous ces hommes, qui plus tard seront mes juges, conserveraient de moi une triste opinion ; autant vaudrait faire mes paquets tout de suite et renoncer au but que je poursuis depuis longtemps par un travail opiniâtre.

Ainsi donc, cher papa, j'espère que tu voudras bien, devant maman et les tantes, traiter légèrement les craintes mal fondées qu'elles ont sans doute déjà manifestées ; j'ai abordé le sujet le premier dans la lettre que j'ai expédiée à maman, en même temps que je t'adresse celle-ci par une voie détournée ; que tu croies, ou que tu ne croies pas ce que je dis dans cette lettre, je te prie d'abonder dans le même sens que moi.

Adieu, cher papa, je t'embrasse tendrement.

Ton PAUL.

Je crois qu'il serait bon de déchirer cette lettre.

20 mars 1849.

Chers parents,

Depuis que je vous ai écrit, l'épidémie n'a fait aucun progrès. Chaque jour, on reçoit à l'Hôtel-Dieu trois ou quatre nouveaux cholériques; c'est à Paris le contingent ordinaire des fièvres typhoïdes. Si ce mal ne s'appelait pas le choléra, si son nom ne rappelait pas des souvenirs terribles, personne ne songerait à s'en inquiéter, et les médecins eux-mêmes ne s'en inquiéteraient pas d'une manière spéciale. Du reste, c'est toujours dans les hôpitaux, et dans les hôpitaux seulement, qu'on soigne les cholériques. Il n'y a encore eu personne de frappé parmi les gens d'une aisance même médiocre, qui restent chez eux quand ils sont malades. A Paris, on s'occupe fort peu de l'épidémie. Les journaux en parlent à peine, et ils ont raison, car la seule peur du choléra donne, dit-on, le choléra. Dans le monde on ne se doute à peu près de rien; cela se conçoit : les personnes qui y vont ne connaissent que des gens heureux, et les gens heureux ne sont pas atteints. Je suis allé samedi soir au bal; plusieurs personnes me connaissaient, savaient que j'allais dans les hôpitaux; une seule m'a demandé s'il était vrai qu'il y eût du choléra dans Paris. Avant-hier j'ai vu Mme Cadars qui est fort tranquille. Or, quand Mme Cadars n'a pas peur, personne n'a peur. Quelle différence entre ce pâle reflet d'une épidémie démâtée et le terrible fléau de 1832! Un jour, pour le début, on porta vingt malades à l'Hôtel-Dieu, le lendemain cinquante, le surlendemain cent. La mort était le plus souvent presque foudroyante; les malades succombaient dans la première période, ce n'est presque qu'à la fin de l'épidémie qu'on put observer la seconde. Aujourd'hui, au contraire, la plupart des malades échappent à la période *algide;* deux ou trois seulement sont morts jusqu'ici à ce degré de la maladie; presque tous parviennent à la période de réaction, qui est aussi salutaire en médecine que désastreuse en politique. Dieu veuille que tant d'espérances ne soient pas déçues, que le mal ne dépasse pas ces étroites limites, et que la prédiction de Barthélemy puisse se réaliser :

> Oh! non, c'est qu'il ne faut, contre cette endémie,
> Nul remède inventé par une académie,
> Sur lequel la science ait longtemps disserté.
> Au lieu des opiats pleins de vertus secrètes
> Il faut, pour écarter le monstre de nos têtes,
> L'élixir de la liberté !

Cette lettre était destinée à vous être remise par Brunet. J'espérais qu'il passerait par Sainte-Foy, et qu'il vous verrait pendant le relais. Son inexorable père, qui ne se doute pas qu'on a plus de chances de verser en route que de prendre le choléra à Paris, vient de le rappeler d'une manière formelle. Son jeune frère est déjà parti. Théophile n'a obtenu de rester jusqu'à ce jour qu'en considération d'un examen qu'il vient de subir heureusement. A propos d'examen, le mien ne sera que pour la semaine prochaine. Il n'y en aura pas cette semaine-ci; mais je vais prendre, auprès du doyen, mes précautions pour que le reste de mes épreuves se fasse le plus rapidement possible.

Adieu, chers parents, je n'ai pas autre chose à vous annoncer. Je vous embrasse tendrement.

Votre PAUL.

27 mars 1849.

Chers parents,

J'ai reçu, jeudi soir, une lettre m'annonçant que je passerais mon quatrième examen hier lundi. Je me suis mis aussitôt à relire la médecine légale et l'hygiène que j'ai pu revoir complètement. Aussi, ai-je passé d'une manière brillante, puisque j'ai obtenu la note *extrêmement satisfait*. Aujourd'hui, je vais demander une audience au doyen, M. Bérard, afin d'obtenir le droit de subir, coup sur coup, le cinquième examen et la thèse, de sorte que dans quinze jours tout sera complètement terminé.

J'ai dîné avant-hier soir chez M. Loreilhe, qui va bientôt partir pour le Midi, et qui vous donnera directement de mes nouvelles. Après dîner nous avons joué le whist et je lui ai gagné ses gros sous.

Le choléra ne prend d'extension que dans les hôpitaux, c'est-à-dire qu'il ne frappe guère que les malades déjà retenus depuis quelque temps dans les hôpitaux pour d'autres maladies. Si l'on pouvait être certain que le mal en restât là, je vous rappellerais une promesse ou plutôt une demi-promesse que papa m'avait faite : de venir à Paris, pour assister à ma réception de docteur. Je puis le loger chez moi le plus commodément du monde; mais, encore une fois, je n'insiste pas dans les circonstances actuelles.

Adieu, chers parents. Il n'y a pas autre chose de nouveau, ce qui veut assez dire que je continue à jouir de la santé la plus exemplaire.

Je vous embrasse tendrement.

31 mars 1849.

Chers parents,

Le choléra est en fuite. Les cas de ces jours derniers ont été peu nombreux et peu graves; si la décroissance continue comme elle l'a fait depuis quatre jours, il ne sera bientôt plus question du terrible fléau. Les réceptions dans les hôpitaux diminuent de jour en jour; hier, il n'est entré qu'un seul malade à la Charité. Cela n'est pas malheureux, car, si la maladie eût continué, la panique se serait certainement mise dans Paris. Déjà on commençait à faire circuler des bruits alarmants. Un jour, on arrivait à l'École pratique en disant : Fouquier est mort du choléra; le soir, c'était le tour de M. Honoré, et le lendemain on rencontrait ces deux médecins faisant leurs visites dans les hôpitaux. Avant-hier, on vient me dire que M. Blandin a le choléra. Je prends aussitôt une voiture pour aller prendre de ses nouvelles, et je rencontrai sur la place de la Madeleine l'ami Macquet, à qui on avait dit la même chose et qui venait de chez lui. Il ne l'avait pas trouvé, tant il avait le choléra. Enfin, Dieu merci, le danger est maintenant éloigné, ou mieux anéanti. Vous n'aurez donc plus désormais aucune inquiétude sur mon compte, ni sur le compte de ceux qui viendront à Paris, de papa, par exemple.

Car tu m'as dit bien des fois, cher papa : « J'irai à Paris te voir passer ta thèse. » Or, le moment est arrivé, le temps presse même un peu, car je serai docteur dans une dizaine de jours. Arrête donc, et promptement, une place dans les Messageries nationales, sur la banquette, bien entendu, vu la susceptibilité de ton estomac, et viens te retremper dans les souvenirs de ta jeunesse, dans cette ville que trente années de paix ont rendue méconnaissable. Rien ne me sera facile comme de louer un lit en fer, et de te loger dans mon appartement. Mme Cadars est toute radieuse de cette idée. Elle voulait absolument te loger chez elle, mais j'aimerais bien mieux t'avoir chez moi. Je m'engage à ne pas ouvrir la bouche de politique, ce qui me sera, du reste, très facile, car je ne m'en occupe plus du tout. Voici précisément le printemps avec ses beaux jours. Nous te promènerons dans Paris ; l'exposition de l'industrie va avoir lieu ; en un mot, jamais pareille somme de circonstances ne conspira pour enlever un homme à ses paisibles habitudes. Mme Cadars partira de Paris dans peu de temps ; il y a quatre ans qu'elle n'est allée au pays, et il lui tarde fort. Elle compte sur toi pour l'accompagner.

J'ai eu, ce matin, des nouvelles d'Élie. Le professeur de rhétorique d'Alger a obtenu un congé de six mois et s'est rendu à Paris. Il m'a apporté une lettre que je n'ai pas encore reçue et une énorme pipe arabe qui me servira à décorer ma cheminée. Eussiez-vous jamais deviné qu'un jour viendrait où Élie, l'ennemi du tabac, favoriserait un jour, chez moi, le développement de ce vice ? Il me considère sans doute comme un fumeur endurci et il se résigne.

J'ai beaucoup ri en lisant les aimables plaisanteries de maman à l'endroit de sa future bru. Mais je n'ai deviné ni le pays d'icelle, ni la dame qui vous a fait attenter à ma pauvre liberté. On conspire donc contre toi comme contre celle de la France ? Dans les dispositions où je me trouve, je vous permets de me proposer un parti de 50,000 francs de rente. Sinon, non. Je suis Suisse à cet égard, pour le moment.

Adieu, etc.

4 avril 1849.

Chère maman,

Je reçois ta dernière lettre, et je m'attends à en recevoir souvent de pareilles. Comment n'as-tu pas continué à penser qu'insister pour mon retour, c'était compromettre ton autorité maternelle? Je suis de ceux qui pensent qu'on peut très bien se dispenser d'aller se jeter dans une épidémie lointaine pour l'étudier ou pour la combattre. C'est un dévouement chevaleresque que j'admire, mais dont je me passerai tant que j'aurai autre chose à faire. Mais précisément parce que je ne multiplie pas, parce que je n'exagère pas les devoirs du médecin, je suis intraitable pour l'accomplissement de ceux que j'admets. Le médecin qui, pouvant matériellement faire autrement, quitte le pays où il demeure lorsqu'une épidémie y survient, est traître à la science et à l'humanité. Or, chère maman, quoi qu'il puisse advenir, je ne serai jamais ni l'un ni l'autre. Il est désormais inutile de toucher cette corde, ce serait de la peine et du temps perdus; c'est à Paris que je passe ma vie, c'est à cette ville que, le cas échéant, je dois mon zèle et mes lumières. Ceci dit une fois pour toutes, de la manière la plus absolue, il est doux pour moi de pouvoir vous assurer que vos craintes ne sont pas fondées; eh quoi! la semaine dernière, quand le choléra allait en grandissant, vous sembliez vous résigner à cette nécessité, et aujourd'hui qu'il est en fuite, aujourd'hui que tout danger est passé, voilà que vos inquiétudes commencent! On a bien raison de dire que la tendresse est aveugle. Le danger a disparu, dites-vous, mais on en parle plus que jamais. Où en parle-t-on? A Sainte-Foy. Tout votre monde est marié, les cancans n'ont plus rien à faire, il faut bien qu'on parle de quelque chose. Le choléra est un grand levier de distraction. Chaque salon se transforme en académie. Le choléra est mort, vous dis-je, lisez plutôt les journaux de Paris, notamment le *Siècle* d'hier. Vous y verrez le relevé des morts et des malades, et vous verrez que le vrai monstre qui vous épouvante, ce n'est pas le choléra, c'est la renommée.

Parlons maintenant d'autre chose. J'ai passé mon cinquième examen. Je n'ai eu que la note *bien satisfait*, parce que j'ai soutenu à M. Chomel qu'il n'y avait pas de maladie sans lésion, comme doivent le faire tous les hommes qui savent l'anatomie et la physiologie. Les autres juges voulaient me donner *extrêmement*, mais M. Chomel a été intraitable. « Messieurs les chirurgiens, a-t-il dit, veulent savoir la médecine mieux que les médecins. » Du reste, ceci n'a pas une grande importance et je vais subir ma thèse; malheureusement, je ne pourrai pas le faire avant le 16 avril, à cause de la semaine sainte, pendant laquelle les imprimeurs ne travaillent pas.

J'ai renoncé à mes projets de microscopie et voici pourquoi : une ordonnance récente vient d'annoncer aux étudiants de deuxième et de troisième année, qu'on leur demanderait toute l'anatomie et toute la physiologie au mois d'août pour l'examen de passage. Plusieurs sont venus me trouver, me prier de leur faire un cours abrégé d'anatomie en cinquante leçons. J'en ai déjà une dizaine d'inscrits; je leur prendrai 30 francs chacun; il en viendra certainement d'autres, et je pourrai ainsi, à cinq leçons par semaine, gagner 5 à 600 francs en deux mois et demi. Indépendamment de cela, je fais comme tous les étés le cours de médecine opératoire, de sorte qu'il ne me restera pas assez de temps pour faire autre chose. Nous avons actuellement de bien grandes inquiétudes sur le compte de

M. Blandin. Il a traîné tout cet hiver; il maigrit extrêmement, il tousse, et nous tremblons qu'il ne soit phtisique. Il vient de partir pour la campagne. Si l'Italie était moins agitée, il y serait allé passer le printemps. Il n'a pas voulu se laisser ausculter, de sorte que rien ne confirme nos craintes, mais rien ne les infirme non plus.

J'ai reçu le cadeau d'Élie ou plutôt de Virginie. A leur superbe pipe ils ont joint une magnifique blague qui pourrait contenir 1 kilogramme de tabac, mais que je me contente de suspendre à ma cheminée pour orner ma chambre. Je vais leur écrire pour les remercier. Il faudra absolument qu'une de mes tantes m'accompagne à Alger à la fin de septembre ou au commencement d'octobre; qu'elles se préparent dès à présent à ce voyage.

La dame dont vous a entretenus Mme Jodin ne peut être que Mme Barthe, dont je vous ai sans doute déjà parlé. Mais Mme Jodin ne m'a parlé ni de sa fille, ni d'aucune autre demoiselle. Elle vous a communiqué ses inquiétudes, et non pas les miennes. Je dois vous dire, du reste, que je partage pleinement sa manière de voir. La jeune fille est une admirable poupée. Tout me porte à croire que Mme Jodin a fait un petit cancan qui ne fera, du reste, de mal à personne.

Adieu, chers parents, n'ayez plus d'inquiétudes sur mon compte, il n'y a pas lieu d'en avoir.

Je vous embrasse tendrement.

15 avril 1849.

Chers parents,

Je vous écris cette lettre dans la chambre d'un mourant, sous une bien triste impression, et vous le devinerez quand vous saurez que ce mourant fut mon maître, mon bienfaiteur et mon ami. Le pauvre M. Blandin, après une légère amélioration de quelques jours due à son séjour à la campagne, a eu une rechute grave qui l'a rapidement affaissé et mis dans un état à peu près sans ressource. Il était encore à la campagne, non loin de Paris, lorsque ce malheur est survenu, et il s'est fait transporter à Paris pour mourir, dit-il, dans sa famille. Il ne prévoyait que trop juste. Voilà quatre jours qu'il est revenu, et son état depuis lors n'a fait qu'empirer; bien des gens l'ont vu, et personne ne garde la moindre lueur d'espoir. Le délire est survenu promptement, et c'est une chose affreuse d'entendre les divagations de ce malheureux qui lutte avec la mort plus longtemps qu'on n'eût pu le croire. J'ai passé quelques parties de journées à son chevet, et je ne l'ai pas quitté la nuit dernière. Le reste des instants dont j'ai pu disposer a été consacré à ma thèse, pour la correction du manuscrit, la vérification des épreuves, etc. Il paraît que le choléra va toujours en décroissant, mais sans trop de rapidité. Je dis il paraît, car vous comprenez que depuis quatre jours je n'ai guère eu le temps d'aller dans les hôpitaux. Les circonstances que je viens de vous exposer seront sans doute à vos yeux une excuse suffisante pour le léger retard que j'ai mis à vous écrire cette lettre, pour l'écriture, la rédaction, la brièveté, etc. Adieu, chers parents, je vous embrasse tendrement.

Broca.

20 avril 1849.

Chers parents,

Les journaux vous ont sans doute appris un malheur que mon silence a dû vous faire pressentir. Je ne vous aurais pas laissés dans l'incertitude si j'avais eu à alléger la mauvaise nouvelle que vous annonça ma dernière lettre. Mon pauvre maître est mort avant-hier dans nos bras. Dimanche il déclina rapidement, il perdit tout à fait la parole; deux fois dans la nuit nous crûmes qu'il allait rendre le dernier soupir, mais il ne mourut que lundi, à midi et demi. Une demi-heure avant ce moment fatal, il recouvra toute sa lucidité; nous étions quatre à son chevet, sa femme, son beau-père, Cusco et moi; il nous reconnut, nous serra la main, mais il ne put prononcer que des sons inintelligibles. Il nous sourit encore une fois, puis il quitta ce monde où il n'a jamais fait que du bien.

Presque toujours la fortune gâte le cœur; la plupart de ces hommes à vie publique, à existence agitée, perdent le souvenir de ce qu'ils ont été; les liaisons de famille n'existent pas pour eux; l'amitié n'est qu'un marchepied; l'honnêteté n'est qu'apparente, et ne constitue qu'un moyen d'avancement. Certes, s'il fut jamais un homme comblé des faveurs de la fortune, ce fut Blandin, et pourtant combien il était différent de tous ces gens au cœur sec. Il fallait le voir dans sa vie de famille, aussi simple, aussi naïf, aussi affectueux qu'un petit bourgeois de province. Comme il était heureux lorsqu'après une journée d'une dévorante activité il venait passer deux heures avec sa femme et ses enfants ! C'était l'homme aimant et reconnaissant par excellence. Dans son délire il ne parlait que de son maître, M. Marjolin, à qui il a dû dans le temps une partie de ses succès. Il montrait son portrait, demandait des nouvelles de sa maladie, se désespérait en pensant que cette maladie ne guérissait pas. Pauvre M. Marjolin! lui aussi dans son lit, il a appris le malheur qui a frappé son élève chéri, et ç'a été pour lui un coup terrible. Et nous ses élèves, n'était-il pas pour nous plutôt un père qu'un maître? Quand il voyait un jeune homme honnête et laborieux, il s'attachait à lui et dès lors il ne l'abandonnait plus. Bien des fois il m'a dit : « Courage, mon ami, travaillez, j'ai commencé comme vous, je vous promets que vous arriverez. » Et il tenait toujours ses promesses. On avait beau lui recommander de toutes parts dans les concours les candidats indignes, il faisait des réponses évasives, et finissait souvent par voter pour celui qu'il connaissait le moins. Au dernier concours des aides d'anatomie, des membres de l'Institut vinrent lui demander sa voix pour le fils d'un des médecins les plus riches et les plus répandus de Paris; il n'était pas de l'Institut et désirait vivement y arriver, ce qui ne l'empêcha pas de faire nommer Béraud dont personne, excepté nous, ne lui avait parlé. Nous voulûmes le remercier le lendemain. « Si Béclard, nous dit-il, n'avait pas fait pour moi ce que j'ai fait pour Béraud, je n'aurais pas été nommé aide d'anatomie, je n'étais pas assez riche pour attendre un autre concours, et mon avenir était manqué. » Voilà comment il était, comparant toujours à lui-même les jeunes gens qu'il rencontrait, et se montrant pour eux ce qu'il aurait voulu qu'on se montrât pour lui, s'il avait été à leur place.

J'ai l'âme brisée. Je l'ai pleuré comme un enfant; lorsqu'il vivait, je ne croyais pas l'aimer autant. Sans doute, j'ai perdu un puissant protecteur, mais cette idée ne m'a pas tourmenté un seul instant. Et d'ailleurs jusqu'à présent il avait fait pour moi beaucoup plus qu'il n'aurait fait plus tard. Il m'a soutenu dans mes premiers pas, mais maintenant je puis marcher tout seul. Ce que je regrette, en un mot, ce n'est pas le protecteur, c'est le maître, c'est l'ami.

Sa femme est inconsolable; il laisse deux enfants de douze à quinze ans. Ils sont riches, mais la fortune ne remplace pas l'affection d'un père. La pauvre Mme Blandin n'a pas encore dormi depuis trois jours que son mari est mort; elle peut à peine supporter chaque soir quelques légers aliments. Je vais souvent la voir, ma vue lui fait plaisir parce qu'elle est toute à sa douleur; mais plus tard je cesserai d'y aller, et je n'y reviendrai que beaucoup plus tard. Je ne vous ai pas écrit plus tôt; je ne le pouvais guère, obligé de m'occuper d'une foule de soins matériels, des faire-part, de la cérémonie funèbre. Je me reposerai maintenant pendant quelques jours, parce que mes cours d'été ne commenceront que dans quelques jours.

Je suis docteur, vous recevrez mes thèses par le prochain courrier. J'ai eu *extrêmement satisfait*. J'ai soutenu la thèse que le pauvre Blandin aurait dû présider, le jour précisément où il est mort; j'ai même failli manquer l'heure de la Faculté. J'avais passé la nuit chez lui, et je ne m'occupais guère du temps qui s'écoulait; lorsqu'il fut mort sa femme me dit : « Arrêtez sa pendule, je veux qu'elle n'aille plus jamais. » En m'acquittant de cette étrange mission, je vis qu'il était midi et demi. Je n'eus que le temps de me jeter en voiture et d'arriver à la Faculté à une heure sonnante. J'eus, du reste, le triste honneur d'annoncer aux professeurs de l'École la mort de leur collègue.

Le choléra n'augmente ni ne diminue. M. Cadars a eu peur de l'avoir, et n'avait que la colique. Il est guéri, Mme Thierry m'a appris, par le plus grand hasard du monde, la mort de Mme Boudet; je ne savais même pas que Mme Subervie était absente depuis un mois.

Adieu, chers parents, je vous embrasse tendrement.

Broca.

J'ai vu hier René Marjolin. Son père va mal. Il est perdu, lui aussi. Ma thèse est mal imprimée, il y a des fautes; je n'ai pas eu le temps de corriger les épreuves comme je l'aurais voulu. J'étais alors auprès de M. Blandin. J'ai chargé un de mes amis de cette correction, et il a laissé des fautes.

———

25 avril 1849.

Chers parents,

Il y avait plusieurs jours que je m'étonnais de ne pas recevoir de lettre, mais je me rends compte maintenant de ce silence. Vous attendiez sans doute les nouvelles de ma réception; mais la mort de M. Blandin avait tellement absorbé mon temps que je ne pus vous faire part que quelques jours après de cette réception qui ne vous inspirait, sans doute, aucune inquiétude. La lettre de maman est probablement antérieure à l'arrivée de la mienne; les journaux ont dû vous apprendre avant moi la triste mort de mon pauvre maître. J'ai repris toutes mes occupations, et j'ai même maintenant un surcroît de besogne. Macquet est allé à Angoulême soigner sa sœur qui a fait une fausse couche, et je suis chargé en son absence de donner des répétitions d'anatomie et de physiologie à des élèves de l'École égyptienne qui viennent chez moi tous les matins. Cela m'empêche d'aller à l'hôpital, mais cela n'est que temporaire, car Macquet, je pense, reviendra au commencement de mai. Voilà pourquoi je ne puis vous dire grand'chose du choléra. Mais je sais cependant que la mortalité diminue, et je le sais mieux que personne puisque les cadavres de tous les hôpitaux sont portés à l'École pratique et me passent sous les yeux. Les distributions sont en moyenne de huit cadavres par jour; c'est deux seulement de plus que le contingent ordinaire du printemps. J'ai commencé il y a trois jours mes deux cours d'été, l'un particulier d'anatomie descriptive, l'autre public de médecine opératoire. C'était la première fois que je commençais librement un cours dans un amphithéâtre; dans les pavillons jusqu'ici j'avais pour auditeurs assurés les élèves confiés à ma direction; mais cette fois il n'en était pas de même, et j'étais inquiet de savoir si j'aurais un auditoire. Le succès a dépassé mon attente. Lundi mon amphithéâtre fut rempli; aujourd'hui une dizaine d'élèves, qui n'ont pu trouver de place, ont été obligés de se tenir debout autour de ma table; de sorte que je suis maintenant rassuré. Si cela continue, je demanderai au doyen la permission de prendre un autre amphithéâtre. J'avais, non point par modestie, vous savez que je n'en ai pas, mais par amour-propre, pour ne pas voir des banquettes vides, j'avais, dis-je, choisi le plus petit des amphithéâtres de l'École pratique, un amphithéâtre qui ne peut recevoir que quatre-vingts élèves. Si l'affluence continue, peut-être demanderai-je le plus grand, qui peut en recevoir deux cents. Quant à mon cours particulier, c'est une autre affaire; je n'ai encore que dix élèves, je l'ai commencé sur la foi des traités parce que huit Grecs m'en avaient prié; le moment venu, les Grecs sont restés chez eux, mais ils ont eu soin de me faire dire le lendemain qu'ils avaient acheté un mannequin d'anatomie élastique (c'est un sujet d'anatomie en carton qui se démonte et sur lequel tous les organes sont représentés en relief) et qu'ils étudieraient l'anatomie chez eux.

Les bénéfices de l'hiver ont été absorbés par mes frais de réception, lesquels montent à 510 francs (trois examens, 90 francs; consignation de thèse, 165 francs; frais de robe, 5 francs; frais d'impression, 250 francs); je n'en ai aucun d'assuré pour l'été, qu'environ 400 francs en sus de mes 58 francs par mois; c'est à peu près ce qu'il me faut pour vivre. Ce qui viendra de plus sera du pain bénit pour le voyage d'Algérie, et si cela ne vient pas, je n'irai pas à Alger, voilà tout. Vous connaissez maintenant aussi bien que moi ma situation financière. Du reste, chère maman, pour répondre à un passage de ta lettre, si j'allais à Alger, ce serait du 15 septembre au 15 octobre, et alors je serais à Sainte-Foy vers la fin de juillet. Avec mes deux cours, dont l'un a lieu cinq fois et l'autre trois fois par semaine, avec les Égyptiens de Macquet, avec les élèves de l'École pratique, à qui je fais répéter les opérations, avec mes élèves particuliers de médecine opératoire, avec la rédaction des bulletins de la Société anatomique dont je m'occupe activement, il ne me reste, vous le voyez, que bien peu de temps à moi. Je me suis arrangé de manière à être entièrement libre le jeudi et le dimanche pour mes travaux particuliers; j'en profiterai, aux beaux jours, pour aller me distraire à la campagne. Je ne sais quand ce moment viendra; il fait un temps à ne pas mettre un roi constitutionnel à la porte; nous avons eu cette semaine de la gelée, de la neige, de la grêle, du vent, et surtout de la pluie. Il me tarde que cela finisse, car mon paletot d'hiver ne tient plus.

Je voulais vous envoyer mes thèses; Roques vous les aurait portées; mais il a eu soin de m'écrire pour m'annoncer son départ et de ne faire mettre sa lettre à la poste que quatre jours après. Il est parti samedi et j'ai reçu sa lettre ce soir. Il aurait aussi bien fait de ne pas me prévenir du tout.

J'ai reçu franco un énorme paquet du cousin d'Eymet; le tout adressé au Président de la République qui se gardera bien d'en lire un seul mot. Vous savez sans doute que le pauvre diable est dégommé; son placet sera remis, mais il n'a guère de chances de succès. Notre pauvre guérite est donc abîmée? Il n'y a qu'une chose à faire : c'est de murer le côté qui donne sur l'ancienne fontaine, et de murer aussi jusqu'au-dessus des yeux le côté correspondant du sentier qui y mène. C'est d'abord une dépense peu considérable, puis elle est hygiénique; enfin, et surtout, elle ferait voir à vos sénateurs qu'on a une philosophie supérieure à leur tenace malveillance.

La première fois que je pourrai courir à la grande poste, je vous enverrai franco une de mes thèses.

Adieu, chers parents, je vous embrasse tendrement.

———

5 ou 6 mai 1849.

Ma chère maman,

Je ne conçois pas du tout comment je n'ai pas envoyé dans mon paquet de thèses celle qui était destinée à M. Bouny. Cette thèse, je l'avais mise de côté avec une épigraphe, en corrigeant les fautes d'impression comme j'ai fait pour toutes les autres. J'avais sous les yeux une liste de noms que j'avais dressée d'avance. J'avais calculé que huit thèses devaient être expédiées à papa en sus de la sienne. Je pensai plus tard à M. Rennes, et lorsque j'eus mon paquet de neuf, je crus avoir tout ce qu'il me fallait. Vous auriez déjà reçu par la poste cette thèse tardive s'il était humainement possible à Paris de mettre les imprimés à la poste. Par un de ces abus stupides qui se transmettent de génération en génération, il n'y a pour tout Paris qu'un seul bureau d'affranchissement pour les imprimés. Ce bureau n'est ouvert que de dix heures à une heure. Vous savez quelle énorme consommation il se fait maintenant de journaux, de professions de foi, de réclames électorales, etc., etc., et quelle affluence il doit y avoir. Une première fois je suis allé à la grande poste pour affranchir plusieurs thèses destinées à la province; je suis arrivé à dix heures et demie, à midi mon tour n'était pas arrivé; j'avais affaire à l'École pratique, et j'ai dû quitter la place; une seconde fois je me suis arrangé de manière à être libre jusqu'à une heure et demie; à une heure mon tour n'était pas arrivé, j'ai dû partir encore en maudissant l'ordre des choses. Enfin, voilà à quoi je me suis décidé en désespoir de cause. J'ai fait un paquet de toutes les thèses destinées à la province, et je vous les ai expédiées par la même voie que la première fois. Il vous sera facile de faire là-bas ces affranchissements. Je vous recommande surtout la thèse de M. Leuret. J'ai mis dans le paquet des thèses pour Alphonse et Élie, pour l'oncle Broca et même pour les tantes. Je n'en avais pas mis la première fois; je supposais qu'une brochure qu'on ne lit pas ne pouvait faire aucun plaisir. Mais, enfin, pour le cas où l'on considérerait cette formalité comme ayant la moindre valeur, je sacrifie à l'usage sans y attacher la moindre importance. Quant à toi, chère tante Jourdit, tu penses bien que ce n'est pas à dessein que je ne t'adresse pas d'exemplaire. Toi, papa et maman vous êtes tellement incorporés ensemble dans mon esprit et dans mes affections que je ne saurais vous séparer. La thèse de papa est évidemment pour vous trois. Pourvu que tu voies la brochure sur le piano ou sur une table, c'est probablement tout ce que tu demandes. Je vous prie de faire, avant de distribuer les exemplaires, quelques corrections que j'avais laissées passer la première fois. N'ayant pas, à cause de la maladie de Blandin, corrigé les dernières épreuves, j'ai trouvé d'assez graves fautes d'impression. Vous verrez sur mes prochaines thèses de quelle manière ces corrections doivent être faites :

Page 12, ligne 5 : *permettent*, mettez *permettront;* il suffit de barrer *tent* et de mettre en marge *tront*. Une barre verticale au milieu du mot indique le renvoi.

Page 16, ligne 24 : *sympathiques*, mettez *sympathies*. Il suffit de barrer le *qu*. Une barre transversale sur les deux lettres et une barre verticale sur chacune pour montrer que c'est une correction et non une tache d'encre.

Enfin, page 31, ligne 15 : *entravait*, mettez *entourait*. Barrez *ravait* par un trait horizontal, indiquez le renvoi en marge par un trait vertical, et écrivez en marge *ourait* à la place de *ravait*.

Il y a d'autres erreurs, mais elles sont moins importantes. Les corrections doivent se faire avec une plume en fer peu chargée d'encre. Il faut écrire vite afin que le papier ne boive pas trop. En un mot, cette correction doit se faire comme celles qu'on fait sur les épreuves destinées à l'imprimerie.

Pourquoi les tantes n'achèteraient-elles pas tout le terrain de la fontaine? Elles pourraient le faire acheter par quelqu'un pour qu'on ne le pousse pas trop. Un voisin là serait très incommode. On ne serait plus chez soi, ni sous la guérite, ni sous le cabinet de droite; puis, quand le quai sera achevé, l'emplacement prendra une grande valeur.

Adieu, chers parents. Le choléra garde toujours son petit *statu quo*, comme c'était prévu, mais l'essentiel est qu'il n'augmente pas, comme c'était prévu encore.

Je vous embrasse tendrement.

Dr Broca.

Lundi soir, 14 mai 1849.

Mes chers parents,

Je recevrai peut-être demain une lettre de vous, mais il y a une semaine que je ne vous ai écrit, et je ne veux pas attendre davantage.

J'espère que vous avez reçu le paquet nouveau que j'ai pris la liberté de vous expédier, et que vous avez distribué mes œuvres complètes à qui de droit. J'ai tort quand je dis œuvres complètes, car il faut que je vous fasse part d'une entreprise que je viens de faire.

Il y a cinq ans, Victor Masson, l'un des libraires les plus haut placés de Paris, avait entrepris la publication d'un ouvrage d'anatomie avec planches. Le docteur Bonamy, ancien prosecteur de Breschet, s'était chargé de la partie scientifique de l'ouvrage. La publication a bien marché pendant deux ans, et les souscripteurs, malgré le prix élevé de l'ouvrage, s'élevaient déjà à 1,800, lorsque Bonamy, qui est fort paresseux, se mit à marcher avec une telle lenteur que dans ces trois dernières années, il n'a paru que dix livraisons de quatre planches chacune. Les souscripteurs se sont désabonnés, et la publication a été un instant sur le point de s'interrompre. Mais Masson, qui avait déjà fait des frais considérables, a voulu la continuer. Dans ses conventions avec Bonamy, il l'avait, pour toute indemnité, intéressé dans les bénéfices. Trouvant chanceux les bénéfices d'une publication discréditée, Bonamy a refusé de continuer, et il a abandonné à Masson son dividende pour l'indemniser du préjudice que sa paresse lui a porté. Masson m'a fait proposer par M. Lenoir, chirurgien de l'hôpital Necker, de continuer la publication. Vous comprenez que je n'ai voulu courir aucune chance de librairie, et que j'ai refusé, même avec une augmentation de dividende, les conditions de Bonamy. Voici comment les conditions ont été faites. Masson s'est engagé par écrit :

1° A me donner 200 francs par livraison (comptant);

2° A me permettre d'interrompre la publication toutes les fois que j'aurai un concours et pendant les deux mois de vacances;

3° A ne tirer que 2,000 exemplaires;

4° Les tables lithographiques sont conservées pour l'éventualité d'une seconde édition. Mais celle-ci ne pourra paraître qu'avec mon autorisation et par conséquent moyennant finances.

Quant à moi, je n'ai pris aucun engagement écrit. Je suis censé entreprendre une publication et avoir trouvé un libraire qui se charge de l'imprimer. Je ne suis donc tenu qu'à ce que je voudrai.

Voici maintenant où en sont les choses : les os, les muscles, les ligaments et les vaisseaux ont paru, ils forment 40 livraisons. Il y en aura encore trente pour les viscères et leur structure, le système nerveux et les organes des sens. Ce qui reste est donc en réalité la seule chose difficile de l'anatomie. Si je m'en tire avec avantage, ce sera pour moi un titre honorable dans mes concours ultérieurs. Je pense avoir terminé dans trois ans, ce qui me fera à peu peu près 10,000 francs par an. Les vacances et les concours retarderont un peu la publication et diminueront le bénéfice de chaque année. Mais quelque réduits que soient les avantages pécuniaires, joints à mes 1,200 francs de l'École et à mes 500 francs de pavillon, ils me permettront de vivre sans me surcharger d'élèves. Je me propose de ne plus faire maintenant que des cours publics pour m'habituer de plus en plus aux leçons des concours, et j'aurai encore à moi plus de temps qu'auparavant.

J'ai dans ce moment un petit surcroît de besogne qui m'empêche d'aller aux hôpitaux le matin. J'ai pris, au départ de Macquet, trois élèves de l'École égyptienne dont il était le répétiteur, afin qu'il ne les perdît pas et qu'il pût les reprendre à son retour. L'encombrement de mes heures du jour m'a obligé de les prendre le matin. Je ne suis donc renseigné qu'indirectement sur l'état sanitaire de Paris. Le choléra a redoublé assez fortement au commencement de la semaine dernière; les cas étaient plus nombreux, mais moins graves. Depuis jeudi, cette recrudescence a diminué et on se trouve à peu près revenu au même point qu'avant. On a cru pouvoir attribuer cet accident aux intempéries qui avaient succédé à quelques beaux jours. Du reste, je continue à aller bien comme par le passé. J'ai vu hier Paul Dupuy et Oscar Pauvert, qui jouissent aussi d'une excellente santé.

Les élections se font avec le plus grand calme. Les provocations et les affiches de Changarnier n'ont pu réussir à produire le moindre trouble. Les Bonaparte ont beau se chamailler entre eux, s'accuser mutuellement de trahison; cette petite tactique, qui fait diviser les membres des familles régnantes de manière à en mettre un dans chaque parti, est aujourd'hui parfaitement connue et personne n'y fait attention.

Tenez-moi au courant de la rue de l'Union et de la fontaine des Récollets. Je ne comprends pas que les tantes n'achètent pas ou ne fassent pas acheter l'emplacement qui est à vendre et qui se donnera pour presque rien, car personne n'est intéressé à l'avoir.

Adieu, je vous embrasse tendrement.

BROCA.

Ce mardi, 22 mai 1849.

Jamais, chers parents, il ne m'en coûta davantage pour rendre hommage à la vérité. Mais je me suis engagé à ne pas vous la cacher, et le meilleur moyen d'être cru une autre fois, c'est d'être véridique aujourd'hui. Je me console en pensant que papa, qui est médecin, saura vous rassurer pleinement et promptement.

En tout autre temps qu'en temps de choléra, j'aurais cru ne vous donner aucune inquiétude en vous disant que je viens d'être indisposé et que je le suis encore un peu. A voir les craintes que vous manifestiez dès le début de l'épidémie, alors que vous me croyiez parfaitement sain, j'aurais peut-être hésité à vous annoncer une indisposition quelconque, mais je m'y suis résolu en réfléchissant que papa vous rassurerait tout à fait. En effet, la maladie que j'ai est la preuve que je suis aussi éloigné que possible d'avoir le choléra. Ceci posé, voici le fait, et je vous demande pardon de ce qu'il y aurait de trop médical dans ce qui va suivre.

Je vous ai déjà dit que plusieurs fois déjà, à l'apparition des premières chaleurs, j'avais, depuis cinq ou six ans, éprouvé de légers troubles intestinaux qui disparaissaient magiquement par l'administration d'un purgatif. Cette année, comme les autres, les troubles intestinaux se sont montrés. En temps de dévoiement, les purgatifs laissent quelquefois le dévoiement, et cela est une prédisposition à l'épidémie actuelle. J'ai donc, pour mon malheur, hésité à me purger, l'embarras gastrique et intestinal a été en augmentant; la constipation est devenue tellement opiniâtre, que les lavements eux-mêmes n'y faisaient plus rien; alors il a bien fallu me décider à me purger, mais il était trop tard; j'avais déjà les yeux jaunes, et cela m'indiquait un commencement de jaunisse.

Je me suis donc purgé une première fois lundi dernier; j'ai été peu à la selle, et surtout je suis resté constipé presque autant que par le passé. Vendredi un de mes amis m'a conduit à sa maison de campagne, où je suis resté jusqu'à dimanche, mais l'appétit ne revenait pas, et surtout les matières fécales ne circulaient pas; je suis donc revenu dimanche soir et je me suis repurgé hier.

Aujourd'hui je m'en trouve merveilleusement. Je me sens complètement dégagé, je n'ai plus ni mal de tête ni lassitude, je n'éprouve qu'un grand appétit que je vais satisfaire cependant avec modération. Je vous écris en attendant une côtelette que j'arroserai d'excellent bordeaux que Jules vient de me porter.

Sachant que M. Georges Subervie allait partir pour le pays, je l'ai prié de venir me voir. J'ai pensé que les renseignements qu'il vous donnera de vive voix seront de nature à vous tranquilliser. Je ne sors pas encore, je suis jaune comme un Mongol; je reste chez moi, où j'ai nombreuse compagnie. Nous nous amusons à faire des observations sur la couleur décroissante de ma peau et sur mes urines ictériques. A la fin de la semaine, selon toute probabilité, Jourdier viendra me reprendre pour me conduire à sa campagne où je passerai quelques jours. Voici une autre combinaison possible. Mme Cadars vient d'avoir une amygdalite assez grave. M. Cadars a été pris d'une belle peur du choléra contre laquelle il aurait tort de lutter; de sorte que les époux vont probablement laisser Jules à leurs affaires et aller se reposer pendant un mois à Surène ; ils m'engagent à y venir passer huit jours avec eux. Mais j'avoue que j'aime mieux retourner au château de Villeron, où il y a un grand parc, des fusils, des chiens, des chevaux, tout ce qu'il faut pour prendre de l'exercice et pour ne rien faire. J'ai été si bien accueilli là-bas, surtout par sa tante Jourdit dont il est l'enfant gâté, que je me déciderai probablement à y revenir quand je serai d'une couleur présentable. Ils ne m'ont laissé partir, du reste, qu'avec une promesse de retour.

Voilà tout ce que j'ai à vous dire, chers parents. Si on vous demande de mes nouvelles, vous pouvez dire que je suis malade à force de n'avoir pas le choléra.

Quoi qu'il en soit, je vous annonce une lettre tous les jours, jusqu'à ce que j'aie repris la couleur des fils de Japhet.

Adieu, mes chers parents, je vous embrasse tendrement.

Mercredi, 23 mai 1819.

Mes chers parents,

Je ne suis prévenu qu'aujourd'hui un peu tard de la levée de la poste. J'ai eu des visites qui m'ont empêché d'y penser. Voilà pourquoi je ne vous écris que quelques lignes, préférant vous envoyer une courte lettre plutôt que de manquer à la promesse que je vous ai faite.

M. Georges est revenu me voir hier soir. Il part aujourd'hui. Je n'ai reçu que ce matin la lettre de maman ; si je l'avais reçue hier, je lui aurais donné une thèse pour M. Fouignet. Je pense que vous avez une thèse sans suscription. Je joins à cette lettre une suscription que vous collerez bien sur la première page de la thèse. Comme le papier boit, il y a quelques personnes qui font ainsi. M. Fouignet ne le trouvera pas étonnant s'il est au courant de cet usage. S'il n'y est pas, tant pis. M. Cadars est auprès de moi. Il mettra ma lettre à la poste. Lui et sa femme vont bien maintenant. Il me charge de bien des amitiés pour vous.

Adieu, à demain, je vous embrasse tendrement.

Ce jeudi, 24 mai 1849.

Il n'y a, chers parents, aucun changement dans mon état depuis ma lettre d'hier. Je m'attends, du reste, à quelques jours de *statu quo*. La couleur jaune, qui a été longue à venir, sera longue aussi à disparaître.

Je m'ennuyais d'abord de ma réclusion. Mais je commence à m'y faire. Je lis toutes sortes de choses ; je passe les parties les plus chaudes de la journée sur ma terrasse, où je m'amuse à voir pousser les fleurs. Le soir, mes amis viennent me distraire par une partie de whist ; enfin, je prends la chose avec le plus de philosophie possible.

Dans une lettre du 13 mai que j'ai sous les yeux, maman m'engage à écrire à Élie, pour le remercier au moins du cadeau que j'ai reçu. Mon cher cousin est toujours disposé à se plaindre, à trouver qu'on lui manque d'égards, à croire qu'on ne s'inquiète pas de lui. Plutôt que de se répandre en reproches sur mon compte, il aurait dû supposer que quelque chose m'empêchait de lui écrire. Son cadeau m'arriva lorsque je faisais ma thèse, lorsque je passais un examen par semaine; puis Blandin devint plus malade, puis il fallut tout disposer pour mon cours d'été, faire, en un mot, plus de besogne que mon cher cousin n'en a jamais fait et n'en fera jamais. Si j'étais à sa place et lui à la mienne, je serais curieux de savoir combien de lettres je recevrais par an.

Quoi qu'il en soit, il y a plus de trois semaines que j'ai écrit à Alger, à Virginie qui est le véritable auteur du cadeau. Ma lettre partit de Paris cinq ou six jours avant le paquet de thèses que je vous ai expédié dernièrement. Dis-moi un peu, chère maman, ce que disent des affaires extérieures les hommes politiques de la Gironde qui nous ont envoyé Molé et Ravez. Messieurs les libéraux de la Restauration ne s'attendaient pas avoir les Cosaques si près de nous. Et les bons protestants de la ville doivent être enchantés des procédés délicats qu'on emploie pour rétablir Notre Saint-Père le Pape.

Je m'étais pourtant promis de ne plus parler politique; c'est un caprice de malade.

Adieu. BROCA.

Vendredi, 25 mai 1849.

La bonne Mme Cadars, dès qu'elle a été remise, est venue faire visite à son médecin. Sa première sortie a été pour moi. Je vous écris sous ses yeux, ou plutôt j'ai commencé à vous écrire sous ses yeux, car elle vient d'aller sur la terrasse où elle arrose les fleurs. Vous savez qu'elle a toujours eu beaucoup de goût pour cette partie de la botanique. Avant cela, elle venait d'assister au dépècement d'une délicieuse côtelette que j'ai grattée jusqu'à l'os et que j'ai arrosée d'un généreux vin de Bordeaux que Jules m'a porté hier soir.

Je crois que le beau temps est décidément venu ; cela me réjouit le cœur. Mais le soleil, qui a tant d'action sur les plantes auxquelles il donne leurs brillantes couleurs, en a eu jusqu'à présent fort peu sur moi. Je ressemble toujours à un coucou. Passe encore le jaune de la peau, il y a des gens qui ont la peau jaune; mais le jaune des yeux ne se retrouve pas dans la série animale, et je ne puis me présenter devant une glace sans partir d'un éclat de rire homérique.

Donc, en attendant de meilleures destinées, je reste toujours chez moi où la compagnie, du reste, ne me manque pas. Quand je suis seul, je travaille un peu. Je crains de devenir flâneur. Je me figure, parce que j'ai quitté les travaux du dehors, que j'ai le droit de ne rien faire. J'ai peut-être tort de vous l'avouer, mais je lis de la littérature échevelée; des romans de Dumas, les *Mousquetaires*, par exemple. J'aurai bientôt englouti trente ou quarante volumes, car on en lit un en deux heures, comme vous savez.

Adieu, chers parents. Je crains que ma lettre d'hier, partie un peu tard, n'ait manqué le courrier, et je ne voudrais pas qu'il en fût de même aujourd'hui.

Je vous embrasse tendrement.

Ce dimanche, 27 mai 1849.

Pas de nouvelles, bonnes nouvelles. Avez-vous fait cette réflexion, mes chers parents, en ne recevant pas de lettres d'hier? J'espère que oui, mais je ne m'en reproche pas moins une omission involontaire dont voici la cause:

Hier matin il faisait un temps magnifique; je m'étais mis sur ma terrasse pour humer la douce chaleur de l'ombre. Je venais de manger avec délices une bonne côtelette; je me sentais si frais, si dispos, si content que je n'y ai plus tenu. Malgré ma figure jaune, mes mains jaunes et mes yeux couleur de citron (je crois que si cela dure encore quelque temps, cette maudite couleur finira par déteindre sur mes habits), je me suis hasardé à affronter les regards des bons Parisiens, et je suis allé bravement m'asseoir au jardin du Luxembourg. Un de mes amis m'avait accompagné; nous avons longuement péroré sur une foule de choses, nous avons lu les journaux, regardé les gamins qui jouaient au ballon. Je me trouvais si bien à ce grand air, et j'éprouvais un si grand plaisir à flâner mollement tout en ayant la conscience que je n'avais rien à faire..., que j'ai complètement oublié l'heure. Nous nous amusions surtout beaucoup à étudier l'impression que faisait ma barbe de trois lignes et le cuir de Russie de ma peau sur les passants et les passantes. Beaucoup se retournaient pour me voir plus longtemps; d'autres s'arrêtaient et causaient en me regardant, se demandant sans doute dans quel pays avait pu naître un tel personnage. Et dans le fait, sous ce masque passager, je n'ai pas l'air plus Français que le président de la République. Seulement, et ici je reste bien en dedans des limites de l'humilité la plus évangélique, seulement, franchement, je n'ai pas l'air aussi bête que lui.

Bref, le temps passait vite au Luxembourg; je m'étais proposé d'y rester deux heures; j'y suis resté deux heures sans le savoir. J'avais perdu, depuis que je flâne forcément, l'habitude de voir passer le temps vite. Quand je suis rentré chez moi, j'étais bien content, bien fatigué, bien affamé, mais il était quatre heures et trop tard d'une heure, par conséquent, pour vous écrire.

Or, comme j'ai bien dormi et que je me propose de recommencer aujourd'hui ce que j'ai fait hier, afin de ne pas m'exposer au même accident, je vous écris dans mon lit avant de me lever, en attendant qu'on me monte mon déjeuner. C'est ce que je ferai désormais, mais je pense qu'il ne vaut pas la peine maintenant de vous écrire tous les jours; après-demain donc je vous enverrai une nouvelle lettre.

Adieu, chers parents, je ne sais rien de nouveau, je vous embrasse tendrement.

Votre Paul.

---

29 mai 1849.

Ce n'est certes pas l'envie de partir qui me manque, chers parents. Je vous ai fait hier la réponse que je devais vous faire; mais, dans l'après-midi, je suis allé voir le chef des travaux, avec lequel j'ai causé longuement de tout cela. Gosselin a bien reconnu que je ne pouvais pas reprendre mon cours tant que je serais jaune. Si d'ici huit jours ma couleur ne s'en va pas, il avisera aux moyens de me faire remplacer. Et alors, comme rien ne me retiendra à Paris, comme je ne suis nullement engagé avec Masson, quoique Masson soit engagé avec moi, attendu que j'ai le droit de publier quand et comme bon me semble; alors, dis-je, je me décide à prendre immédiatement mes vacances. Je passerai juin et juillet à Sainte-Foy, août et septembre à Paris, au lieu de l'inverse. Quant au voyage d'Alger, je n'y pense plus. Ma maladie m'a ruiné, puisque j'ai remboursé 300 francs et puisque je ne continuerai plus à gagner de l'argent aux répétitions. Et d'ailleurs, pour faire un voyage, il faut avoir du temps à soi, n'avoir à faire que ce qu'on veut faire, n'être, par conséquent, poussé par aucun concours. Or, je vous le répète, une ordonnance récente a fixé au 1er avril 1850 le prochain concours de l'agrégation, et il n'y manque plus que l'approbation de la Faculté. J'aurai donc une rude besogne qui ne me permettra pas de courir l'Afrique.

Je viens de voir M. Cadars, chez qui je dîne ce soir. Mme Cadars est indécise. Si je pars, peut-être partira-t-elle avec moi.

Adieu, chers parents, je vous embrasse tendrement.

PAUL.

Ce mercredi, 30 mai 1849.

Chère maman,

J'ai vu hier, de nouveau, le chef des travaux, et enfin tout a été définitivement arrangé entre nous. Je vais prendre deux mois de vacances et je pars samedi prochain.

Ce soir, je ferai arrêter mes places. Je dis mes places, parce que Mme Cadars part avec moi. Il lui en coûte de laisser aller sa maison à la dérive, mais enfin, il paraît qu'elle s'est décidée, car M. Cadars m'a fait dire hier de faire arrêter deux places.

Il est donc probable que mardi nous serons à Sainte-Foy.

Quant à moi, je vais toujours très bien, ce qui fait que je n'ai rien de nouveau à vous dire.

Je vous embrasse donc tendrement.

Votre Paul.

Ce 31 mai 1849.

Chers parents,

Mon départ, que j'avais fixé à samedi soir, ne pourra s'effectuer que dimanche matin. Il n'y avait pas de places ailleurs que dans la rotonde, et, par cette chaleur, cette poussière, c'était à n'y pas tenir.

Nous arriverons samedi soir à Bordeaux. Il est probable qu'il sera trop tard pour partir immédiatement, que nous ne partirons que mardi matin et que nous serons à Sainte-Foy dans le milieu de la journée.

Adieu; partant pour deux mois, j'ai une foule de choses à faire.

Je vous embrasse tendrement.

Périgueux, ce 1er août 1849-

Ne vous effrayez pas, chers parents, de recevoir sitôt une page de mon écriture. Je n'ai ni versé ni naufragé. Je n'ai pas été volé et je ne suis pas malade ; mais tourmenté, poursuivi par un compagnon de voyage trop prévenant et trop aimable, je viens de prétexter une lettre à écrire pour trouver au moins, en conversant avec vous, quelques minutes de distraction.

Voici le fait. En montant en voiture, à Bergerac, on a fait l'appel de mon nom. Aussitôt, un monsieur d'environ quarante à quarante-cinq ans, grand, fort et brun, qui était assis devant moi, m'a demandé si je n'étais pas de Sainte-Foy, si je n'étais pas parent de trois demoiselles fort jolies qu'il avait connues dans le temps. Un quart d'heure après, je connaissais son nom, son histoire, ses facultés, sa maladie et le but de son voyage. Ce monsieur s'appelle Édouard Durand, dit de Corbiac, frère d'une ancienne amie de pension des demoiselles Aquart. Il est très nul, très bavard et très fou. En voiture, on n'a rien de mieux à faire qu'à causer; mais il me tardait d'arriver à Périgueux pour être débarrassé de cet homme qui devenait ennuyeux à force d'être amusant. Il allait sur la route de Tulle pour se rendre aux eaux de Miers; cela m'a décidé à passer par Limoges, mais les voitures ne partent de Périgueux qu'à dix du soir, j'avais donc huit heures à passer ici, et mon ami Durand, qui s'est épris d'une belle amitié pour moi, s'est attaché à ma personne, sans me quitter d'une semelle. Il m'a accompagné dans mes promenades aux églises, aux remparts, à la tour de Vérone, aux allées Tourny; il a dîné avec moi et il voulait même payer mon écot; il n'a consenti à me laisser payer qu'à la condition que j'irai lui demander à dîner l'année prochaine à son château de Corbiac. Enfin, à bout de ressources pour me débarrasser de ce communicatif personnage, j'ai fini par me souvenir que quelque part, dans cette bonne ville de Périgueux, je devais avoir un ami, — le mot ne coûte rien à écrire, — un ami du nom de Bontemps, exerçant l'apothicairerie avec plus ou moins de succès. J'ai aussitôt demandé son adresse et je suis allé le voir; mon fidèle Achate m'a accompagné jusqu'à la porte et m'a quitté pour aller voir le père de son beau-frère, en me promettant de venir me serrer la main ce soir, au départ de la diligence. J'ai trouvé Bontemps sur le point de se mettre à table; c'est ici le jour de la foire et il avait des campagnards à dîner. Il m'a engagé, mais je sortais de table, et d'ailleurs... Mais la question n'est pas là. J'ai donc promptement quitté Bontemps, mais voilà qu'au coin d'une rue, je rencontre mon vieil ami Édouard Durand de tous les Corbiacs, qui se cramponne à mon bras et m'accompagne au café. J'ai dû faire appel à la force de mon caractère et à ma raison qui me disait que cet homme était fou, pour ne pas faire une scène en public; mais il est huit heures, je n'ai plus qu'une heure et demie à souffrir et je prends patience. Je vous écris en face de cet ennemi intime, qui m'adresse de temps en temps le résultat de ses réflexions et qui vient de me faire, il y a un instant, une proposition dont je tremble encore. Il savait, pour l'avoir entendu dire par moi, dans la voiture, que je m'arrêterais à Vichy. « Mes médecins, m'a-t-il dit, ont hésité un instant entre les eaux de Vichy et celles de Miers. Ces eaux se ressemblent donc beaucoup. J'ai envie d'aller avec vous à Vichy. — J'aurais mieux aimé deux visites de M. Tulle. Y pensez-vous? lui ai-je dit, les eaux de Vichy ne valent rien pour les entrailles enflammées, tandis que les eaux de Miers vous guériront radicalement! — Mais mes médecins ne disent pas cela, ils ont longtemps hésité. — Ils n'ont que plus de mérite d'avoir pris le bon parti, lui ai-je dit; allez à Miers, mon cher, si vous voulez que vos entrailles refroidies vous permettent, l'année prochaine, de me tenir tête à table, dans votre château de

Corbiac. » Voilà comment il se fait que j'irai seul à Clermont. J'ai attendu quatre heures à Bergerac. C'est à partir de demain que les voitures partiront à six heures du matin. Cela m'a procuré l'avantage de voir les dames Rolland, qui m'ont fait donner un billet de 100 francs, et déjeuner avec Renouleau, dont la femme m'a confié sa robe de noce, qu'elle veut faire teindre à Paris.

S'il arrive une lettre pour moi, envoyez-la à mon adresse à Paris; j'ai dit au père Joseph, en partant, de garder tout ce qui arriverait après le 1er août.

Adieu, mes bons parents, je vous embrasse comme je vous aime.

Clermont, le 8 août 1849.

Mes chers parents,

Vous allez être tout surpris de recevoir une lettre si tardive et datée cependant de Clermont. J'avais formé, vous le savez, le projet de ne rester que deux jours. Mais, arrivé depuis vendredi soir, je ne partirai que demain jeudi. Voici comment cela s'est fait : le cousin Ferdinand, en recevant la lettre qui lui annonçait mon arrivée, avait fait, avec son cousin, le docteur Barrès, le plan d'une excursion destinée à me montrer une partie de l'Auvergne, que je ne connaissais pas encore. Les arrangements étaient faits, les dispositions étaient prises; de sorte que samedi, dans l'après-midi, le cousin me conduisit à Riom et de là à Combronde, chez le docteur Barrès. La journée du dimanche fut consacrée à une longue course dans les montagnes, dont le but était de visiter un grand lac dû à l'accumulation des eaux dans un immense cratère. Nous ne rentrâmes que le soir tard, nous croyions revenir à Clermont le lundi matin, mais, en nous levant, nous apprîmes, par le confrère Barrès, que tout était préparé pour une nouvelle course. Il avait fait venir une voiture qui nous conduisit fort loin de là, sur un point fort élevé d'où l'on découvre 20 lieues de plaine et 20 lieues de montagnes, de sorte que nous ne rentrâmes que lundi soir fort tard à Clermont.

Hier matin, mardi, le cousin vint me prendre au lit pour me faire faire, disait-il, avant dîner, une petite promenade. On dîne à une heure et demie à Clermont. Nous partîmes, mais de fil en aiguille, de château en château, de montagne en montagne, nous courûmes toute la journée et nous ne rentrâmes que fort tard, après avoir fait plus de 10 lieues de pays. Mon projet était de partir ce matin, mais ma tante et ma cousine m'ont objecté, avec raison, qu'elles ne m'avaient pas encore vu, qu'elles espéraient que je passerais au moins une journée avec elles : voilà pourquoi je n'ai arrêté ma place que pour demain matin jeudi 9 août. Or, toutes mes mesures étaient prises pour arriver à Paris le 1er août. Pour rester quelques jours de plus avec vous, je suis resté à Sainte-Foy jusqu'à cette époque, mais j'ai écrit de Limoges à Victor Masson que je serais à Paris entre le 8 et le 10 août, et qu'à partir du 10, au plus tard, je commencerais la livraison que ses abonnés attendent depuis si longtemps. Après l'avoir renvoyé deux fois pour ma maladie et pour mes vacances, je ne puis pas le renvoyer une troisième fois pour mon caprice. J'ai dit que je serais à ses ordres à partir du 10 août, il faut que je sois à ses ordres à partir du 10 août. Je me suis donné du plaisir à Clermont, ce temps doit être pris sur le plaisir que je me serais donné à Vichy. C'est pour Paris que j'ai arrêté ma place et non point pour Vichy. Quant à ma course à Vichy, elle n'est pas urgente, elle n'est même pas indispensable. Sur cent médecins, il y en a quatre-vingt-dix-neuf qui n'ont pas vu les eaux où ils envoient les malades. De plus, je n'ai pas encore de malades; par conséquent rien ne presse, et je puis attendre à une autre fois, au risque même de ne pas réaliser ce voyage, qui est à la fois un luxe d'étude et un luxe de distraction.

Adieu, chers parents, je vous écrirai de Paris dans cinq ou six jours. Tous nos bons parents de Clermont dont je vous parlerai plus tard, à tête reposée, dans ma prochaine lettre, me chargent tous ensemble et chacun en particulier de vous faire à tous leurs amitiés les plus empressées.

Adieu, chers parents, je vous embrasse.

Votre PAUL.

Paris, 16 août 1849.

Cette année encore comme toujours, chers parents, notre correspondance a commencé par un croisement de lettres. J'ai reçu avant-hier les petits reproches de négligence que je ne méritais pas, et cette circonstance a retardé de deux jours le départ de la présente lettre, que je vous avais annoncée depuis Clermont. Attendant, en effet, Élie à chaque instant, je voulais pouvoir vous donner des nouvelles de son voyage.

Procédons par ordre chronologique et parlons d'abord du mien. Il s'est effectué sans encombre, mais non sans inquiétude. Tante Mariette vous dira que la prudence n'est pas mon fort; j'ai en particulier une assez grande indifférence pour le prétendu danger des voyages, et cependant vingt fois pour une j'ai cru que nous allions verser. Le conducteur était profondément convaincu que nous verserions avant d'arriver au chemin de fer. Le tout à cause d'un énorme chargement de marchandises que nous avions pris à Moulins et qui doublait au moins le poids légal de la voiture. Puis, autre ennui : à force de se disputer avec ses postillons pour les empêcher d'aller vite, le conducteur nous mit si bien en retard que nous crûmes manquer le chemin de fer ; nous avions la perspective de passer vingt-quatre heures dans un mauvais bourg pourri qu'on appelle Néronde. Heureusement, ce qui nous faisait peur nous sauva. Dans les petits endroits on a pris l'habitude de se faire attendre et de s'attendre. C'est une des mille formes de l'exploitation de l'homme par l'homme. A Néronde donc le chemin de fer nous attendit vingt minutes, et voilà comment je suis arrivé à Paris.

J'ai fait fort peu de courses et j'ai immédiatement repris mes occupations. Mais vous pensez bien que j'ai vu la famille Cadars. Mme Cadars était arrivée à Paris deux jours avant moi. Ce qui devait arriver est arrivé. N'ayant eu aucun souci pendant deux mois, n'ayant eu aucune occasion de se fâcher, la pauvre femme avait fait une provision de bile qui s'est épanchée à son arrivée sur son mari et sur son fils. Cela a été à un point tel que son mari lui-même s'en plaint ; quant à Jules, il a pris une résolution extrême. Il est entré avant-hier matin dans la chambre de son père, qui s'habillait, et lui a dit résolument qu'il voulait... se marier. Il le priait de faire pour lui une demande de mariage. Heureusement que ses projets ont l'habitude de ne pas durer longtemps.

M. Cadars a été dérangé pendant l'absence de sa femme ; son indisposition, qui n'était pas grave et qui consistait en une éruption sur toute la surface du corps, l'a retenu dans sa chambre une quinzaine de jours. Il partira mardi prochain pour Mussidan et vous le verrez quelque temps après à Sainte-Foy. D'après la lettre de maman, j'attendais Élie mardi soir; mais il n'est arrivé qu'hier mercredi. J'avais tout disposé de manière à me procurer promptement un lit. Mais, lorsqu'il a vu la disposition de mon appartement dont les pièces sont réellement un peu petites, il a préféré se loger à l'hôtel de Bordeaux, qui est au numéro 17 de la rue Jacob. Il y paye sa chambre 30 sous par jour, et ce sera plus économique que de louer et de faire transporter un lit qui se paye à la quinzaine. Comme il ne se propose pas de rester, dit-il, plus de six jours, il n'a pas accepté l'hospitalité que j'aurais été fort heureux de lui donner.

Ma lettre est interrompue par l'arrivée de Jules, qui vient me chercher pour un déjeuner comploté depuis longtemps. La veille des élections de mai, c'est-à-dire vers la fin d'avril, nous avions déjeuné à l'Entrepôt, chez M. Cadars, avec le jeune Degousée. Un monsieur quelque peu *réac* qui déjeunait avec nous offrit de parier qu'il ne serait pas nommé. Degousée paria qu'il serait nommé dans les cinq premiers et vous savez qu'il gagna. Le pari consistait en un déjeuner et l'on n'attendait plus que moi pour l'expédier. Voilà pourquoi Jules est venu me chercher, voilà pourquoi je ferme ma lettre sans avoir eu le temps de rire un peu du lait de M. Mestre, de l'aréomètre de Gabarreau et de votre puits avorté. Heureusement qu'Élie a choisi la journée d'aujourd'hui pour aller voir M. Jeannet à Versailles, de sorte que je ne suis pas obligé pour cela de passer moins de temps avec lui. Adieu, chers parents, je vous embrasse tendrement.

Votre Paul.

C'était hier la Saint-Napoléon. Les vieux sabres rouillés ont revu le jour, les vieilles culottes de peau ont déployé leurs couleurs fanées. La vieille garde au grand complet, composée d'une centaine de grognards, est allée faire aux Invalides des vœux pour le rétablissement de l'Empire frrrrançais. Ils croyaient, ces braves gens, que le pape, dont on annonce l'arrivée en France, devait arriver hier pour sacrer le petit Poléon et renouveler la farce de 1804.

Fin août 1849.

Ma chère maman,

J'ai sous les yeux deux lettres auxquelles je n'ai pas encore répondu. Il y a deux ou trois jours déjà que je vous aurais écrit sans une foule de circonstances qui ne m'ont pas laissé le temps de respirer.

Il y a des moments, — les gens les moins superstitieux sont obligés de l'admettre, — il y a des moments où tout autour de nous marche au gré de nos désirs, où toutes les nouvelles qui nous arrivent sont de nature à nous plaire, où tout semble conspirer pour rendre notre existence douce et tranquille. Il y en a d'autres, au contraire, où tout à coup, sans qu'il y ait de la faute de personne, sans qu'on puisse s'en prendre à aucun être ou à aucune chose, sans qu'on puisse même raisonnablement se plaindre, on reçoit une grêle d'ennuis de toute sorte, de désappointements de tout genre. Chacune de ces petites vexations est insignifiante en elle-même; on supporte la première sans presque y faire attention, mais la seconde vous ennuie, la troisième vous impatiente, la quatrième vous vexe, les suivantes vous exaspèrent. Voilà comment je me suis levé jeudi dernier le plus paisible des hommes, tandis qu'en me couchant j'ai dû faire appel à toute ma philosophie pour ne pas briser mes meubles. Jeudi matin donc je descendais gaiement l'escalier pour me rendre à la Charité, où je tenais beaucoup à aller ce jour-là à cause d'une opération exceptionnelle, lorsque je rencontrai mon portier qui me remit cinq lettres! J'ouvre la première, c'était la tienne. Il y avait bien une commission pour l'hôpital des Invalides, mais rien ne pressait, je pouvais prendre patience. Seconde lettre : on m'annonce qu'à cause des vacances qui vont interrompre les séances de la Société anatomique, il y aura deux séances extraordinaires du Comité pour la publication des trois numéros d'août, septembre et octobre, et que ces séances auront lieu le vendredi 24 et le samedi 25 août; or, le vendredi soir je me proposais de passer la soirée avec Élie et le samedi j'étais invité à dîner en ville. Je me soumis en maugréant à la nécessité. Troisième lettre : mon nouvel ami, le docteur Barrès, de Combronde, me donne des commissions qui pressent beaucoup, car la personne qui doit s'en charger part dimanche matin pour Clermont. Quatrième lettre : Élie a changé de détermination : au lieu de partir samedi matin, il veut partir samedi soir; il veut que j'aille immédiatement aux Messageries pour effectuer le changement de places. Cinquième lettre : mon ami Jourdier, de Villeron, est sur le point de vendre sa récolte; il a un besoin imminent d'être exactement au courant des halles et marchés, il faut que je l'abonne immédiatement à l'*Écho des Halles*. C'était à n'y plus tenir; mais enfin je me soumets à la nécessité et je me dirige vers les Messageries. A dix pas de chez moi, je trouve un de mes élèves qui est externe chez M. Gerdy. Il était chargé par son chef de me donner rendez-vous à deux heures précises dans la cour de la Faculté. Pour le coup, j'éprouvai le besoin d'inscrire tant de choses sur mon carnet, ma mémoire n'y suffisait plus. « A propos, me dit cet élève, vous ne savez pas la nouvelle ? Lallier part pour la Californie. » Lallier c'est un de mes élèves qui me doit 120 francs. « Quand part-il ? — Dans huit jours. — Où demeure-t-il ? — Je n'en sais rien. » Me voilà donc en course pour les autres et pour moi-même. Je courus tant que je finis par découvrir l'adresse de Lallier, sans le trouver néanmoins chez lui. A deux heures, j'arrive tout essoufflé à l'École. M. Gerdy avait besoin de moi pour l'aider à faire une enquête sur le sort de quatre pièces d'anatomie comparée que j'avais faites dans le temps sous sa direction, et que j'avais déposées dans le musée ; mais, grâce à la négligence du conservateur qui n'y a pas mis les pieds depuis deux ans et qu'on garde parce que Mme Orfila s'intéresse à lui, mes pièces ne sont pas dans les armoires, et M. Gerdy, qui a fait sur ce sujet un mémoire pour l'Institut, a absolument besoin de produire ces pièces devant ce corps savant. Nous fouillons dans tous les coins du musée, dans les armoires supplémentaires, dans le dépôt, et enfin, après une heure et demie, nous trouvons dans un coin de grenier, enfoncées sous la poussière, les toiles d'araignées, détruites par les vers et les rats, cassées même par la chute d'un bocal, nos malheureuses pièces qui ne peuvent plus servir à rien ; M. Gerdy s'est fâché, a promis que le conservateur aurait de ses nouvelles, mais j'en suis pour mes pièces qu'il faudra bien recommencer et dont je ne serai pas quitte en huit jours. Enfin, terrassé d'ennuis, de fatigue, d'inquiétude, je rentre le soir chez moi pour mettre au net le compte d'Élie. Après avoir compulsé mes feuilles, fait et refait mes additions, cherché dans le plus profond de mes souvenirs, je trouve mon contradicteur, une différence de 20 francs que je ne sais où placer, sur l'actif ou le passif. Espérant trouver des renseignements dans les lettres d'Élie, je passe en revue toute ma correspondance, ce qui n'est pas peu de chose, car j'ai deux grands tiroirs qui en sont pleins. A deux heures du matin, j'avais mis de côté toutes les lettres d'Élie, mais je ne les avais pas encore lues et je n'étais nullement fixé. Ceci vous explique pourquoi je me couchai de fort mauvaise humeur. Enfin, aujourd'hui, après avoir sillonné Paris dans tous les sens, après avoir relu mes lettres, éclairci mes comptes et fait la plupart de mes commissions, je commence à me retourner, à respirer, à m'appartenir, et j'en profite pour vous écrire. La longueur de cette lettre et les inutilités qu'elle renferme vous prouvent qu'à l'heure qu'il est je ne suis pas précisément pressé. Quant à Lallier, il part, dit-il, jeudi prochain ; il m'a assuré qu'il viendrait me payer demain ; s'il ne vient pas, je lance, après-demain, un huissier à ses trousses ; je ne veux pas qu'il me traite comme Messieurs de la Régence traitaient leurs tailleurs, c'est-à-dire qu'il emporte mon argent en se moquant de moi. L'indisposition de tante Magdeleine n'est pas inquiétante ; je crois qu'en temps ordinaire un purgatif très doux l'eût soulagée immédiatement, mais en temps d'épidémie il vaut mieux s'en passer. Je parle de l'épidémie comme d'une chose éventuelle seulement ; car le cas du fléau ne suffit pas pour le caractériser. Vous en auriez eu bien d'autres si la chose eût été sérieuse. Je n'ai pas pu voir M. Cadars avant son départ ; vous le verrez dans quelques jours. Élie sera probablement mercredi soir à Sainte-Foy. Quant à Jules, il ne veut pas démordre de son projet nuptial. Adieu, chers parents, je vous embrasse tendrement.

Paris, mercredi, 7 septembre 1849.

Ma chère maman,

Il m'arrive quelquefois de terminer une lettre avant d'arriver à ce que je veux dire; je commence donc, aujourd'hui, par répondre relativement aux commissions que vous m'avez données. Le nommé Pierre Laboye, du 4e escadron du 2e régiment de dragons, a eu une entorse fort grave qui l'a retenu longtemps dans les hôpitaux militaires. Il est entré d'abord aux Invalides; de là, il est passé au Gros-Caillou. Il en est sorti le 25 août, assez bien remis pour reprendre son service. Il est caserné au quai d'Orsay. Je pense que ces renseignements suffisent et que ses parents pourront avoir de ses nouvelles en s'adressant directement à lui.

La seconde commission, qui n'en est pas une, qui n'est qu'une simple question, est beaucoup plus facile à résoudre. J'ai passé assez longtemps dans les hôpitaux pour savoir à quoi m'en tenir. Les effets des morts appartiennent à l'hôpital; on ne peut les retirer qu'en payant au bureau 37 sous par jour de séjour. Or, notre homme est entré le 8 août et mort le 25; dix-sept jours de séjour à 1 fr. 85 font 31 fr. 45. Les effets valent-ils cette somme? Je viens du bureau où l'on m'a donné la liste des nippes qu'il a déposées : un pantalon, deux mouchoirs, une cravate, une paire de chaussettes, une paire de souliers, un chapeau, une redingote, une chemise. Je n'ai pu voir les effets. Je ne sais s'ils sont bons ou mauvais; il faudrait qu'ils fussent très bons pour valoir 31 fr. 45, dans une ville où un ouvrier s'habille à neuf pour 25 francs. Quant à l'espoir que vous avez de pouvoir, par mon influence, obtenir gratis la remise de ces effets, vous pouvez y renoncer. Il serait plus facile de prendre la lune avec les dents.

M. Henriquet était ici la semaine dernière et je ne l'ai pas vu. Quatorze jours après son arrivée, je reçus une carte de lui. Ma portière lui dit que j'étais absent, mais que j'étais à un numéro voisin de la même rue, qu'elle allait me chercher. M. Henriquet n'eut pas le temps d'attendre. Le soir même j'allai chez lui, rue Rumford; il n'y était pas; on ne put me dire quand il rentrerait, ni quel jour, ni à quelle heure je pourrais le voir. Le lendemain de ce jour ou peut-être le surlendemain, je partis pour aller à Villeron, où je restai un jour, et quand je rentrai chez moi, lundi matin, je trouvai une nouvelle carte de M. Henriquet, m'annonçant son départ pour le lendemain matin. Mais j'étais si occupé, et en même temps si fatigué, que je ne pus aller lui faire une seconde visite. Je n'ai donc pu savoir ce qu'il était venu faire à Paris, mais je me doute qu'il était venu prendre part au Congrès de la paix.

Vous vous demandez ce que je suis allé faire à Villeron. Je suis allé chez mon ami Jourdier, qui est venu me chercher pour faire l'ouverture de la chasse. C'est une grande fête, dans ce pays-ci, que l'ouverture de la chasse. Nous étions un bon nombre de joyeux partners, et parmi eux j'ai trouvé deux confrères de Paris. Nous courûmes depuis quatre heures du matin jusqu'à sept heures du soir. Nous ne prîmes d'autre repos que le temps que nous passâmes à table. Aussi, il fallait voir quelle hécatombe de lièvres et de perdrix! quarante-neuf perdreaux et cinq lièvres furent le résultat de la journée de huit chasseurs. J'ai été un des moins habiles, mais pas si maladroit que vous le pensez peut-être. Ma maladresse consistait à laisser échapper les occasions de tirer ; mais, quand je tirais, je visais au moins aussi bien que les autres. J'ai tué quatre perdreaux en neuf coups de fusil, et, à l'exception des gardes champêtres qui tuent presqu'à tout coup, personne n'a obtenu un meilleur résultat pour la quantité de poudre brûlée. On ne voulait pas croire que je n'avais jamais été chasseur, et que je n'avais pas tiré de coup de fusil depuis au moins dix ans. Mes compagnons en avaient conclu que j'avais dû nécessairement être un insurgé de juin.

Le sort a continué de me poursuivre. Mon ami et confrère Lebert a été obligé de quitter Paris pour aller soigner une de ses parentes gravement malade à Trouville-sur-Mer, et j'ai dû, pendant la semaine dernière, faire sa consultation et sa clientèle. Quoi qu'il en soit, mes travaux de l'École pratique marchent d'une manière satisfaisante. Je ferai bientôt paraître une livraison.

Mon Californien n'est pas en Californie, mais il a brusquement quitté Paris sans laisser de trace ; heureusement pour moi, et c'est le motif pour lequel je n'avais pas exigé le payement d'avance, c'est un jeune homme qui m'a été recommandé par Coffin ; celui-ci connaît sa mère, nous lui avons écrit ensemble, et Coffin pense que le payement ne souffrira pas de difficulté. J'avoue que cette somme sera bien reçue quand elle viendra, car je commence à voir baisser mes fonds. J'ai vu Charles Bouny qui va très bien et qui paraît content.

J'espère que vous êtes maintenant tous réunis à Sainte-Foy, et que l'indisposition d'Alphonse n'a pas duré longtemps. Je ne sais où cette pauvre tante Trigante a pris que j'avais trouvé la poitrine d'Alphonse malade. Ce que j'ai trouvé, ce que j'ai dit et ce que je répète, c'est que, puisque Alphonse a tant de tendance à s'enrhumer, il a le plus grand tort de ne pas éviter le froid, l'humidité, la fatigue, la sueur. La santé vaut mieux qu'un hectolitre de froment et qu'une botte de foin.

M. Cadars doit être à Sainte-Foy. Il sait probablement que son fils est guéri de sa conjungomanie. Jules m'assure que nos plaisanteries ont contribué puissamment à sa guérison. Je n'ai pas encore vu Mme Cadars depuis le départ de son mari, mais je pense que je la verrai ce soir.

Adieu, chers parents, je vous embrasse tous de tout cœur.

Votre Paul.

---

21 septembre 1849.

Chère maman,

Ta lettre augmente mes regrets. La description de nos fêtes de famille me fait maudire plus que jamais la série de hasards qui m'empêche d'y prendre part maintenant.

J'ai mangé mon bon gâteau le premier, à une époque où il était moins bon qu'aujourd'hui, puisqu'il y avait moins de convives. Mais, pendant que je vous exprime ces regrets, voilà les vôtres qui vont commencer; les Algériens seront obligés de partir et votre maison ne tardera pas à se vider; tant il est vrai que *les plus belles choses ne sont pas celles qui durent le plus longtemps.*

J'ai oublié, il faut que je l'avoue, les détails précis de la commission de Mme Dascols. Je croyais m'en souvenir exactement, parce que je me proposais de faire cette commission promptement; mais une circonstance dont je vous ai fait part m'empêcha de réaliser ce projet. Pour acheter une plume à bec de diamant, il faut des fonds, et, en fait de fonds, je n'avais que celui de ma bourse. Aujourd'hui il n'en est plus de même. Sans être dans un état entièrement prospère, je puis, du moins, faire face à une plume à bec de diamant. Il ne me manque pour cela qu'une note exacte des conditions que cette plume doit remplir.

Mme Lallier, la mère de mon Californien, m'a écrit qu'elle me ferait payer au milieu ou au plus tard à la fin d'octobre, et ma livraison n'ayant point encore paru, par une faute de lithographie, je n'ai point touché mon salaire d'auteur. Avec cela, tu te demandes comment mes fonds peuvent avoir subi un mouvement de hausse. Le voici : il est écrit : « Tu gagneras ton pain à la sueur de ton front. » Lorsque j'ai été à sec, j'ai donné quelques leçons de médecine opératoire pendant huit jours seulement à deux Hollandais qui m'ont payé 100 francs. Cela me permet d'attendre la fin du mois, époque où je toucherai deux mois d'appointements à la Faculté, et où je recevrai probablement 50 francs qui me sont dus par un assez bon payeur. Enfin, ma livraison viendra par-dessus tout cela et me mettra décidément à flot.

Théophile Brunet est arrivé hier et s'est empressé de venir me voir. Il me dit que vous êtes tous allés à Bergerac; il m'avait semblé comprendre dans ta lettre que papa et M. Cadars avaient seuls fait ce voyage.

Vous êtes donc inondés de chansons? je suis curieux de les voir; remettez-en un exemplaire à M. Cadars, quand il partira pour Paris.

Que le choléra ne vous inquiète pas. La prétendue recrudescence de la semaine dernière n'a duré que deux jours et n'a été que très faible. Aujourd'hui on n'en parle plus à Paris. A peine de loin en loin porte-t-on quelque nouveau cholérique aux hôpitaux; la plupart de ceux qui sont marqués comme entrants dans les relevés que les journaux publient, sont des malades qui ont été frappés dans l'hôpital même. Je ne sais où M. Henriquet a pris que le choléra est maintenant plus grave qu'il y a quelque temps. Les relevés indiquent toujours un chiffre égal de guérisons et de morts.

Adieu, chers parents, je vous embrasse tous tendrement.

PAUL.

Je ne puis vous donner de nouvelles récentes de Mme Cadars, il y a cinq jours que je ne l'ai vue. Si Élie est encore à Sainte-Foy, dites-lui de demander à Planteau le *Charivari* de dimanche dernier. Il y trouvera un article sur notre ami Camboulin, professeur de rhétorique au lycée d'Alger.

———

Mardi soir, **9 octobre 1849.**

Je ne vous ai pas écrit avant-hier, chers parents, parce que j'attendais deux choses : d'abord une lettre de vous sur laquelle je comptais, ensuite j'attendais d'avoir vu M. Cadars, avec lequel je viens de dîner. En rentrant de chez lui, je prends la plume pour vous écrire. Il paraît enchanté de son voyage. Il n'en est pas de même de sa dame, à ce qu'il paraît. La pauvre femme se fâchait pendant l'absence de son mari, je m'attendais à voir calmer l'orage après le retour. Erreur, le roulement n'a fait que s'accroître. Du reste, cela ne m'a pas empêché de manger le plus gaiement du monde les beaux marrons que Thérèse nous a envoyés et dont j'aurais presque été capable de reconnaître le cru.

Du reste, voilà trois soirées de suite que je perds en dînant chez les autres, et il s'en va temps de me ranger.

Quoique je n'aie plus rien à faire pour ma prochaine livraison, je n'en ai pas moins besoin de travailler pour moi. A propos de cette livraison qui devait paraître le 1er octobre et qui était effectivement prête pour cette époque, vous vous étonnerez peut-être d'apprendre qu'elle n'a pas encore paru. C'est à cause d'une erreur de l'écrivain lithographe qui a placé sur une planche les lettres et chiffres d'indication destinés à une autre; il a fallu recommencer une des lithographies. Je ne pourrai probablement pas paraître avant le 15, à cause de cet accident. Heureusement que le dessinateur travaille pendant ce temps-là pour la livraison suivante, qui paraîtra du 1er au 15 novembre.

Les dissections sont ouvertes. J'ai pris le premier pavillon, suivant mon habitude. Je préfère commencer plus tôt et avoir le meilleur emplacement. Mon cabinet particulier est déjà plein d'élèves; j'en ai six, dont trois ont déjà travaillé avec moi l'année dernière. Quatre Américains sont venus hier me trouver de la part d'un de mes anciens élèves qui est retourné en Amérique. Je regrette beaucoup de n'avoir plus de place. Faudra-t-il que je laisse échapper cette aubaine qui me rapporterait 600 francs? Je n'ai pas encore renoncé à l'espoir de les caser quelque part. Enfin Lallier, mon Californien manqué, m'a fait dire hier qu'il était de retour à Paris et qu'il viendrait me payer un jour de cette semaine. Sa mère, à ce qu'il paraît, l'a sermonné vivement. L'argent reparaît avec la bise, je suis le contraire de la fourmi. Je vais tâcher, cette fois, de faire des réserves pendant la prospérité de l'hiver pour la sécheresse de l'été. Il n'est plus guère question de choléra. La mortalité est tellement faible maintenant que nous sommes à la diète de cadavres. Du reste, c'est toujours ainsi que cela a lieu à la suite des grandes épidémies. Les phtisiques, les infirmes, les valétudinaires, ont été emportés par le fléau dans les six mois qui viennent de s'écouler. C'est ce qui rend les épidémies beaucoup moins funestes qu'elles n'en ont l'air. Adieu, chers parents, je vous embrasse de tout cœur.

PAUL.

Mercredi matin, 10 octobre. Je reçois la lettre de maman et je brise mon enveloppe d'hier soir pour en accuser réception avant d'aller à l'hôpital. Je savais que le choléra était à Alger, mais je savais aussi qu'il y était très faible. Ainsi je vous engage à vous rassurer sur nos Algériens. Je remercie Messieurs les Bergeraquois de l'intérêt qu'ils me portent et je suis beaucoup plus sensible à celui que M. Delille porte à Mlle Roudier. Une autre fois je vous parlerai de l'acquisition de ma montre, laquelle acquisition, du reste, ne presse nullement.

Paris, vendredi 19 octobre 1849.

Ma chère maman,

Voilà plus de huit jours que je ne vous ai écrit. Les dissections sont en pleine activité. Mes leçons publiques, mes élèves particuliers, mes conférences, mes livraisons, tout cela m'occupe tellement que je ne sais où donner de la tête. Depuis trois jours je me propose d'écrire, et chaque jour je n'y pense que lorsque je suis au lit. Tout à l'heure, en me mouchant, j'ai trouvé un nœud à mon mouchoir et cela m'a rappelé que je vous devais une lettre.

Du reste, vous n'avez eu, vous n'avez pu avoir aucune

inquiétude sur mon compte pour ce léger retard. Le choléra, à l'occasion duquel nous avions activé notre correspondance, le choléra a complètement disparu. On cherche en vain dans les hôpitaux, on s'informe en vain auprès de tout le monde, il est impossible d'en trouver le moindre cas. Il faut espérer qu'il est parti pour toujours.

J'ai vu Oscar il y a quelques heures. Il est arrivé aujourd'hui plein de santé et de courage. Il paraît déterminé à piocher. Quant à Paul Dupuy, il ne sera ici que dans trois ou quatre jours. Il paraît qu'il n'est pas venu directement. Il faut pourtant qu'il se dépêche, s'il veut concourir pour l'externat.

J'ai vu dans les journaux que vous êtes devenus républicains. C'est un résultat qui m'a vivement étonné; il en sera ainsi, il en est ainsi dans toute la France. Toutes les fois que les blancs et les philippistes se séparent, ils deviennent les plus faibles. Or, il n'y a pas moyen de rester jusqu'au bout avec les blancs; ce sont gens qui ne s'arrêtent pas en chemin. S'ils ne s'y arrêtent pas, je m'y arrête. Nous ne nous entendons pas sur la politique et il est inutile d'aller plus loin.

Jules est parti pour sa province, où il va filer de nouvelles amours pendant une semaine. Il a une rage de mariage. Il sent qu'il n'est pas bon à autre chose.

Vous me poursuivez avec l'idée de montre comme Clochère me poursuivait avec les saintes-céciles de ses chemises. Je n'ai pour le quart d'heure pas le temps d'aller marchander cet objet, ni l'argent pour en faire l'acquisition. Quant à ce que me conseille M. Cadars, de la payer à tant par mois, je ne consentirai jamais à le faire. Quand il m'est arrivé une seule fois dans ma vie de me trouver en déficit, cela a été à mon insu; mais s'engager d'avance lorsqu'on ne sait pas seulement si on vivra pour payer, n'est bon que pour un ministre des finances de la monarchie ou de la république blanche. A propos, j'espère que vous êtes ravis de contribuer pour votre part à l'aumône de 300,000 francs que nous allons faire désormais au beau-père de la duchesse d'Orléans. Je n'ai pas encore vu M. Cadars pour lui parler du tour plaisant qu'on a joué à Rebeyrolles. Il ne sera pas le dernier à en rire. Mardi dernier, il me raconta que le vieil Albert était mort ; il se mordait les pouces de n'avoir pas fait à la place de Rebeyrolles une affaire pour laquelle il ne s'est manqué que de quelques dizaines de francs.

Mon état de caisse est raisonnable. J'ai de quoi vivre, c'est tout ce qu'il me faut ; les grandes rentrées ne se feront que plus tard. Je viens d'envoyer à Masson la dernière des dernières épreuves revues et recorrigées. Une faute de l'écrivain lithographe a été cause de tout ce retard. Quant au mariage du cousin avec la cousine, je déclare n'y mettre aucun empêchement. Dites à l'oncle Broca que j'ai prié quelqu'un de prendre l'information qu'il me demande. Je serai fixé après-demain, et je lui écrirai alors. Je ne veux pas retarder ma lettre pour cela, sous le régime bienfaisant de la réforme postale.

Adieu, je vous embrasse.

Broca.

Octobre 1849.

Vraiment, ma pauvre tante Jourdit, ceux qui se sont chargés de ta commission m'ont mis dans un étrange embarras, qui a duré jusqu'à la réception de la lettre de maman. « Voici des mouchoirs, me dit Paul Dupuy, c'est ta tante Jourdit qui te les envoie, mais n'en parle pas dans tes lettres, il ne faut pas que cela se sache. » Je me suis tu dans ma dernière épître sans trop comprendre pourquoi. Je ne vois rien de défendu, rien d'immoral, dans l'envoi d'une demi-douzaine de mouchoirs à un neveu par sa tante. De beaux et bons mouchoirs neufs, ma foi ! Paul Dupuy se présentait donc avec une lettre de créance qui m'obligeait à ajouter foi à ses paroles ; il me défend d'écrire, je n'écris pas ; puis voilà maintenant qu'on me reproche mon silence ; on se renvoie mon pauvre individu comme un ballon de caoutchouc, mais j'aurais bien mauvaise grâce de m'en plaindre, puisque je gagne à ce jeu des demi-douzaines de mouchoirs.

Je suis bien aise que papa ait renoué avec son client Grégoire : d'abord parce que le brave homme m'a fait boire à Chalais une bonne bouteille de vin ; ensuite, et surtout, parce que nous aurons un cheval capable de nous transporter d'un point à un autre. Personne ne professe une admiration plus grande que la mienne à l'endroit des brillantes qualités de notre pauvre bête poussive. Mais ces qualités commençaient à décliner singulièrement. Il y a une chose que j'approuve encore plus que l'achat du cheval, c'est celui de la voiture. Je suis bien aise que vous vous soyez enfin décidés à cette dépense devenue indispensable pour papa.

Maman me prie d'envoyer de nouveaux ciseaux à papa ; je le veux bien et je le ferai par la première occasion. Mais auparavant je veux vous prévenir d'une chose : quels que soient les ciseaux que papa ait dans sa trousse, il trouvera toujours quelque qualité particulière aux ciseaux de maman, et il les prendra de préférence. Nous sommes tous faits de la même pâte ; on aime bien mieux prendre des ciseaux qu'on voit dans une corbeille que de déployer sa trousse pour y prendre un instrument. Vous vous impatientez donc bien de ne pas recevoir la livraison? Masson m'avait cependant dit, dimanche dernier, qu'il allait vous l'expédier. Que pouvez-vous y trouver de satisfaisant pour vous? Je lui en reparlerai puisque cela vous presse tant.

Adieu. Il paraît que j'avais tiré exactement l'horoscope de Borderie. C'est un plat ambitieux qui veut devenir maire. Spirituelle ambition! maire de Sainte-Foy! Succéder à Gabriel!

Je vous embrasse tendrement. PAUL.

J'ai vu le général, qui attend sa femme pour la fin du mois. Je n'ai pas vu la famille Cadars depuis ma dernière lettre.

———

Paris, ce 2 novembre 1849.

Ma chère maman,

La livraison tant attendue vient enfin de paraître il y a quelques jours seulement. Notre insupportable écrivain lithographe nous a fait perdre, par ses maladresses et sa négligence, presque tout le mois d'octobre. Aussi avons-nous déjà avisé aux moyens de nous débarrasser de cet ennuyeux personnage; tout est maintenant arrangé de telle sorte qu'un ouvrier lithographe ira chez mon collaborateur Beau, et écrira chez lui ce qu'on appelle *la lettre*. Peut-être n'avez-vous pas parfaitement compris tout ce que je viens de vous dire? Voici donc quelques explications :

On appelle *la lettre* tout ce qui est écrit soit en chiffres, soit en caractères romains ou arabes, sur les dessins gravés ou lithographiés. Il y a à Paris des gens qui sont exclusivement chargés d'écrire la lettre, on les appelle écrivains lithographes. Le nombre de ces écrivains lithographes est très peu considérable, et cela se conçoit aisément ; or, en vertu des anciennes lois qui permettaient l'association des patrons et interdisaient celle des ouvriers, les trois entrepreneurs de lettres lithographiées de Paris (il n'y en a que trois) ont résolu de se créer un monopole. Ils se sont entendus pour ne pas admettre dans leur atelier tout ouvrier qui serait convaincu d'avoir écrit des lettres lithographiques hors de leur atelier, et pour en expulser ceux qui se seraient rendus coupable de ce crime. La domination des chefs d'atelier s'est ainsi établie sur deux classes d'hommes, sur les ouvriers d'abord qui ont dû refuser d'aller en ville écrire des lettres sur des pierres lithographiques ; et, en second lieu, sur les auteurs des dessins qui se sont trouvés à la disposition des trois patrons ; le moyen de se plaindre avec des gens qui s'entendent pour vous dire : « Vous n'êtes pas contents, allez-vous-en ailleurs. » Déjà, depuis le commencement de cette publication, Masson a couru successivement dans les trois ateliers ; partout on lui a fait des tours de toute sorte. Enfin, grâce aux instances que j'ai faites, voici désormais comment nos lettres s'écrivent.

Avant d'être dessinateur, Beau avait été lithographe, et avant d'être lithographe il avait été écrivain lithographe. Nous avons fini par trouver un ouvrier écrivain lithographe qui viendra écrire chez lui le soir à la lampe, et qui sera payé le double de ce qu'il est payé chez son patron, sans qu'il en coûte un centime de plus à Masson, le patron ayant la louable habitude de gagner 50 %. Le pauvre diable d'ouvrier, craignant d'être expulsé par ses patrons, avait d'abord refusé cette offre, car nous ne lui donnions pas de beaucoup assez d'ouvrage pour le faire vivre. Mais Beau, qui a été écrivain lithographe dans le temps, dira que c'est lui qui écrit les lettres ; messieurs les monopoleurs, qui connaissent ce détail, croiront que le fait est exact, et ne feront pas d'enquête pour trouver l'ouvrier qui leur fait la queue. Nous éviterons ainsi toutes sortes de désagréments et nous gagnerons un mois sur la publication de chaque livraison.

Vous recevrez d'ici à quelques jours la livraison qui vient de paraître. Masson n'a pas encore expédié celles qui sont destinées à la province. Il attend pour cela que tous les exemplaires soient coloriés. Tu me demandes quel effet a produit ma livraison. L'effet ne se produit pas à Paris comme à Sainte-Foy. Un message du Président peut faire de l'effet; une livraison arrive aux abonnés, et voilà tout. L'honneur n'est pas moindre pour cela, mais il est clair que l'estime des abonnés pour l'auteur ne pourra se manifester par une recrudescence d'abonnements que lorsque la publication aura repris sa régularité première. J'ai mis sous presse la livraison suivante, dans laquelle j'ai consigné quelques points nouveaux sur les vaisseaux des dents et des gencives. Je n'ai pas encore eu le temps d'aller chez le général ; j'irai probablement demain dimanche. J'ai une foule de visites en retard. J'ai fait hier toutes sortes d'acquisitions avec l'aide de M. Cadars : paletot d'hiver, robe de chambre, chapeau, etc. Les élèves arrivent en trop grande abondance. La vertu et le zèle sont parfois récompensés. Toutes les places dont je puis disposer sont remplies et je suis obligé de refuser un grand nombre de nouveaux élèves. J'en ai adressé cette semaine cinq à Verneuil, deux à Demarquay et quatre à M. Martin Magron, mon ancien maître de conférences. Si j'avais de la place, je pourrais certainement gagner

10,000 francs cet hiver. J'ai été obligé de renoncer à mes leçons de médecine opératoire, et de renvoyer deux séries de quatre élèves qui étaient inscrites à l'avance. Paul Dupuy est dans mon pavillon avec son cousin Barbeau. Ils viennent avec beaucoup d'assiduité. Paul va concourir pour l'internat. J'ai présenté trois de mes élèves au concours de l'internat. Ils ont déjà fait leur composition écrite et n'en sont pas mécontents. C'est déjà quelque chose. La question était très difficile et il y a le tiers des concurrents qui n'ont pu la faire. Il reste maintenant quatre-vingts concurrents pour vingt-cinq places. Mais je ne me dissimule pas que le concours est encore bien scabreux, car tous les trois sont de première année d'externat, et ils ne connaissent personne ni les uns ni les autres.

Adieu, chers parents, je vous embrasse tendrement.

12 novembre 1849.

Chère maman,

J'ai reçu ta lettre hier matin 11 novembre. Le même jour j'ai reçu de Pontoise une lettre que je joins à la mienne. La date de cette feuille étant antérieure à l'avertissement que j'ai reçu de toi, il est bien établi, je pense, que je n'avais oublié ni mon oncle ni sa commission. Je puis, faute de temps, négliger les intérêts de mes proches puisque je néglige souvent les miens; mais les oublier, jamais. Après cette réhabilitation de mon individu dans votre estime, je continue. Le retard que j'ai mis dans cette commission venait de ce que j'avais toujours l'espoir de trouver, par moi ou mes amis, quelque connexion avec Pontoise; plutôt que d'aller chez un duc dont je suis le voisin, mais pour lequel je n'ai aucune sorte d'estime, j'ai préféré écrire directement au maire de Pontoise, lequel m'a fait réponse sans trop de retard.

Vous avez donc failli brûler! Pauvre tante Mariette, tu vas maintenant craindre l'eau froide. Vous verrez que ce sera quelque affreux fumeur qui aura mis le feu. S'il en est ainsi, gare mes pauvres pipes. Je n'en trouverai plus une seule à mon retour, à moins que la tante Jourdit ne les prenne sous sa protection spéciale.

Je n'ai pas vu Léon Dupuy; il est venu hier pour me voir avec son frère, précisément pendant que j'étais à déjeuner. Il a fallu cela pour qu'ils ne m'aient pas trouvé, car je ne suis pas sorti hier de la journée. Il faisait un brouillard si épais qu'on ne pouvait même pas lire la superbe proclamation de M. Carlier. On a été en même temps privé de la lecture d'une autre affiche au moins aussi intéressante. Notre professeur de chimie organique, Dumas, voltairien fieffé, a été nommé ministre de l'agriculture et du commerce; attendu que les bonnes récoltes sont la source du bonheur public, une administration éclairée doit prendre toutes ses mesures pour sauvegarder les terres ensemencées : c'est pourquoi monsieur le ministre a écrit la circulaire dont je vous ai parlé; elle est adressée à tous les curés du diocèse de Paris, et elle a pour but de faire dire des messes en faveur du seigle et du froment. Bénis soient la vierge et les saints. M. Dumas se fait ermite. Pourquoi pas? M. Thiers s'est bien fait capucin. Aujourd'hui le soleil a percé les brouillards, et tous les bons catholiques ont pu admirer sur les murailles les circulaires du ministère de l'agriculture. Pourquoi le ministre de l'intérieur n'a-t-il pas fait exorciser aussi les allumettes chimiques?

Vous n'auriez pas failli rôtir l'autre jour. Hier soir je suis sorti avec un de mes amis pour jouir des merveilles du brouillard : de ma vie, je le déclare, je n'ai vu une obscurité pareille, on ne voyait rien à deux pas; on se heurtait contre les passants; depuis terre, on n'apercevait pas la flamme des becs de gaz. Le gamin de Paris, toujours spirituel et ingénieux, a créé sur-le-champ une nouvelle industrie. Il a immédiatement confectionné des torches et il s'est mis à courir les rues, offrant d'accompagner les passants au prix de trois sous par quart d'heure. Toute la force publique était disséminée dans les rues pour faire aller les voitures au pas et pour surveiller les filous; il paraît qu'il n'y a pas eu d'accidents, mais je ne garantirais pas qu'il n'y ait pas eu de montre ou de foulards *effarouchés*.

Ainsi donc, voilà une foule de condisciples qui se marient, ou plutôt qui se marieront dans deux ans. Attendent-ils donc, pour se conjoindre, que nous ayons un président plus digne de confiance? Vous me demandez exactement le nombre de mes élèves. Le voici. J'en ai onze à 150 francs pour les cinq mois d'hiver. Je m'en rapporte à maman, qui fait si bien les multiplications et surtout les additions, pour calculer le total. Vous voyez que je peux vivre. Il est vrai qu'on ne me paye guère maintenant et que je ne toucherai que vers la fin de février. Je reçois, de temps à autre, quelques petits acomptes, avec lesquels je vis modestement. Du reste, j'ai continué, cette semaine, à refuser des élèves presque tous les jours. J'ai renvoyé trois Grecs samedi dernier et trois Américains aujourd'hui.

Adieu, chers parents, je vous embrasse tendrement. Je vous prie de remercier Thérèse de son affectueux souvenir; a-t-elle pu craindre de m'importuner en me faisant faire ses amitiés? Que n'ai-je la moindre petite fraction d'une si grande humilité!

Je vous embrasse derechef. Votre Paul.

P.-S. — Voici une petite cancanerie d'école; comme elle me regarde, elle vous intéressera peut-être. Vous vous souvenez qu'il y a un an, à pareille époque, M. Thierry voulait gratifier d'une récompense honorifique le zèle que j'avais déployé pendant les journées de juin 1848, ainsi que mon collègue Macquet; vous savez aussi que le bruit de cette affaire avait éveillé la jalousie de plusieurs de nos collègues, et que M. Thierry, averti par Stuart Cooper qu'on nous accusait d'intriguer pour la croix d'honneur, fit venir les plus crieurs et leur cousit la langue, en leur racontant ce qui s'était passé. Ceux-là, il est vrai, ont cessé depuis lors de cancaner sur mon compte; mais ils n'ont pas eu la loyauté de détromper ceux auxquels ils avaient déjà raconté leurs diffamations. Quoi qu'il en soit, des gens que je ne connais pas, et que je n'ai pas cherché à connaître, ont fait courir le bruit que j'avais sollicité et obtenu une mission en province pendant le choléra, et qu'à la suite de cela j'avais sollicité la décoration. Les uns disaient que je l'avais obtenue, que je la portais; d'autres racontaient que je devais être solennellement décoré le jour de l'ouverture de la Faculté; quoi qu'il en soit, M. Thierry a appris qu'on s'occupait beaucoup de cela à l'hôpital Saint-Antoine où, par parenthèse, je ne connais personne. Il est donc allé sur la place de la Bastille, dans un café où vont tous les internes et quelques externes de l'hôpital Saint-Antoine; il a mis la conversation sur les récompenses qui ont été distribuées à l'occasion du choléra; il a demandé si l'on n'avait décoré personne; quelqu'un lui a dit que je serais décoré s'il suffisait pour cela de faire des démarches; alors le gros s'est retourné et leur a raconté cette même histoire de l'année dernière. Comme cette fois la chose a été dite devant des gens qui n'avaient aucun intérêt à la cacher; comme on sait, en outre, que M. Thierry n'a jamais menti, l'histoire a fait promptement le tour des hôpitaux et de la Faculté, et j'ai reçu, cette semaine, les félicitations d'un grand nombre de mes amis à qui je n'avais pas cru nécessaire d'en parler jusqu'ici.

Décembre 1849.

Chère maman,

Hâtons-nous de profiter de la réforme postale, qui n'a plus que quelques jours à vivre. Je vous ai écrit quatre mots, il y a trois jours, je ne vous en écrirai pas beaucoup plus aujourd'hui. Il y a une chose que je n'ai jamais pu comprendre, c'est qu'il y ait des gens qui ne sachent comment faire pour remplir leur temps. Parfois, j'envie leur sort, mais je crois qu'il vaut mieux les plaindre. Ceci me mène à la deuxième page de ta lettre. Que les gens qui ne font rien s'occupent de ceux qui font quelque chose, je n'y trouve rien à redire, si cela doit rompre la monotonie de leur existence. Voilà pourquoi, sans doute, les marieuses du pays me font l'honneur de s'occuper de moi. Ne suis-je pas privilégié? On me donne une femme à Sainte-Foy, on me prête la croix d'honneur à Paris. Bonnes et charitables intentions sans doute; mais, Dieu merci, je n'ai ni l'une ni l'autre de ces choses si pleines d'illusions. Je me contente de choses plus solides : je travaille pour moi, j'instruis les autres, et j'ai la satisfaction de vous annoncer que ce n'est pas en vain. Parmi les élèves particuliers de ma conférence, quatre se sont présentés à l'internat et un à l'externat. Parmi les premiers, deux ont terminé leurs épreuves et le nombre de leurs points assure leur nomination d'internes; le troisième sera provisoire; un seul n'aura rien, et c'est un beau succès si on réfléchit qu'ils sont *tous* externes de première année et qu'il n'y a cette année que vingt et une places au concours. Quant à celui qui concourt pour l'externat, il est nommé le second du concours, et il aurait été le premier si son mauvais style ne lui avait fait perdre deux points; or, je ne suis pas chargé de veiller au style de mes élèves. Ces nominations ne sont venues qu'après le beau cadeau que j'ai reçu, de telle sorte que le bon goût de l'offrande conserve toute son intégrité. J'ai appris, par hasard, la semaine dernière, que l'Académie de médecine avait mis au concours, il y a deux ans, la question du cancer. Les mémoires doivent être remis le 29 février 1850. J'ai bien regretté de n'avoir pas été prévenu plus tôt. Quoi qu'il en soit, je n'ai jamais aimé les proverbes, « qui beaucoup embrasse beaucoup étreint » : voilà mon opinion, il ne s'agit que de serrer plus fort. Donc, je vais tâcher de me mettre sur les rangs. J'ai relu, depuis huit jours, toutes les notes que je possède. J'ai passé en revue mes ébauches et mes dessins, et je crois qu'il me sera possible, en donnant un coup de collier, de rédiger, d'ici au 1er février, un volume de cinq cents pages. Il faudra bien un mois pour faire recopier et pour transcrire moi-même les dessins. La tâche est rude. Il n'est pas facile de convertir aux nouvelles doctrines l'Académie, qui est la Chambre des pairs de la médecine. Il faudra recourir à des artifices de langage pour lui faire accepter ce que je crois être la vérité. Donc, je travaille activement, et je ne remettrai mon manuscrit que s'il est complètement achevé et s'il me paraît convenablement repoli. Dans le cas contraire, je le garderai pour moi et je trouverai tôt ou tard un éditeur.

Je vous dis ceci, à vous, qui devez savoir tout ce que je fais; à vous, qui serez pleins d'indulgence si j'échoue, et qui connaîtrez ma circonstance atténuante, la rapidité excessive de l'exécution. Mais je n'en ai ouvert la bouche à âme qui vive. Le nom des concurrents demeure inconnu, et, lorsque le jugement est rendu, on ne connaît que le nom du vainqueur. Vous jugerez par conséquent nécessaire de garder sur ce point un silence absolu.

Adieu, chers parents, je vous embrasse de tout cœur.

30 décembre 1849.

Chers parents,

Je ne suis pas toujours bien au courant des dates. Je ne savais pas que la fin de l'année fût si proche. Or, je viens de recevoir une invitation à dîner pour demain lundi 31 décembre; j'en conclus que c'est aujourd'hui le 30, et que j'ai beau me hâter, vous ne recevrez pas de lettre le premier de l'an.

Et qu'importe, après tout, qu'une année finisse et qu'une autre commence? On est convenu de placer au 1er janvier le changement des années. Supposez que cette convention ait été faite pour le 3 janvier, et recevez pour ce jour-là mes vœux de nouvelle année. Je ne parlerai donc pas plus longtemps de cette solennité. Heureux le temps où j'écrivais à papa, sur les circonstances de ce jour, des lettres de trois pages, signées ton respectable fils!

Je commence d'abord par vous donner exactement mon

adresse. La dernière lettre de maman a couru cinq jours avant de me parvenir; c'est qu'effectivement je demeure rue Jacob, 19, et non point 29.

Je vous écris avec une conscience bourrelée de remords. Lorsque j'étais au collège et que j'avais flâné, je ne m'en repentais nullement; les pensums et les arrêts me paraissaient réparer le temps perdu; aujourd'hui il n'en est plus de même, et c'est avec une profonde contrition que je l'avoue : j'ai jeté au vent la semaine qui vient de s'écouler. Il semble que les circonstances extérieures aient conspiré pour produire ce résultat. Un jour, Mme Dezeimeris me transmet une invitation pour un bal chez Mme Bouvier. Première soirée perdue. Le lendemain, repas de corps des internes passés et présents de l'Hôtel-Dieu. Le surlendemain, dîner obligatoire que m'offraient mes deux internes et mon provisoire. Le jour suivant, repas officiel offert aux aides d'anatomie et aux prosecteurs en fonctions, par les deux aides nouvellement nommés. Le cinquième jour enfin, c'était hier, je rentre chez moi, avec le ferme projet de me mettre à la besogne; mais, ô fragilité de notre nature, je succombe sous le poids de tant de fatigues et je suis obligé de me coucher à huit heures, ce qui ne m'a pas empêché de rester ce matin dans mon lit jusqu'à neuf heures. Vous comprenez maintenant comment, dans ce tourbillon de dissipation et de digestion, j'ai pu oublier les dates et manquer le premier de l'an.

Parlons maintenant de votre voiture. De tous les meubles pourvus de roues, le cabriolet à trois places est certainement le plus difficile à trouver de rencontre à Paris. Le vôtre est le seul que j'aie pu déterrer dans une période de près de deux mois, pendant lesquels cinq ou six personnes actives s'occupaient de cette recherche. C'est qu'en effet, on ne fait maintenant que des cabriolets à deux places. J'en ai trouvé, dans ce genre, de bien jolis, bien légers, bien solides et même bien bon marché; mais, pour vous, j'ai pensé qu'il fallait une voiture à trois places, pour aller, par exemple, aux Briands ou aux Guillebauds; voilà pourquoi je n'ai pu choisir, voilà pourquoi votre voiture est un peu lourde et pourquoi elle n'a pu vous parvenir au commencement de l'hiver. Du reste, je n'aime pas plus que vous ce qu'on appelle le clinquant; c'est sur les ressorts principalement que j'ai porté mon attention; le carrossier des Messageries nationales, qui est l'homme le plus compétent de Paris, m'a assuré que les ressorts étaient excellents. Il y a à la roue gauche un petit défaut, que je voulais faire réparer ici. Un rayon est fendu, et une des jantes de la roue a reçu un accroc, mais on m'a dit, — je vous le transmets tel quel, n'y entendant rien par moi-même, — que ce genre de réparation devait être fait de préférence au printemps. Quoique votre voiture vous soit parvenue sous la forme d'un cadeau, je vous prie de la considérer comme une restitution. Non pas comme une restitution de ce que vous avez dépensé pour moi, auquel cas j'aurais dû vous envoyer une métairie et deux paires de bœufs; mais comme une restitution de la somme que vous avez payée l'année dernière à M. Cadars. Puisque ma maladie, en me privant de tous les bénéfices de l'été, m'avait laissé ce déficit, au lieu de me prêter la somme nécessaire pour couvrir ce déficit, vous me l'avez librement donnée, car je ne vous la demandais pas. Il était juste, par conséquent, maintenant que je puis le faire, de vous en restituer l'équivalent sous une forme quelconque. Quant au port de la voiture, il est déjà payé; laissez-moi le plaisir de n'en pas accepter le remboursement.

Adieu, chers parents, je passerai les ponts demain et je ferai les commissions de maman à Mme Cadars. Je vous embrasse tous pour commencer l'année et la tante Jourdit en particulier.

Votre Paul.

Avez-vous reçu les livraisons? Je pense que oui, puisque vous n'en parlez plus. La suivante est sous presse et la troisième est presque terminée. Dès que j'aurai une occasion, je ferai parvenir à papa les quarante et une livraisons qui ont précédé la mienne.

---

15 janvier 1850.

Chers parents,

Vous vous impatientez sans doute de ne pas recevoir de lettre. J'avoue que je suis en retard. Pardonnez-le-moi, je ne fus jamais si occupé. J'attendais le moment de pouvoir vous écrire tout au long. Je suis obligé d'y renoncer. Indépendamment de mes occupations individuelles, indépendamment de mon mémoire dont j'ai rédigé 100 pages depuis le 1er janvier, j'ai, depuis une semaine, un surcroît considérable de travail. Mon ami Jarjavay, qui concourt pour la chaire de Blandin, fait actuellement sa thèse. On n'a que douze jours pour rédiger et pour imprimer ce travail sur un sujet donné par le sort, et il est permis de se faire aider. Je me suis donc chargé de feuilleter pour lui tous les journaux anglais qui sont à la Bibliothèque et d'en extraire tout ce qui a rapport à son sujet. Voilà pourquoi vous n'avez pas reçu les livraisons. On ne peut pas les mettre à la poste parce qu'elles y seraient maltraitées. Il faut faire un envoi par les Messageries. Maman fera bientôt un envoi à Bordeaux où vous pourrez faire prendre votre paquet. La seconde livraison a paru, la troisième est sous presse. Excusez-moi si je ne vous en dis pas davantage. Il fait un froid de Russie, mais ce n'est pas moi qui en souffre. J'ai vu, il y a quelques jours, Mme Subervie et Mme Cadars. Tout le monde va bien, et moi aussi.

Adieu, je vous embrasse tous tendrement.

BROCA.

Fin janvier ou février 1850.

Chers parents,

Je profite du premier coin de temps et de papier que je trouve à ma disposition pour répondre à vos deux dernières lettres, dont la seconde, du reste, n'est arrivée que ce matin. Pour le dire en passant, Jules Cadars était chez moi au moment où j'ai reçu l'affaire Alazar, et je l'en ai immédiatement chargé en lui donnant les instructions nécessaires. Cela est fort heureux, car je n'ai même pas le temps, maintenant, de m'occuper de mes propres affaires. Vous croyez être au courant de tout ce que la mauvaise chance accumule sur ma pauvre tête d'occupations extraordinaires. Il y a, il est vrai, le carnaval qui me fait perdre, bon gré mal gré, près de trois soirées par semaine, car il y a des invitations qu'on ne peut refuser sans prétexte, et je n'ai pas de prétexte avouable publiquement. Il y a encore la politique, car, dans cette atmosphère de coups d'État, un honnête homme doit se tâter tous les matins pour savoir s'il est encore électeur ou éligible. Mais tout cela n'est rien; il m'est arrivé ce qui m'arrive toujours dans les moments suprêmes, à l'approche des époques fatales des concours, un accident.

Ma thèse de docteur n'était qu'une partie du mémoire que je présentai dans le temps au concours des prolongations (papa vous expliquera ce qui ne vous paraîtra pas suffisamment clair). Dans ce mémoire il y avait une partie purement théorique, composée de généralités un peu sèches — c'est ce que j'ai publié dans ma thèse — et une partie pratique contenant l'application de ces principes à l'étude des différentes maladies. Cette partie, très incomplète, très abrégée et cependant très longue, contenant plusieurs faits entièrement nouveaux; cette partie, je l'avais mise de côté dans un de mes cartons pour lui faire voir le jour tôt ou tard, la première fois que j'en aurais le temps. Mais voilà qu'un de mes amis, — vous savez, les amis de Paris qu'a si bien chantés Béranger, — qu'un de mes amis qui avait connaissance de ma thèse d'abord, puis de mon mémoire, dont j'avais souvent causé devant lui et dont je lui avais souvent montré des fragments, voilà, dis-je, qu'un de mes amis se met à faire sa propre thèse sur la *Propagation de l'inflammation aux membranes séreuses*, et à utiliser pour cela les faits particuliers que j'ai découverts et dont je n'ai publié qu'une très minime analyse dans ma thèse; seulement cet ami a oublié que la première condition de la conspiration est le secret absolu. Il a donc fait part de son projet à Lebert, qui ne lui a fait aucun reproche, mais qui est venu tout chaud m'apporter cette nouvelle. La propriété d'auteur étant au moins aussi sacrée que les autres, j'ai dû me cramponner à mon bien. Mais comment faire? Attendre la thèse traîtresse, puis réclamer dans les journaux de médecine, puis faire constater la priorité par la commission qui, dans le temps, a lu mon mémoire? Cela était long, cela faisait du bruit, on criait à la réclame. Il n'y avait qu'une chose à faire : rédiger immédiatement et publier le premier. C'est ce que j'ai fait.

J'ai donc passé trois jours de cette semaine, que dis-je? trois nuits, à rédiger un mémoire sur la *Pleurésie par propagation*. Ce mémoire a été recopié hier, ce matin je l'ai porté au bureau des Archives générales, ce soir j'ai reçu la nouvelle que mon mémoire était agréé et paraîtrait dans le numéro de mars; jusque-là personne n'en sait rien, et voyez mon pauvre diable de voleur, rédigeant sa thèse pendant tout ce mois, se disposant à la subir au milieu de mars, et trouvant un beau jour son travail sous un autre nom, dans les Archives de médecine! Je me réserve de lui serrer la main ce jour-là, sans rancune.

Tout cela m'a donc détourné du cancer; mais m'y voilà de nouveau. Ce soir, je vais à trois soirées différentes, je ne rentrerai qu'à trois ou quatre heures; je ne pourrai rien faire; mais à partir de demain je suis corps et âme à mon affaire. Je ne m'occupe plus, en dehors de cela, que de choses urgentes. J'ai déjà 200 pages de recopiées, 100 autres sont rédigées; il y en aura 200 encore, je crains; on aurait plus tôt fait d'écrire l'histoire de France que d'esquisser celle de cet être hors la loi qu'on appelle cancer.

Parlons d'autre chose : si papa était meunier et que son cheval fût un âne, l'histoire du bon La Fontaine semblerait faite pour nous trois. Or çà, vous n'avez donc pas de chevaux dans votre pays? Les voitures de remise à Paris sont tout à fait semblables à la vôtre, et, s'il vous plaît, elles vont vite et longtemps. Si papa craint de fatiguer son cheval, qu'il se promène à califourchon. S'il craint de se fatiguer, qu'il achète un tilbury; mais, avant tout, qu'il fasse à sa fantaisie, et qu'il laisse clabauder les badauds et spéculer les industriels. Mais que fais-je! j'oubliais que je ne vous avais pas écrit depuis l'affaire des chemises. Mme Cadars arrive chez moi un matin, et un chemisier après elle; c'est alors que j'ai appris que mes chemises étaient usées et que tante Jourdit n'aurait de tranquillité que lorsqu'elle m'en saurait six autres. L'homme tire sa mesure et crac! c'était fini. Je n'aurai rien à essayer, je n'aurai à m'occuper ni de boutonnières ni d'échancrures, ni de plis ni de saintes-céciles, que sais-je encore! Je n'aurai qu'à tendre la main pour prendre les chemises, et à dire merci à la bonne tante Jourdit.

Votre Paul.

Je reçois à l'instant le faire-part des Guillot.

Fin février 1850.

La lettre précédente, qui partira en même temps que celle-ci, est destinée à être montrée à toute la famille. Celle-ci est pour vous. Elle est relative à ce mémoire qui vient de manger deux mois de ma vie. Ce mémoire est remis, mais à quel prix, grand Dieu! quatre nuits sans sommeil, des copistes payés fort cher pour des travaux nocturnes, des amis qui ont bien voulu me donner la chose la plus précieuse, leur temps, et enfin des artistes à qui j'ai fait faire de fort belles planches; tout cela a réussi à mettre au jour un mémoire de 600 pages avec 25 dessins et 5 planches grand in-folio. Voici de quelle manière les choses se sont passées. Il y a dix jours, je vais à l'Académie pour m'informer du jour et de l'heure où les mémoires doivent être remis. Pendant que j'étais dans le bureau, un commissionnaire arrive portant un grand atlas in-folio de 200 planches, avec un texte de 40 pages, pour le concours auquel je prends part; cela m'a démontré la nécessité de donner, moi aussi, des planches. J'avais chez moi un grand nombre de dessins que j'ai recueillis depuis plusieurs années et qui sont de ma main. Je les ai donc intercalés dans mon texte, mais, de plus, j'ai jugé nécessaire de donner des planches coloriées, afin de ne pas être battu du côté de l'exactitude des dessins. Je me suis donc arrangé avec Beau, le dessinateur de mon atlas, et j'ai fait exécuter par lui les cinq planches dont je viens de vous parler et qui sont merveilleusement belles. Beau a tout quitté et il a été en règle pour le 27 février. Restait le texte; des 600 pages, 300 seulement étaient rédigées il y a huit jours. Je ne me doutais pas de l'extension de ce qui restait encore à faire. Certainement, si les planches n'avaient pas été commandées, s'il n'avait pas fallu les payer quand même, et si je n'eusse pas eu des frais considérables pour la copie de ce qui était déjà fait, j'eusse renoncé à mon entreprise; mais les ponts étaient coupés, il n'y avait plus moyen de reculer, et d'ailleurs je n'aime pas à reculer.

J'ai donc travaillé comme un forçat. Dimanche soir, il me manquait encore 200 pages. J'ai mis l'École pratique et le sommeil de côté. J'ai mis trois amis dans la confidence, ils ont fait pour moi toutes les recherches bibliographiques dont j'avais besoin, ils m'ont porté les matériaux, je n'ai plus eu qu'à rédiger. J'avais deux copistes, un à chaque bout de ma grande table. J'étais au milieu et j'écrivais assez vite pour leur fournir du texte à tous deux. A mesure qu'ils expédiaient les feuilles, mon collègue Verneuil les relisait et corrigeait les fautes. Un de mes élèves, qui ne m'a pas quitté pendant ces quatre jours, collectionnait, mettait les titres, les têtes de pages, copiait les mots de citation. Un autre faisait la poste pour aller chercher chez mes collaborateurs les extraits qu'ils réunissaient pour moi. Enfin, jeudi matin, à huit heures, j'avais fini d'écrire, on avait fini de copier. Il ne s'agissait plus que de faire relier, c'est alors que j'ai eu à me féliciter d'avoir si bien fait l'éducation de mon relieur. Il a tout quitté, et à deux heures de l'après-midi j'avais entre les mains le manuscrit relié et l'atlas relié aussi. Il ne s'agissait plus que de donner un dernier coup d'œil à l'ensemble, c'est-à-dire de relire tout et de remplir les blancs. Ce travail dure jusqu'à onze heures trente-cinq minutes du soir; heureusement que l'Académie n'est pas loin de chez moi; nous y sommes arrivés, en courant, à minuit moins cinq minutes. Nous avions jusqu'à minuit.

Si je suis nommé, j'aurai un fier dîner à payer à mes collaborateurs! Mais le grand atlas de 200 planches me donne à réfléchir. Ce n'est pas un pauvre gringalet comme moi qui peut faire faire 200 planches grand in-folio. C'est un homme riche, très riche, un homme qui veut un prix pour arriver à l'Académie. Cet homme-là doit avoir les bras longs. Malgré l'incognito du concours académique, je crains bien qu'il ne s'arrange de manière à faire recommander son travail, très reconnaissable d'après le nombre de ses planches et d'après son format in-folio. Il est impossible qu'en 40 pages in-4° ce concurrent ait donné un travail sérieux sur le cancer; aussi de ce côté-là je suis tranquille. Mais je sais plus d'un académicien qui trouvera, au contraire, que c'est un avantage; d'abord, il n'aura pas à lire, ensuite il s'amusera à regarder les images. Je ne sais pas encore comment sera composée la commission. Lorsque je le saurai, je pourrai présumer quelque chose; d'ici là, je suis dans le doute le plus complet.

Il m'est arrivé un petit malheur qui me met dans la nécessité d'être couronné ou de perdre au concours; j'avais mis dans la confidence, et il le fallait bien, sept à huit personnes, indépendamment des dessinateurs, copistes, relieur, etc. Il n'en fallait pas davantage pour que la chose pût transpirer; c'est ce qu'elle a fait. J'ai été fort étonné de m'entendre demander des nouvelles de mon mémoire par un de mes amis à qui je n'en avais rien dit. Cela a déjà gagné le pavillon, ça fera bientôt le tour du quartier. De sorte que, en cas d'échec, je n'en serai pas seulement pour ma peine et pour mes frais, j'aurai encore un pied de nez. Mais vogue la galère. J'espère toujours que je n'éprouverai pas d'échec.

Adieu, chers parents, je vous embrasse. Pardonnez mon absurde écriture. Mes doigts ont tant couru qu'ils ne sont plus bons à rien.

Il faut voir maintenant comme je dors et comme je mange; je me suis levé hier à midi, aujourd'hui à onze heures. Ce soir, il n'est que dix heures, et je m'endors déjà.

P.-S. — Cette lettre part vingt-quatre heures plus tard que je ne pensais. Je viens de recevoir le faire-part de Pelletreau. Exprimez-lui toutes mes condoléances..

---

2 mars 1850.

Vous vous impatientez sans doute, chers parents, de ne pas recevoir de mes nouvelles. Vous savez que j'ai eu un redoublement d'occupation pendant la fin du mois de février. C'est fini maintenant, et je suis plus libre. Il m'aurait été impossible de vous écrire plus tôt.

Depuis ma dernière lettre, je n'ai vu personne; je ne suis pas retourné chez M. Cadars, ni chez le général

Subervie; je n'ai pas eu le temps d'aller voir Guillot sur la mort de son père. La seule personne de votre connaissance que j'aie vue, c'est le commandant Loreilhe que je rencontre de temps en temps dans la rue, parce que nous sommes voisins. Je ne sais si je vous ai dit que M. Dezeimeris a quitté Paris. Il est atteint d'une maladie qui l'inquiète; il éprouve des deux côtés une altération de la sensibilité des mains et des avant-bras; il craint que le mal ne soit à la moelle. Sa femme et son fils sont partis en même temps que lui. Que je vous continue l'histoire de mon mémoire sur la pleurésie. J'ai appris que le geai qui se parait de mes plumes ne passerait sa thèse que dans le mois d'avril, par conséquent je me suis bien gardé de paraître dans le mois de mars. Je suis donc allé aux Archives et j'ai obtenu que mon travail serait réservé pour le mois d'avril. Cela laisse à mon ami tout le temps de faire sa thèse, de la revoir, de la corriger, et en même temps cela l'empêchera de penser à en faire une autre.

Vous recevrez mes œuvres par Oscar Pauvert-Lachapelle. Je ne vous les ai pas envoyées par Itier, pour une raison bien simple : c'est que je n'ai pas été prévenu du jour de son départ. Je joindrai à ce paquet les trois derniers volumes de la Société anatomique et papa pourra y trouver quelques travaux qui sont de moi.

Adieu, chers parents, je vous embrasse de tout cœur.

Votre Paul.

J'ai définitivement reçu les chemises de tante Jourdit. Elles vont à merveille. J'en ai actuellement une sur le corps.

Paris, le 13 mars 1850.

Je voulais vous écrire hier, chers parents; mais j'ai eu un triste devoir à remplir : je venais de recevoir une lettre de ce pauvre Roudier, qui m'annonçait la mort de son père, et vous me pardonnerez d'avoir profité, pour lui répondre, des quelques instants que je vous destinais. Vous savez aussi, sans doute, que M. Marjolin est mort la semaine dernière, Mme Dascols a dû vous l'apprendre. J'ai assisté au convoi, et je me suis fait inscrire chez M. René, mais je n'ai pas encore pu le voir. Après avoir envoyé inutilement Jules à la Caisse des écoles et des familles, j'y suis allé moi-même, et j'en suis revenu indigné. Le directeur prétend que les quittances de 1847 et 1848 n'ont pas été enregistrées, que dès lors la Caisse n'est pas responsable des vols commis par les agents. C'est un odieux guet-apens, comme il y en a tant dans notre époque de bureaucratie; celui qui a des gros sous peut tout se permettre à l'égard de celui qui n'en a pas. Devant la loi, ces messieurs sont responsables; j'ai causé de cette affaire avec M. Desmarets, l'un des avocats les plus célèbres de Paris; il m'a dit qu'il avait plaidé une affaire de ce genre, qu'il l'avait gagnée, mais que les frais avaient été pour le gagnant plus considérables que ne l'aurait été un second payement des annuités. Alazard est volé de 50 francs; il lui en faudrait le double pour se faire rendre justice : ainsi va le monde. Avez-vous de l'argent? exploitez, spoliez, pillez tant que vous voudrez; tant que vous ne vous attaquerez qu'à de pauvres gens, vous êtes certain du succès. Vous passerez pour voleur, mais qu'est-ce que cela, dans un siècle où la considération se mesure aux coupons de rente? Autrefois la justice n'existait pas pour les roturiers; aujourd'hui le privilège est déplacé, la fortune a remplacé la noblesse. Mais nous, bourgeois, qui avons battu des mains à la démolition de l'édifice féodal, pouvons-nous, sans être iniques, dire encore que tout est bien? pouvons-nous, sans être complices, ne pas nous révolter contre cette odieuse organisation qui protège le voleur riche et qui refuse la justice aux pauvres? M. Léon Faucher vous dira que tout est pour le mieux; M. Charles Dupin viendra crier la misère et M. de Montalembert vous dira que le mal vient de ce que trop de gens savent lire. Menteurs et fripons!... En sortant de là, je suis allé voter pour Carnot, Vidal et Deflotte. Un honnête homme ne peut plus salir ses mains à soutenir un échafaudage souillé de boue. Même en prenant à la lettre les peurs et les inventions du *Constitutionnel;* même en admettant, avec l'*Assemblée nationale*, que la société s'en va et que l'invasion des barbares sortira des urnes prochaines; même alors, je dirais malheur à nous; c'est la vengeance de Dieu, nous n'avons que ce que nous avons mérité. Mais il n'en est pas ainsi. Les ravageurs sont en minorité; les candidats démocratiques n'ont été nommés que parce qu'ils ont été acceptés comme avertissement donné au pouvoir par toutes les nuances des véritables *conservateurs*. Cela vous étonne peut-être; mais c'est la cause de l'ordre qui vient de l'emporter sur la cause du désordre; la civilisation sur le moyen âge; la république sur les partis. Vous parlez de coup d'État, vous voulez renverser violemment la constitution : voilà Vidal, journaliste paisible, ennemi juré des moyens violents. Vous voulez désorganiser l'instruction publique et mettre les nouvelles générations dans les jésuitières de Montalembert : nous nommons Carnot, qui personnifie la liberté de l'enseignement. Enfin, vous voulez abolir les anciennes formes de la justice, qui ont toujours considéré les accusés comme innocents jusqu'au jour de leur condamnation : vous avez fait nommer Deflotte, par cette seule raison que vous lui avez refusé des juges pendant dix-huit mois. L'élection qui vient de se faire n'a pas d'autre signification. C'est une protestation éclatante, faite par les hommes qui veulent conserver, contre un gouvernement qui veut détruire. La leçon profitera-t-elle? Dieu le veuille! Sans cela nous assisterons à un effroyable cataclysme. Je vous renverrai une autre fois les papiers d'Alazard; je vais faire, auparavant, une dernière tentative. En attendant, parlons d'autre chose. Papa devait venir le printemps dernier pour assister à ma thèse. Le choléra ne l'a pas voulu. Mais, cette année, rien ne s'y oppose. Le plaisir d'assister à un acte aussi insignifiant qu'une thèse n'était que le prétexte. La réalité, c'était de vivre avec moi, d'assister à mes travaux, de revoir Paris. Eh bien, maintenant, tout est favorable pour cela. Les grandes occupations de l'École pratique cessent au 1er avril; le printemps commence à la même époque; c'est le meilleur moment qu'on puisse choisir. J'ai déjà pris toutes mes dispositions; j'ai retenu une chambre dans la maison où je demeure; je pourrai disposer de toutes mes soirées, d'une partie de mes journées. M. Cadars sera trop heureux de se promener avec nous ou avec papa seulement, si je suis occupé. Donc, je vous préviens que je ne vous laisse pas de repos jusqu'à ce que vous m'ayez fait une réponse favorable. Je n'ai pas la place de développer tous mes arguments aujourd'hui. Mais vous ne perdrez rien pour attendre. Je livre seulement ceci à vos méditations.

Je commencerai mon cours de médecine opératoire le 3 avril prochain. J'ai dîné chez M. Loreilhe dimanche, il vous fait des amitiés. Jules se mariera peut-être bientôt. Je pense que vous avez reçu, par Oscar, les brochures et les livraisons que je vous ai envoyées. Je n'ai pas eu le temps de vous écrire par lui.

Adieu, je vous embrasse de cœur.

Votre Paul.

Dimanche, 7 avril 1850.

Cher papa,

Je viens de voir le commandant Loreilhe à qui j'ai fait part de mes espérances relativement à ton voyage à Paris. Il en a été réjoui et voici ce qu'il m'a chargé de te dire. Il avait l'intention de quitter Paris vers la fin d'avril. Mais si tu viens il s'arrangera de manière à passer ici le mois de mai avec toi. Or, depuis la rue Jacob jusqu'à la rue du Pont-de-Lodi, où demeure M. Loreilhe, il n'y a pas trois minutes de marche. Vois combien te serait agréable le voisinage de ton vieux camarade. Un incident désagréable, dont je me féliciterais cependant s'il pouvait me procurer ta visite, est survenu depuis ma dernière lettre. J'ai éprouvé, à l'approche du printemps, quelque chose d'analogue à l'indisposition qui précéda le début de ma maladie l'an dernier à pareille époque. Heureusement que nous ne sommes pas en temps de choléra ; un bon purgatif a coupé le mal dans sa racine, et me voilà depuis huit jours dans une parfaite santé. Il est vrai que, par une prudence exagérée peut-être, mais qui m'a été conseillée par plusieurs personnes, j'ai considérablement diminué la quantité de mon travail. Je ne fais que les travaux courants, j'ai laissé de côté les recherches anatomiques, microscopiques et bibliographiques. Cette renonciation temporaire à des habitudes prises depuis longtemps m'a été suggérée par une autre circonstance; à la suite des veillées forcées et surtout des recherches microscopiques auxquelles je me suis livré cet hiver, j'ai senti que mes yeux étaient un peu fatigués, et je me suis proposé de travailler le moins possible à la lumière artificielle pendant le semestre d'été. En faisant cette narration de mes petites incommodités, je m'expose à deux choses : ou bien vous pourrez croire que c'est un stratagème innocent pour attirer ici papa sous prétexte de remplir mes loisirs; ou plutôt, vous exagérant l'importance de ce que je viens de vous dire, vous pourrez croire que je vous raconte une partie de la vérité, que je suis sans doute plus malade que je ne le dis, etc. Les deux suppositions seraient également inexactes; je me porte actuellement merveilleusement bien, mais j'ai recours à des procédés hygiéniques pour prévenir des maux qui ne seraient peut-être pas arrivés. C'est le premier degré de cette prudence dont tante Mariette pratique le second degré et dont le grand Guy présente, au troisième degré, le plus bel échantillon que je connaisse. Pour revenir à moi, voici quelles sont mes occupations : d'abord, mon cours de médecine opératoire, qui a eu tout le succès qu'il m'était permis d'ambitionner, et qui a même dépassé mes espérances, car mon amphithéâtre, qui était plein à la première leçon, s'est trouvé surplein à la leçon suivante; plus de vingt élèves, n'ayant pu s'asseoir, ont été obligés de rester debout autour de ma table et jusque dans le corridor. Je m'occupe d'obtenir un amphithéâtre plus grand, mais il est douteux que je réussisse. Ensuite, je fais répéter les opérations aux élèves de l'École pratique pour le compte de la Faculté, et à mes élèves particuliers pour mon propre compte; ceux-ci continuent à être en nombre très satisfaisant, puis je m'occupe de la publication des bulletins de la Société anatomique; mais tout cela ne prend qu'une partie de mon temps, et je consomme comme je puis, à ne rien faire, la plus grande partie de mes soirées. D'où je conclus que jamais papa n'eut une occasion plus favorable pour venir me faire une visite.

Aujourd'hui dimanche, malgré le temps magnifique qu'il faisait, je suis resté chez moi presque toute la journée, occupé avec Jules Cadars à planter des fleurs sur ma terrasse, à réparer les caisses et à peindre les barreaux. Mme Cadars a eu une petite indisposition (bronchite) au commencement de la semaine, elle s'en est exagéré l'importance, et vous comprenez qu'il m'a été facile de la ressusciter avec des breuvages insignifiants.

J'ai reçu la visite de Charles Bouny, qui m'a paru très content de sa peinture; il a fait plusieurs portraits assez lucratifs. Tout indique qu'il est en bon chemin. Adieu, chers parents. Cette lettre se croisera probablement avec votre réponse à ma dernière. Répondez-moi promptement et favorablement.

Votre Paul.

Paris, 19 avril 1850.

Mon cher papa,

J'ai tort peut-être de commencer cette lettre par une déclaration à laquelle tu ne t'attends pas. Maman avait raison de soutenir que je ne gagne aucune somme fabuleuse. Le nombreux auditoire dont je vous ai parlé dans ma dernière lettre assiste très gratuitement à mon cours. Le temps n'est plus où l'enseignement se faisait uniquement par des cours particuliers; un cours particulier, purement théorique, n'aurait plus d'auditeurs parce qu'il y a de tous côtés des cours publics et gratuits. Tu dois te souvenir que lorsque j'étais étudiant je n'ai eu recours à aucune leçon particulière; les choses n'ont point changé depuis lors. Au lieu de se faire payer, on payerait plutôt pour avoir des élèves, si cela était possible. Je n'ai donc pas moins lieu de me féliciter d'avoir du monde, quoique cela ne me rapporte aucun argent. Du reste, cela ne m'empêche pas d'avoir quelques élèves particuliers, auxquels je fais répéter les opérations, et je réaliserai là-dessus quelques petits bénéfices. Je ne sais cependant pas s'il me sera possible de mettre de côté 400 francs pour le voyage dont me parle maman. Lorsque j'aurai une occasion, je te ferai parvenir quelques exemplaires du travail que je viens de publier dans les *Archives de Médecine*. Je crois que la mèche a été éventée, parce que l'ami que vous savez vient de consigner, il y a peu de jours, pour sa thèse, laquelle est sur un tout autre sujet. A-t-il eu un remords ou quelqu'un l'a-t-il charitablement prévenu? Je crois plus volontiers à cette seconde version. J'ai si peu renoncé à mon atlas que j'ai une nouvelle livraison sous presse. Cela dit, revenons à notre principal sujet de correspondance, à ton voyage à Paris. Tu as sans doute déjà retenu ta place, et tu te prépares à venir me surprendre à l'improviste comme les pères de vaudeville dont les fils sont des balocheurs. Si tu n'as pas encore pris une détermination aussi courageuse, il n'en est pas moins vrai que ta dernière lettre est celle d'un père ébranlé par le désir de faire plaisir à son fils. Lorsque j'ai entrepris de te décider à ce voyage, je m'attendais parfaitement à tout ce qui est arrivé. D'abord, premier moment : c'est impossible, premier refus très positif. J'insiste; là-dessus tu réfléchis; que faire en courant la campagne, à moins qu'on ne réfléchisse? Il est clair, en premier lieu, que tu as grande envie de revoir Paris; qu'en second lieu, tu es toujours désireux de me procurer, dans les limites raisonnables, tous les contentements qui dépendent de toi. Par conséquent, tu arrives à ce résultat : je n'irai pas à Paris cette année, mais j'irai l'année prochaine. Bien, très bien, cela réussit plus vite que je ne l'espérais. Ainsi donc tu peux quitter Sainte-Foy. Nous serons l'année prochaine ce que nous sommes aujourd'hui. Cela ne dépend plus que de l'almanach. Je n'ai plus d'autre résistance à vaincre que celle d'un morceau de carton; fais donc tes malles, cher père, l'issue n'est plus douteuse.

Je prends ta lettre et je l'analyse. Tu dis : « Il ne manque pas de bonnes raisons pour renvoyer ce voyage que je caresse depuis si longtemps et auquel il me coûterait de renoncer. » L'aveu est lâché, tu as autant d'envie de venir que moi de te voir arriver; mais voyons ces bonnes raisons que tu m'annonces : « Il faut rester soixante heures en diligence, ce qui me fait, pour aller et venir, cinq jours de langueurs d'estomac. » Entendons-nous; je suppose que tu passes par Bordeaux. Tu as de Sainte-Foy à Bordeaux six heures de voiture, car le temps des relais et celui des petits verres des postillons ne comptent pas pour le mal de mer; de Bordeaux à Tours, vingt-six heures. Total : trente-deux heures au lieu de cinquante en tout, deux jours et demi au lieu de cinq; légère différence. Je n'ai pas besoin de t'apprendre qu'on n'a pas le mal de mer en chemin de fer. Et puis tu ne souffres pas sur la banquette qui est, de plus, la meilleure place de la diligence lorsqu'on a soin d'y retenir le coin; un homme habitué comme toi à braver les intempéries peut bien s'aventurer sur une banquette avec un bon manteau et un bon sac de peau de mouton. D'ailleurs, le beau temps n'est-il pas arrivé? Enfin, mettons que ce que je viens de dire ne signifie rien. Les conditions ne seront-elles pas les mêmes l'année prochaine? J'ai beau consulter l'almanach, je ne trouve aucun secret de Mathieu Laensberg contre le mal de mer pour l'année 1851... Autre argument que je n'accepte pas davantage : « Il me faut 500 francs pour le voyage. » Il te les faudra encore l'année prochaine. Mais, ajoutes-tu très paternellement : « Je t'ai offert de te payer un voyage aux Pyrénées; s'il te prenait fantaisie d'y aller cette année, les 500 francs trouveraient un meilleur emploi. » C'est ce que je conteste. Tu m'as payé assez de choses en général et de voyages en particulier, tu peux bien enfin t'en payer un, un seul. Et puis vois la contradiction : tu me donnerais cette somme s'il me prenait fantaisie de courir; puisque tu la tiens à la disposition de mes fantaisies, tu peux bien l'employer à venir à Paris, car c'est une de mes fantaisies. Moyennant quoi, je m'engage à n'avoir pas d'autre fantaisie de déplacement à tes frais.

Je continue. Tu me parles d'une pompe qui a absorbé une partie de tes économies. Tu t'es donné le plaisir de faire arroser ton jardin indéfiniment, cela me semble infiniment juste, mais tu ajoutes : « Se procurer deux plaisirs à la fois, à mon âge, n'est-ce pas trop? » Je ne le trouve pas. La morale proscrit certains plaisirs, elle en autorise d'autres, et ceux-là, il est permis de les accumuler à tous les âges. Or, ces deux plaisirs qui consistent : 1° à voir fonctionner ta pompe; 2° à voir ton fils dans l'exercice de ses fonctions, ces deux plaisirs me paraissent également vertueux et légitimes. Remarque, d'ailleurs, que tu ne te procurerais pas ces deux plaisirs à la fois, obligé que tu serais d'abandonner ta pompe pour voir ton fils, et plus tard ton fils pour revoir ta pompe. Mais quittons ces plaisanteries pour aborder ton argument final, capital. « Ce sera positivement dans le mois de mai que tes tantes entreront en bâtisse pour relever la petite maison de derrière Chanteine, et il faut bien que je sois là pour empêcher les maçons de faire des brioches. » A la bonne heure, voilà une raison grave, sérieuse; il est clair que ceci n'est plus un prétexte, c'est un fait incontestable. Il est clair que sans cela tu aurais déjà pris ton parti, arrêté ta place et accepté les commissions des voisins, y compris Mme Boisseau, de pesante mémoire. Il est clair que c'est là l'obstacle unique, que le reste de ta lettre se compose de développements à l'appui du besoin réel que tu as de rester à Sainte-Foy. Comment faire, hélas! Pourquoi faut-il qu'il soit écrit que cette malheureuse bâtisse se fera précisément dans le mois de mai, dans le mois de mai que sans elle tu aurais consacré à un voyage à Paris? Mais, à propos, où donc cela est-il écrit? Est-ce dans Mathieu Laensberg, par hasard? Ne peut-on donc bâtir que dans le mois de mai? J'ai beau faire les recherches les plus profondes, je trouve : Mois de mai. C'est dans ce mois que s'opère la fécondation des fleurs dites printanières. C'est dans ce mois que se fait la ponte des oiseaux. C'est dans ce mois qu'on plante la vigne, qu'on sème les aubergines, etc. Mais je déclare que je n'ai trouvé nulle part que c'est dans ce mois qu'on bâtit les maisons derrière Chanteine. Ainsi donc tout est convenu, la maison se bâtira au mois de juin. Tu passeras ici le mois de mai. J'arrête la chambre définitivement. J'irai demain empêcher le commandant Loreilhe d'arrêter sa place, et je regrette de ne pas être à Bordeaux pour arrêter la tienne.

Je viens de recevoir un gracieux cadeau du père d'un de mes anciens élèves. Ce sont deux petites coupes en marbre noir, du même style que ma pendule et destinées à lui faire pendant. Voilà ma cheminée complètement ornée sans que j'aie eu la peine de m'en mêler.

J'ai reçu un exemplaire colorié de mon atlas; tous les autres sont en noir; or, il se trouve que c'est un exemplaire noir qui me reste, et, par conséquent, il est certain que j'ai donné à quelqu'un, par erreur, un exemplaire colorié. Vois si par hasard ce ne serait pas le tien. S'il en était ainsi, je te prierais de me le porter. Tu emporterais l'exemplaire noir à la place. Je pense que cela te serait indifférent. Dans les exemplaires coloriés toutes les figures sont peintes, tandis que dans les exemplaires noirs il y a seulement deux planches en couleur, représentant des injections fines.

Adieu, chers parents, je vous embrasse bien tendrement.

Avril 1850.

Chère maman,

J'ai reçu, il y a déjà quatre jours, la lettre où tu me fais part des inquiétudes que la lettre de M. Cadars vous a suggérées. Je n'aurais pas tardé un seul instant à te répondre, si je n'avais été certain que vous deviez être rassurés par la lettre que je vous avais expédiée quelques jours avant.

Paul Dupuy m'a parlé aussi de vos inquiétudes. Est-il possible, chers parents, que vous ne puissiez pas vous fier un seul instant à mes promesses? Je me suis engagé à vous faire part de toutes les indispositions ou maladies qui pourront m'atteindre; et certes je vous ai donné, l'an dernier, en plein choléra, une preuve de ma ponctualité à remplir ce devoir, qui devrait vous rassurer pour toujours. Cette année encore, vous ai-je rien caché? J'ai éprouvé un peu d'embarras gastrique, qui ne m'a pas retenu dans ma chambre un seul instant, remarquez-le, et cependant je me suis empressé de vous l'annoncer moi-même. Une fois pour toutes, chers parents, fiez-vous à ce que je vous promets encore : je m'engage à ne vous cacher aucune indisposition. Quand quelqu'un ou quelque chose tentera de vous effrayer sur mon compte, dites-vous seulement : « Paul n'est pas malade; s'il l'était, nous le saurions déjà par une lettre écrite ou dictée par lui. » Et maintenant, voyons pour ce cas particulier comment les choses se sont passées. M. Cadars, que j'ai vu exprès pour éclaircir l'affaire, M. Cadars vous a tenu à peu près ce langage : « Paul a les yeux fatigués, on lui conseille d'éviter le travail à la lampe, il reconnaît que ce conseil est bon, mais il s'ennuie à ne rien faire et toutes les fois que Jules va chez lui il le trouve au travail. » Et là-dessus M. Cadars engageait papa à venir me joindre, afin de trouver un moyen de me faire flâner. Je vous demande un peu s'il y avait là de quoi donner essor à votre imagination du côté des idées sombres. En outre, vous avez fait une supposition qui n'était guère flatteuse : « Peut-être, dit maman, que tu t'entends avec M. Cadars, pour faire croire que tu es malade et pour attirer ton père à Paris, sous prétexte de te soigner. » J'espère que les faits, rétablis tels que je viens de le faire, suffiront pour faire disparaître ce dernier soupçon. Ainsi, pour le voyage à Paris, la question se trouve réduite à ses premiers termes; elle est ce qu'elle était lorsque je vous ai envoyé ma dernière lettre; je n'ai donc rien de nouveau à ajouter; mes arguments ne pourraient que se répéter, et s'ils n'ont pas produit l'effet que j'en attendais, c'est que décidément papa ne veut pas venir. En tout cas, j'ai une communication à vous faire de la part du commandant Loreilhe. Il avait le projet de partir le 5 mai; si d'ici là il n'a pas vu papa ni appris qu'il va arriver, il est obligé de partir tout de même, de telle sorte que, quelle que soit votre détermination, il est à désirer que vous la preniez promptement, afin que je puisse donner à M. Loreilhe le temps d'arrêter sa place.

Voilà, chers parents, ce que j'avais à vous dire ; il n'y a, du reste, rien de nouveau sur mon horizon.

Adieu, je vous embrasse tendrement. Je n'ose plus trop compter maintenant sur le succès de mes plans pour le voyage de papa ; il est clair que si votre réponse eût été favorable, vous auriez eu le temps de répondre à ma dernière lettre.

J'ai eu une lettre d'Élie, tout le monde va bien chez lui. Adieu encore.

Votre PAUL.

Mai 1850.

J'ai une grande nouvelle à vous apprendre, chers parents : le concours du bureau central, que je pressentais dans ma dernière lettre, vient d'être affiché inopinément, à la grande surprise de tout le monde. On annonçait partout qu'il ne commencerait qu'en juillet, il commencera dans les premiers jours de juin. J'en suis, pour ma part, passablement vexé, ayant pris, avec mes élèves, pour le mois de juin, des engagements qu'il faudra bien tenir. Il n'y a qu'une seule place au concours, la place de Gosselin. Or, d'après les règles du concours, on ne conserve que cinq candidats lorsqu'il n'y a qu'une place ; et, comme nous serons au moins quinze et probablement dix-sept, il est clair que les chances de l'élimination sont très grandes. L'élimination se fait après les deux premières épreuves ; une épreuve clinique et une épreuve d'opérations. Les fortunés concurrents qui sont admis aux dernières sont soumis à une seconde épreuve clinique, à une épreuve de dissection et à une épreuve écrite. Il est dur de commencer à concourir dans de pareilles conditions et de s'exposer à une élimination presque certaine. Aussi ai-je été sur le point d'accepter une proposition faite par les jeunes du concours, proposition qui consistait à nous abstenir tous à la fois du concours et à attendre de plus belles chances. Heureusement « à toute chose malheur est bon » ; je me suis souvenu de la leçon de prudence que me donna X... dans le concours du prosectorat, à l'occasion de l'épreuve des pièces. Je me suis dit que quelque rusé concurrent, X... peut-être, tout le premier, pourrait bien aller se faire inscrire le dernier jour, malgré la foi jurée, et prendre ainsi sur ses vertueux compétiteurs l'avantage d'un concours antérieur. J'ai donc refusé de consentir à la proposition, et dès lors à la liste des onze ou douze concurrents du dernier concours on ajoutera quatre noms nouveaux qui sont : Follin, Richard, Blot et Broca, peut-être même Houel. Je me suis dit que l'élimination, à tout prendre, n'était cette fois-ci nullement humiliante, tout éliminé ayant le droit de se dire le sixième du concours. J'ai réfléchi que, huit prosecteurs présents ou passés étant inscrits, le prosectorat n'y pouvait perdre en considération, un prosecteur ayant le droit d'être battu par un prosecteur. Mais voici cependant ce qui me tracasse. Deux fils de professeur, Richard et Moreau, sont sur les rangs ; ils ne sont pas forts. Ce sont les deux plus faibles, le second étant bête et le premier flâneur ; mais, pour faire plaisir à papa, il y a bien des juges qui leur donneront la satisfaction de les conserver, quitte à ne pas les nommer.

Du reste, j'ai l'âme forte et je prends le concours avec philosophie. Je vous avoue même que j'aime mieux le gros temps que le calme plat; si je faisais cet aveu en public, je m'exposerais à la furie de M. Carlier, mais je suis heureusement dans une carrière qui ne se ressent qu'indirectement des orages politiques.

Adieu, chers parents, je vous embrasse tendrement, quoique un peu vite.

Votre Paul.

Samedi soir, 1er juin 1850.

Chère maman,

J'ai été un peu désappointé, en ne recevant pas de lettre de Sainte-Foy depuis trois jours. Mais j'ai la certitude que vous ne m'auriez pas ainsi négligé, si l'état de tante Magdeleine n'eût pas continué à s'améliorer. J'ai la certitude encore que tu ne m'aurais pas livré à mes présomptions, si tu avais le libre exercice de ta main. Je viens de recevoir de Roudier une lettre qui m'a complètement rassuré. Il est allé vous voir mercredi dernier et m'a écrit le lendemain pour m'annoncer que tu allais à peu près bien et que tante Magdeleine était en pleine convalescence. Je ne vous en écris pas long. D'abord, je n'ai rien de bien important à vous annoncer; ensuite, j'ai hâte d'expédier toute la besogne possible, afin d'avoir, plus tard, le temps de concourir.

Notre concours commencera le 11 juin. Les juges sont tirés et définitivement désignés. Ce sont MM. Velpeau, Malgaigne, Laugier, Vidal, Voillemier, Desprès, Delaroque, Cazenave et Pelletan.

D'après la composition de ce jury, la nomination de Deville est assurée. Il aurait dû être nommé le premier au dernier concours, et il l'aurait été certainement, si son père n'eût pas été un des plus redoutés parmi les montagnards. Cette fois-ci, M. Velpeau, qui est son maître, comme M. Blandin était le mien, ne l'abandonnera certainement pas, et, comme il est très fort et fait très bien, tout le monde s'attend, avec calme et sans récrimination, à une nomination aussi juste. Les candidats inscrits ne sont plus qu'au nombre de vingt-cinq, car l'un d'entre nous s'est déjà fait rayer, mais ceux qui restent ne reculeront certainement pas.

Adieu, je n'ai vu personne; je n'ai rien à vous annoncer, si ce n'est l'arrivée de Noguès à Paris. Noguès, Jules Pellis, Bouny et moi, nous avons dîné ensemble, il y a quelques jours, et nous avons parlé un peu de la ville où nous avons fait nos études. Jules Pellis et Noguès se rappellent au souvenir de papa.

Je vous embrasse et j'attends des lettres avec impatience.

Votre Paul.

---

12 juin 1850.

Chère maman,

J'espère que ta convalescence et celle de tante Magdeleine ont continué à faire des progrès et que ta prochaine lettre, écrite d'une main plus sûre, m'annoncera que vous êtes l'une et l'autre parfaitement rétablies.

En attendant le commencement du concours, qui aura lieu dans une heure, je mets en ordre ma correspondance. Vous vous attendez probablement à ne plus entendre parler, dans mes lettres, que de concours, suivant une habitude que j'ai contractée depuis longtemps. Mais il faut bien que vous en passiez par là; je n'ai jamais abordé aucun concours avec une tranquillité pareille; et je m'amuse véritablement de voir les transes de certains candidats qui ont, ou qui croient avoir des chances d'être nommés.

Par suite d'un remaniement dans le jury, M. Gustave Monod a été nommé juge suppléant du concours. Si je concourais sérieusement, je regretterais beaucoup d'avoir négligé depuis si longtemps mes relations avec les dévots parisiens. Que je n'oublie pas une chose que j'ai déjà négligée deux fois. Il me souvient très bien qu'un jour la belle Mme Germain, qui était alors une petite fille très remuante, renversa un large écritoire sur un des volumes du *Dictionnaire pittoresque d'histoire naturelle*. Nous enlevâmes la tache tant bien que mal avec du chlore et des acides, mais le volume est resté fort sale et dépare la collection. Or, je trouve à très vil prix certains volumes dépareillés de ce dictionnaire; je ne voudrais pas manquer cette occasion; faites-moi donc savoir, par la plus prochaine lettre, quel est le numéro du volume gâté. Il me semble que c'est le demi-volume CA-CO, mais je n'en suis pas certain.

Adieu, chers parents, je vous embrasse de tout cœur.

Votre Paul.

Les offres de M. Arteau ne me séduisent pas. Je suis sûr de ne pas réussir à Bordeaux. Ne viennent-ils pas de soustraire la place de chef interne à mon ami Denucé qui était cent fois plus fort que son compétiteur? Que peut-on attendre de juges entachés d'ignorance et de népotisme?

Samedi, 22 juin 1850.

Chère maman,

Vous ne pouvez donc pas vous habituer à ne plus me traiter comme un gamin dont tous les actes doivent être blâmés, dans la louable intention de lui former le caractère? Toujours des soupçons, des récriminations. « Quoi! tu nous avais dit que tu commençais ton concours le 10 et voilà que le 12 tu nous écris : le concours commence dans une heure! Il y a quelque chose là-dessous, explique-toi. Quoi! tu sais que nous désirons des nouvelles immédiates de tes épreuves; or, voilà que ton concours s'avance et que tu ne nous écris pas! Que signifie cette conduite? » Mais, mes bons parents, quel intérêt ai-je à vous tromper? pourquoi diable vous dissimulerais-je ce qui m'arrive? pourquoi falsifierais-je une date? Je vous ai écrit autrefois que le concours commençait le 10 juin, il est probable que c'est parce que je le croyais. Je vous ai écrit plus tard, et c'était le 12 juin, que j'allais me rendre à la Charité pour y subir la première épreuve, il est probable que c'est parce que cela était vrai. Mais il y a contradiction. Eh bien, quand même il y aurait contradiction? Est-ce une raison pour me gronder, pour croire que je vous trompe? D'ailleurs, il n'y a pas contradiction. Il y a dans tous les concours du monde la première épreuve, dans laquelle on fait l'appel et on clôt la liste des concurrents en leur lisant les règlements du concours. Cette première séance a eu lieu le 10 juin. Puis une seconde séance a eu lieu le 12 juin; puis il y en a eu une le 14, le 17, le 19 et le 21. On a fait passer chaque fois deux candidats tirés au sort; mon nom n'est pas encore sorti. Il n'en est pas moins vrai qu'à chaque nouvelle séance les chances de passer augmentent beaucoup ; que chaque fois que je me rends à la Charité ou à l'Hôtel-Dieu, je me flatte de l'espérance de passer ce jour-là, et que je me réserve de vous faire connaître le soir même le résultat bon ou mauvais de mon épreuve. Il n'y a là dedans ni complot ni piège, ni préméditation, il y a des faits qui s'enchaînent forcément et voilà tout. Mais il paraît que je n'ai pas encore assez de tracasseries venant de mon cours, de mon concours, de mon atlas, de mes bulletins et de mon secrétariat de la Société anatomique, de mes élèves, de quelques étudiants malades que je suis obligé de voir ; il faut que je reçoive encore des galops, des sermons, et cela sur un ton sérieux, quand je suis absolument certain de ne pas les mériter. Voilà ma lettre, elle ne vous apprend rien. Vous me reprochez de ne pas fixer le moment de mes vacances, comment le puis-je ? Je n'en sais rien moi-même. Il est clair que si je suis éliminé, le concours durera moins longtemps que si je suis conservé ; il est clair qu'on ne peut fixer ni l'époque de l'élimination, ni l'époque de la nomination. Il est clair, par conséquent, que je ne puis rien vous dire de certain. Mais, en tout cas, je ne partirai pas d'ici plus tard que le 15 août. Pardonnez-moi, mes bons parents, mon peu de netteté dans cette réponse écrite en courant. Je n'ai pas eu le temps de peser mes mots ; je retire, je rétracte tout ce qui aura pu vous blesser. Mais je vous supplie de vous mettre à ma place et de ne pas me traiter en mauvais sujet, quand je n'ai rien fait pour cela.

Adieu, je n'ai vu personne ; personne, pas même la famille Cadars. Je n'ai aucune nouvelle à vous donner.

Je vous embrasse tendrement.

24 juin 1850.

Je viens de passer mon épreuve de clinique. J'ai perdu un peu de temps en commençant et je n'ai pas eu le temps d'achever entièrement. Néanmoins je suis très bien pointé; voilà tout ce qu'ont voulu dire les juges qui n'ont pas dit le chiffre des points, tant pour moi que pour les autres. Nous sommes cinq en tête, à peu près *ex æquo;* il n'y a plus que quatre candidats à écouter. Un juge a dit, en parlant de moi, que je serai conservé. C'est une bonne nouvelle, je vous l'envoie toute chaude.

BROCA.

Juillet 1850.

Chers parents,

Je viens d'éprouver le premier échec que j'aie subi de ma vie; échec que j'avais prévu, du reste, depuis plusieurs jours. L'élimination avait lieu hier soir, vendredi. j'ai été sacrifié. Rendu au calme de la vie civile, je puis vous donner quelques détails qui vous intéresseront probablement.

Je vous ai déjà, dans ma lettre précédente, parlé de Voillemier, l'un de mes juges, que je trouvais si bon pour moi, et que je considérais presque comme ma seconde providence (style Fould). Or, j'étais dans une illusion aussi profonde que le ministère actuel des finances à l'endroit du président. Voillemier, pendant tout ce concours, m'a exploité, m'a trahi, avec une habileté, une perfidie qui m'amuseraient beaucoup s'il ne s'agissait pas de moi. D'abord il m'annonçait après chaque épreuve que j'étais très bien noté, que je serais très certainement conservé. Il me disait que mon épreuve orale était la meilleure de toutes, que mon épreuve écrite valait mieux que mon épreuve orale, qu'il avait voté pour me donner des points bien plus élevés que ceux que j'avais, etc.; il a ainsi fini par me faire croire qu'il me portait un vif intérêt, que je devais compter sur lui quand même, et surtout que j'aurais deux points de plus que je n'en avais réellement. Il en est résulté que, me croyant le second par le nombre des points, j'ai jugé inutile de voir les juges, de me faire recommander à eux, de mettre en jeu les rouages dont je puis disposer. C'est ce que Voillemier voulait.

Les quatre épreuves une fois terminées, voici comment les points sont répartis. Deville, 64 points; Guérin, Follin, Fano, 60 points chacun; Depaul, Sappey, Broca, 59 points chacun; Laborie, 55; Boinet, 53; Richard, 53; etc. Il y avait cinq candidats à conserver, c'est-à-dire que Deville, Guérin et Follin l'étaient de plein droit, et que, sur les trois candidats à 59 points, deux devaient être pris et le troisième éliminé. Or, des trois candidats *ex æquo*, le premier, Depaul, était certain d'être conservé; Depaul est agrégé, il a mérité ses 59 points, il a déjà concouru trois fois, il a trente-cinq ans, il est bon garçon, il était clair qu'on voterait pour lui. Broca avait au moins mérité ses points; comment l'aurait-on servi plus qu'il ne devait l'être? Le seul homme en qui il avait foi votait pour diminuer ses points au lieu de les hausser comme il semblait le lui faire croire. Il y a, entre autres, une certaine opération pour laquelle on m'a mis à 16 points comme Sappey, qui avait évidemment mérité des points de moins que moi. Sappey, au contraire, avait été scandaleusement haussé à chacune de ses épreuves. Voici ce qui était arrivé. Dès que Richard, qui avait passé au début du concours, eut fait une épreuve qui le coulait complètement, la coterie Orfila, qui avait compté sur lui, reporta toute sa protection sur Sappey; il ne s'agissait pas seulement de faire arriver un de leurs amis; il s'agissait surtout d'empêcher le nomination de Deville, fils du prisonnier de Doullens. Pour cela, il fallait à tout prix que leur candidat fût conservé; ils ont donc, par mille ramifications, entouré de toutes parts le jury; chacune des épreuves de Sappey a été poussée scandaleusement, en même temps qu'on s'efforçait de rabaisser quelques autres épreuves de ses voisins; toutes ces menées n'ont réussi qu'à le mettre *ex æquo* avec nous. Lorsque j'ai appris le résultat, j'ai désespéré du succès, ne sachant pas quelles étaient les dispositions des juges à mon égard.

Ici commence une longue histoire, qui dépasserait presque les limites d'une lettre, si je ne savais que vous avez le temps de lire tout ce que je vous puis écrire. L'histoire remonte au mois de février 1848.

A cette époque, le conseil des hôpitaux, dont Orfila faisait partie, fut dissous par une ordonnance signée Thierry et Voillemier, chargés de l'Assistance publique par le gouvernement provisoire. Depuis lors, haine mortelle du parti Orfila contre Voillemier. Le parti Orfila revenant sur l'eau, Voillemier s'est laissé faire des ouvertures. La nomination de Sappey devait être le gage de la réconciliation. Mais il n'y avait que la ruse qui pût enlever cette nomination. Au commencement du concours, le jury s'était divisé en deux camps, les juges de la Faculté et les juges étrangers à la Faculté; ces derniers avaient une voix de plus; Sappey fut poussé par ceux-ci; la coterie Orfila n'ayant point fait de cela une question de coterie, et s'étant contentée de leur souffler des défiances contre les juges appartenant à la Faculté. Or, Sappey avait eu la chance de ne passer son épreuve orale que le dernier jour. A ce moment, la majorité voyait bien que son candidat, Laborie, dont la première épreuve avait été mauvaise, n'était pas de taille à aller jusqu'au bout du concours; elle subit donc, sans trop le savoir, l'influence des Orfila et adopta Sappey pour candidat. Voillemier faisait alors semblant de trouver Sappey détestable, tout en votant pour des points élevés au scrutin secret. Lorsque l'addition a été faite après l'épreuve des opérations, c'est-à-dire mercredi soir (les deux opérations avaient été faites le même jour), les juges ont décidé qu'à cause des égalités il fallait une nouvelle séance pour les éliminations; et cette séance a été fixée pour hier vendredi, à trois heures. Quand j'ai appris que j'étais ballotté avec Sappey, j'ai cru la partie perdue et je suis rentré chez moi. Grande fut ma surprise le lendemain. Deville venait de la part de Velpeau me prévenir qu'il fallait me remuer, que sa voix m'était acquise, que je serais conservé si je m'en donnais la peine. Je me suis donc mis en campagne. J'ai acquis la certitude que j'aurais six voix : Velpeau, Vidal, Laugier, Malgaigne, Pelletan et Voillemier; ce dernier me reprochait d'être allé le voir pour cela : « Doutez-vous de mon appui? me dit-il. Je croyais que vous me connaissiez mieux. » Certain de la majorité, je cessai de courir Paris. J'avais encore une chaude recommandation de M. Thierry pour Monod, et de M. Pelouze pour Hervé de Chégoin; ce dernier surtout m'aurait été favorable, dès que l'affaire devenait une question Orfila; car, légitimiste de toutes les époques, il n'a pas pardonné à l'ex-doyen l'accouchement de la duchesse de Berry. Je rentrai donc hier à midi, j'avais cinq voix et celle de Voillemier, j'étais tranquille et mon affaire me paraissait certaine. A une heure, Jarjavay entre chez moi en courant, Deville lui avait fait part de mon affaire et de ma confiance en Voillemier. Jarjavay, qui est rompu à toutes ces menées avec lesquelles il a lutté aussi, Jarjavay, qui connaissait l'alliance souterraine de Voillemier avec les Orfila, Jarjavay me prend dans sa voiture, me met au courant de tout, m'apprend que je suis joué, et m'accompagne chez Hervé de Chégoin et chez Monod. Mais il était trop tard, nous ne trouvâmes plus ces messieurs. Dès lors, je n'ai plus eu le moindre doute; les arguments de Jarjavay étaient décisifs; il était certain que Voillemier trahissait, et effectivement j'ai été éliminé à la majorité de six voix contre cinq.

Heureusement que la mèche est éventée. Le jury sait maintenant qu'il s'agit d'une affaire couleur Orfila. Il ne s'agit plus, ma foi, d'une petite rivalité de Faculté ou d'hôpital, c'est le despotisme universitaire aux prises avec le libéralisme, et la nomination de Sappey me paraît devenir impossible; on sait, maintenant, qu'il est l'atout de Voillemier, on ne comptera plus sur lui; on cabalera et, pour ma part, je ne m'en ferai pas faute. Et on va assister à ce curieux spectacle de concurrents, faisant alliance pour faire arriver le premier d'entre eux, afin d'éloigner l'autre. Guérin, Follin, Depaul, vont reporter toutes leurs voix sur Deville, et je crois pouvoir vous assurer que Deville sera effectivement nommé. La manœuvre a donc été habile, mais il fallait pouvoir la garder cachée jusqu'à la fin du concours. Ils ont eu de quoi me couler, mais ils se sont démasqués et ne couleront pas Deville.

Vous dirai-je, maintenant, le détail de mes entrevues avec les différents juges? J'ai reçu partout l'accueil le plus flatteur; et celui de tous qui m'a témoigné le plus d'estime, c'est M. Malgaigne, à qui je parlais pour la première fois. Le petit malheur qui m'arrive me sera peut-être, pour l'avenir, plus utile que ne l'aurait été une conservation.

D'abord, on crie déjà passablement dans le quartier, dans les hôpitaux; on n'oubliera certainement pas ce petit scandale d'ici au prochain concours; et les juges de la Faculté, ayant tous voté pour moi (Voillemier excepté), se souviendront de ma personne au prochain concours de l'agrégation. Voilà, chers parents, ce que j'avais à vous dire. Je vous tiendrai au courant de la fin du concours; depuis que c'est devenu une affaire de parti, je m'y intéresse autant que si j'étais en jeu. Je n'ai pas eu le temps de m'occuper d'autre chose depuis ma dernière lettre. Je partirai probablement dans cinq semaines pour Sainte-Foy.

J'attends la visite du cousin Dutil, de Martrigues, que j'ai invité à déjeuner avec moi demain matin. Je l'ai vu l'autre soir, c'est un gentil garçon.

Je vous embrasse tendrement.   Broca.

Lettre sans date.

Chère maman,

Je n'ai pas pu répondre plus tôt à ta dernière lettre ni à celle de mon oncle, qui la suivait à vingt-quatre heures de distance. Lundi soir, Bleu vint me chercher pour me conduire à Dammartin, afin d'assister au baptême de sa fille; je n'étais pas allé chez lui depuis 1847 et je ne crus pas devoir refuser, malgré l'abandon de mes occupations, cette occasion de lui être agréable et de faire quelques bons repas. J'ai trouvé cet excellent ami aussi heureux qu'il mérite de l'être. Une charmante femme, des parents aussi bons que les miens, et une clientèle que son père lui a cédée et qui lui a rapporté 6,000 francs cette année. Et dire que, sans cette maudite ambition, autant m'en attendait peut-être à Sainte-Foy. Mais, malheureusement, je ne me sens pas fait pour les bonheurs tranquilles, il me faut des luttes, des courses au clocher. Pauvre espèce humaine! Puis, je suis resté chez lui jusqu'à hier, jeudi, parce qu'il avait une opération à faire. Nous l'avons faite hier matin et il a bien voulu me confier le couteau à cataracte. Le succès immédiat de l'opération a été complet. Puis, j'ai mis une canule dans une fistule lacrymale et suis revenu hier soir, un peu fatigué par la bonne chère, et obligé pourtant de reprendre immédiatement la chaîne de mes travaux en retard.

Voilà pourquoi je ne vous donne aujourd'hui que ce signe de vie. Demain ou après-demain, vous aurez une plus longue lettre.

Adieu, je vous embrasse de cœur.

BROCA.

---

13 août 1850.

Je n'ai que le temps de vous annoncer que je partirai seulement vendredi soir à six heures. Je passerai par Blaye et, pour un retard de quatre heures, j'aurai une économie de 25 francs. Je ne sais pas exactement quand j'arriverai à Sainte-Foy, cela dépendra de la correspondance des voitures. S'il faut rester quelques heures à Bordeaux, j'en profiterai pour revoir Germain, que je n'ai pas vu depuis près de quatre ans.

Il ne me semble pas que je puisse arriver à Sainte-Foy plus tard que dans la nuit de dimanche à lundi.

Adieu, je vous embrasse, à bientôt.

BROCA.

Dimanche soir, 13 octobre 1850.

Mes impressions de voyage (tome 1).

(La reproduction de ce feuilleton est interdite.)

Chers parents,

Je profite de la soirée du dimanche pour vous donner quelques détails sur les événements de mon voyage et sur ceux qui ont suivi mon arrivée à Paris; que ce début pompeux ne pique pas votre curiosité, je commence par vous déclarer qu'il ne m'est arrivé rien d'extraordinaire. Je vous ai déjà, du reste, envoyé une première lettre, mais je dois avouer en toute humilité que j'ai parfaitement oublié ce que je vous y ai dit. Donc, si dans celle-ci il y a des répétitions, ou s'il y a des omissions, n'en accusez que ma mémoire. Je commence par une sortie contre les voitures et les administrations. Qui m'eût dit qu'en plein dix-neuvième siècle un homme aurait besoin de tout son courage et de toute sa santé pour résister aux tribulations d'un voyage de 150 lieues? Chère tante Mariette, quand tu viendras me voir le printemps prochain, va prendre la malle-poste à Bergerac, et ne t'avise pas de passer par la Roche-Chalais; ton organisation n'y tiendrait pas. De Sainte-Foy à Castillon, je ne fus pas trop mal partagé. Notre coucou était au grand complet. Mme Brunel, qui voyageait avec moi, me fit d'abord un accueil assez sec, dû à mon impolitesse passée, mais elle s'humanisa bientôt et reprit son amabilité accoutumée. A Castillon, les tribulations commencèrent. M. Deschamps, qui n'est pas mince, se proposait d'entrer dans la voiture, huit voix protestèrent contre cette impossibilité. Mais le sieur Faure ne s'intimide pas pour si peu. Il finit par céder à nos réclamations et nous donne une autre voiture. On transporta les effets, on attela les chevaux au second véhicule. En route, messieurs et mesdames! Nous montons dans la voiture, on nous enferme, on fouette les chevaux. O amère dérision, personne ne peut s'asseoir. La voiture est à huit places comme la précédente. Pendant que, penché à une fenêtre, je déclame un discours contre le sieur Faure, qui rit dans sa barbe du tour qu'il nous a joué, mes compagnons de route se placent tant bien que mal, et quand je me retourne je m'aperçois que je suis passé à l'état de suppléant. Personne ne semble disposé à jouer à *point de bruit*, ni *à la toilette de madame*. Que faire, hélas! je me ploie, je me pelotonne, je m'appuie sur ce que je trouve. Bon, me voilà sur la cuisse d'un commis voyageur. « Pardon, monsieur. » Mais qu'est-ce que je sens de sec et de pointu qui m'entre quelque part? Aïe, c'est le genou de ma voisine, une bonne femme des Lèves. « Pardon, madame! — Ce n'est pas une dame, dit Mme Brunel, c'est une demoiselle! » Une demoiselle! Je ne puis rester là plus longtemps, on jaserait. « Postillon, arrêtez vos rosses. Un marchepied, une courroie, suspendez-moi n'importe où! » Enfin, on fait un paquet de mon individu, et on me jette sous la bâche avec les malles et un curé. Un assez bonhomme de curé, du reste, quoique un peu gros. La conversation s'engage sur les ballons. « Les ballons, quel âge d'or! comme nos enfants voyageront agréablement! ils ne seront pas sous la bâche, eux. — Nos enfants, dit le curé, y pensez-vous? — Ah! j'oubliais, je suis un pauvre huguenot. Eh bien, mes enfants, si vous l'aimez mieux. » Je crois que le curé fut touché de cette confession et de cette concession, car il m'embrassa. « Quoi! le curé t'embrassa? — Oui, mais un peu malgré lui, la voiture avait heurté un tas de pierres. » Un instant après les chevaux s'arrêtent. Je me soulève, j'aperçois un coin de maison. « Enfin, nous voici à Libourne? — Non, monsieur, nous ne sommes qu'à Saint-Pey; voulez-vous des macarons, de bonnes gaufres? — Eh, malheureux, où voulez-vous que je les mette? » Mon estomac est tellement comprimé, que le chocolat de tante Jourdit menace de l'abandonner. Mais j'ai déjà rempli trois pages et je n'ai encore fait que 5 lieues. Je vais presque aussi lentement que les voitures de Faure. Quand je sortis de cette malheureuse bâche, j'étais couvert de paille, de poussière; mon coude avait défoncé un panier de raisins, mon derrière avait aplati un chapeau, mes jambes étaient la proie des fourmis. O sieur Faure, après M. Carlier, vous aurez désormais la seconde place dans mes affections. Mais voici des figures amies; la broche tourne. Quelle délicieuse odeur de ventre de veau! Comme ces bouteilles sont poudreuses! Aspasie est allée les prendre derrière les fagots (la servante de Mme Destrilhes s'appelle Aspasie). A table! et ne parlons pas politique, quoique ce gouvernement nous y engage. Ah! je commence à respirer, je suis mieux ici que sous la bâche. On m'apprend que le jeu de la puce fait déjà fureur à Libourne, en mémoire de quoi nous ferons une partie de puce sous le Touron l'année prochaine; après quoi nous irons aux grottes de Bourgognade, à moins que des tantes barbares... Les voyageurs pour la Roche! crie le postillon. « Bonjour, mon cousin. — Embrassons-nous, mes cousines. Au revoir! » Je suis favorisé, j'ai une place dans le coupé ; on voit que M. Destrilhes a passé par là. Je n'ai qu'un seul compagnon de route. C'est un monsieur boiteux, goutteux et crasseux, qui exhale une odeur concentrée de phosphore, et qui me raconte ses maux et son voyage aux eaux de Barèges. Ce monsieur a trouvé que les meilleures allumettes du monde sont celles qu'on frappe à Tarbes, et il en a intégralement rempli son chapeau huileux. De plus, il craint beaucoup les courants d'air et tient son côté de voiture hermétiquement fermé. Je lui propose de mettre son chapeau sous la bâche, il refuse ; je lui propose alors d'ouvrir ses fenêtres, il s'excuse sur ses douleurs. Attends un peu, je vais te mater. A mon tour je ferme mes fenêtres, le coupé est entièrement clos. J'allume un cigare, je fume comme une locomotive. Il ne bouge pas ; la fumée commence déjà à me faire mal aux yeux. Le monsieur se remue enfin. Va-t-il ouvrir sa fenêtre ? Il prend un cigare dans sa poche et se met à fumer de son côté. Décidément ce monsieur est plus fort que moi ; je lui tourne le dos, et je passe la tête à la fenêtre. Telle était encore ma position lorsque j'arrivai à la Roche. Là il fallut faire appel à mes puissances digestives. O mon bon estomac, mon estomac de vingt ans, où es-tu ? Un gigot, un gouvernement, un cochon de lait, et quel cochon de lait ! M. Ardouin lui-même l'a amoureusement arrosé pendant une heure d'eau salée d'abord, puis d'huile d'olives, au risque de se donner une attaque d'apoplexie. Ah ! reposons-nous bien dans cette oasis de la Roche. Recevons la visite de Mlle Sophie, et les interpellations de Mme Brondel. Mangeons et digérons aujourd'hui. Sais-je, hélas ! ce qui m'attend sur la route de Chalais ?

Le vendredi soir, Alphonse me conduit à la voiture, une voiture à quatre places, dans le genre de l'ancienne voiture des Guillebeaux. La capote n'est pas solide et elle se balance en produisant des sons qui ne sont pas classés en musique, et que le vulgaire désigne sous le nom pittoresque de *charinclement*. Je fais observer au postillon que sa voiture ne tiendra pas; il me rassure en m'affirmant que nous n'irons qu'au pas, ce qui ne se trouva que trop vrai. Nous sommes au complet. Je suis derrière avec une poissarde; un curé et un marchand de bœufs occupent le siège de devant. Le postillon est sur le brancard. Nous allons partir, lorsqu'un voyageur se présente. Le postillon décide qu'il se placera derrière, à mon côté. L'homme passe, il entre à la manière d'un coin quoiqu'il soit passablement gros. Il parle. O ciel! je reconnais cette voix. « Bien, dit-il, faites-moi passer mon chapeau. » Et, en même temps, un tourbillon de vapeur phosphorée envahit la voiture. Je n'en puis plus douter, je suis à côté du monsieur boiteux, goutteux et crasseux! « Monsieur, m'écriai-je tout à coup, je vous propose un arrangement. — Voyons, dit-il, parlez. — Vous allez vider votre chapeau au milieu de la route, et, arrivés à Chalais, je m'engage à le remplir d'allumettes à votre choix! — Et vous croyez que je les porte ainsi depuis Tarbes pour m'en défaire à 6 lieues de chez moi? Vous êtes jeune, monsieur, vous parlez sans réfléchir. » Hélas, je ne réfléchissais que trop; ce monsieur était à 6 lieues de chez lui, il ne s'arrêtait donc pas à Chalais, et si j'allais me trouver encore à son côté sur la route de Montmoreau! « Voulez-vous me permettre de vous faire une question? — Volontiers. — Voyagez-vous quelquefois sur la banquette? — Jamais. Ma jambe ne me permet pas d'y monter. — Alors vous ne trouverez pas déplacé que je monte sur la banquette de Chalais à Montmoreau? — Comme il vous plaira. » Il riait, le monstre; il savait que la voiture de Chalais à Montmoreau n'avait pas plus de banquette que celle de Chalais à la Roche. Il n'y avait rien à faire avec cet homme. Je retombai dans mon coin, les poings fermés, les dents serrées, et je gardai jusqu'à Chalais un silence magnanime. L'homme n'est grand que dans l'adversité.

La voiture s'arrête à Chalais, à neuf heures et demie, et en part le lendemain matin, à quatre heures. Je me gardai bien de me montrer au vieux Grégoire, l'aubergiste ; il m'aurait forcé à prendre quelque chose, et ma digestion n'était même pas commencée. Je trouvai M. Cimetière au bureau, je lui avais fait annoncer mon arrivée depuis la veille.

M. Cimetière, beau-frère de Macquet, me conduisit chez lui ; je trouvai une honnête et nombreuse famille jouant au loto. Mme Cimetière, la jeune, la seule personne intelligente de la société, perdait tous ses haricots, comme cela a toujours lieu en pareil cas. Elle était rétablie de l'indisposition qui avait inquiété son frère, de sorte que ma visite se trouva inutile au point de vue médical. On me propose de jouer au loto, je réponds que je ne connais qu'un seul jeu de société, la puce. « La puce, quel drôle de nom ! dit Mlle Cimetière. — Voulez-vous l'apprendre ? » Je demande des jetons et vite à la besogne. Ce fut un succès fou, un enthousiasme universel, et quand je me levai pour sortir, personne, pas même moi, ne se doutait qu'il était onze heures. Adieu, vertueux Chalaisiens, n'oubliez pas le courageux voyageur qui a bravé les bâches, les voitures de vos climats, vos chemins défoncés et l'odeur du phosphore pour vous apporter le noble jeu de la puce. A trois heures du matin, j'étais plongé dans un rêve affreux, je me croyais atteint d'une nécrose de la mâchoire, de cause phosphorique, je sentais branler toutes mes dents, on allait me faire une affreuse opération sur toute la face... lorsqu'un bienfaisant postillon vint me tirer par les pieds pour me mettre en voiture. Le monsieur qui avait produit mon cauchemar attendait déjà dans la voiture. Cette fois, je m'assis sur le banc de devant; il était derrière moi, et nous étions seuls dans la voiture. Ma digestion avait été pénible, j'avais le corps plein de gaz. Je me vengeai cruellement, car mon monsieur était sous le vent. Il voulut se récrier. « Parbleu, dis-je, voilà qui est plaisant, je ne vous empêche pas de faire comme moi. Pourtant, si vous voulez vider votre chapeau sur la route, je m'engage à garder pour moi tout ce que je possède. » A son tour, le monsieur était battu. C'est ainsi que nous arrivâmes à Montmoreau. « Bonjour, monsieur, je vous salue avec d'autant plus de plaisir que j'espère que c'est pour longtemps. »

A Montmoreau, la civilisation recommence. La voiture a une banquette et cette banquette a une place pour moi. Comme le contraste me fit trouver doux le voyage jusqu'à Angoulême, malgré le vent, la pluie et même la grêle, que je recevais de première main ! Autre affaire. Le père de l'enfant défiguré, à qui nous devions faire une paupière et une joue, a consulté une bonne femme, et il est convaincu que les opérations ne réussissent qu'au printemps. C'est donc pour rien que j'ai tant souffert! Pour rien, oh ! non, car tout est prêt pour me recevoir, nous allons visiter la poudrière, la fonderie de canons et la source de la Tonvre. Puis, une usine à papier et une admirable machine à carder; le tout émaillé de repas copieux et de libations convenables, car M. Macquet, le père, aime le champagne et en possède d'excellent. Chemin faisant, nous faisons avec Macquet deux petites opérations. Je pose une carte chez Mme Delille, qui est absente. Je prends congé de tout le monde, j'arrive au bureau. Quel nouveau coup du sort! Macquet a fait écrire à Bordeaux depuis quatre jours. Toutes les places sont arrêtées, excepté une,

une seule, la huitième place de la rotonde! Le gouvernement tolère des rotondes à huit places, huit places dans un compartiment à peine plus large que l'intérieur. Enfin, je me soumets à la mauvaise fortune. Nous sommes trois hommes avec cinq femmes; c'est une famille qui revient des eaux et qui considère d'un mauvais œil le malheureux intrus qui vient de lui prendre la huitième partie de son aise et de sa place. Au bout d'un quart d'heure, je commence à étouffer, j'ouvre la fenêtre de la portière à laquelle je suis adossé. « Oh! monsieur, s'écrient à la fois une mère et une tante éplorées, je vous en supplie, ma fille a une fluxion, le vent lui serait mortel. » Il fallut bien céder, car, en vérité, mademoiselle avait une fluxion sur tout un côté de la face, ce qui n'empêchait pas son nez de paraître démesurément long. Au relais, je descendis et me plaçai sur le siège du postillon. Mais, quand la nuit eut ramené la froidure, il fallut bien m'emprisonner de nouveau dans cette désastreuse rotonde. Mes compagnons d'infortune, du reste, étaient des gens de bonne compagnie, ce qui fut une bienfaisante compensation pour tant de maux. Enfin, voici le chemin de fer. Je vois passer Blois, Orléans! et j'arrive à ce Paris tant désiré. Les compagnons de Christophe Colomb ne furent pas plus heureux quand ils trouvèrent la terre.

Un jour de repos, après tant de tribulations, ce n'est certainement pas trop. Le lendemain, je me mets en course, je fais mes visites d'arrivée et je dîne chez Mme Cadars, qui me fait manger des cèpes du bois de Boulogne. Puis, le jour suivant, je reprends mes travaux, ce qui n'est pas une petite affaire, car une flânerie de deux mois me laisse de la besogne par-dessus les yeux.

Mes visites d'arrivée! je suis sûr qu'il y en a une qui vous intrigue déjà. J'ai vu ma belle cousine, belle encore, quoique un peu fanée. Je ne la vis que quelques minutes mercredi dernier. Cela lui suffit pour me dire combien elle s'ennuyait, combien elle était triste, isolée. Elle me supplia de la faire sortir de temps en temps, et, effectivement, ce matin, je l'ai conduite au musée. Je ne lui ai parlé, du reste, ni de son passé ni de son avenir; pour le présent, elle se dispose à prendre des leçons de chant, et elle ira voir prochainement Antonin Guillot, qui a changé de domicile et dont je n'ai pu lui donner l'adresse. Je crains que la pauvre fille ne se fasse illusion sur ses succès artistiques; il est bien tard pour entreprendre une semblable carrière. Du reste, je ne lui en ai pas ouvert la bouche, car cela ne me regarde pas. La conversation n'a pas un seul instant roulé sur Sainte-Foy; nous n'avons parlé que de ce que nous voyions.

A plus tard d'autres commentaires. Mon journal tire à sa fin. Je crois même déjà que vous payerez double port. Il est une heure du matin. Je vous embrasse tous tendrement. Adieu.

Votre Paul.

20 octobre 1850.

Chers parents,

J'ai annoncé à M. Cadars que j'avais l'intention d'acheter une montre. Comme il est très lié avec l'un des meilleurs horlogers de Paris, il lui en a parlé ce matin. Florentin, c'est le nom de l'horloger, m'a montré deux montres genevoises, qu'il a fait choisir par son premier ouvrier. L'une d'elles, du prix de 470 francs, est meilleure que l'autre du prix de 500 francs. Elle a une aiguille à secondes qui tourne sur le grand cadran. Échappement à ancre avec deux dents en rubis, les neuf principaux pivots tournent aussi sur rubis, ce qui fait en tout vingt rubis. La montre est garantie pour cinq ans, on s'engage à la reprendre si elle varie de plus d'une minute par mois. J'ai demandé jusqu'au 10 novembre pour faire une réponse. Vous aurez ainsi tout le temps d'écrire ou de faire écrire à Genève ; d'après ce que vous me dites de Prunières on peut se fier à lui, car il est important d'avoir confiance pour acheter une montre à 150 lieues. Prunières ferait savoir la réponse le plus tôt possible et vous me la transmettriez immédiatement. La chose presse un peu, attendu que Florentin pourrait vendre cette montre, et, comme il y a un peu de hasard dans la réussite de ces instruments délicats, on serait exposé à tomber sur une montre moins parfaite.

Adieu, je n'ai pas le temps de vous en écrire plus long.

Votre PAUL.

2 novembre 1850.

Chère maman,

Aujourd'hui, jour des morts, vrais patrons de l'anatomie, l'École pratique est fermée, et je profite de ce répit pour répondre à ta lettre. Aussi bien, j'ai plusieurs faits importants à vous communiquer, relativement à l'acquisition de ma montre. Que de difficultés, que de démarches pour avoir une bonne montre ! Le proverbe a raison, il n'y a qu'une seule chose plus difficile à trouver ; mais celle-là, Dieu merci, ne m'intéresse pas encore.

J'ai reçu une lettre de Prunières, ou mieux de Prugnières ; et je crois ne pouvoir mieux faire que de vous l'adresser. 800 francs pour une montre, cela me paraît dépasser les limites du possible; mais j'ai vu qu'il y a dans cette lettre un parfum d'honnêteté qui me dispose à y ajouter foi. Cela ne m'a pas empêché de prendre ailleurs des informations. Jules Pellis m'a assuré que dans son pays on estimait davantage comme structure et comme régularité les montres des montagnes, tandis que les montres de Genève n'avaient d'autre qualité qu'une délicatesse et une gracieuseté plus grandes; comme je tiens moins à la seconde de ces qualités qu'à la première, j'ai prié Jules Pellis de faire prendre à cet égard, par son père, toutes les informations désirables, et j'aurai une réponse sur ce point dans une quinzaine de jours. Indépendamment de cela, j'ai mis en campagne le directeur des Messageries nationales. Il a des inspecteurs et des sous-directeurs sur toute la ligne de Genève, et il a bien voulu s'adresser à eux pour moi, comme il l'a déjà fait pour lui-même. Un de ses conducteurs porte la montre à Paris; là, nous en prenons connaissance, nous la faisons visiter par des artistes compétents; si on nous en dit du bien, nous la gardons pendant un mois, et si elle varie nous la rendons. Voici la réponse que M. Rambaud a reçue de Genève et qu'il m'a transmise : « Une montre vingt lignes de diamètre, à ancre, vingt-deux trous en rubis et trois leviers, secondes indépendantes sur le grand cadran, cadran d'émail et cuvette d'or. Première qualité, garantie pour un an. » Pour le prix de 400 francs, on demande encore quinze jours pour la réparer, la régler, etc. Il résulte de tout ceci que je suis beaucoup, mais beaucoup plus embarrassé qu'auparavant. Dans cette perplexité, je m'adresse à votre sagesse, voyez ce que vous avez à me conseiller. Passons à un autre ordre de faits. En premier lieu, n'étant point sorti, n'ayant ni vu ni rencontré personne depuis ma dernière lettre, je n'ai sous ce rapport rien à vous annoncer. Je ne sais même pas ce qui se passe chez Mme Cadars, car Jules n'est pas venu me voir pendant tout ce temps. Donc, je ne vous parlerai que de moi. J'ai repris mes occupations avec ardeur, j'ai déjà une livraison et demie de terminée, mais je ne publierai vraisemblablement rien avant le 1er janvier, époque où je donnerai trois livraisons nouvelles. Ce qui me fait penser que j'en ai déjà trois que je vous ferai parvenir par la première occasion. Ce sont les trois que j'ai données le 15 août dernier.

Cet hiver, vous le savez, je ne dirigerai pas de pavillon. Je préparerai les cours de la Faculté. J'ai déjà quelques élèves et il m'en viendra certainement davantage, car je n'ai pas encore ouvert mon cabinet. Je ne l'ouvrirai que mardi. Mais le grand événement pour moi, c'est l'ouverture de mon cours de pathologie externe. Occupé toute la journée, j'ai dû prendre une heure dans la soirée, et je le ferai trois fois par semaine, de sept à huit heures du soir. J'ai choisi cet objet de cours pour me préparer au concours de l'agrégation. Cela me fera un peu travailler, et, quoique la besogne ne manque pas, ce ne sera pas un malheur.

J'oubliais de vous dire que j'ai vu M. Roth, le recommandé de M. Nogaret. J'ai conduit sa fille chez M. Velpeau, qui s'est beaucoup occupé des maladies des yeux. L'opération, à laquelle j'ai assisté, a été aussi simple qu'on devait s'y attendre. Le premier forgeron venu en aurait pu faire autant; mais ils ont voulu une célébrité, je leur ai procuré une célébrité.

Adieu, chers parents; je recevrai sans doute bientôt la visite de Pitre, puisqu'il est parti de Sainte-Foy depuis quelques jours. Je suis allé chez Vergniol et je n'ai vu que Paul Dupuy. Quant à Vergniol, il est venu me voir le lendemain de mon arrivée pour prendre la lettre que je lui portais; mais il n'est pas revenu depuis, et je ne sais ce qu'il devient. J'ai compris, d'après ce que m'a dit Paul Dupuy, qu'il ne faisait pas grand'chose. Il n'a pas voulu entrer comme interne; il travaille chez lui et va comme externe chez ses fabricants. Quant à Paul Dupuy, il n'est pas mécontent de sa première épreuve pour l'internat, et tout lui présage le succès jusqu'à présent. Ses condisciples comptent là-dessus. Adieu, je vous embrasse.

Votre PAUL.

Dites à M. Massol que j'ai reçu la visite de son cousin, qui m'a fait l'effet d'être un charmant garçon disposé à travailler. Il voulait concourir pour l'internat. Je l'en ai empêché, il n'est pas encore assez avancé; ce sera pour l'année prochaine.

Paris, 14 novembre 1850.

Mes chers parents,

Je suis un peu en retard avec vous, mais, dans cette rude semaine, j'ai manqué perdre la tête à force d'occupations. A mes travaux habituels, aux ennuis d'une installation nouvelle dans le cabinet du prosecteur à l'École de médecine même, cabinet délabré dont la réparation m'a coûté toutes sortes de démarches fatigantes, aux obsessions dont on est toujours accablé pendant les premières semaines par les élèves qui commencent l'anatomie, aux énormes préparatifs qu'il a fallu faire pour être en état de donner une vingtaine de pièces pour la première leçon au professeur d'anatomie, à tout cela et à mille autres détails dont il serait trop long de vous entretenir, sont venus se joindre les préoccupations et les travaux nécessités par l'ouverture de mon premier cours. Les travaux, passe encore, c'est mon métier de travailler, mais les préoccupations me sont moins familières, et j'avoue que je ne voyais pas arriver sans une certaine inquiétude le moment de commencer mon cours de chirurgie; mes préoccupations étaient au nombre de deux : aurai-je des élèves, serai-je propre à ce genre d'enseignement? Des élèves, d'abord; voilà ce qu'il me fallait; on me connaît comme anatomiste, on sait également que je suis capable d'enseigner les opérations, mais la chirurgie théorique, à mon âge, n'ayant pas encore paru dans cette branche, pouvais-je espérer qu'on me croirait capable de l'enseigner? Et puis, un agrégé de l'école, Giraldès, fait le même cours à l'École pratique; et puis un homme que les élèves aiment beaucoup, Deville, fait le même cours à la même heure que moi, les mêmes jours, dans un amphithéâtre qui n'est séparé du mien que par une cloison. Et puis j'avais choisi le plus grand amphithéâtre de l'École pratique qui contient trois cents personnes. Me faudra-t-il parler devant des banquettes vides? Cette perspective me découragerait. D'un autre côté, je me demandais si je n'allais pas, en changeant d'enseignement, perdre une partie de mes ressources oratoires. La description de l'anatomie, celle des opérations, nécessitent une langue à part. La clarté, la précision des mots, pas trop de longueurs : telles étaient les qualités que je m'étais jusqu'ici efforcé de m'approprier. Mais l'élégance, étrangère à la description d'un os, est indispensable au discours chirurgical, et je craignais d'être lourd, pâteux, dogmatique, et de décrire un malade à phrases hachées, comme on décrit un muscle, ou la manière de tenir un bistouri. Telles étaient mes deux préoccupations. Aujourd'hui, en rentrant de ma quatrième leçon, je suis déchargé de ce pesant fardeau. J'ai l'habitude de ne pas être modeste avec vous. La modestie, du reste, entre gens qui s'aiment comme nous nous aimons, est ou une faiblesse qui fait qu'on ne comprend pas ce qu'on vaut, ou une hypocrisie qui fait qu'on le comprend, mais qu'on ne veut pas le dire. Eh bien! premièrement, mon amphithéâtre a été constamment tout plein; non seulement plein, mais encore comble; plus de cinquante élèves restent debout autour de ma table et jusque dans le corridor. Beaucoup d'entre eux prennent des notes et rédigent mon cours; on se rend une demi-heure à l'avance pour être assis; par exemple, pour faire passer le temps de cette attente, on fume plus d'une cigarette, et quand j'arrive, cela sent quelque peu le tabac. Mais c'est une odeur qui ne m'incommode pas. Au contraire, je me sens revivre dans cette atmosphère qui étoufferait vos poitrines primitives. Ensuite, et surtout, je me suis aperçu que le discours, la phrase, le speech, appelez cela comme vous voudrez, se présentaient sous ma langue avec autant de facilité, sinon plus, que les mots rigoureux et froids des descriptions anatomiques. Voici même, à cet égard, ce qui m'est arrivé. J'avais, dominé par la crainte que je vous ai exposée, rédigé chez moi une première leçon, une leçon d'ouverture sur les généralités, l'origine de la chirurgie, son histoire politique, son parallèle avec la médecine, etc. Sans l'avoir absolument apprise par cœur, je l'avais relue assez de fois pour savoir au moins la suite exacte des idées, et même la plupart des expressions, des tours de phrase les plus importants. Inquiet sur mon début, je m'enferme dans ma chambre à coucher une heure et demie avant d'aller à ma leçon, je ferme bien les portes pour n'être pas surpris, puis je m'assieds devant une table et je commence à répéter. Voilà des mots qui me manquent, des idées qui s'en vont; je reste court devant ma tapisserie. Que deviendrai-je donc là-bas? Peut-être qu'en prenant des notes? Vite, je jette quelques notes sur le papier. Mais l'heure avance, il faut partir; allons, le courage à deux mains. J'arrive enfin à mon amphithéâtre; cet auditoire plus que double de mon auditoire de l'année dernière, cet amphithéâtre éclairé au gaz (je n'ai jamais parlé qu'en plein jour), cette arrière-pensée que la mémoire peut me manquer, qu'alors je vais rester court, un *fiasco* devant tant de monde, tout cela me monte à la tête. Je commence : « Messieurs... » Je ne peux même pas retrouver la première phrase, le premier mot, la première idée de mon discours préparé. Je reste coi une demi-minute. Avez-vous compté combien duraient ces demi-minutes? D'abord, j'ai immédiatement reconnu qu'il était inutile de chercher plus longtemps le commencement de mon discours. Puis j'ai été sur le point de tourner les talons. Puis je me suis dit, *fiasco* pour *fiasco*, autant vaut commencer. Puis, j'ai commencé, je ne sais plus par quoi, je ne sais plus comment; j'ai improvisé et je sentais que ce que je disais valait mieux que ce que j'avais écrit; puis je me suis animé, ce qu'on ne fait guère en récitant. Puis, à mesure que j'avançais, j'oubliais tout pour m'occuper de mon sujet, mes idées se débrouillaient, elles s'enchaînaient; elles coulaient mieux que celles que j'avais écrites. Bref, je finis mon heure de préambule sans avoir hésité un instant, sans m'être répété; sans avoir, le moins du monde sur ce sujet, rabâché, ennuyé mes auditeurs qui m'ont récompensé par de chauds applaudissements. Depuis lors, l'affluence continue; ma facilité est assez éprouvée pour que j'arrive là-bas sans émotion, sans crainte, et décidément je prends rang parmi les professeurs de chirurgie. Voilà ce que j'avais à vous dire. Je n'en sais pas davantage. Je n'ai vu personne que Bouny, que j'ai rencontré hier soir. Boutin, Oscar Pauvert, sont venus me voir sans me trouver. Jules Cadars m'a dit qu'on allait bien chez lui. Telles sont les relations que j'ai eues avec le monde extérieur.

Adieu, chers parents, je vous embrasse.

BROCA.

J'approuve l'idée de mettre 20,000 francs sur l'État en rentes 5 %.

---

20 ou 24 novembre 1850.

Cette fois-ci, chers parents, vous n'attendrez pas quinze jours de mes nouvelles, et je réponds aujourd'hui même à la lettre dont ma tante Jourdit a exigé l'affranchissement. Je remercie Mme D... de vous avoir transmis sur ma santé des nouvelles aussi rassurantes. Elle parle d'une partie que je devais faire avec ses enfants. Elle a donc deux enfants à Paris? Le second ne peut être que Pitre, avec lequel j'ai dû *tant m'amuser* dimanche dernier. Hélas! non seulement je ne me suis pas amusé dimanche, mais encore j'ignorais même le bonheur que j'ai de posséder auprès de moi ce nouveau membre de ma famille. Sa sœur, que j'ai vue il y a plus de quinze jours, m'avait fait espérer cette arrivée comme très prochaine, et chaque soir j'apprenais avec tristesse qu'aucun étranger n'était venu me demander pendant mon absence. De telle sorte que je ne puis satisfaire à la juste curiosité de ma tante Jourdit; j'ignore absolument comment sont casés ce frère et cette sœur. Mais, puisque ce sujet vous intéresse, voici ce que je puis vous dire, à condition que vous ne ferez pas de cancans. Ce dont je vous sais incapables, du reste. Un peintre de mes amis alla, il y a une quinzaine, ou moins peut-être, rendre une visite à sa jolie voisine de campagne. Pendant qu'il conversait au coin du feu, une main très ferme, qui paraissait très coutumière du fait, tira le cordon de la sonnette. La jeune personne passa dans l'antichambre, ouvrit, puis causa à voix étouffée avec le propriétaire de la main susdite, et rentra au bout de quelques minutes, après avoir refermé la porte sur l'étranger. A travers le rideau entr'ouvert, le peintre dont je vous parle, habitué à l'étude des formes, n'eut pas de peine à reconnaître que la personne qui traversait la cour et qui s'en allait portait les vêtements du sexe masculin. Cet être, vêtu en homme, ne fut vu que par derrière. Il était de taille moyenne. Il ne fut pas possible de connaître son âge, mais on reconnut que son paletot, son chapeau et son pantalon étaient pourvus d'une certaine élégance ; peut-être, si mon ami le peintre avait été aussi fort en draperies qu'en formes naturelles, peut-être aurait-il pu me dire si le paletot avait la coupe libournaise. Mais il a trop négligé cette branche de l'histoire naturelle pour être capable de donner un pareil renseignement. Mais tranquillisez la mère de la jeune fille. La pauvre tige transplantée est environnée de toutes les conditions qui peuvent la faire prendre racine, porter des fleurs et peut-être... des fruits. Il paraît que Boutin est à Paris. J'ai vu plusieurs personnes qui l'ont vu ; je lui ai laissé une carte, il m'en a porté une autre, mais nous ne nous sommes pas rencontrés. Puis, j'ai reçu une lettre d'Alphonse qui m'a été remise par Frichou, lequel vient faire son droit pour être digne d'épouser sa gentille cousine, et de devenir cousin germain de mon cousin germain. Enfin, j'ai vu les Dupuy ; je leur ai fait, dimanche dernier, une réception assez ennuyeuse, dont je me suis excusé auprès d'eux tant bien que mal. Ils m'ont trouvé au milieu de cinq cents à six cents brochures ou thèses, que je classais en faisceaux par ordre alphabétique; ce travail, que je ne pouvais interrompre, me permettait à peine de les faire asseoir, car chaque chaise, chaque coin de meuble portait un paquet de brochures et représentait, pour le moment, une lettre de l'alphabet. Voilà comment je ne me suis pas du tout amusé dimanche dernier, mais du tout. Du reste, Paul a lu sa question écrite. Il en paraît plus mécontent que les personnes qui l'ont entendue. Un juge à qui j'en ai parlé m'a dit qu'avec une bonne épreuve orale il arriverait selon toutes probabilités. M. Roth est venu prendre congé de moi, ce matin. Il est sur le point de partir et passera par Sainte-Foy. Il paraît satisfait de l'opération qu'a subie sa fille. Depuis le jour de cette opération, il était allé faire un voyage en pays étranger, et il m'a rapporté une très belle paire de rasoirs anglais qui ne pouvaient pas mieux arriver. Des rasoirs que j'avais successivement essayés, que j'avais fait réparer bien des fois, je n'en avais trouvé qu'un seul qui s'accommodât de mon intraitable barbe, et celui-là même était sur le point de donner sa démission de rasoir. Il en résultait que je me rasais le plus rarement possible, et que M. Roth m'avait vu la première fois avec une de ces barbes de quatre à cinq jours comme on n'en voit que dans notre famille. L'offrande de M. Roth est donc peut-être une épigramme, mais, pourvu que cette épigramme coupe bien, c'est tout ce qu'il me faut. Mais je bavarde longuement sur ce qui vous est égal, et je ne réponds même pas aux questions que vous me faites. Interrompez l'enquête que vous avez commencée chez Crammaix. Ma caisse de livres est arrivée et même les livres sont déjà reliés, mais écoutez ce conseil filial :

Ne livrez jamais rien à une administration quelconque sans en prendre de reçus. L'histoire et la philosophie, le raisonnement et l'expérience prouvent qu'il n'y a jamais eu, qu'il n'y aura jamais d'administration honnête. Excepté celle de M. Orfila. Mais ceci n'est qu'un détail. Par exemple, si vous aviez pris un reçu de la caisse de prunes, elle serait arrivée, tandis que je suis certain qu'elle n'était pas arrivée il y a trois jours. On respecte des livres, mais on mange des prunes. Prenez des reçus, prenez des reçus. Hélas! non, je n'ai pas encore vu M. Monod. La semaine, cela m'est impossible. Puis-je aller le voir le dimanche? Bah! qu'en dites-vous? Pour ma montre, rien ne presse. Avez-vous les trois rouleaux? cela va tout seul ; n'avez-vous pas les trois rouleaux? je ne veux pas m'endetter. La proposition Prunières ne me va pas. 800 francs! 40 francs par an pour voir l'heure! Sans compter la détérioration par l'usage, et les réparations de temps en temps. Donc, je vais prier M. Rambaud père de me faire venir la chose de Genève pour 400 francs. Aussi bien, M. Rambaud est dans ce moment-ci plein d'ardeur pour moi. La composition de son fils a été une des meilleures du concours et il paraît à peu près certain qu'il sera nommé interne. Vous envoyer mon *Événement* est impossible. Il faudrait que j'allasse tous les jours strictement, de onze heures à midi, à la grande poste de la rue Jean-Jacques-Rousseau, où se déclarent les imprimés. Mais je suis prêt à vous y abonner. Il revient à 36 francs par an. Le prix n'augmente pas pour la province. Maman me fait l'effet d'avoir un peu d'*entérite*. Si papa essayait de l'opium? Le succès de mon cours ne s'est pas encore ralenti. L'affluence augmente plutôt.

Paul Broca.

26 novembre 1850.

Chers parents,

Cette lettre, si rapprochée de la précédente, n'est cependant pas de mauvais augure. J'ai, au contraire, une bonne nouvelle à vous annoncer. Après neuf mois d'attente, je viens enfin d'avoir des nouvelles de mon mémoire sur le cancer. Aujourd'hui, en comité secret, l'Académie a adjugé le prix d'anatomie pathologique; le nom de l'auteur couronné n'est pas encore connu, mais on connaît le numéro du mémoire couronné; or, ce numéro c'est le mien. Cusco, qui savait que j'étais engagé dans le concours, a appris cela de la bouche d'un membre de la commission. Ce juge a même ajouté, en parlant à Cusco : « Tiens, j'aurais dû deviner que c'était vous, car beaucoup des faits de ce mémoire ont été recueillis dans le service de Blandin dont vous êtes l'élève. » Cusco a dit qu'il n'avait point concouru, mais qu'effectivement un de ses amis, élève de Blandin comme lui, avait concouru. Je n'ai donc pas à craindre une erreur de numéro. Le détail relatif au service dans lequel les faits ont été recueillis me donne la plus grande sécurité; et, quoique le couronnement officiel n'ait lieu que dans une quinzaine de jours, je crois pouvoir, dès à présent, vous annoncer mon triomphe comme certain. A condition cependant que vous garderez la chose pour vous jusqu'à ce qu'elle soit officielle; il y a des désappointements si imprévus et si profonds! Voici une autre bonne nouvelle : les accusés de la Villette, dont Labrunie faisait partie, ont été aujourd'hui même acquittés par le jury. C'était cependant un terrible jury qui avait condamné jusqu'ici dans presque toutes les questions politiques qui lui avaient été soumises. Mais il faut bien se rendre à l'évidence. Je conçois qu'on poursuive un homme sous prétexte qu'il est républicain, mais pour avoir mangé un gigot!... Adieu. La caisse de Mme Cadars est arrivée en bon état. Il y avait même encore des prunes dedans. Je vous embrasse tendrement.

Votre Paul.

Maintenant, je n'attendrai pas les 300 francs de l'autre. Il est clair qu'avec mes 1,200 francs je puis faire face à une montre. J'oubliais! Samedi dernier, j'ai reçu la visite de Pitre. Il est venu me joindre à l'École de médecine quelques minutes après le moment où j'ai eu jeté votre lettre à la poste. Il n'est resté avec moi que quelques instants. Il a fait, disait-il, un voyage à Rouen depuis qu'il est à Paris. Il doit aller en Suisse dans trois semaines. En attendant, il demeure avec sa bonne sœur. J'ai oublié de lui demander des nouvelles du monsieur entrevu par Bouny. Il m'en aurait donné de satisfaisantes, sans doute. A-t-il envie, lui aussi, de donner son nom à une rue?

Fin novembre 1850.

Ma chère maman,

Je m'empresse de faire cesser toute incertitude. Vous pouvez considérer mon prix comme un fait acquis. M. Velpeau et M. Malgaigne, tous deux membres de l'Académie, ont bien voulu, sur mes instances, violer le silence du comité secret. Le prix une fois décerné (l'espèce humaine est curieuse), on a pris la liberté d'ouvrir le cachet. De telle sorte qu'il ne me reste même plus cette crainte qu'on ait pu se tromper de devise, ou que deux mémoires aient pu avoir la même devise et être faits par deux élèves de Blandin. C'est bien mon nom, mon nom en cinq lettres, qui était sous le pli cacheté. Et M. Malgaigne, dont je prépare le cours, m'en a exprimé toute sa satisfaction. Du reste, la chose est maintenant connue de tout le monde, et j'ai déjà reçu un grand nombre de félicitations.

Quant à la preuve matérielle, palpable, de mon triomphe, à ces 1,200 francs, qui sont loin d'être mon principal sujet de satisfaction, mais que je suis plus loin encore de dédaigner, attendu que je les ai gagnés à la sueur de mon front; quant à ces 1,200 francs, dis-je, je ne les toucherai évidemment que lorsque la séance solennelle aura eu lieu, c'est-à-dire vers le 15 décembre. D'ici là, voici le raisonnement que je fais : maman, cette bonne caissière, me gardera des fonds pour cet éternel voyage aux Pyrénées que j'attends depuis dix ans. Ma montre va me coûter 500 francs, 50 francs de chaîne ou de clef, total : 550 francs. Mon festival, pour les quelques amis qui m'ont aidé l'année dernière pendant les trois derniers jours du mois de février, qui ont relu les feuilles à mesure qu'on les copiait, corrigé les fautes d'orthographe de l'écrivain, qui ont même consenti à se faire écrivains eux-mêmes pour les dernières feuilles, mon festival va me coûter une cinquantaine de francs. Total : 600 francs. Il me restera encore 600 francs de boni; donc je suis excessivement riche, et c'est le moment ou jamais de faire un coup de ma tête. Je vais acheter la collection complète des *Archives générales de médecine* (90 volumes), 400 francs! C'est un ouvrage indispensable pour celui qui veut faire des recherches. Jusqu'ici j'étais obligé de courir à la bibliothèque de l'École, mais souvent le volume demandé était en lecture, cela n'en finissait plus. Adieu, chers parents, je vous embrasse tendrement, y compris cette bonne Thérèse qui ne se doutait pas qu'elle faisait un cadeau à un Crésus aussi opulent que moi.

Votre PAUL.

J'ai vu le général. Il a un peu souffert des jambes à la suite de son voyage. Il va un peu mieux maintenant. Il attend Mme Subervie et M. Georges du 12 au 15 du mois de décembre. Je n'ai vu aucune autre personne, pas même la famille Cadars. Je suis allé cependant, ce soir, rue des Petites-Écuries, mais je n'ai trouvé personne. On dînait en ville. Vous vous exagérez le danger qu'on court à Alger. Les journaux parlent à peine de loin en loin de l'épidémie qui ne possède là-bas qu'une faible intensité. Qu'est-ce que quatre à cinq personnes par jour sur une population comme celle d'Alger? Donnez-moi des nouvelles de Mme Dascols dès que son affaire sera terminée.

Lundi soir, n'importe quel quantième de décembre 1850.

Chers parents.

Je réponds, en courant, à la dernière lettre de maman, car il paraît que la question des pâtés ne peut souffrir le moindre retard. Il est inutile de vous donner tant de mal; quelque fameux que soient vos vins et vos pâtés, ils ne me serviraient pas pour mon festival. Je trouverais bien toujours, il est vrai, une manière de m'en servir; mais je ne pourrais les introduire dans le restaurant où le repas aura lieu, sans payer au restaurateur la moitié du prix de ces denrées, prix qu'il se chargerait d'évaluer lui-même. Du reste, le repas susdit n'aura pas lieu encore. J'attendrai que l'Académie ait jugé convenable de me solder, ce qui n'aura lieu évidemment qu'après la séance officielle, c'est-à-dire dans une dizaine de jours. Alors il ne s'agira plus que de trouver un jour qui convienne à tous mes invités qui sont aussi occupés que moi. Je ne demande pas mieux que de faire parvenir à M. de Pressensé les quatre volumes de M. Mestre; seulement ces volumes étant reliés, je ne sais si on pourra les comprendre dans le ballot. Le duc de La Force et ses descendants ne se doutaient guère que ces volumes circuleraient *pour agence biblique*. Ceci n'est qu'une remarque faite en passant, et je déclare que cela ne trouble pas le repos de ma conscience. Voici comment les choses se sont passées. J'ai obtenu un petit rabais sur le prix d'achat. Alors j'ai cru pouvoir faire mettre une demi-reliure en veau au lieu de basane.

Les quatre volumes brochés à 1 fr. 75 le vol.. 7 »
Les reliures à 1 fr. 30.................... 5 20
                                Total........ 12 20

Donc il me reste 2 fr. 80, que je tiens à la disposition de M. Mestre, et que je vous prie de lui solder sur mon compte, puisque mes fonds n'ont encore produit aucun intérêt. Celui qui m'aurait dit que j'aurais, en l'an de grâce 1850, une somme quelconque placée à intérêts, celui-là m'aurait bien fait rire. Mais j'aurais compté sans cette sollicitude maternelle dont je reçois tous les jours de nouvelles preuves.

J'ai enfin reçu, l'autre matin, une visite en règle de Pitre-Drilholhe. Je le gardai à déjeuner avec moi, et j'ai reçu en échange de cette politesse une politesse au moins égale. C'est à dire que M. et Mlle Drilholhe me prient de vouloir bien leur fixer le jour de la semaine où je pourrai leur donner deux heures pour partager leur dîner. Je leur ai fixé mercredi, qui est, je crois, après-demain. C'est pour le coup que Mme Drilholhe va dire que *nous nous sommes fièrement amusés*. Quand j'aurai un secret que je voudrai faire garder hermétiquement, c'est à Mme Jodin que je le confierai. Du reste, je pense que la chose était déjà en circulation dans la ville. Une des amies de cette dame m'avait fait l'honneur de me confier cette affaire dans ses moindres détails, pendant que M. L... était encore à Sainte-Foy. J'ai déjeuné ce matin à l'Entrepôt. M. Cadars m'a fait faire la connaissance de son compatriote, M. Rigal de Gaillac, représentant du peuple, ce qui est quelque chose à mes yeux, puisqu'il est républicain, mais surtout chirurgien très distingué et très célèbre. Je suis très heureux d'avoir fait cette connaissance.

Adieu, chers parents, je vous embrasse de tout cœur, mais je crains que cette lettre n'empoisonne la tranquillité de ma pauvre tante Jourdit, quoiqu'elle n'ait pas lu *Manon Lescaut*. Il y a bien une Manon et peut-être un Pierre ; mais je vous prie de croire que je ne suis pas chevalier, que je ne m'appelle pas des Grieux, et que je m'appelle simplement Broca.

18 ou 20 décembre 1850.

Chers parents,

La séance solennelle de l'Académie a eu lieu avant-hier, mardi. Peut-être les journaux vous ont-ils déjà transmis le résultat définitif et officiel du concours. Les renseignements qu'on m'avait donnés n'étaient pas trompeurs, et j'ai obtenu intégralement la somme allouée pour le prix d'anatomie pathologique. Dans cette même séance, j'ai appris que le rapporteur qui a fait sur mon mémoire un rapport si flatteur était précisément M. Bonvier. Je savais bien que M. Bonvier était membre de la commission et je l'avais vu plusieurs fois chez lui depuis l'époque où ce renseignement m'était parvenu, mais j'avais scrupuleusement observé l'article du règlement de l'Académie qui défend aux candidats de se faire connaître. Il paraît que cet excellent article n'est pas toujours scrupuleusement respecté; car hier soir je me suis présenté à la réception de Mme Bonvier, et j'ai été tout surpris, au moment où j'allais offrir mes remerciements à mon juge, de recevoir, au contraire, le témoignage de sa gratitude pour la délicatesse que j'avais eue de ne pas l'importuner. Je ne m'attendais guère, je l'avoue, à ce changement de rôles. M. Bonvier n'avait pas beaucoup de temps pour lire les mémoires dont il était juge; et le mien, qui était volumineux, l'avait effrayé par sa longueur. Il avait pris l'habitude de s'en faire lire trente pages tous les soirs en se couchant, et c'était la pauvre Mme Bonvier qui était chargée de cette tâche. Lorsqu'il rentra chez lui, le jour où l'on décacheta les plis des mémoires couronnés, il dit à sa femme : « Devine quel était l'auteur de ce mémoire qui t'a si particulièrement ennuyée? — Je le connais donc? — Tu le connais. » Et alors, voilà Mme Bonvier, qui connaît une multitude de médecins, à chercher dans son répertoire; elle a nommé plus de dix personnes, avant de penser à moi. Hier, elle m'a raconté fort drôlement l'histoire de ses lectures; il n'y avait qu'une chose qui pût la distraire, c'étaient les vignettes intercalées dans le texte; mais alors l'aspect des maux de cette pauvre nature humaine lui faisait peur, et elle a rêvé cancer plusieurs fois de suite. Je toucherai mes 1,200 francs la semaine prochaine, et j'espère que ma montre sera prête pour mes étrennes. Le concours de l'internat, auquel je prenais part par mes élèves et par mes amis, s'est terminé ce soir; je serais complètement satisfait si Dupuy était sur la liste; il n'est que le sixième sur la liste des provisoires. Quant à ma conférence, elle a été particulièrement favorisée. Sur six élèves que j'ai présentés, cinq ont été reçus; il faut y en joindre un autre qui avait pris avec moi, l'année dernière, des leçons d'anatomie et qui avait suivi mes conférences jusqu'au mois de janvier dernier. Comme il avait été placé à Bicêtre en qualité de provisoire, il n'avait pas continué à faire ses études sous ma direction, mais il n'a pas eu d'autre maître depuis moi, et je puis dire que sur sept élèves j'en ai eu six de reçus. Quant à celui qui a été enfoncé et qui n'est que provisoire, il a perdu, par maladie, les trois mois d'août, septembre et octobre; mais, enfin, il est certain que ma conférence a eu le plus grand succès de l'année. J'ai déjà reçu bien des demandes pour l'année prochaine, mais cela me fait perdre presque toute une soirée par semaine, et je suis décidé à m'en tenir là.

Je ne vous ai pas écrit depuis mon dîner avec la famille Lescot, un peintre de mes amis est venu m'y joindre à la fin de la soirée. Pierre devait partir pour Sainte-Foy, et je me disposais à vous envoyer par lui quelques livraisons, mais il m'a écrit qu'il partait pour la Suisse ; j'attendrai donc une autre occasion.

Ce matin, je suis allé à l'Académie pour la question financière. J'ai rencontré dans les bureaux M. Dubois (d'Amiens), le secrétaire perpétuel. En entendant prononcer mon nom, il s'est retourné et m'a dit : « Monsieur Broca, je vous ai déjà fait parvenir mes félicitations particulières qu'on a dû joindre à la lettre que vous avez reçue, permettez-moi de vous les offrir de vive voix. J'ai lu votre excellent mémoire, et toute la commission pense, comme moi, qu'il y a longtemps que l'Académie n'a reçu un aussi beau travail. » J'ai été félicité de la même manière par plusieurs professeurs qui sont membres de l'Académie, et surtout, il y a deux heures à peine, par M. Laugier. Ce matin, j'ai rencontré dans la rue M. Ricord, qui passait avec un de ses amis, personnage très décoré et très chauve, que je ne connais pas de figure, mais qui est membre de l'Académie, ainsi que je l'ai bientôt appris. Je saluais et je me disposais à passer, lorsque Ricord m'a appelé. « Je vous embrasserais si nous n'étions pas dans la rue », m'a-t-il dit. Puis se retournant vers son voisin : « Je vais vous paraître fat, mais voilà un de mes élèves, c'est M. Broca, votre lauréat. — C'est flatteur pour l'élève et pour le maître », a répondu le monsieur très chauve et très décoré. C'est alors qu'il a ôté son chapeau et que j'ai vu qu'il était très chauve. Tous ces détails puérils vous feront peut-être plaisir. Quant à Dupuy, j'ai fait tout ce que je pouvais pour lui. Sûr de la réussite de mes élèves, je n'ai travaillé que pour lui pendant les cinq ou six derniers jours. Je l'ai appuyé auprès de Guérard et de Gosselin. J'ai activé le zèle de M. Dezeimeris, qui n'en avait du reste pas besoin et qui avait même mis M. Bonvier en campagne. Mais voici ce qui est arrivé. Paul était *ex æquo* avec une douzaine de candidats parmi lesquels se trouvaient six externes de troisième année. Sur ces derniers, dont la carrière était finie si on ne les nommait pas, on en a pris deux pour en faire des internes. Les quatre autres n'ont même pas pu, à cause du règlement, être nommés provisoires. Toutes les démarches pour Paul se sont donc brisées contre un mur d'airain.

Adieu, je vous embrasse tendrement.   Broca.

Ma lettre va faire hausser les épaules à mon oncle.

---

28 ou 29 décembre 1850.

Mes bons parents,

La lettre de maman arrive juste à temps pour que je puisse vous faire parvenir une réponse avant le 1er janvier 1851. Je n'ai pas, vous devez le savoir, le préjugé du jour de l'an; je ne pense pas que les vœux soient plus nécessaires, plus efficaces ce jour-là qu'un autre; mais enfin vous tenez peut-être à recevoir une lettre comme tout le monde le 1er janvier. Soyez satisfaits, c'est le 1er janvier que celle-ci arrivera. Du reste, j'ai bien peu de choses à vous communiquer. Il n'arrive pas grand'chose à un homme dont la vie est réglée comme une horloge. A propos d'horloge, cela me conduit tout naturellement à vous parler de ma montre. Le sort en est jeté, ma montre est achetée. Montre genevoise, fort belle, mais surtout fort bonne. M. Rambaud a bien voulu me conduire avec le précieux meuble chez un certain nombre d'ouvriers habiles pour lesquels il s'était fait donner des lettres de recommandation par ses nombreuses connaissances, et tous, sans exception, ont déclaré la montre la meilleure possible. Cela m'a procuré l'occasion de faire quelques études sur la question des montres. Mais voici ce que tout le monde, sans exception, y compris le Genevois qui m'a envoyé ma montre, voici ce que tout le monde m'a dit : « Mettre 500 francs à une montre de médecin, c'est trop si on veut qu'elle ne soit que bonne, ce n'est pas assez si on veut qu'elle soit très bonne. Le prix d'une montre comme celle-là est de 350 francs en seconde qualité, de 600 francs première qualité. » A voir cette unanimité dans les relations que me faisaient les personnes les plus différentes et les plus indifférentes dans la question, j'ai commencé à me défier de la montre de 480 francs que le sieur Florentin m'avait proposée. Alors, fort de mes connaissances récemment acquises sur les montres, j'ai prié M. Rambaud d'aller visiter chez Florentin la montre que celui-ci m'avait proposée; il est allé raconter une histoire quelconque : que j'avais reçu une montre de Genève au moment où j'allais finir l'affaire; que cependant je lui avais parlé de la montre que j'avais été sur le point de prendre chez lui, Florentin, et que, d'après cette description, il pense que cette montre pourrait lui servir pour faire une étrenne à son fils. Là-dessus, Florentin lui exhibe la montre en question, M. Rambaud prend une loupe et inspecte les rouages; le balancier n'était pas coupé; il n'était pas formé de deux métaux inégalement dilatables, et par conséquent il n'était pas de nature à rester invariable au froid et à la chaleur. Tout le monde nous avait dit que c'était là la meilleure pierre de touche des montres de seconde qualité. Dès lors il était probable que tout le reste était à l'avenant et que c'était une montre de

350 francs, laquelle aurait été suffisamment payée au prix de 480 francs. Il m'a donc été démontré, de toutes les manières possibles, qu'il fallait prendre une montre de 600 francs, mais qu'on tâcherait d'obtenir un rabais. C'était l'affaire de M. Rambaud, qui connaît le ban et l'arrière-ban sur la route de Genève. Il est placé de manière à rendre des services de tous genres aux Genevois, qui ont avec lui des relations commerciales; ces services, il les leur a plusieurs fois rendus; en faisant entrer la montre par un de ses conducteurs et en faisant un peu baisser le bénéfice du vendeur, il a obtenu un prix définitif de 550 francs, prix que j'ai fini par subir. Mais aussi j'ai la certitude d'avoir une excellente montre. Une chose qui n'a pas peu contribué à me décider sur ce point, c'est un cadeau que j'ai reçu il y a quelques jours d'une superbe chaîne de montre en or massif; je ne m'y connais guère, mais tous ceux qui l'ont vue disent qu'elle vaut bien 150 francs. Or, j'avais l'intention de mettre 50 francs à une chaîne; par conséquent, j'ai pu reporter ces 50 francs sur la montre sans déranger aucun budget. C'est à M. Rambaud que je dois ce beau cadeau; le pauvre homme ne sait comment me manifester sa reconnaissance pour la belle nomination de son fils. Dupuy va entrer dans une conférence de jeunes gens que je connais; tous sont forts et travailleurs; tous sont provisoires comme lui. Je ne puis plus prendre d'élèves d'internat. J'en ai assez comme cela; mais je les ai adressés à Verneuil, mon collègue, qui veut bien s'en charger, et qui les conduira certainement à bien. Je n'avais pas proposé à Dupuy de faire partie de ma conférence l'année dernière, parce que ce n'était pas à moi à lui en parler. On ne peut pas dire à un homme : voulez-vous que je sois votre maître? c'est à lui à demander. Or, Paul savait que je faisais des conférences, il savait que je

l'aurais accepté avec plaisir, il n'est pas venu. Entre nous, je crois qu'il n'était pas fâché d'être le plus fort de sa conférence d'amis, tandis qu'il pouvait trouver des supérieurs parmi mes élèves, dont quelques-uns lui étaient connus. C'est l'histoire de Pompée, qui ne voulait ni égal ni supérieur. Quoi qu'il en soit, je suis loin de considérer comme un malheur sa nomination parmi les premiers provisoires. Il est travailleur et, par conséquent, la vie d'interne ne l'empêchera pas de poursuivre son but et d'arriver au prochain concours. Dès lors il aura l'avantage de faire une année d'internat de plus; de se trouver plus âgé et plus fort d'un an lorsque viendront les concours de fin d'année; il pourra obtenir des couronnes dans ces concours. Combien moi, par exemple, n'aurais-je pas mieux fait de n'être reçu que premier provisoire l'année où j'ai été nommé interne! J'aurais fait cinq années d'internat au lieu de quatre, et peut-être aurais-je pu m'emparer de la médaille d'or qui donne deux années de prolongation. Mais, enfin, ce qui est fait est fait, et je serais mal venu de me plaindre.

Adieu donc, chers parents; je vous embrasse tous à la ronde à l'occasion du nouvel an; j'y joins la famille de mon oncle, celle de Méloé et cette trop bonne Thérèse.

Votre Paul.

C'est demain qu'aura lieu le déjeuner festival en l'honneur de l'Académie.

Samedi soir, 4 janvier 1851.

Cher papa,

Je commence par cette ennuyeuse affaire de ce pauvre diable d'Alazard. La Caisse des écoles et des familles est une véritable forêt de Bondy. Je m'y suis rendu, d'après tes instructions, le 31 décembre dernier. Après avoir de nouveau reçu l'assurance que les factures signées Bardy ne seraient jamais considérées comme valables, j'ai demandé à capituler; c'est-à-dire à payer tout l'arriéré, y compris l'année courante. O prodige de la coquinerie! on m'a refusé! On se basait sur un article du règlement de la Société, en vertu duquel tout souscripteur qui cesse de payer est rayé de la liste et ne peut rentrer à aucune condition dans la série des ayants droit. J'ai exposé au chef de bureau que si Alazard avait interrompu son payement, c'est parce qu'il espérait faire valoir ses quittances; alors on m'a dit que si j'avais quelques droits à mettre en avant, je n'avais qu'à m'adresser au Comité de surveillance; c'est ce que j'ai fait séance tenante; quant au résultat de cette démarche, je le considère comme très douteux. Du reste, je n'aurai de réponse que dans une quinzaine de jours, messieurs du Comité de surveillance ne surveillant qu'à de rares intervalles. Tu me demandes ce que je fais de mon mémoire académique. Je n'en sais trop rien jusqu'ici. Je n'ai pas encore pu trouver le temps d'aller voir le secrétaire perpétuel; je ne sais donc pas si l'intention du comité de rédaction est de l'insérer dans les *Mémoires de l'Académie*. Cela se fait ordinairement, et telle était la proposition faite par la commission des prix. Mais voici ce qui est arrivé. Je t'ai dit que je n'avais pas ménagé les vieilles doctrines, la commission le disait dans son rapport; or, le comité de rédaction est en grande partie imbu de ces idées surannées; il faudrait, dit-il, que les idées nouvelles eussent la sanction de l'expérience avant de leur donner place dans le recueil. Et puis, ils trouvent le travail un peu long; de sorte que je suis encore dans le doute; demain je me propose d'aller voir Dubois, d'Amiens, et, au besoin, je pourrai peut-être prier M. Bonvier d'employer son influence si cela devient nécessaire. Sans contredit, je préférerais que mon travail parût dans les *Mémoires de l'Académie*; cela n'a pas une grande publicité, mais c'est une collection qui restera; or, en matière de science, le présent n'est rien, l'avenir est tout. Si cependant des difficultés trop nombreuses se présentent, j'ai une seconde corde à mon arc. Les monographies ne se vendent guère, pourtant Masson m'a proposé de publier mon travail en un volume in-8º. J'ai refusé, parce que si le travail était imprimé à part, l'Académie ne l'imprimerait plus; mais je n'ai pas donné ce prétexte; j'ai dit que je n'avais pas le temps de mettre la dernière main et que je donnerais mon manuscrit au printemps, selon toutes probabilités. Vous me demandez des détails sur l'intérieur de la famille Lescot; Pierre est dans le lointain, Manon est *seule* maintenant. Quant au dîner que j'ai fait dans leur ménage, ce fut un dîner fort simple, dans lequel aucun luxe n'avait été déployé; le vin se faisait remarquer par sa verdeur et sa médiocrité; de telle sorte que je fus certain de ne pas boire de vin libournais; ce fut un soulagement pour ma conscience et un fardeau pour mon estomac. J'ai su cette année me soustraire aux ennuis du nouvel an; j'ai pris le parti de rester chez moi toute la journée; le soir seulement, je suis allé prendre le dîner de Mme Cadars, et lui porter une boîte de bonbons. Puis j'ai mis mes cartes à la poste, sans oublier Manon, et j'ai continué ma besogne comme si de rien n'était. On danse furieusement cette année, et j'ai, si je veux, le droit d'aller polker presque tous les jours. Je n'en use que rarement; cependant, hier je suis allé passer deux heures chez les dames Forestier. Mlle Laure, pendant le quadrille, m'a donné des renseignements inédits sur le mariage de Mme Torneri, et je lui ai donné, en échange, l'histoire des événements qui ont signalé le mariage de Mme Martin. Je suis obligé de redoubler d'activité pendant le mois de janvier; il faut que je trouve le temps de faire l'analyse des travaux de la Société anatomique, et le discours de fin d'année qui aura lieu au commencement de février. Après quoi, Dieu merci, j'aurai fini mes fonctions de secrétaire. Qu'un autre se dévoue pour l'année prochaine. Je suis tout à fait sensible à l'intérêt que me portent mes excellents compatriotes, et aux projets qu'ils veulent bien faire sur mon compte. Je leur permets tout, jusqu'au mariage exclusivement. En tout cas, ils devraient bien faire apprendre le français à ma nouvelle future.

Adieu, chers parents, je vous embrasse tendrement.

Votre PAUL.

20 janvier 1851.

Chers parents,

J'aurais voulu vous écrire autre chose que quelques lignes; mais je m'aperçois que pour une lettre complète vous attendriez trop longtemps; je crains même d'être déjà en retard. Maman me demande pourquoi j'ai fait venir la sœur de François; je n'ai point fait venir la sœur de François. J'ai toujours conseillé à M. Cadars de faire partir

François pour Sainte-Foy; mais le pauvre diable ne se croit pas malade, et ne veut pas entendre parler de ce voyage. Je parle, du reste, toujours dans le même sens, et il est probable que le malade et sa sœur partiront bientôt pour leur pays natal. J'ai reçu, il y a trois jours, le plus gracieux cadeau qu'il soit possible de faire à un chirurgien. Mes élèves de conférence ont fait faire chez Charrière, pour moi, une magnifique caisse d'amputation sur un modèle entièrement neuf. L'un d'eux a proposé de faire des instruments capables de se démonter, afin qu'ils puissent entrer dans une petite boîte. L'ingénieux Charrière a pris l'idée au vol et, dans une charmante caisse en acajou incrusté, longue de 11 pouces, large de 4 et épaisse de 2, dans une caisse qui ressemble à une élégante boîte de flûte, il a fait entrer tous les instruments qui composent les grandes caisses d'amputation les plus complètes (quatre couteaux, quatre grands bistouris fixes, une grande scie tournante à arc et à deux lames, une scie à chaîne, une petite scie à dos, un ostéotome, vingt aiguilles à suture, une pelote d'épingles à suture, un tourniquet, trois espèces de pinces, un tenaculum, une aiguille à ligature d'artères, etc., etc.). Trois chirurgiens d'hôpital, qui ont vu la boîte chez Charrière avant qu'il me l'envoyât, en ont immédiatement commandé de pareilles, et il est probable que ce nouveau modèle va se répandre comme toutes les choses commodes. Me voilà monté pour l'époque où je serai, moi aussi, chirurgien d'hôpital, pourvu que Dieu me prête vie.

Adieu, je vous embrasse affectueusement.

Votre Paul.

9 février 1851.

Chers parents,

Je ne sais si vous êtes avec moi en avance ou en retard, mais entre nous il ne faut pas compter. Il y a longtemps que je ne vous ai écrit, donc je vous trace quelques mots destinés simplement à votre *tranquillisation*. Voilà un mot qui ferait tressaillir l'Académie française, si l'Académie française n'était pas morte le jour où elle a nommé M. de Montalembert. Je serai bref, très bref. Le jour du compte rendu approche. Je dois le lire vendredi, il n'est pas encore à moitié. Je crois même que jamais je n'aurais pu faire face à cette besogne exceptionnelle, si je n'avais pas eu la chance, — vous savez que j'ai toujours quelque chose qui me sauve dans les moments critiques, — si je n'avais pas eu la chance d'être subitement atteint d'une demi-extinction de voix. Dès lors j'ai été obligé de ne faire mon cours ni avant-hier ni ce soir; ma voix étant à peu près revenue, je le reprendrai mardi; mais cela m'a donné quatre jours de travail que j'ai consacrés à mon compte rendu. Du reste, je ne tousse plus du tout. J'attribue cette angine à l'imprudence que j'ai eue de prendre un paletot trop léger. Dès lors, j'ai fait ouater ce vêtement trop printanier.

Adieu, je vous embrasse.   BROCA.

J'ai eu des nouvelles d'Élie par un monsieur qui venait d'Alger. Le monsieur était chargé d'une boîte à mon adresse, mais on les a arrêtés à la frontière. Élie qui m'envoie des cigares! Vous allez voir qu'un de ces jours ma tante Magdeleine va m'expédier quelque brûle-gueule. O temps de désolation!

Février 1851.

Chers parents,

Je vous ai écrit, je crois, dimanche dernier, la veille du jour où j'ai fait en séance solennelle la lecture du compte rendu de la Société anatomique. J'attendais ce jour avec une certaine inquiétude, parce que je venais de briser les traditions de la routine et que je ne savais pas comment ce procédé serait reçu du public. Chaque année le secrétaire fait un compte rendu des travaux de la Société. On a pris l'habitude, dans ce compte rendu, de nommer maintes et maintes fois, non sans quelques coups d'encensoir plus ou moins mérités, les divers membres qui ont présenté des pièces ou fait des communications. C'était une espèce de mauvaise table des matières, un travail complètement inutile auquel je n'ai jamais reconnu qu'un seul but : celui de flatter isolément chacun des membres de la Société afin d'obtenir les suffrages dans l'élection du vice-président qui a lieu dans la séance suivante. Cette manière de faire m'avait toujours paru absurde ; je conçus le projet de faire autrement. Je ne mentionnai que les découvertes réelles faites par la Société dans le courant de l'année ; de louer ceux qui méritaient des louanges, moi excepté, bien entendu, et de laisser les autres dans le plus profond oubli. Le compte rendu recevant, en général, une assez grande publicité, cette manière de faire était de nature à exciter plus tard une noble émulation entre les membres de la Société. La Société et la science ne pouvaient qu'y gagner. Mais le premier secrétaire qui prendrait la responsabilité de ce coup de tête risquait fort de se faire des ennemis et de compromettre son élection. Je suis convaincu que c'est le motif qui a empêché mes prédécesseurs d'entrer dans cette voie. J'en suis tellement convaincu que voici ce qui m'est arrivé. Après avoir, au commencement de janvier, consulté plusieurs membres du comité sur le projet que j'avais en tête, je n'ai trouvé, à une exception près, que des désapprobateurs. Alors j'ai eu la faiblesse de renoncer pendant quelque temps à mon projet, et de commencer mon compte rendu sur le plan des vingt-quatre précédents. Puis enfin, un beau jour, c'était douze jours avant la séance, j'ai tout d'un coup secoué cette faiblesse, j'ai déchiré mes premières pages et je suis entré dans la nouvelle voie. Vendredi dernier, dans la séance du comité qui précède la séance solennelle, j'ai communiqué au comité, d'après les règlements, mon compte rendu. Deville, celui qui avait approuvé mon projet, était absent; parmi les dix autres membres du comité, un seul, que vous connaissez de nom, Denucé, s'est mis de mon parti. Tous les autres ont crié haro! La séance fut chaude. Je déclarai qu'il était trop tard pour revenir sur mes pas, qu'en tout cas je n'y consentirais point, et que le comité n'avait qu'un moyen, c'était de ne pas faire de séance solennelle; or, le règlement exigeant cette séance, il fallait absolument que le comité digérât mon compte rendu. Il est bon que vous sachiez que le comité se composait en grande majorité de membres qui avaient autrefois rempli les fonctions de secrétaire. On proposa de voter un blâme contre mon procédé autocratique avec insertion au procès-verbal du comité. Dès lors je m'abstins de prendre la parole; une discussion s'engagea entre les autres et ils se divisèrent en deux camps : les uns, les anciens, les routiniers, au nombre de sept; les autres, les jeunes, ceux qui n'ont pas encore passé au bureau, au nombre de trois. Le blâme fut donc voté. L'histoire se répandit dans les hôpitaux, dans les amphithéâtres. On voulut entendre ce compte rendu proscrit; la curiosité gagna même plusieurs membres honoraires, déjà très haut placés et qui ont abandonné nos séances, et lundi dernier, jour de la lecture, la grande salle de la Faculté regorgeait de monde; on n'avait jamais vu tant et de si gros personnages à la séance annuelle. Je jouais gros jeu; si mon œuvre avait été mauvaise, j'étais perdu. Dans la position où j'étais, je ne pouvais me tirer d'affaire qu'avec un très bon travail. Je fus couvert d'applaudissements. L'opinion était pour moi. Le comité était moralement enfoncé. Le soir, au banquet qui eut lieu chez Véfour, il y eut une affluence inaccoutumée; les adhésions avaient été nombreuses dans mon nombreux auditoire; au lieu d'être dix-huit, comme il y a deux ans, ou vingt-cinq, comme l'année dernière, nous étions cinquante-deux. La réunion était des mieux choisies : le doyen de la Faculté, quatre médecins ou chirurgiens des hôpitaux, plusieurs agrégés, membres actuels ou passés de la Faculté, y assistaient pour la première fois depuis longtemps. Le coup de tête avait réussi; le comité comprit qu'il était perdu. Je rompais en visière avec lui; mes amis, — on n'a de chauds amis que lorsqu'on a l'art de se faire de bons ennemis, — mes amis s'emparèrent de la situation, et aujourd'hui quatre-vingts membres sur quatre-vingt-dix qui constituent la totalité de la Société sont venus prendre part à l'élection. On ne cachait pas qu'on venait pour démolir le comité. Avant la séance on faisait circuler des listes sur lesquelles aucun des anciens, moi excepté, n'était conservé. J'ai demandé que Deville, Denucé, Leudet et Foucher, qui avaient voté pour moi, fussent conservés, et enfin, le moment de l'élection venu, le scrutin a donné un résultat inattendu. Le comité, se sentant battu, avait quitté la salle; deux ou trois de ses adhérents l'avaient suivi. Au dépouillement du scrutin, j'ai été nommé vice-président à l'unanimité, moins un billet blanc que j'avais déposé. Le reste a coulé de source ; la révolution est faite : les vieux sont battus, et, pour cette année du moins, j'ai la direction des séances et des intérêts de la Société. Ces petites luttes vous ennuieront peut-être ; elles ont cependant une assez grande importance dans le quartier. J'espère qu'elles auront une heureuse influence sur l'avenir de la Société. Le commandant Loreilhe est arrivé ; je l'ai vu ce matin et je lui ai donné l'adresse de notre belle compatriote, qu'il s'empressera d'aller voir, autant que j'ai pu le comprendre. Il est un peu déchiré, mais ce n'est point là la question. La famille Cadars, chez laquelle j'ai mangé dernièrement une dinde truffée, m'a chargé d'amitiés pour vous. Je n'ai pas vu le général depuis un siècle, j'irai prochainement. Les deux Dupuy se portent bien, j'ai vu Paul aujourd'hui. J'ai reçu la visite du jeune Rocques, le recommandé de papa. Je ne puis pour le moment lui donner que des conseils. L'année prochaine je lui serai plus utile. Cependant je dois m'occuper de recommander au doyen une demande qu'il a faite pour prendre ses inscriptions au milieu de l'année.

Adieu, chers parents, je vous embrasse tendrement.

Votre PAUL.

4 mars 1851.

Chers parents,

Suivant mon louable projet, je m'empresse de répondre à votre dernière lettre, quoique j'aie peu de nouveautés à vous apprendre. J'ai cependant vu hier, dimanche gras, plusieurs personnes, entre autres Mme Cadars, Mme Subervie, etc., et Mlle Manon, que je n'avais pas eu l'occasion d'admirer depuis le mois de décembre. Mme Cadars m'a raconté avec beaucoup de détails certains petits scandales qui ont édifié notre bonne ville et que maman ne m'avait indiqués qu'en courant. C'est que Mme Cadars est en correspondance avec une des vertus les plus sévères de la ville; je vous laisse à deviner le nom de cette dame. Une question inquiète beaucoup Mme Cadars. Il paraît que Mme Itier est naturellement jalouse de son mari, et Mme C... craint que l'événement sanglant qui vous a épouvantés n'ait allumé chez sa cousine une jalousie plus grande encore que d'habitude. Je lui ai promis de vous interroger là-dessus. Voilà pour ma visite à Mme Cadars.

Mme Subervie m'a invité à dîner pour dimanche prochain. Elle m'a beaucoup parlé, avec approbation, du mariage de Clamageran. Elle m'a fait l'éloge de sa future et je trouve d'après cela que Clamageran a raison. Puis Mme Subervie m'a demandé des nouvelles de trois personnes dont je n'ai pu rien lui dire, à savoir : de M. Dieudonné, qui se serait fendu le crâne en tombant de cheval; de M. Delille, qui serait menacé de mourir de faim faute de pouvoir avaler, et de M. Sameshaz (l'orthographe n'y fait rien) qui, à ce qu'il paraît, a donné le jour à Mme Garreau des Morins, et qui, à ce qu'il paraît encore, se trouve en danger de perdre la vie. De la rue Cadet au quartier des bonnes fortunes (on prétend qu'il y en a aussi de mauvaises) il n'y a qu'un pas; donc, j'ai jugé l'occasion favorable pour aller saluer ma payse Manon. Je sonne, une gentille main vient m'ouvrir; j'entre et je trouve... incorrigible vieillard! le commandant! J'ai été reçu avec beaucoup d'empressement et avec d'aimables reproches sur ma rareté, et cependant, comme je l'ai appris plus tard, je venais de déranger une conversation bien intéressante. Le commandant, en effet, au moment où nous sommes sortis ensemble, m'a dit : « Connaissez-vous un monsieur Vinet, Viennet... Non, ce n'est pas cela... J'y suis : Viennot, je crois. — C'est cela, ai-je répondu ; peut-être non, peut-être oui. — C'est parce que Manon (il ne disait pas Manon) m'a dit tout à l'heure, au moment où tu es entré : « Oh ! je ne « marierai pas ; il n'y a qu'une personne avec laquelle « je puisse me marier : c'est M. Viennot ! mais je ne sais « pas ce qu'il est devenu. » Le commandant gardant très bien les secrets du cœur, je lui confierai les miens à l'occasion. En attendant, il ne m'a pas recommandé le silence et je puis vous égayer sur cette naïveté. Décidément, je ne comprends pas qu'on ait fait passer cette personne pour une fille d'esprit. Je vous dis qu'elle est sotte au fond.

Quoi qu'il en soit, je n'ai vu aucun inconvénient à mettre le commandant au courant de la question Viennot ; nous revînmes à pied, et il y a loin. Alors je lui ai raconté tout ce que je savais à cet égard, et notamment certaine partie de..... avec toutes ses conséquences. Pourquoi Manon ne m'a-t-elle pas choisi pour me faire ses confidences plutôt que ce barbon inexpérimenté ! J'aurais pu, moi, verser du baume dans son cœur ; je lui aurais dit : « Ce zouave tant aimé, tant pleuré, ce héros de roman, il demeure à deux pas d'ici, rue du Helder ; ses bottes sont percées, son chapeau est crasseux, il n'allume pas son cigare avec des billets de banque ; pauvre sous-lieutenant dégommé, il cherche un emploi de saute-ruisseau. Mais qu'importe ? pourvu qu'il aime encore ! » Je tiens ces détails sur ce zouave au tempérament nerveux de Jules Pellis qui l'a rencontré dernièrement dans la rue dans un état de débine alarmante. J'espère que voilà des cancans. Parlons de choses sérieuses. J'ai écrit infructueusement pour l'affaire

Alazard. On ne m'a pas répondu, quoique ma lettre affranchie par moi-même soit certainement parvenue. Je vais en écrire une autre plus salée que les précédentes. Je réclame simplement pour Alazard le droit de payer tout son arriéré, y compris les deux années 1847 et 1848 qu'il a déjà payées. Mais ce n'est pas l'affaire de ces bandits, qui espèrent profiter d'un calembour de règlement pour confisquer à leur profit tout ce qu'Alazard a déjà versé. Je leur donnerai jusqu'au 1er avril pour me faire une réponse quelconque; passé cette époque, il faudra prendre un parti plus énergique si vous m'en croyez.

Adieu, chers parents, je vous embrasse tendrement.

Votre Paul.

---

11 mars 1851.

Chers parents,

Parlons d'affaires pour commencer. Je vous avais annoncé que j'allais écrire une lettre un peu sèche au gérant de la Caisse des écoles et des familles. Au lieu d'une lettre sèche, je lui ai écrit une lettre insolente; je lui ai dit que dans le public il passait pour un fripon, et que telle serait mon opinion sur son compte s'il ne m'accordait pas ce que je lui demandais; je lui ai annoncé que j'avais l'intention d'avoir justice, que je prenais l'affaire à mon compte et que je le sommais de répondre avant le 1er avril, sinon…! Enfin, pour dernière insulte, je terminai ainsi : « Cette lettre, plus heureuse que la précédente, sera-t-elle honorée d'une réponse? Je le pense, monsieur, car sachez que vous n'avez plus affaire à un pauvre maréchal ferrant, mais à un homme qui a des amis, de l'argent et de la volonté. »

Alors, le directeur et sa clique sont devenus souples comme des gants. Ce qui n'avait pas peu contribué à les influencer, c'est que les pauvres gens avaient, au bas de ma signature, lu professeur au lieu de prosecteur. Ils se sont crus aux prises avec un gros bonnet de la Faculté et ils ont immédiatement écrit à votre très humble serviteur une lettre dans laquelle, après avoir déclaré que l'intimidation n'a aucune prise sur eux, ils finissent par accorder, le poing sur la gorge, la demande que j'avais si inutilement adressée en y mettant des formes parlementaires. O les voleurs de grand chemin! Quoi qu'il en soit, j'éprouve le besoin de vous consulter encore. On me demande 100 francs d'annuités (compris 1851), ce qui est juste, plus 12 fr. 95 de *supplément;* or, j'ignore ce que c'est que ces suppléments; je soupçonne qu'ils sont destinés à couvrir les chances de mortalité qu'Alazard a évitées pendant qu'il ne souscrivait pas. En tout cas, il me paraît évident que ces 12 fr. 95 ne doivent pas être payés. Je vais décidément aller au ministère du commerce, et je n'ai pas perdu tout espoir de faire valoir, sans procès, par un seul ordre d'un chef de bureau de ce ministère, les quittances prescrites de 1847-1848. En tout cas, faites-moi savoir promptement si Alazard consent à payer ces 12 fr. 95 de supplément. J'attends votre réponse pour prendre un parti décisif. Vous n'avez pas su deviner le nom de la dame qui a si bien mis Mme Cadars au courant de vos petits événements. De mon côté, je ne devine pas quelle est cette veuve B. T., qui donne de si bons conseils aux jeunes filles abandonnées par ces coquins d'hommes. J'ai reçu avant-hier la visite du commandant qui était un peu grippé. Il m'a annoncé qu'il avait eu l'avantage d'avoir sa fille à déjeuner, qu'il se proposait de l'inviter de nouveau avec Manon, et qu'il me prierait de prendre part à ce déjeuner. Il y a des hommes qui restent enfants et étourneaux jusqu'au dernier soupir! Du reste, vous êtes mal renseignés sur les moyens d'existence de Manon. C'est une artiste qui la fait vivre, mais ce n'est pas celle que vous croyez. L'artiste en question est une très belle Vaudoise qui s'occupe de peinture. Je tiens ce détail de Jules P... La peintresse dont il s'agit a vécu longtemps à Lausanne, elle avait été adressée à Paris à toutes les familles honorables du pays de Vaud qui se sont fixées ici. On l'avait reçue et protégée; seulement son affaire avec le zouave étant connue, la jeune personne a été éconduite sans autre forme de procès. Le zouave, du reste, emploie ses loisirs à la composition musicale. On voit ses œuvres exposées chez les marchands de musique.

Adieu, je vous embrasse tendrement. PAUL.

Jeudi, 20 mars 1851.

Chers parents,

J'ai reçu votre lettre et votre billet de banque. L'affaire Alazard est toujours là. J'ai vu un chef de division du ministère de l'agriculture et du commerce. Ce chef de bureau m'a paru peu favorablement disposé envers la Compagnie. Il m'a dit de m'adresser pour les renseignements à un M. Legoux, inspecteur chargé des affaires de la Compagnie. Ce monsieur demeure près de la barrière de Clichy. J'y suis allé deux fois infructueusement. Je lui ai écrit pour un rendez-vous et voilà où en sont les affaires. Du reste, un représentant que j'ai intéressé à cette affaire m'a offert, si les bureaux n'aboutissent pas, de faire la communication directement au ministre.

Vos commissions ont toute chance de ne pas être faites encore. C'est le moment des thèses et mon temps est pris tout entier. Même, — voyez jusqu'où cela va, — même quand il s'agirait de déjeuner chez le commandant, avec qui vous savez, je ne pourrais trouver une matinée pour cela. Il y en a encore pour huit jours. Alors, j'irai voir Oscar Pauvert, peut-être avant. Du reste, je m'intéresse toujours beaucoup à vos drames ou à vos vaudevilles. La moisson en est riche cette année.

Adieu, je vous embrasse. Paul BROCA.

Ma bonne tante Jourdit,

Il m'en coûte beaucoup de ne pas pouvoir prendre parti pour maman et toi dans le pari que vous avez fait avec papa. Je ne veux pas prendre part au pari, parce que je vous volerais votre argent. Il ne s'agit plus de savoir si Manon acceptera l'invitation du vieux; Manon a déjà accepté. La proposition lui a été faite pour le cas où la fille de l'amphitryon pourrait être de la partie, et Manon a dit oui. Ainsi, ma pauvre tante, tu n'as plus qu'à payer les tartelettes. Je t'embrasse en particulier.

Avril 1851 (?).

Chers parents,

Je viens de passer une de ces semaines fébriles, comme il y en a de temps en temps dans mon existence; mais, cette fois, ce n'était pas de mes intérêts, c'était des intérêts d'un de mes amis qu'il s'agissait. Je vous ai dit que j'étais très lié avec Jarjavay, qui concourt pour le professorat. Or, le moment des thèses venu, chaque concurrent fait appel au zèle et aux lumières de ses amis. Voilà pourquoi j'ai consacré à Jarjavay la totalité de la dernière semaine, et même un peu de la précédente. Mais ce n'est pas tout. Des affaires de famille extrêmement graves ont tellement absorbé Jarjavay pendant la première semaine de sa thèse, que huit jours avant le terme de rigueur il n'avait même pas écrit le premier mot de son travail. Alors il a été sur le point d'abandonner le concours; il est venu me demander conseil sur ce projet, je l'ai désapprouvé. J'ai pour principe qu'un homme ne doit *jamais*, sous peine de donner sa démission d'homme, abandonner un concours dans lequel il est engagé. Je l'ai donc engagé à faire sa thèse; et, comme il ne restait qu'une semaine sur deux, j'ai accepté de partager la besogne, et je me suis chargé de la première moitié.

Mais voilà que la thèse devait être remise tout imprimée samedi soir, à quatre heures, et voilà que le mercredi je n'avais pas fait le quart de ce que j'avais entrepris. Alors a commencé pour moi une pioche échevelée; le sommeil a été chassé jusqu'à nouvel ordre, comme une vaine distraction. Trois nuits blanches de suite, comme du temps de mon mémoire sur le cancer. Mais enfin la besogne a été finie pour le jour fixé. Donc, samedi soir, à huit heures, au sortir de mon cours, je me suis mis au lit, et j'ai dormi douze heures de suite; puis hier, dimanche, j'ai encore redormi douze heures, afin de réparer le temps perdu; de sorte qu'aujourd'hui, lundi, je me trouve dans les meilleures conditions, et tout prêt à recommencer au besoin. J'ai reçu d'Élie une lettre assez inquiétante, j'aime à croire qu'il y a eu erreur sur le compte de son fils. Il me demande s'il faut que sa femme passe par Paris en allant à Metz, et je vais immédiatement répondre que oui. Je le verrai, je le ferai voir par des hommes compétents, et j'ai tout lieu d'espérer que la chose tournera mieux qu'Élie n'a l'air de le craindre.

La lettre de papa à M. Cadars sur le compte de François est très rassurante; cependant j'avoue que, d'après ce que nous avons observé, Bonnet et moi, il y a lieu de craindre pour l'avenir. Nous avons entendu au sommet du poumon droit, autant que je m'en souviens, mais enfin nous avons certainement entendu au sommet de l'un des poumons, un souffle caverneux qui indiquait une petite caverne tuberculeuse. J'appelle sur ce point l'attention de papa.

Je suis en déménagement. J'ai déjà fait transporter la moitié de ma bibliothèque. A partir de lundi prochain, je m'installerai définitivement dans mon nouveau domicile. Pas d'autres nouvelles.

Adieu, je vous embrasse tendrement.

Paul Broca.

---

10 avril 1851.

Me voilà un peu plus libre, et prêt à répondre à vos deux questions principales : c'est-à-dire à la question du déjeuner et à celle qui regarde Oscar Pauvert. Parlons d'abord de ce dernier. Il n'est pas toujours chez lui; je l'ai manqué deux fois, sans lui laisser mon nom, craignant que ces visites multipliées ne lui donnassent de l'inquiétude. Enfin, je l'ai rencontré ce soir. Ce qu'il m'a raconté n'est pas de nature à donner des inquiétudes sérieuses. Il va maintenant aussi bien que possible, ne tousse pas, ne crache pas, ne souffre pas, mange et dort comme tout le monde, et n'est, par conséquent, pas malade. Mais il paraît qu'il a été enrhumé cet hiver pendant trois mois. Son rhume ne s'accompagnait d'aucun signe inquiétant; il n'a pas craché de sang, n'a pas eu de douleur dans la poitrine, n'a pas maigri, n'a éprouvé, en un mot, aucun des symptômes qui annoncent du danger. Tous les phénomènes de son rhume ont disparu comme par magie, lorsqu'il a pris le parti de porter de la flanelle sur la peau. Il est bien clair que je n'ai ausculté ni percuté sa poitrine; mais, en réfléchissant qu'il n'éprouve absolument rien, et qu'il n'a pas maigri le moins du monde, je suis conduit à penser qu'il n'y a pas lieu de s'inquiéter sur son compte, et j'engage maman à rassurer Mme Pauvert. J'arrive à l'importante affaire du déjeuner. Cette affaire s'est terminée en queue de poisson... d'avril. Dimanche dernier, le commandant vint chez moi avec Bouny et m'invita pour aujourd'hui, jeudi. Il m'annonça qu'il y aurait des dames, selon toute probabilité, mais qu'il fallait, pour cela, que sa fille vînt le voir lundi, ou mardi au plus tard, afin de savoir si elle viendrait au déjeuner et d'avoir un prétexte pour inviter d'autres dames. Or, Mlle Nancy n'est venue que hier, mercredi; il n'était plus temps de faire les invitations féminines. Donc, ce matin, nous avons déjeuné entre-z-hommes; très bien déjeuné, du reste, pour le dire en passant. Mais je n'entends pas que le commandant s'arrête en si beau chemin. Je lui ai prouvé ce matin qu'il passerait pour un Gascon si, après nous avoir annoncé des dames, il ne nous servait que des quadrupèdes, des oiseaux et des poissons; que, par conséquent, son premier déjeuner n'était qu'un acompte en attendant un déjeuner plus complet. L'argument ne lui ayant pas paru décisif, il a fallu lui en pousser un autre. « Eh quoi ! croyez-vous donc que nous nous sommes laissé prendre à vos poissons d'avril ? Est-il vraisemblable que des dames un peu présentables acceptent à dîner chez un vieux libertin comme vous, qui n'êtes ni marié, ni veuf, ni garçon, mais qui me faites l'effet d'être tant soit peu déchiré ? » Son amour-propre était piqué. « Ah ! tu crois cela, m'a-t-il répondu ; eh bien, je te ferai voir le contraire. — Quand vous voudrez, fixez le jour. — Le jour, le jour ! je ne peux pas te dire, mais tu ne perdras rien pour attendre. » De sorte que le déjeuner en partie carrée n'est nullement tombé dans l'eau. De sorte que ma pauvre tante Jourdit pourrait bien perdre son pari. « Il n'y a qu'un embarras, dit le commandant, c'est que Pierre Lescot est à Paris. — Moi, je ne considère pas Pierre Lescot comme un embarras ; on l'enverra déjeuner n'importe où ce jour-là, et Pierre Lescot sera content. » Mon ami le peintre a vu ce Pierre-là hier soir ; il ne demeure plus avec Manon. Il a planté ses tentes à un ou deux kilomètres de là, à Montmartre. Ceci, joint à quelques renseignements inédits que J. Pellis m'a transmis sur Viennot, constitue pour aujourd'hui tout mon bagage cancanier. J'oubliais de vous dire que le bruit court par ici que c'est Bouny qui est chargé de faire le tableau pour votre église. En avez-vous entendu parler ? Trois pages et demie sans vous parler de moi ! De moi, hélas ! qui viens de faire mon purgatoire cette semaine ; de moi qui viens de déménager ! J'ai eu quelques frais de meubles, de rideaux, de transport. Quelques frais qui montent même un peu haut, mais je suis installé d'une manière durable. Je pourrai rester ici jusqu'au moment où je m'établirai pour la clientèle ou pour le mariage, ces deux éteignoirs de la science ! J'apprends avec un vif plaisir l'amélioration du petit Élie. Je crois néanmoins que sa mère ferait bien de passer par Paris en allant à Metz.

Adieu, chers parents, je vous embrasse de tout cœur.

1851.

Chers parents,

Nos deux dernières lettres se sont croisées ; l'arrivée de Virginie à Paris a interrompu la régularité de notre correspondance. Toutes les fois que je puis disposer de quelques instants, je vais voir Virginie qui, heureusement, ne demeure pas loin de chez moi. Ce soir je ne l'ai pas trouvée ; elle est allée passer la journée chez le proviseur de Versailles ; je vous consacre donc les instants que je lui destinais. Le petit Élie va incomparablement mieux ; il se fortifie chaque jour, reprend des couleurs et se redresse à vue d'œil. Mme Seigneuret est partie pour Metz avec le petit Georges, de telle sorte que maintenant la vie est supportable ici pour Virginie. Mais, dans les premiers jours, la pauvre femme a été rudement éprouvée. Élie lui donnait de graves inquiétudes ; le petit Georges, qui est un démon, ne lui laissait pas un instant de tranquillité ; l'humidité de la route lui avait donné une ophtalmie aiguë, qui a nécessité l'emploi du nitrate d'argent ; avec tout cela Mme Zévort, sur laquelle on comptait un peu, se trouvait retenue en province. Je vous assure que si cet état de choses eût duré, je me serais décidé à prier sérieusement tante Magdeleine de venir à notre aide. Heureusement que Mme Seigneuret est arrivée, qu'elle a emmené Georges, que le nitrate d'argent a vaincu l'ophtalmie, que le fer et les côtelettes ont remis Élie sur pied. Donc le moment de l'orage est passé. Je ne dis pas cela pour empêcher tante Magdeleine de partir, et dans cinq ou six jours Virginie pourra s'embarquer pour Metz. Quant à moi, je n'ai vu personne depuis un mois; mon déménagement et l'arrivée de Virginie ont absorbé tout ce que je pouvais économiser de mes occupations non interrompues. J'ai reçu la visite de Pitre, qui m'a annoncé qu'il était sur le point de partir pour Bordeaux. Il voyage dans les aciers, m'a-t-il dit. De plus, j'ai reçu il y a une quinzaine une invitation de Mme Bonvier, qui m'invitait à dîner avec M. et Mme Dezeimeris. Enfin, un des jours de la semaine dernière, j'ai dîné avec Virginie chez Mme Cadars. J'ai donc commencé légèrement ma phrase en écrivant que je n'avais vu personne. J'apprends avec chagrin le triste accident arrivé à Amanieu, donnez-moi de ses nouvelles. Quelque plaisir que ce fût pour moi, chère maman, je n'irai pas voir l'exposition de Londres; il est même douteux que j'aie le temps d'aller aux Pyrénées; je suis attelé à une lourde chaîne, il faut que je me prépare pour les trois concours qui auront lieu de 1852 à 1853 : le bureau central, la place de chef des travaux, l'agrégation. Le premier et le troisième de ces concours seront pour moi très sérieux, et le second aura une grande importance, quoique ma nomination ne soit pas possible, parce qu'il précédera immédiatement le concours de l'agrégation et qu'il me servira de titre antérieur. En attendant, je continue, pendant le semestre d'été, mes cours de chirurgie que je terminerai complètement vers le milieu d'août. J'avais choisi l'heure de quatre à cinq, qui est très convenable sous tous les rapports; il n'y avait à cette heure-là à la Faculté qu'un seul cours que les élèves ne suivent guère, le cours d'anatomie pathologique de M. Cruveilhier. Mais voilà qu'il y a dix jours il plaît à M. Cruveilhier de changer d'heure avec M. Roger, qui fait le cours de pathologie interne; or, ce cours s'adresse précisément aux mêmes élèves que le mien; et un grand nombre de mes auditeurs sont venus me prier de changer d'heure. Malheureusement ce changement n'allait pas à tout le monde; j'ai dû consulter mon auditoire; les deux tiers des élèves ont demandé la conservation de l'heure actuelle; j'ai donc dû m'y résigner, mais j'ai perdu à ce manège une partie de mon public. Néanmoins mon amphithéâtre est loin d'être vide, et mon cours est actuellement, avec celui de M. Monneret, le plus suivi de l'École pratique.

Papa me demande des nouvelles de l'affaire Alazard. Le temps m'a manqué pour la porter devant le ministre; l'inspecteur des tontines m'a dit que par lui-même il ne pouvait rien, et j'ai dû, faute de temps, payer tout ce qu'on m'a demandé. J'ai donc soldé 112 fr. 95. 100 francs pour les quatre annuités échues, ou rééchues, et 12 fr. 95 pour les chances de mortalité encourues par Alazard depuis trois ans qu'il est en retard. Je n'en dis pas davantage; le rouge me monte au front toutes les fois que je pense à ce coupe-gorge.

Adieu, chers parents, je vous embrasse affectueusement.

Votre Paul.

Mon mémoire sur le cancer sera définitivement imprimé dans les *Mémoires de l'Académie*. Je vais m'occuper dans une quinzaine de cette publication. J'aurai à retrancher, à châtier; la rapidité avec laquelle ce travail a été rédigé ne permet pas de le donner à l'imprimerie tel qu'il est. J'ai vu le secrétaire perpétuel; il m'a dit qu'on me confierait le manuscrit et qu'on me permettrait tous les changements de forme, à la seule condition de respecter le fond dans tous ses détails.

Encore de la besogne! Masson est décidé à faire de ce mémoire une seconde édition in-8°. Mais pour cela il faut d'abord qu'il paraisse dans les bulletins de l'Académie.

———

6 juin 1851.

Monsieur Émile Broca vous a appris, sans doute, que je me portais bien, et vous n'avez pas eu, je l'espère, d'inquiétudes sur mon compte. Je vous demande pardon, néanmoins, de vous avoir fait attendre cette réponse. Je n'ai pas grand'chose de nouveau à vous apprendre. Je n'ai vu personne, excepté la famille Cadars que je n'ai fait qu'entrevoir; Jules était enrhumé, il refusait de se soigner, sa mère voulait le tisaner. De là des discussions interminables. J'ai été appelé à rétablir la paix dans le ménage, et, afin de ménager la chèvre et le chou, j'ai prescrit un gilet de flanelle. Jules y a consenti, parce que ce n'était rien à boire; or, il avait juré qu'il ne boirait rien. Sa mère a été satisfaite parce que c'était un traitement, et elle avait juré que son fils ferait un traitement. Le gilet de flanelle a été couronné du plus brillant succès. Quel beau rôle! quelle noble mission que celle du médecin sur la terre! Quand je dis que je n'ai vu personne, j'oublie que j'ai vu Fouignet. Il est resté peu de jours à Paris; il en est reparti pour aller à Londres; il est probable qu'il repassera par ici vers la fin de cette semaine, à moins qu'il n'aille en Belgique pour l'affaire Bocarmé. Et puis, j'ai reçu avant-hier soir la visite de Paul Dupuy, qui revient plein d'ardeur pour son concours de l'internat. Il ne saurait manquer d'arriver, mais il eût mieux fait de prendre un congé moins long. Il venait de voir sa tante Brown, qui est, à ce qu'il paraît, dans un état désespéré. M. Thierry m'a appris que M. Georges Subervie était parti de Paris, mais il ne passera pas par Sainte-Foy. Une indisposition assez grave l'a retenu ici plus longtemps qu'il ne le pensait, et il a été obligé d'aller directement aux eaux. J'ai eu l'occasion de voir M. Thierry à propos d'un travail que j'avais fait autrefois, la veille de la révolution de février, sur les ossements qu'on a trouvés dans les fouilles faites au cimetière des Célestins. J'ai dû vous parler de cela dans le temps. La commission, après trois ans, s'est de nouveau réunie, et on m'a demandé mon travail que j'ai heureusement retrouvé; je n'ai pas eu le temps d'aller à la commission, qui tenait ses séances à l'heure de mon cours : c'est pourquoi j'ai porté le travail à M. Thierry; par la même occasion, je lui ai parlé de Mlle Élisa Forestié, qui va passer prochainement ses examens d'institutrice à l'Hôtel de ville. Il s'est trouvé que précisément M. Thierry était examinateur. Il n'est pas certain qu'il fasse partie du jury de Mlle Élisa, mais il pourra toujours la recommander quand elle passera. Je n'ai pas vu ces dames depuis la destitution de M. Jodin. La famille Jodin va sans doute quitter Sainte-Foy. Par un de ces phénomènes auxquels il faut s'habituer quand on se livre à l'enseignement, le nombre de mes élèves pour mon cours public, qui avait baissé de plus d'un tiers au commencement de l'été, recommence à s'accroître, et, malgré la chaleur, mon amphithéâtre est maintenant aussi plein que cet hiver. Je travaille activement depuis plus d'un mois à un travail de longue haleine sur les maladies des cartilages. Il est probable que, pour le terminer, j'aurai quelques expériences à faire ces vacances. Il me faudra quatre ou cinq lapins pour les premiers jours de mon arrivée. Que dis-tu de cela, ma pauvre tante Jourdit? Les Rochelais sont sans doute encore à Sainte-Foy. Qu'ils ne restent pas trop longtemps, afin de pouvoir vous donner plus de temps aux vacances. J'ai chargé M. Émile Broca de leur transmettre mes embrassades; veillez à ce qu'il s'acquitte de sa commission.

Adieu, mes chers parents, je vous embrasse tendrement.

Votre Paul.

Lundi, 16 juin 1851.

Chers parents,

Je recevrai probablement demain une lettre de vous; en attendant, je commence celle que je vous destine. J'ai oublié, je ne sais comment, dans ma dernière lettre, de répondre à une question très formelle que maman m'avait posée. Le silence était de l'ingratitude, surtout envers tante Jourdit, qui m'offrait des chemises avec tant de sollicitude. Je me suis trop bien trouvé des chemises de l'année dernière pour ne pas accepter votre proposition avec empressement. A vrai dire, je n'ai aucun principe ni même aucune répugnance contre l'institution des chemises. Ce qui est incompatible avec mon organisation, c'est d'être tripoté trois fois par semaine, pendant toutes les vacances, par Mme Clochère, qui me rabâche je ne sais combien de théories sur les ourlets, les saintes-céciles et sur l'art d'échancrer les chemises. Mais à Paris, c'est une autre affaire. Un artiste vous soumet à une inspection unique de deux minutes; cela lui suffit pour prendre les trois ou quatre principales dimensions de votre individu. Le reste est déduit par le calcul et par la géométrie. Rentré chez lui, l'artiste fait le plan de votre carcasse ; il se guide là-dessus pour construire votre enveloppe ; et puis, un beau jour, jour fixé d'avance, il arrive chez vous les chemises d'une main, le compte de l'autre. Il a soin de vous prendre à votre petit lever. Vous prenez au hasard, dans son paquet, une chemise quelconque et vous l'essayez. Si elle va bien, vous la gardez toute la journée. Si elle va mal..., mais elle ne va jamais mal. Voilà l'avantage de se faire faire des chemises à Paris. Par conséquent, ma chère tante Jourdit, cesse de t'inquiéter à cet égard. Ton cadeau sera reçu avec empressement et reconnaissance. En attendant, Paul Dupuy vient de me remettre un paquet de chaussettes d'été dont je commençais à avoir besoin ; en plaçant ces chaussettes dans mon tiroir, je me suis aperçu que je ne portais presque que des chaussettes de coton. Mon attention une fois attirée sur ce point, j'ai divisé mes chaussettes en deux paquets, l'un de fil, l'autre de coton, et désormais je porterai du fil. Merci encore pour ce produit de vos veilles. Vous verrez bientôt Fouignet à Sainte-Foy. Il est parti hier, mais il s'arrêtera en route pour voir les Guédon, ses anciens camarades de collège. Vous le verrez probablement dans une dizaine de jours. Il vous donnera de mes nouvelles, un peu anciennes, mais très satisfaisantes. Il y a aussi M. Roques qui retourne à Sainte-Foy, mais je ne l'ai pas vu ces jours derniers, et je crois qu'il partira sans pouvoir me rencontrer chez moi.

J'ai profité de Fouignet pour envoyer à Mme Destrilhes quelques morceaux de musique. Elle m'avait entendu déblatérer contre les donneurs de commissions et c'est à cause de cela, sans doute, qu'elle ne m'avait pas fait demander de la musique, comme nous en étions convenus. C'est pourquoi je lui en envoie d'autorité. Dans le paquet j'ai mis quelques brochures pour papa. Adieu, mes chers parents, je vous embrasse tendrement. Je garde la qua-. trième page pour répondre à votre très prochaine lettre.

Broca.

Mercredi matin. Je verrai avec plaisir le jeune couple que vous m'annoncez. Je ne réponds pas d'aller les voir souvent, mais du moins je serai heureux de les recevoir. Je n'ai rien à changer à ma profession de foi sur les chemises, mais j'ai à remercier de nouveau tante Jourdit pour l'abnégation dont elle fait preuve en me faisant préparer un parc à lapins. Je suis allé voir ma belle cousine et j'ai été assez malheureux pour ne pas la rencontrer. Je puis vous annoncer que Mlle Élisa Forestié a réussi à son examen. M. Thierry lui a donné un bon coup d'épaule. Je ferai la commission de maman auprès de Mme Cadars. Je ne puis m'empêcher de regretter l'aggravation qui s'introduit dans le langage et les allures de sa belle jeune cousine.

Adieu encore.

---

3 juillet 1851.

Chers parents,

J'ai reçu tout récemment la paire de lunettes que maman m'avait annoncée, tout sera fait comme il convient; j'ai déjà remis l'objet à Nachet, qui doit me faire deux paires de lentilles d'égale force. Quant au jeune couple, qui a bien voulu me remettre le petit paquet, je n'ai pas eu le plaisir de le voir; il est venu chez moi pendant mon absence et ne m'a pas laissé son adresse; cependant Matignon, que j'ai vu il y a deux jours, m'a dit qu'on pouvait les voir cité Bergère; c'est un peu loin, et de plus je ne sais pas à quelle heure on les trouve. De sorte que je n'y suis pas encore allé. Ma tante Jourdit a eu raison de prendre mon parti, et de me défendre contre les soupçons de maman. Il est très positif, croyez-le si vous le voulez, que je n'ai jamais eu la moindre répugnance pour me faire faire des chemises à Paris, et que ma lettre était commencée et même à peu près finie, lorsque j'ai reçu de maman une nouvelle et pressante invitation. Mme Cadars m'a annoncé qu'elle m'amènerait prochainement un chemisier, je l'attends de pied ferme.

J'ai reçu, il y a deux jours, d'un de mes amis, une carte pour aller gratis assister à l'inauguration du chemin de Poitiers. Malheureusement cela tombait sur le jour où je fais mon cours, et je n'ai pas voulu en profiter pour ne pas retarder l'époque où mon cours sera terminé. Ce sera, je pense, vers le 15 août. C'est alors que je partirai pour Sainte-Foy. J'aurai beaucoup de choses à faire d'ici là, surtout il faudra que je surveille l'impression de mon cancer, dont la première feuille est sous presse; mais cela marche bien lentement. Peut-être faudra-t-il que je corrige des épreuves depuis Sainte-Foy. En tout cas, j'ai beaucoup de choses à faire pour ces vacances. J'ai deux rédactions et une série d'expériences que je garde pour ce moment-là. Il dépend de vous de me garder un peu plus longtemps, c'est de tout disposer de manière à ce que je puisse travailler librement. Les choses étant ainsi, je pourrai rester avec vous jusqu'au 15 octobre; mais si je ne puis travailler là-bas, je serai obligé de revenir beaucoup plus tôt.

Adieu, chers parents, je n'ai pas d'autre nouvelle à vous donner. Je vous embrasse tendrement.

Broca.

Juillet 1851.

Chère maman,

Je n'ai pas encore vu M. et Mme Marrot; je ne sais même pas si je les verrai et si je pourrai leur remettre tes lunettes; en tout cas, tu n'attendrais pas longtemps, puisque je vais avoir sans doute plusieurs occasions d'ici à la fin de l'année. Je me suis empressé d'aller chez Charrière prendre un instrument propre à tailler les rosiers; ne vous occupez pas de vous en procurer un autre. J'apprends avec plaisir qu'il me sera possible de travailler là-bas. Mais il m'est venu une idée que je vous soumets, sans vouloir en rien vous faire de cela une condition *sine quâ non* de mon séjour parmi vous. Je serais très heureux d'avoir un laboratoire indépendant du tracas de la maison, et surtout un laboratoire dans lequel il me fût possible de me remuer le soir sans réveiller tante Jourdit. Or, le local dans lequel nous faisions des armes me conviendrait pour cela parfaitement. Cela vous sert de grenier à bois et de séchoir. Mais ne serait-il pas possible de faire placer une petite cloison avec une petite porte qui me laisserait tout au bout un petit laboratoire donnant sur la rivière? J'aurais là tous les éléments du travail, de l'isolement, du silence et aussi du jour. Du reste, il me vient une autre idée, qui me paraît préférable. Au-dessus de mon ancienne salle d'armes, il y a un local tout semblable, où je n'ai jamais mis les pieds, mais que j'ai tout lieu de croire inoccupé. Ce serait là qu'il me paraîtrait le plus facile de faire ledit laboratoire.

Je pense qu'Élie sera à Sainte-Foy quand cette lettre vous parviendra. Restera-t-il longtemps à Paris? A-t-il des affaires à terminer ici? ou ne fera-t-il que passer? En tout cas, qu'il m'écrive à l'avance pour me dire comment et à quelle heure il arrivera. J'accepte avec plaisir l'honneur d'être le parrain de son prochain rejeton, mais je ne vois pas trop quand se fera le baptême, puisque Virginie m'a affirmé qu'elle ne viendrait pas à Sainte-Foy cette année. Je viens de faire une grande entreprise. Il faut absolument que je sache l'allemand; donc j'apprends l'allemand. J'ai acheté hier une grammaire et un dictionnaire. Je sais déjà lire, mais il paraît que c'est une étude très longue. Je suis décidé à ne pas prendre de maître. Les maîtres de langues me feraient perdre mon temps, ils emploieraient avec moi les méthodes destinées aux enfants, et il s'écoulerait plus d'un an avant qu'il me fût possible de lire un livre allemand. Tout seul, au contraire, je pourrai commencer à traduire d'ici à peu de jours. Connaissant déjà plusieurs langues et pouvant les comparer à ma nouvelle étude, il me paraît que dans trois ou quatre mois je pourrai m'abonner à un journal de médecine allemand. L'essentiel serait de pouvoir consacrer à cela deux heures par jour. Je ne le puis guère ici, mais quand je serai à Sainte-Foy, j'aurai un peu plus de temps.

Je n'ai vu personne depuis ma dernière lettre. Adieu, je vous embrasse affectueusement.

BROCA.

Juillet 1851.

Chers parents,

Élie est ici depuis deux jours et pour peu de temps seulement ; peut-être même partira-t-il ce soir. Il n'a pas trouvé les personnes qu'il était allé voir, excepté l'un des fonctionnaires d'Alger qui est de passage à Paris et qui a vu pour lui il y a quelques jours le ministre avec lequel il est lié. Le ministre a pris l'engagement de ne pas accorder le déplacement d'Élie. Mais peut-être, à l'heure où je vous écris, ce monsieur n'est plus ministre. Le ministère s'est écroulé hier à l'Assemblée, et on disait déjà depuis deux jours que le Président de la République cherchait à s'en débarrasser. Il veut maintenant faire rétablir le suffrage universel, afin d'obtenir de la gauche une révision que la gauche lui a refusée. On avait déjà désigné un certain ministère Barrot et compagnie, et on a remarqué hier que plusieurs bonapartistes avaient voté contre le ministère. Quoi qu'il en soit, il me paraît certain que la politique à outrance a fait son temps et que le ministre de l'instruction publique, quel qu'il soit, ne pourra pas déplacer un fonctionnaire sous le seul prétexte de religion. Ce serait donc librement qu'Élie quitterait Alger ; il reviendra du reste à Paris vers le milieu d'août ; messieurs les universitaires qui sont à la campagne seront de retour à cette époque. Ceci dit, parlons d'autre chose. Il est probable que M. Cadars viendra passer un mois, et je m'en félicite parce que son fils restera à Paris. Je serais désolé que cela sortît de notre intérieur, mais je dois déclarer que jamais, à aucune époque, le pauvre Jules ne m'a paru aussi insupportable. Autrefois il n'était que bête et ennuyeux, maintenant il est plein d'importance; il a puisé je ne sais où un orgueil incompréhensible, orgueil qui porte sur tout, jusques et y compris la littérature et les sciences. Son père, au contraire, continue à être le meilleur homme du monde, de sorte que je l'ai beaucoup plus invité que son fils. Je n'ai pas vu le chemisier que j'attends tous les matins; Mme Cadars ne l'a pas encore convoqué chez moi; mais, à coup sûr, les chemises seront terminées avant mon départ. Élie m'a dit que vous consentiez à me faire faire un laboratoire; j'ai besoin de vous en écrire longuement, parce que je désire que ce petit cabinet soit prêt à me recevoir lorsque j'arriverai à Sainte-Foy. Or, il ne vous restera guère que quinze à vingt jours pour faire faire ce travail, et ceci n'est certes pas trop dans une ville de lambins comme la nôtre. Seulement, maman me demande si je désire que le laboratoire soit placé à l'entresol ou au premier. Ce sera comme vous le déciderez; souvenez-vous que ce cabinet me servira toujours et qu'il serait fâcheux plus tard de regretter certaines économies qui, en aucun cas, ne peuvent être considérables. Tenez compte :

1° De la hauteur du plafond. Je ne me souviens pas de cette hauteur pour la chambre d'en haut. Si c'était trop bas, ce serait un motif très important de prendre la chambre d'en bas.

2° Surtout, comparez la lumière. Les fenêtres doivent être égales; cependant il serait possible que celle d'en bas fût un peu plus grande.

3° Aucune de ces conditions n'existe en faveur de l'entresol, le premier étage me paraît préférable de toutes les façons. C'est plus à portée de mon appartement, c'est plus éloigné du jardin; on me verra, on m'entendra moins depuis le jardin. Enfin, c'est un peu plus haut et, par conséquent, un peu plus éclairé et la vue est plus belle. Tous ces avantages ne pourraient être compensés que par de graves inconvénients, que je vous laisse apprécier et que je livre à votre sagesse.

Faites donc à votre guise; mais si vous voulez ne pas faire les choses à demi, si vous voulez être généreux jusqu'au bout, faites venir les ouvriers le plus tôt possible, afin que tout soit prêt quand j'arriverai. Je n'aurai pas fini ma publication aussitôt que je le pensais; je n'irai décidément pas en Angleterre.

Adieu, mes chers parents; je vous embrasse affectueusement. J'ai reçu les 10 francs de mon pauvre père, qui ne veut donc pas que je lui donne des lunettes. Je vous embrasse.

Broca.

Mardi soir. Je viens de mettre Élie en voiture. Comme il vous a écrit aujourd'hui, je n'ai pas à vous entretenir du résultat très satisfaisant de ses entrevues avec le ministre et avec M. Lesieur. Son affaire est sûre maintenant et il ne reviendra pas à Paris. Je n'ai pas autre chose à vous dire. Adieu encore.

Paris, 15 octobre 1851.

Chers parents,

Je ne suis arrivé à Paris qu'hier à neuf heures du soir, et non à trois heures de l'après-midi comme je l'avais supposé. Nous sommes restés en route six heures de plus qu'en allant de Paris à Bordeaux à cause des heures de départ du chemin de fer. Je suis assez bien rétabli de la fatigue du voyage. Le premier jour j'ai beaucoup souffert de la chaleur; un voyageur est heureusement descendu de la banquette à Montlieu et j'ai pris sa place jusqu'à Angoulême, où une surprise m'attendait. Par le plus grand hasard du monde, Paul Brunet, qui avait arrêté sa place depuis sept ou huit jours, avait obtenu la place n° 5 de l'intérieur, c'est-à-dire qu'il était précisément à côté de moi. Jugez quel a été mon étonnement de l'entendre appeler à Angoulême et de le voir s'asseoir à mon côté. Je n'ai vu personne encore parmi les gens de votre connaissance. Je me suis levé assez tard. A midi, j'ai ouvert mon pavillon qui est déjà plein; plein d'élèves, veux-je dire, car les cadavres manquent complètement; la disette des sujets est plus grande que jamais et je ne sais vraiment pas comment on fera l'anatomie cette année. Je suis allé chez Charrière prendre les renseignements que papa désire. Il faudra une plaque concave garnie, et fixée à une ceinture et à des courroies obliques. Il faut pour cela que papa m'envoie très promptement les dimensions exactes, non point de la tumeur, mais de tout l'organe malade : largeur, hauteur, prises au compas, plus la demi-circonférence prise avec un fil dans le point culminant, suivant une direction transversale. Cela est nécessaire pour déterminer le degré de concavité de la plaque. Les autres dimensions ne sont pas très nécessaires, grâce au système des courroies et des boules. Je crois avoir laissé à Sainte-Foy une *épreuve* de quatre planches de mon atlas; deux de ces planches sont imprimées en couleur. Elles forment un cahier blanc, sans couverture imprimée. Je n'ai pas besoin de ces épreuves, mais j'ai un besoin urgent d'un ou deux feuillets écrits de ma main et renfermant des explications du texte. Ces deux feuillets se trouvent dans le fascicule des épreuves. Si vous les trouviez, il faudrait me les envoyer par la poste. Cela doit se trouver soit dans la bibliothèque, soit dans ma chambre; je suis à peu près sûr de ne pas l'avoir laissé dans mon laboratoire et je serais très étonné de l'avoir mis dans la caisse du roulage, parce que je savais que j'en aurais promptement besoin.

Adieu, chers parents; il est bientôt quatre heures, et il faut que je ferme ma lettre. Je vous embrasse tendrement.

BROCA.

En relisant ma lettre, j'y trouve toutes sortes d'absurdités de rédaction. J'en conclus que je m'endors encore un peu, et je vais me jeter sur mon lit.

Novembre 1851.

Chers parents,

Me voilà lancé de nouveau dans mes occupations les plus multipliées. J'ai recommencé cette vie haletante dont je me trouve si bien et à laquelle mon être est tellement habitué que je deviens malade quand je la quitte. La publication de mon cancer marche avec rapidité; il se trouve que j'ai largement dépassé les limites permises; au lieu de 200 pages, j'en ferai 320 *au moins*. Baillière fait la grimace, mais il faut qu'il avale cette pilule qui ne lui coûtera guère qu'un billet de 700 à 800 francs; aussi m'a-t-il dit qu'il ne me donnerait que cinq exemplaires tirés à part; mais Masson s'entend avec l'imprimeur qui lui tire en sus deux épreuves à verso blanc, afin que je puisse tailler là dedans avec des ciseaux pour l'édition in-octavo, revue et augmentée, que je lui ai promise. Je vous ai dit, je crois, que des difficultés particulières nous avaient mis dans la nécessité de faire notre cours d'anatomie par association dans un local de l'École pratique, au lieu de le faire dans notre laboratoire comme je vous l'avais annoncé. Bien nous en a pris, car voilà déjà que le pavillon que le chef des travaux anatomiques a mis à notre disposition, pavillon bien plus grand que notre salle de la rue Hautefeuille, se trouve à peu près rempli, quoique nous n'en soyons qu'à la troisième leçon. J'ai commencé les os et les articulations et Follin a commencé les muscles, nous alternons pour faire six leçons par semaine. J'ai donc trois heures de cours par semaine. De plus, à partir de mardi prochain, je commencerai mon cours de chirurgie, ce qui me fera trois autres heures de cours par semaine, ce qui n'est déjà pas mal pour un homme seul. Le concours de l'internat est commencé depuis hier. Un de mes bons amis est juge titulaire et j'irai le voir demain pour Dupuy. Il est probable que Paul a déjà écrit à ses parents. En tout cas, vous pourrez dire à son père qu'il est content de sa composition écrite. Tout annonce qu'il sera reçu dans un bon rang. Cet original de Jean Eschauzier n'a écrit, depuis que son neveu a quitté la Tremblade, ni à lui ni à moi. Voilà près de quinze jours cependant que je lui ai adressé une lettre qui ne souffrait pas de retard. Mais je lui disais qu'Édouard, pressé d'être bachelier ès sciences, devait prendre un répétiteur. Il s'agissait de dépenser une centaine de francs ; il a trouvé le breuvage amer. En attendant, par économie, le neveu perd son temps comme il l'a perdu pendant deux ans à Rochefort, où, par économie aussi, il ne dépensait que 1,200 francs par an. Samedi dernier, jour d'une multitude de saints, l'École pratique, qui se fait ermite en vieillissant, était fermée ; je suis parti avec Breton pour aller rendre visite à son cousin Jourdier. Il faisait un temps superbe, et nous avons voulu chasser ; mais nous n'avons rien vu et nous nous sommes occupés à faire tourner une girouette à coups de fusil.

Je n'ai pas encore vu le général. Je me suis souvenu, après coup, qu'il m'avait invité à dîner pour le 3 novembre; j'irai bientôt m'excuser d'avoir manqué au rendez-vous. Je ne suis pas aussi fort que M. le comte de Monte-Cristo, lequel prenait rendez-vous un an à l'avance pour dix heures et demie précises de Rome à Paris.

Quant à Mlle Sturm, j'aurai peut-être bientôt de ses nouvelles. J'ai vu Bouny il y a peu de jours, elle n'était pas encore arrivée. Grand bien vous fasse ma clé de montre; n'ayant aucune foi dans l'instrument d'Armandon, j'avais acheté une autre clé quelques jours après mon retour. Il était juste, du reste, qu'un instrument que j'ai glorifié et harmonisé me rendît service à son tour. Un bienfait n'est jamais perdu, dit un proverbe qui souffre trop d'exceptions. Adieu, chers parents, je vous embrasse tous affectueusement.

Broca.

Je n'ai pas de nouvelles de ma chemise brodée. Je m'étonne de ne pas recevoir ma caisse du roulage, qui devait parvenir ici dans huit jours au plus.

Novembre 1851.

Chers parents,

Léon Dupuy, que je n'ai pas encore vu, m'a fait remettre par Devals la clé de montre que je dois à l'habileté de mon ancien professeur de natation. Si cette clé pouvait servir à papa. je regrette que vous ne l'ayez pas gardée; ma lettre ne vous est sans doute parvenue que lorsque Léon a été parti. Je me trouve à la tête de deux clés, mais la loi n'interdit pas ce genre de bigamie. Voici, — puisque maman insiste sur des détails que je croyais vous avoir donnés dans une précédente lettre, — voici, dis-je, de quelle manière se font nos cours particuliers. Nous ne faisons qu'un cours d'anatomie, nous le faisons à trois; il y a une leçon tous les jours. Chacun traitera une ou deux subdivisions de la science anatomique. C'est un cours gigantesque qui n'a jamais eu d'analogue, et qui ne peut être fait que par association. Les élèves verront dans l'hiver, c'est-à-dire d'ici au 1er mai : anatomie descriptive, générale, microscopique, chirurgicale, régionale et philosophique. Follin et moi avons commencé. Quand Follin aura fini sa partie, car il aura fini avant moi, Verneuil en prendra une troisième; puis, quand j'aurai fini à mon tour, Follin, devenu libre, me relèvera, jusqu'à ce que je relève Verneuil. Notre cours d'anatomie se fait dans nos pavillons de l'École pratique. Il n'y a pas assez de jour dans les amphithéâtres. Le local est passablement grand, mais il est entièrement plein. Nos élèves particuliers de dissection suivent le cours *gratis*, mais ils nous payent 30 francs par mois pour les dissections. Il y en a trente-six. Chacun de nous introduit en sus un préparateur, total : trente-neuf. Puis, il y a eu trente élèves qui se sont inscrits dans le premier mois et qui ont payé chacun 10 francs en prenant leurs cartes. De manière que nous parlons devant environ soixante-dix élèves. Nous gardons nos pièces dans l'esprit-de-vin, et nous les utiliserons l'année prochaine; ce seront alors de véritables pièces de musée et la police ne pourra plus nous empêcher de faire nos cours en ville. Indépendamment de ce premier cours, j'en fais un second qui est public; c'est un cours de chirurgie comme l'année dernière. Je termine cette année toute la partie de la chirurgie que je n'ai pas faite l'an passé, c'est-à-dire la chirurgie spéciale ou des régions. Je puis du reste vous annoncer que mon amphithéâtre, le plus grand de l'École pratique, regorge littéralement d'auditeurs, dont une trentaine restent debout. Mais c'est une satisfaction à laquelle je suis maintenant habitué et qui ne m'émeut pas autant que l'année dernière. Puis, nous faisons des conférences aux hôpitaux pour le concours du bureau central; ce qui me fait environ sept heures de discours suivis par semaine. Si, avec cela, je n'arrive pas à faire de bons concours, c'est que décidément je ne suis bon à rien. Mon mémoire continue à s'imprimer. Martinet prétend, au grand déplaisir de Baillière, qu'il y aura de 320 à 350 pages in-4º, au lieu de 220 sur lesquelles l'autre comptait. Il y a déjà 192 pages d'imprimées. Paul Dupuy n'est pas mécontent de sa question écrite, par conséquent elle est bonne. Il n'a pas encore lu. Devals a subi son épreuve orale pour le concours de l'externat. Cent candidats ont déjà passé, et il a jusqu'ici le maximum qui ait été donné, c'est-à-dire 14 points sur 15 qui constituent le grand maximum. Il travaille beaucoup, retient bien et parle avec facilité. Il faut qu'il soit interne l'année prochaine. Dites cela à Blanzac! Adieu, chers parents, je vous embrasse affectueusement.

BROCA.

Je pense que vous recevez régulièrement l'*Événement* que je vous fais expédier chaque matin, quoiqu'il devienne ennuyeux depuis l'incarcération des principaux rédacteurs.

P.-S. — Je rouvre ma lettre pour vous accuser réception de la vôtre. Notre correspondance est désormais régularisée. Quel que soit son neveu dont les allures me plaisent peu, Jean n'en est pas moins un fier original. Il a enfin répondu à ma lettre. Je lui avais annoncé que j'avais avancé de l'argent à Édouard, il ne me parle même pas de ces sommes, ne me dit rien de ses projets, ni de ce qu'il enverra à son neveu, ni de l'époque où il l'enverra, ni de la personne à qui il l'enverra. Je lui avais dit que son neveu était arrivé ici sans vêtement d'hiver, il ne me dit pas le contraire. En attendant, il a fallu payer l'inscription du jeune homme, puis payer sa chambre et sa pension. Jean sait tout cela, Jean se tait. Un beau jour la patience va me manquer, et alors gare. Savez-vous de quoi il me parle tout au long dans sa lettre? « J'ai quatorze neveux ou nièces, ma fortune est peu de chose pour cela; dites-lui d'être économe, etc. » Imbécile! Ne vaudrait-il pas mieux me dire : Ne lui donnez pas au delà de tant par mois. C'est la plus probante leçon d'économie. Voilà ton mois. *Tiro tè d'aquy.*

Lundi matin, 8 décembre 1851.

Je ne vous ai pas écrit hier, j'ai pensé que vous aviez cessé de vous inquiéter sur mon compte. Je n'ai rien à vous dire. Rien! Le silence est quelquefois plus éloquent que les phrases. Le mien a une signification qui ne vous échappera point, ou plutôt, j'ai à vous parler de ma caisse de livres, je l'ai reçue. Le numéro de ma rue n'était pas sur l'adresse. De là le retard. Adieu.

Je m'impatiente de ne pas recevoir de lettre de vous.

Paris, 18 décembre 1851.

Chers parents,

Je me porte bien ; j'ai repris tous mes travaux. Mon mémoire sur le cancer a paru, je vous l'enverrai par première occasion. Il a 365 pages in-4°. Devals a encore été le premier pour la seconde épreuve. Dans ce moment-ci il tient le premier rang. Dupuy a été moins heureux. Il sera sur la limite des nominations. Il désespère, mais il a encore quelques chances d'être nommé. Je n'ai pas d'autre nouvelle à vous apprendre.

Broca.

Paris, 29 décembre 1851.

Je n'ai pas répondu directement à ta bonne lettre, ma chère tante, parce que je ne disposais que de peu d'instants et que ta sollicitude méritait une lettre plus détaillée que ne l'était ma dernière. Il y a maintenant un peu plus de calme ; les missives circulent plus librement. Il y aurait peut-être quelque inconvénient à parler des affaires publiques, mais je crois pouvoir vous parler maintenant des miennes. Tes craintes sur mon compte étaient fondées, mais elles ne se sont pas réalisées. On a profité du fait insurrectionnel pour arrêter les hommes qu'on supposait capables d'exercer sur les élections une certaine influence. C'est ainsi qu'un de mes collègues, très répandu parmi les étudiants, a été privé de sa liberté jusqu'à ce matin. On relâche maintenant tous ceux qui n'ont fait partie d'aucune société secrète, et qui n'ont pris aucune part à l'insurrection. On est donc certain aujourd'hui de ne plus être arrêté ; mais, à l'époque où ta lettre m'est parvenue, je ne sortais jamais sans avoir sur moi un manteau, quelques pièces d'or, une écritoire portative et du papier blanc, c'est-à-dire ce qui était propre à me rendre supportable le séjour de la prison. J'étais bien sûr d'être resté étranger à tout mouvement politique, j'étais même en mesure de prouver que je n'avais pas quitté l'Hôtel-Dieu depuis le premier jour. Mais les arrestations en pareils jours se font quelquefois au hasard. Il suffit d'une ressemblance, ou d'un rapport fait par un agent secret auquel on a le malheur de déplaire, pour être pendant quelques jours logé et alimenté aux frais du gouvernement. Quant à la seconde recommandation, elle est parfaitement inutile. Je n'ai pas besoin de calmer ma tête exaltée ; je suis corrigé des préoccupations politiques. Notre pays ne vaut plus la peine qu'on s'occupe de lui. La noblesse est usée, la bourgeoisie est pourrie, le peuple est bête. Que restera-t-il de la France ? Une poignée d'hommes intelligents, qui ne sont ni avocats ni banquiers, qui n'ont rien à gagner ni rien à perdre aux changements de gouvernement, qui se sont groupés autour du principe démocratique avec abnégation, dans l'intérêt des classes opprimées, qui ont consenti à se laisser traiter de démagogues par vous autres conservateurs effrayés, et qui un beau jour se sont vu traiter d'aristocrates par ce bon peuple ignorant qui s'est aperçu qu'il portait des habits. Le peuple ! A la nouvelle du coup d'État, il se lève en masse dans certains départements, puis le lendemain il vote à l'unanimité pour l'homme qui a fait le coup d'État. L'ouvrier de Paris ! il tapisse sa mansarde avec les portraits de Victor Hugo ou de Michel de Bourges ; puis il apprend un jour que Michel est en prison et Hugo en exil, et il est enchanté, et il approuve tout cela par son vote. Certes, je ne veux pas excuser l'apostasie, mais je conçois maintenant comment tant d'hommes qui ont dû leur position et leur célébrité à leur popularité justement acquise, sont devenus ensuite les plus cruels ennemis du peuple. Je comprends que d'autres en viennent à mépriser l'humanité, puisque j'en suis venu à la plaindre de sa sottise et à ne plus la prendre au sérieux. J'admets que d'autres deviennent égoïstes, puisque je suis devenu indifférent! Dieu me garde d'aller plus loin dans cette voie déplorable.

Voici venir l'année 1852. C'est pour moi l'année de la vraie bataille, l'année des concours. En février, le concours des chirurgiens du Bureau central. En juin, le concours de chef des travaux; puis, l'hiver suivant, le concours de l'agrégation. La mort de mes protecteurs et de mes maîtres, de Blandin, de Leuret, de Marjolin, m'a laissé à moi-même. Je serai seul, en butte à toutes sortes d'intrigues. Je compte donc sur plus d'un échec. Mais qu'importe! j'ai de la santé, du courage, de la jeunesse, je puis attendre longtemps s'il le faut. Mes cours et mes publications me rapporteront toujours de quoi vivre, et il faudra bien, tôt ou tard, qu'on me fasse place au soleil. Voici mon état moral; il est de nature, bonne tante, à calmer tes inquiétudes, et, je l'espère, à les calmer pour longtemps. Et, puisqu'une nouvelle année va s'ouvrir, que cette lettre vous porte à tous mes vœux et mes espérances. Dans la position tranquille et heureuse où vous êtes, il est difficile de faire pour vous un autre vœu que celui-ci : la santé de vous et de ceux qui vous sont chers.

Charge-toi, ma chère tante, d'être mon interprète auprès de toute la famille, y compris, bien entendu, la famille de mon oncle, Méloé et Thérèse. Adieu. Je vous embrasse tous affectueusement.

PAUL.

NOTA. — L'année 1852 tout entière manque; elle contenait, outre les appréciations des événements politiques, celles concernant un concours du Bureau central des hôpitaux annulé sur la réclamation de la presque totalité des candidats.

Cette correspondance a, sans doute, été détruite intentionnellement à cause du danger qu'il pouvait y avoir à la conserver à cette époque de perquisitions et de commissions mixtes.

23 février 1853.

Chers parents,

Il y a bien longtemps que je ne vous ai écrit. J'attendais de pouvoir vous donner des documents exacts sur la composition du jury de l'agrégation. Cinq professeurs sont connus, il y a encore deux agrégés à désigner, c'est le ministre qui s'en chargera; il choisira sur six noms que la Faculté lui a envoyés, et je sens que mon affaire dépend presque exclusivement de ce choix. En effet, parmi les six noms de la liste, il y en a au moins deux qui assureraient, *quoi qu'il pût arriver*, la nomination de Demarquay. Et vous avez pu vous assurer, l'année dernière, que je ne me trompe guère dans ce genre de prévisions. Or, j'espère assez peu, attendu que les influences de Demarquay porteront probablement le ministre à choisir les deux juges en question.

Autre nouvelle : le concours du Bureau central commence le 26 mars, il durera jusqu'à la fin d'avril, parce qu'on a pris des mesures cette année pour rendre la marche de ce concours beaucoup plus rapide. Le concours de l'agrégation, qui commence le 7 mars, ne sera, au contraire, terminé qu'à la fin de mai. D'où il suit que, pendant cinq ou six semaines, je serai tiraillé entre deux concours simultanés. Puissé-je ne pas faire comme l'âne de Buridan !

J'ai reçu cette semaine la visite de M. Tivoli Espic. Il est venu conduire sa femme à Paris. Il sera encore ici à la fin d'avril, se réservant seulement de faire d'ici là un voyage à Bordeaux de sept à huit jours. Or, en apprenant que papa allait venir à Paris, il a tressailli de plaisir, et a annoncé l'intention de lui écrire, afin d'obtenir de lui qu'il avance un peu son voyage.

Vous avez donc fini par vous décider à faire sauter la paresseuse jeunesse de l'endroit, cet événement a été dans toutes les bouches. Un bal à Sainte-Foy, quel prodige! tout le monde m'aborde en me demandant si c'est bien vrai.

Puis, on dit encore que la famille Broca se fait remarquer par sa dissipation; que les dames Broca sœurs reçoivent dans leur salon *du Nord*, de même que Sa Majesté l'empereur reçoit aujourd'hui dans le pavillon de Flore et demain dans le pavillon de Marsan; que vous faites des boucheries de tartelettes, etc., etc. De pareils changements présagent quelque terrible révolution.

Pendant ce temps, je pioche paisiblement dans mon coin, laissant passer sur ma tête les réjouissances dont le carême semble prendre désormais la propriété exclusive. Une fois par semaine, à peu près, je vais dîner chez Élie. Hier, par exception, j'ai dîné chez M. Cadars, mais il s'agissait d'une dinde truffée arrivant de Gaillac. Je termine mes travaux les plus urgents, parce que les concours vont bientôt me couper bras et jambes.

Il faut, avant de quitter la plume, que je vous raconte un mot de M. Georges, dont je suis décidément le favori.

On a fait, dans ces derniers temps, toutes sortes de plaisanteries, de calembourgs et de quatrains sur l'impératrice et l'empereur. La Montijo était comtesse de Téba et on prétendait que, l'empereur s'étant enrhumé, son oncle Jérôme lui avait dit : « Mon neveu, couche avec *tes bas*. »

Un jour, Virginie mettait Georges au lit. Elle voulait le déchausser. « Maman, moi garder mes bas. » Virginie fait à son fils toutes sortes d'observations raisonnables sur la nécessité de se déchausser en se mettant au lit. « Non, dit l'enfant, moi faire comme monsieur l'empereur : il couche avec ses bas, moi aussi coucher avec mes bas. »

Sur ce, je vous embrasse tendrement en exprimant à papa tout le contentement que j'éprouve en pensant à sa prochaine visite.

Votre Paul.

Paris, 9 mars 1853.

Mon cher père,

La bataille est engagée. Hier, nous avons fait notre question écrite. Aujourd'hui, les lectures ont commencé. Richard, Demarquay et Désormeaux ont déjà lu. Trois autres liront vendredi; mon tour ne viendra que lundi prochain.

Prenons les choses de plus haut. Le jury ne me convient guère. Le parti Demarquay est très fort. Cloquet, qui ne fait pas son cours depuis douze ans et qui touche toujours ses appointements, dépend du gouvernement, puisqu'un trait de plume peut le destituer sans réclamation possible. Nélaton est rase-poil au premier chef. Laugier a horreur du microscope où Demarquay n'a jamais mis l'œil; d'ailleurs, il se laissera mener par Nélaton. Cazeaux, agrégé d'accouchements, est intimement lié avec Demarquay; d'ailleurs, il est l'ennemi de Depaul, parce que Depaul est accoucheur comme lui, et la loi des coteries veut que Cazeaux déteste les amis de Depaul. Voilà déjà quatre voix pour Demarquay. Si Laugier l'abandonnait, il restera encore Gosselin dont la mollesse est proverbiale, et dont le grade de chirurgien-major a été obtenu par Demarquay.

Voilà un triste contingent pour moi. Il reste Gerdy et Malgaigne, qui me soutiendront *si je fais bien;* j'ai, du moins, lieu de l'espérer. Demarquay plongera-t-il? Je l'ignore. La copie qu'il a lue aujourd'hui est meilleure, je dois l'avouer, que toutes ses épreuves de l'année dernière. Mais elle est encore pâteuse et pleine de désordre, avec quelques erreurs çà et là. J'aurais bien voulu pouvoir lire après lui, mais le sort en a décidé autrement.

Toutefois, je ne perds pas toute espérance. Il y a de ces chutes dont il est bien difficile de se relever lorsqu'elles ont lieu en pleine École de médecine.

Hier, on nous a donné la question. Par je ne sais quelle anomalie, les accoucheurs concourent avec nous. Cela n'a pas empêché de donner dans les concours précédents des questions *scientifiques*. Mais cette fois le parti Demarquay a prétendu que les accoucheurs ne pouvaient pas connaître à fond la science chirurgicale; toutes les questions scientifiques ont été systématiquement écartées sous ce prétexte.

On propose : *Structure des os, parallèle des fractures dans les os longs, courts et plats.* Cette question, dit l'un, n'est pas *pratique*. Eh bien, alors : *Structure des artères, parallèle et appréciation des divers moyens hémostatiques.* C'est plus pratique, dit un autre, mais votre *Structure des artères* est à l'avantage des micrographes. J'ai trouvé une question comme il vous la faut : *Aponévroses de l'œil. Strabisme.* Y pensez-vous? dit un troisième. C'est l'affaire des anatomistes purs. Donnez une question pratique. Et là-dessus le jury, sous le prétexte apparent des accoucheurs, accouche d'une question pratique: *Parotide, tumeurs de la parotide.* Mais Cloquet objecte que la parotide est une glande et que les micrographes pourraient bien en donner la structure. L'objection était sérieuse; donc la question a été modifiée définitivement ainsi qu'il suit : *Anatomie chirurgicale de la parotide, tumeurs de la région parotidienne.*

Anatomie chirurgicale ! Si un candidat ignorant omet quelque chose, on dira : « Il a bien fait ; ce n'était pas chirurgical. » Si un candidat instruit fait une copie complète, on dira : « C'est du temps perdu, ces détails ne servent à rien, ce n'est pas *pratique.* » Mais c'est surtout la question de chirurgie qui est commode : *Tumeurs de la région parotidienne.* De quoi écrire un gros volume. On sera obligé d'effleurer toutes les questions sans en traiter aucune. Le praticien pur en sait autant que l'homme de science. A quoi sert de savoir ce que trente auteurs ont écrit sur les oreillons ? On ne pourra pas consacrer plus de dix lignes à cette maladie, et ainsi de suite des trente autres tumeurs de la région parotidienne. Mes connaissances anatomiques, mon érudition péniblement acquise, mon habitude de faire un cadre et d'y grouper mes matières, tout cela ne m'a servi de rien pour traiter cette question d'*internat.*

Follin, Verneuil et moi, nous ne nous sommes pas dissimulé que cette question était dirigée contre nous. Nous l'avons traitée cependant, j'ai tout lieu de le croire, d'après la composition de nos plans, mieux que nos autres compétiteurs, mieux surtout que ceux qui ont lu aujourd'hui. Mais le but du parti Demarquay est atteint. Leur candidat a été préservé du plongeon qui l'attendait si l'on eût donné une question générale, ou une question de doctrine, ou toute autre question réellement scientifique.

Voici le résultat, à mon point de vue, de l'épreuve d'aujourd'hui :

Désormeaux : forme pâle et ennuyeuse, plusieurs erreurs palpables, lacunes nombreuses à côté de détails stériles sur des choses banales.

Demarquay : style filandreux. Désordre tel dans la question anatomique qu'il est difficile de savoir s'il a tout dit. Trois erreurs dont une grave. Pathologie : tumeurs passées en revue, effleurées nécessairement, jamais comparées. La question du diagnostic, qui est pourtant *pratique*, entièrement laissée de côté sous prétexte qu'il n'a pas le temps. Du reste, il est évident qu'il a vu ce qu'il décrit, et il cite même la plupart des juges en disant : « J'ai vu une tumeur de ce genre dans le service de M. le professeur un tel. »

Richard : style élégant. Développe avec beaucoup de clarté quelques points qu'il connaît bien. Sort souvent de sa question ; fait, du reste, preuve d'intelligence, en quoi il diffère tout à fait de ceux qui l'ont précédé. Enfin, prouve qu'il n'a pas vu de malades, mais qu'en revanche il a peu fouillé de bouquins.

En terminant cette appréciation, je ne puis me dissimuler que Richard et Demarquay ont gagné depuis le dernier concours.

Sur ce, je t'embrasse et compte toujours sur ta visite. Embrasse pour moi toute la famille. Je ne sais rien de nouveau. Les Élie vont bien. Élie III a été second en histoire ; jadis il fut premier en géographie. Quant au latin, dont je lui ai si peu inculqué les principes, c'est son côté le plus faible, et il lui arrive parfois d'être le vingtième. Je suis toujours le bon ami de M. Georges, mais mademoiselle ma filleule a bien peur de moi.

Ton fils dévoué, Broca.

P.-S. — Tu as sans doute lu, dans le *Moniteur des Hôpitaux*, un article de moi sur un mauvais livre d'anatomie pathologique qui propage des doctrines déplorables.

16 mars 1853.

Il s'est passé bien du nouveau, chers parents, depuis ma dernière lettre (que, par parenthèse, je vous engage à conserver comme tout ce qui se rattache au concours).

D'abord, Orfila est mort. Qu'il aille en paradis, s'il peut; je m'en lave les mains.

L'École, à cette occasion, a été fermée deux jours : samedi et lundi. La séance du concours, qui devait avoir lieu lundi, a donc été renvoyée à mardi. Premier contretemps : je devais lire ce jour-là, et le public, n'étant pas initié à ces changements de jour et d'heure, ne pouvait pas être nombreux à mon épreuve. Or, je vous l'ai dit, ma seule espérance est dans la grande publicité des séances. Second contretemps : ce jour-là étant hors de tour, il y avait un cours dans le grand amphithéâtre; le concours ne pouvant s'y passer à la même heure, il a été décidé que la séance aurait lieu dans le petit amphithéâtre, qui contient environ deux cents personnes. Les tables étaient disposées de telle manière que je devais tourner le dos au public, c'est-à-dire que je n'aurais pas été entendu par mon principal juge. Alors j'ai réclamé; le jury a décidé qu'il serait fait droit à ma demande. On a changé les tables, et j'ai pu du moins me placer en face de mon auditoire. C'était déjà quelque chose. En outre, le public s'est trouvé plus nombreux que je ne le pensais. Les élèves qui allaient au cours, ceux qui venaient des examens ou de la bibliothèque, sont entrés, et la salle s'est entièrement remplie. J'ai donc pu être entendu distinctement par un auditoire passable.

Une nouvelle séance a eu lieu aujourd'hui. Tous les

candidats en chirurgie ont lu, à l'exception de Morel, qui lira la prochaine fois.

A la Faculté, on ne donne pas de *points* après chaque épreuve, comme au Bureau central. On ne fait même aucun classement des candidats, mais le public parle et les juges parlent. De sorte que tout le monde sait à peu près quelle est, dans l'esprit de chacun des membres du jury, la situation relative des candidats.

Il y a, au dire de chacun, deux catégories bien distinctes. La première catégorie se compose de Follin, Verneuil et moi, les trois inséparables, le *triumvirat*, comme on dit partout. La deuxième catégorie se compose de tous les autres concurrents. Il y a une énorme distance entre nous et les autres. Le classement de ces derniers n'a pas été fait, ou du moins nous n'en savons pas grand'chose. Voici comment je les classe : Jamain, Richard, Demarquay, Désormeaux, Cusco. Houel a jugé convenable de ne pas venir lire sa copie.

Quant au triumvirat que tout le monde place en tête, j'ai sur lui des renseignements positifs. Trois juges, Malgaigne, Gerdy, Cloquet, me placent le premier. Un quatrième a dit la même chose à Richard, qui me l'a répété sans nommer la personne, mais Jarjavay m'a dit que ce quatrième juge était Cazeaux. La partie anatomique de ma question est bien décidément ce qui a paru de mieux, et comme clarté et comme érudition. Mais je n'ai pas entièrement terminé la question chirurgicale, ce qui pourrait servir de prétexte à des récriminations. En tout cas, si je ne suis pas le premier, je suis tout au plus *ex æquo* avec Follin. Verneuil vient immédiatement après. Je le mettrais même au niveau de Follin, sans l'anatomie que celui-ci a développée avec plus d'élégance.

La copie de Morel sera lue après-demain avec deux

copies d'accoucheurs. Je doute qu'elle change ce qui existe. Morel est fort, mais un peu brouillon. Je suppose qu'il se placera entre nous et Jamain.

Avec une pareille distance, dit le bon public, il est impossible que ces *trois-là* ne soient pas nommés. J'ai déjà reçu bien des félicitations anticipées. Mais le bon public a bien des illusions. Pour mon compte, vous savez qu'il ne m'en reste guère, et que je me suis rarement trompé sur les résultats des concours auxquels j'ai pris part. Cette fois, cependant, il y a une circonstance dont les conséquences peuvent difficilement se calculer. Richard père est mort; Orfila vient de mourir. C'étaient deux beaux fleurons de la couronne de Richard. Si celui-ci continue à s'enfoncer, eh! eh! on pourrait bien voir du nouveau.

Quant à Demarquay, il est jusqu'ici inébranlable comme un roc.

Voici donc mon appréciation : il y a deux combinaisons possibles. Ou Richard fera bien, ou Richard fera mal.

Si Richard fait mal, on commencera par satisfaire la foule avec un acte de justice : Follin sera nommé le premier. Il a des amis, tous ses maîtres vivent. Il ne bronchera pas. C'est lui qu'on choisira pour faire une concession à la justice. Demarquay sera nommé le second. La troisième place se disputera entre Richard et moi.

Si Richard fait bien, on le nommera le premier. Follin passera le second, et pour la troisième place, Demarquay sera nommé par quatre ou cinq voix, c'est moi qui aurai les autres. Qui vivra verra.

Parlons du concours du Bureau central. Sappey s'est fait inscrire et il reste; l'année dernière il se fit inscrire et se retira lorsque le jury fut connu. Il ne se sentait pas de force, non pour les épreuves, — il n'est jamais de force pour cela, et ne s'en inquiète pas, — mais pour les influences. Il n'était pas assez riche pour acheter un jury déjà vendu. Cette fois-ci il reste, c'est parce que le jury lui convient. Voici quel est ce jury, connu depuis ce matin : Roux, Bérard, Cullerier, Laugier, Manec, chirurgiens; Cazalis et Bonneau, médecins; Malgaigne et Sandras, suppléants, l'un pour la chirurgie, l'autre pour la médecine.

Ce jury plaît à Sappey. Bérard votera pour lui quand même. Laugier lui est favorable. Cazalis, dit-on, a été son camarade d'études, car notre ami Sappey n'a pas moins de quarante-quatre ans. Donc Sappey concourt.

Mais voici une autre histoire : le concours de l'agrégation a lieu de quatre à six heures, et dans quelques jours il aura lieu six fois par semaine. Le concours du Bureau central a lieu trois fois par semaine aux mêmes heures, et il est impossible d'être partout. De sorte que Laugier et Malgaigne ne pourront pas accepter. Il y aura deux autres chirurgiens qu'on tirera au sort. Cela pourra changer quelque chose. Il ne s'agit que de voir venir.

En faisant abstraction de ces deux juges, le reste du jury n'est pas des plus rassurants. Bérard poussera les vieux, et les vieux ne manquent pas. Depaul, quarante ans; Boinet, quarante-six ans; Jamain, trente-sept ans; Houel, trente-huit ans; Laborie, quarante ans; Lucien Boyer, quarante-quatre ans. Bonneau est une vieille croûte dont on fera tout ce qu'on voudra. Cullerier pousse d'abord Laborie; mais, en dehors de ce penchant, il n'est pas mauvais. Roux est le meilleur; c'est un brave homme qu'on ne montera pas, et qui est connu par une honnêteté proverbiale; un seul homme de cette trempe suffit pour faire pâlir bien des intrigues. Cazalis passe pour un ours; il passe aussi pour pousser Sappey. A part cela, j'aime les ours, quoique je n'aie jamais parlé à celui-là; les ours sont justes en général.

L'administration, de son côté, paraît très favorable à Follin et à moi. L'année dernière, vous ne l'avez pas oublié, elle s'est déclarée pour les insurgés, et le secrétaire général, M. Dubost, m'a dit, lorsque nous sommes rentrés dans le concours, et m'a répété un mois après : « L'administration considère comme son devoir de ne pas oublier la marque de déférence que vous lui avez donnée et dont elle apprécie toute l'étendue. » Avant-hier, j'ai encore rencontré M. Dubost. Je le saluais simplement; c'est lui qui m'a abordé : « Eh bien! m'a-t-il dit, trois places. J'espère que vous allez passer cette fois comme une lettre à la poste. — Puissiez-vous dire vrai, ai-je répondu, mais qui se chargera de me mettre dans le trou? — Vous sautez assez bien pour y arriver tout seul, a-t-il ajouté, et puis, s'il faut tout vous dire, il n'y a parmi vous, cette année, ni fils de professeur, ni homme politique. (Ce bon Demarquay, élevé par M. Dubost à la hauteur d'un homme politique!) Je vous ai dit, l'année dernière, qu'on arrivait un peu à son tour. Eh bien! cette année, nous croyons que votre tour est arrivé. »

Je l'ai accompagné quelque temps et il m'a fait des communications qui me prouvent que l'administration est décidée cette année à empêcher les tripotages autant qu'elle le pourra. C'est dans ce but déjà que les formes du concours ont été modifiées. La composition écrite sera la seule et principale épreuve. Les consultations écrites, épreuves destinées aux praticiens médiocres, ont été supprimées. Il a été décidé qu'on ferait passer au moins quatre candidats par jour, de telle sorte que le concours ne durera pas plus de cinq semaines, et que les intrigues auront moins de temps pour se développer. Toutes ces modifications ont été décidées dans le but de corriger des vices que le concours de l'année dernière avait mis en évidence. Somme toute, il est clair que notre insurrection nous a été utile sous certains rapports.

Craindrons-nous maintenant la colère des juges du temps passé? Je crois que nous pouvons être tranquilles de ce côté-là. Tous les candidats sérieux ont pris part à l'insurrection, Laborie excepté, mais Laborie fait si mal. De plus, nos incorruptibles, c'est le nom qu'ils ont conservé, se gardent bien de remuer ce souvenir. Ils ont voté pour nous à la Société de chirurgie, ils nous accablent de prévenances et d'amitiés pour nous faire oublier. Ils resteront tranquilles, je crois pouvoir en répondre. Ou même, peut-être, donnent-ils sur notre compte des renseignements satisfaisants.

L'autre jour, Ricord, sortant de son service, voit poser une affiche : *Concours pour trois places de chirurgiens de Bureau central.* « Ah! dit-il à son interne, j'espère que Broca et Follin vont arriver cette fois. Je ne serai content que lorsqu'ils seront arrivés. *J'ai une dette de concours à payer.* » Du reste, vingt fois il a tenu le même langage cette année. Il a annoncé qu'il nous pousserait. Il le fera si cela lui plaît, mais je sais bien quelqu'un qui ne le lui demandera pas.

L'autre jour encore, à la Société de chirurgie, Monod m'aborde. Vous n'avez pas oublié qu'il était juge de l'avant-dernier concours, où il avait voté pour moi dans l'élimination. Depuis lors, je ne l'avais vu que rarement. Je causais avec Chassaignac, Chassaignac est l'un des incorruptibles. « Vous allez concourir pour le Bureau central? me disait-il. J'espère que vous allez arriver. — Comment, me dit Monod, vous n'êtes pas encore du Bureau central? — Hélas! non, répondis-je. — Ah! c'est bien mal, dit Monod. — Je vous assure, répliquai-je, que j'ai fait, *au point de vue du travail* (j'insistai sur ce mot), tout ce qui dépendait de moi. — Eh! ce n'est pas de vous que je parle, dit Monod, c'est de vos juges! » Chassaignac se mordait les lèvres. Monod ne se doutait pas qu'il venait de lui porter un rude coup de boutoir. Je jugeai convenable de rompre et de retourner à ma place.

« J'ai fait une maladresse, me dit Monod en sortant, mais pouvais-je me douter que ce brave Chassaignac était dans ce complot dont je me souviens maintenant? » Alors il me raconta qu'après mon départ, Chassaignac, croyant l'exclamation de Monod volontaire, s'était justifié comme il l'avait pu, rejetant la faute sur Jobert, et affirmant que les circonstances avaient été plus fortes que sa volonté.

Voilà où en sont mes affaires. J'attends les épreuves de pied ferme, épreuves de concours, ou épreuves de la destinée. Je ne me plains que d'une chose, c'est que ces maudits concours, en s'accumulant sur ma tête plusieurs à la fois, absorbent tout mon temps et m'empêchent de continuer mes chères recherches scientifiques.

J'ai dîné samedi dernier chez Élie. Ils vont bien. Monsieur le proviseur est charmant. N'a-t-il pas dit, l'autre jour, à son censeur : « Il va y avoir des promotions, je veux que vous soyez décoré. » Élie, bien entendu, n'a rien répondu. Il sait parfaitement que le proviseur n'en fera rien. Mais cette phrase aimable prouve combien l'ours s'est adouci.

Adieu, je vous embrasse tous bien tendrement.

BROCA.

Les argumentations de thèses auront lieu du 10 au 20 mai. Que papa se prépare pour cette époque. Les nominations du Bureau central auront lieu dans les derniers jours d'avril.

Samedi, 2 avril 1853.

J'ai de bonnes nouvelles à vous apprendre, chers parents, et, si vous me permettez de garder au fond de l'âme une dose de philosophie suffisante pour résister à des déceptions ultérieures, je vous annoncerai du premier coup que ma nomination d'agrégé devient enfin une chose probable. Vous savez que je n'ai pas l'habitude de m'illusionner sur les résultats des concours, et si je suis d'habitude le concurrent Tant pis, laissez-moi cette fois devenir, pour quelques jours du moins, le concurrent Tant mieux.

Or, mardi dernier, ont commencé les épreuves orales improvisées. Demarquay et Follin ont passé ce jour-là, Verneuil et Morel Lavallée ont passé jeudi; enfin, j'ai subi aujourd'hui mon épreuve avec Richard. Il se trouve, par conséquent, que les six candidats sérieux ont fourni leur carrière, et que la seconde épreuve, au point de vue du résultat, peut être considérée comme terminée.

Le sort avait été ingénieux dans la distribution des concurrents. Les triumvirs ne perdaient par leurs forces les uns contre les autres. Follin se chargerait d'éclipser Demarquay; Verneuil devait faire pâlir Morel; quant à moi, j'avais affaire à plus forte partie et je devais me mesurer avec Richard.

Faut-il vous l'avouer, mes deux amis ont été un peu au-dessous de ce que j'attendais d'eux. Follin a été savant, mais peut-être un peu lourd, puis son cadre n'était pas tout à fait satisfaisant; Verneuil a été gracieux et spirituel, mais sa leçon était un peu vide; sa question, du reste, était très difficile, et il ne connaissait pas parfaitement les nombreux procédés opératoires qui ont été imaginés, dans ces derniers temps, pour la guérison de la maladie qui l'occupait. Malgré ces défectuosités qui m'ont un peu surpris, ils ont été l'un et l'autre bien supérieurs à leurs partenaires. Demarquay a dit, avec un toupet considérable, d'incroyables pataquès. Dix minutes avant la fin de son temps, il a commencé à ne plus savoir du tout ce qu'il disait. Morel, aux prises avec une question que Verneuil n'avait pas eu le temps de finir, s'est trouvé à bout d'idées vingt-trois minutes avant la fin de son temps, et alors il s'est mis à divaguer en dehors de sa question avec un courage digne d'un meilleur sort. Somme toute, Demarquay est jusqu'ici le dernier et Morel l'avant-dernier.

Aujourd'hui notre tour est venu. Il est reconnu que Richard ne sait qu'un certain nombre de questions; il est reconnu aussi que lorsqu'il sait ce qu'il a à dire, il le dit avec beaucoup d'assurance et d'élégance. Toute la question était là. Richard sait-il ou ne sait-il pas sa question? Or, il s'est trouvé que Richard savait sa question (*Luxations de la mâchoire*).

Il a passé le premier et par conséquent je n'ai pu l'entendre, puisque j'étais sous clef et gardé à vue pendant ce temps-là. Mais tout le monde s'accorde à dire que, sans faire preuve d'une grande érudition, il connaissait tout ce qui est utile à savoir, et qu'il l'a exposé d'une manière fort claire et fort agréable à entendre. Sa leçon était évidemment la meilleure qui eût paru jusque-là. J'arrivais donc dans d'assez mauvaises conditions. J'ai été assez heureux, néanmoins, pour ne pas lui être inférieur au point de vue de la forme, et pour lui être supérieur au point de vue du fond. J'ai donné de plus que lui un chapitre historique sur cette luxation depuis les temps hippocratiques jusqu'au dix-huitième siècle. Mon temps a été mieux distribué que le sien; mes appréciations ont été jugées plus réfléchies;

en un mot, je suis le premier pour l'épreuve orale, comme je l'ai été pour l'épreuve écrite. Et de la réunion de ces deux épreuves il semble résulter que je suis le premier du concours, puisque Follin, qui me touchait de près à l'épreuve écrite, est resté derrière cette fois-ci, et puisque Richard, qui m'approche aujourd'hui, était bien loin derrière moi à l'épreuve précédente.

Telle a été l'impression, je ne dirai pas du public, je ne dirai pas des concurrents, mais de plusieurs juges, qui ont causé après la séance. Gerdy n'a pas pu cacher sa joie et il a raconté cela à Jarjavay qui me l'a porté tout chaud. Il paraît que Nélaton, que nous rangions jusqu'ici parmi les *Demarquistes* (car Demarquay est chef d'école maintenant), a déclaré que ce candidat était décidément l'un des plus mauvais; par contre, il s'est exprimé sur moi en termes très favorables. Demarquay serait-il donc démonté? c'est ma seule espérance maintenant. Je l'espère, mais je ne le croirai que lorsque j'aurai sur la tête la toque d'agrégé.

Après ce tableau riant, parlons d'une autre lutte dont l'issue est plus douteuse. Le concours du Bureau central est en pleine activité. Nos juges sont définitivement : Roux, Manec, Huguier, Maisonneuve, Cullerier, chirurgiens; Cazalis, Sandras, médecins; suppléants : Richet et Moissenet (ce dernier médecin) et, pour le dire tout de suite, je n'en connais aucun.

La question écrite, — c'est moi que le sort a désigné pour la tirer de l'urne, et je n'ai pas eu la main heureuse, — la question écrite semblait faite pour moi : *Quels sont les cas dans lesquels le chirurgien doit pratiquer l'opération du cancer, et ceux dans lesquels il doit s'abstenir?* Quoi! du cancer, et tu te plains? Eh oui, je me plains, parce que là-dessus je ne pense pas comme tout le monde, parce que je dois à ma conscience de dire ma façon de penser, et parce que j'ai dû froisser à chaque pas les doctrines régnantes. Les jeunes du concours m'ont soutenu, les vieux m'ont attaqué; ils sont les plus forts. J'ai été battu, mais battu honorablement, en emportant l'estime de ceux qui votaient contre moi. Le premier jour, Boinet, Houel, Follin et Broca ont lu leurs copies. Maintenant, un jeune, — il n'a que quarante-cinq ans, — après la séance est venu à moi; c'était la seconde fois que je lui parlais. Et, devant tout le monde, il m'a dit : « Vous méritiez 20 points, Follin 10, Boinet 6 et Houel 4. Au lieu de cela Follin a 17, Boinet 16, vous 16 et Houel 14. Sandras n'a-t-il pas proposé de vous donner 10 points et d'en donner 18 à Boinet! » Alors, il m'a pris sous le bras et, m'attirant à part avec Verneuil, il nous a raconté la séance et nous a fait voir le dessous des cartes. Il ne nous a pas caché que la majorité du jury ne voulait pas des triumvirs ; qu'on paraissait consentir à nommer Follin et deux vieux, ou même trois vieux. « Quant à vous, nous dit-il, vous n'avez qu'une chance : que le père Roux quitte le concours, Richet devient juge, nous sommes en majorité et vous passez tous trois. » O espèce humaine!

Hier on a lu quatre nouvelles copies. On n'a donné que 15 et 13 points. Il est probable qu'on n'ira pas au delà dans la prochaine séance, à moins que Laborie... En tout cas, je resterai parmi les premiers, mais c'est un triste indice. J'aurais dû gagner des points sur l'épreuve écrite, et j'en perds.

Adieu, je vous embrasse.

BROCA.

1853.

Mon cher père,

Je ne vois jusqu'ici dans les yeux de tante Jourdit qu'une congestion de la rétine. J'approuve les petits vésicatoires. Je propose de légers purgatifs. Garder, non pas le lit, mais le repos et l'obscurité, ou plutôt le demi-jour. S'il y avait moyen de faire porter des lunettes de couleur garnies de taffetas, ce serait mieux encore. Je vous prie de ne pas tenir la chère tante à une diète trop rigoureuse. La diète ne vaut rien pour les vieillards. Moyennant quoi je crois que vous vous serez exagéré l'importance de cette maladie et que d'ici peu de temps la vue de la tante Jourdit reviendra comme auparavant.

Je n'ai rien de nouveau sur le concours. Voici quelles sont les épreuves restantes :

1° *A l'agrégation.* Une leçon avec vingt-quatre heures de préparation; une leçon clinique de quarante-cinq minutes sur deux malades et la thèse pour laquelle on donne douze jours.

2° *Au Bureau central.* Une leçon d'un quart d'heure sur un malade. Après cette épreuve, on fera l'élimination et on ne gardera que dix candidats.

Puis on commencera la deuxième série d'épreuves composée d'une leçon de trente minutes sur deux malades, et de deux opérations sur le cadavre.

Au Bureau central on fait passer quatre candidats par jour. Il y a trois épreuves par semaine. En huit séances tout sera fini. Les nominations auront lieu au plus tard le 27 avril.

A l'agrégation, les séances vont avoir lieu tous les jours à partir de lundi prochain. A cette époque, l'élimination sera faite et nous ne serons plus que douze compétiteurs. Il y aura, par conséquent, six séances de leçons théoriques, douze séances de leçons cliniques; ce qui nous conduit au 3 mai. De sorte que l'argumentation des thèses commencera vers le 15 ou 20 mai et durera jusqu'au 1er juin.

J'engage papa à arranger ses affaires pour arriver le lendemain du jour ou j'aurai remis ma thèse. S'il arrivait pendant la composition des thèses, je ne pourrais pas profiter de sa présence.

Je ne sais si je vous ai dit que j'ai fait un coup de maître. Un âne nommé Sandras, juge *médecin*, avait proposé de me donner 10 points. J'aurais pu le mener à mon gré par Bouchardat. Comme vous allez le voir, j'ai préféré ne pas intriguer de la sorte. Mais cet homme me gênait. Qu'ai-je fait? Je lui ai décoché Bouchardat, qui l'a si bien retourné qu'il lui a fait donner sa démission. Par ainsi, Moissenet, de suppléant devient juge. Je ne le connais pas; mais c'est un jeune et je l'aime mieux que cet idiot de Sandras.

BROCA.

Bulletin du 18 avril 1853.

Où en suis-je resté? Quand vous ai-je envoyé ma dernière lettre? Je l'ignore. Neuf séances de concours par semaine, il y a de quoi absorber toutes les facultés d'un homme, et, dans le fait, je ne suis pas bon à grand'chose; mes études sont arrêtées, mes travaux interrompus, et cela durera autant que le concours; je me trompe, que les concours.

Fidèle à mon habitude de toujours sortir de l'urne le dernier à la première épreuve clinique du Bureau central, je n'ai subi cette épreuve que le lundi 11 avril. J'ai eu 17 points. Et voici quel était alors le résultat des épreuves :

Follin... 36	Depaul . 32	Houel... 30	Laborie . 27
Broca... 33	Boinet.. 32	Sappey . 30	Triquet.. 27
Verneuil. 33	Boyer .. 31	Jamain . 28	Salmon.. 10

Il fallait éliminer deux candidats. Salmon s'est retiré. L'élimination, par conséquent, ne portait plus que sur un seul. C'est Jamain qui a été sacrifié, quoique deux candidats fussent après lui par les points. Mais les juges ont annoncé *l'intention de ne pas s'en rapporter aux points* et la déconfiture de Jamain était la prise de possession de ce droit nouveau et dangereux.

La nomination de Follin paraissait assurée. Verneuil et moi, nous arrivions pour les deux dernières places. Enfin Depaul et Boinet se tenaient bien près de nous, prêts à passer si nous bronchions. Le jury ne cachait pas sa bienveillance pour les jeunes, et l'intention de faire arriver deux vieux, Follin devant suffire aux exigences de l'opinion publique.

Alors a commencé la deuxième série d'épreuves. Et d'abord l'épreuve clinique sur deux malades.

Le premier jour, Verneuil passe avec Sappey. On donne 15 points à Sappey. Verneuil fait une erreur, on l'écrase avec 12 points. Dès lors il y avait place pour un vieux.

A la séance suivante : Depaul et Lucien Boyer. Depaul passe très bien; pour assurer sa nomination on lui donne

19 points. Il paraît, du reste, qu'il en méritait 18. Lucien Boyer, 14 points.

Aujourd'hui j'ai passé avec Triquet. Il a eu 13 points, j'en ai eu 17. N'ayant pas eu le temps de terminer le traitement de mon second malade, je n'ai pas à me plaindre, quoique 18 points n'eussent peut-être pas été de trop.

Voici donc l'addition : Depaul, 51 ; Broca, 50 ; Verneuil, 45 ; Sappey, 45 ; Boyer, 45 ; Triquet, 40.

Laborie a donné sa démission. Il reste trois candidats : Follin, Boinet et Houel.

Follin sera nommé, quoi qu'il arrive. N'eût-il que 14 points, il serait encore *ex æquo* avec moi, et serait par conséquent nommé.

Boinet aura-t-il 18 points? c'est douteux. A coup sûr il n'en méritera pas plus de 15 à 16, car il ne sait pas parler. Il fait, comme on dit, de *petites leçons pratiques,* ce qui ne vaut jamais grand'chose. Je suis donc tranquille de ce côté. Mais peut-être lui donnera-t-on des points pour le laisser à côté de moi? C'est ma seule crainte. Si Boinet n'a que 16 points, je suis sauvé.

Quant à Houel, il ne saurait en être question. Il n'est pas homme à avoir le maximum.

Resteront ensuite les opérations ; épreuve qui ne m'inquiète guère, et qui n'est généralement pas favorable à Boinet. Vous voyez où en sont mes chances. La troisième place se balance entre Boinet et moi. Mais j'ai la pose, comme on dit aux dominos.

Parlons de l'agrégation. J'ai subi samedi une épreuve préparée. Tous les chirurgiens ont fini de passer ; par conséquent, je puis vous en donner l'appréciation générale.

Les questions ont été fort inégales : elles étaient de deux espèces. Les unes roulaient sur *une* maladie ; c'étaient les questions circonscrites et faciles. Les autres roulaient sur *plusieurs* maladies à la fois. Celles-là étaient bien autrement difficiles. Dans les premières, il n'y avait qu'à dire; dans les autres, il fallait d'abord faire la question, puis la dire.

Demarquay, Cusco, Follin et Verneuil ont eu des questions de la première catégorie. Follin a fait une leçon très remarquable sur l'anévrisme variqueux; Verneuil a été très bon aussi sur les tumeurs érectiles; Cusco a été filandreux sur les fractures de cuisse par armes à feu; Demarquay a eu toutes les peines du monde à remplir son temps sur la chute du rectum.

Jamain, Désormeaux, Richard, Morel et moi, avons eu des questions complexes. Jamain : *Tumeurs non cancéreuses de la mamelle;* Désormeaux : *Tumeurs du corps thyroïde;* Richard : *Plaies de poitrine;* Morel : *Vices de conformation de l'anus et du rectum;* quant à moi, j'ai eu : *les Épanchements de l'abdomen.*

Morel, Jamain, Désormeaux, ont à peine ébauché le quart des maladies dont ils avaient à parler.

Richard a complètement échoué. Il a dit quelque chose des plaies du poumon, des plaies du cœur, des plaies de l'œsophage, mais il n'a point fait les plaies de poitrine en général. C'était ce qu'on lui demandait.

La seule réussie des questions générales a été la mienne. Ayant reconnu l'impossibilité de traiter en trois quarts d'heure de plus de dix maladies dont la moindre demandait au moins ce temps, j'ai fait un plan qui m'a permis d'étudier l'épanchement abdominal d'une manière générale, faisant ressortir çà et là les différences qui se présentent, selon que l'épanchement est sanguin, ou urinaire, ou stercoral, ou purulent, etc. Cette question n'a été nulle part traitée de la sorte, et j'ai obtenu sur ce point une approbation unanime. Toutefois, il m'est arrivé un malheur. J'avais soigneusement marqué l'heure à ma montre.

J'abordai le traitement; j'avais fait l'historique; il s'agissait de débattre les indications des opérations. Il me restait trois minutes, et ce temps m'aurait suffi, lorsque le président donna le coup fatal qui me coupa la parole. L'erreur fut reconnue sur ma réclamation; mais il n'était plus temps, Verneuil était déjà en chaire et, finalement, je suis parti sans avoir terminé ma question.

Quoi qu'il en soit, il n'y a de doute que sur un point. Ai-je été le premier dans cette épreuve, ou cette place appartient-elle à Follin? Laugier, Gosselin et Gerdy m'ont donné la préférence. Malgaigne hésite, Velpeau hésite (Velpeau est le maître de Follin), Nélaton me place le second, Voillemier n'a rien dit, Cloquet non plus.

Donc, je suis le premier pour la somme de ces trois épreuves, Follin me suit de près, Verneuil vient ensuite, Richard n'est que le quatrième. Richard sera nommé; mais, si l'on votait maintenant, il n'aurait que la troisième place. Les deux premières seraient entre Follin et moi.

Ceci est fort rassurant. Verneuil m'a rapporté hier une conversation qu'il a eue avec Gosselin après notre commune épreuve. Gosselin disait : « On commence à nous travailler fortement pour Morel et pour Demarquay. Mais Demarquay surtout ne me paraît pas possible. Quant à Morel, Gerdy, qui était son principal appui, l'a abandonné pour Broca. Je pense que Broca sera nommé le premier. C'est le plus instruit, et tout le monde reconnaît que c'est le meilleur professeur. Quant à Richard, ajouta-t-il, il ne peut être que le troisième. »

Or, je ne puis me dissimuler que la dernière chute de Richard me fait la partie belle. Sa nomination n'est pas douteuse, mais pour la faire on sera obligé de faire injustice à Verneuil. Ceci me couvre; on n'osera pas faire une deuxième injustice pour Demarquay.

Vous voyez bien que je vous dis tout. Si je suis nommé, vous n'aurez pas de surprise. Si j'échoue, vous n'aurez pas de désappointement, et moi aussi, je l'avoue. Mais, dès le premier jour, j'ai fait appel à votre philosophie. Mais nous ne sommes plus des enfants, ni vous ni moi, pour ne pas savoir résister à la mauvaise fortune.

Savez-vous ce que je fais pendant ces jours de tourmente? Après avoir reconnu l'impossibilité de faire un travail suivi, j'ai pris le parti de perdre mon temps. Je vais parfois au théâtre; j'ai relu quelques classiques. Enfin, depuis deux jours, je me suis mis à apprendre l'italien. Je suis déjà très fort sur les verbes, l'article n'a plus pour moi de mystères, et les prépositions me semblent pleines de charme. Demain je commencerai à traduire la *Jérusalem délivrée*, et mon intention arrêtée est de savoir l'italien pour l'époque où je ferai ma thèse. On ne connaît pas en France les travaux italiens, et je pourrai sans doute en profiter.

Le grand Caton finissait tous ses discours par ces mots : « Il faut détruire Carthage. » Moi, je finis toutes mes lettres par ceux-ci : « Il faut que papa fasse ses malles pour venir à Paris le 15 mai. »

Pendant les premiers jours qui ont suivi votre dernière lettre, j'ai attendu impatiemment des nouvelles des yeux de tante Jourdit. Puis, voyant que vous ne me consultiez plus, j'ai conclu que les vésicatoires avaient fait leur effet et que la chère tante avait recouvré toute sa bonne santé.

Adieu, chers parents, je vous embrasse tendrement.

BROCA.

Je vous annonce qu'Élie veut me marier; parlez-lui-en.

Paris, 25 avril 1853.

Je prends du petit papier, ma lettre ne sera pas longue; j'aurais trop à vous dire. Et tout peut se résumer à ceci : *je suis chirurgien du Bureau central*. J'ai été nommé aujourd'hui avec Follin et Depaul. Je n'ai que la troisième place, mais je m'estime fort heureux.

Je n'en finirais pas si je vous déroulais toutes les intrigues, toutes les menées qui depuis quatre jours se sont succédé contre moi. J'en ai tant et tant appris en peu de temps, que ma mémoire s'embrouille, et d'ailleurs le bonheur rend bon et je veux oublier. Mais il y a une chose que je n'oublierai pas, c'est la conduite des hommes à qui je dois mon succès. C'est l'inébranlable fermeté de M. Moissenet, qui n'occupe pas une position élevée, et qui a pourtant résisté aux hommes les plus considérables de Paris. C'est la protection toute spontanée que m'a accordée M. Roux; M. Roux, qui, d'abord prévenu contre moi, parce qu'il n'aime pas beaucoup la nouvelle école, n'a pas tardé à reconnaître qu'en définitive je valais mieux que les vétérans qu'on m'opposait, et qui dès lors, sans me connaître, a fait de moi un candidat contre vent et marée. Enfin, et surtout, ce que je n'oublierai pas, ce que vous n'oublierez pas, c'est l'appui flatteur que m'a accordé M. Gerdy. M. Gerdy est un puritain qui ne fait jamais de démarches ni pour lui ni pour les autres. Mais il a appris par la voix publique que ma nomination était menacée. Il m'a su gré de ne pas lui en avoir parlé, et il est allé lui-même chez plusieurs juges, en leur disant qu'il était mon juge à l'agrégation, qu'à ses yeux j'étais le plus fort des candidats, que mes points indiquaient que j'avais mérité une place au Bureau central, et qu'enfin ma jeunesse, le grand argument de mon adversaire, était précisément la preuve la plus décisive de ma supériorité. C'est ainsi qu'il m'a obtenu deux voix, et il est certain que sans lui ma cause était perdue.

Moissenet, Roux et Gerdy, voilà les trois premières visites que papa et moi ferons lorsque nous serons réunis à Paris, ce qui aura lieu dans trois semaines ou à peu près.

Quant à l'agrégation, elle approche de son terme. J'ai subi l'épreuve clinique avec moins de bonheur que les précédentes. J'ai commis une erreur de diagnostic sur une sotte femme qui m'a menti d'un bout à l'autre pendant mon interrogatoire. M. Nélaton, dans une clinique qu'il a faite le lendemain sur la même malade, a pris soin de me justifier. Il a prouvé aux élèves que tout le monde aurait été trompé comme moi; que j'avais fait tout ce qu'on pouvait faire pour arriver à la vérité, et que je n'étais vraiment pas responsable du reste. Cela prouve de la part de M. Nélaton une bienveillance sur laquelle je n'avais pas le droit de compter. Somme toute, mes affaires, du côté de l'agrégation, sont en assez bon chemin. Mais l'impression de mon erreur reste, et j'ai perdu la première place que j'occupais avant cette épreuve.

Je n'ai pas besoin de vous dire que les Élie ont appris mon succès avec effusion. Élie est venu lui-même à Clamart pour être plus tôt fixé sur mon sort, et je suis allé dîner chez lui.

Adieu, je vous embrasse.

Votre PAUL.

Paris, le 7 juin 1853.

Eh quoi! pas un instant de repos! Les trois mois de fatigue que je viens de traverser ne vous inspirent aucune compassion! Après les agitations extérieures, vous voulez me plonger tout à coup dans les éventualités du ménage! De Charybde en Scylla! Du concours à l'hyménée! Eh! je ne demande pas mieux que de me marier; mais, de grâce, laissez-moi reprendre un peu ma respiration!

Et d'abord, ma bonne mère, je ferme complètement l'oreille à tes premières insinuations. Des considérations de haute délicatesse ne me permettent pas de courir sur les brisées d'un ami, quelle qu'en soit la taille.

Élie aussi voulait se mêler de mon mariage. Mais c'est donc une conspiration! Heureusement que mon père a répondu avec effroi : « Et ma femme? Vous oubliez ma femme! Elle me recevrait bien si je me permettais de marier ici mon fils! »

Vous voyez, ma bonne mère, mes chères tantes, que vous pouvez vous rassurer pour le moment. Le temps est calme, il n'y a pas la moindre Parisienne à l'horizon. Je ne suis pas précisément romanesque. Mon cœur n'est pas fait d'amadou. Et puis, s'il faut tout vous dire, je suis depuis longtemps amoureux ailleurs. Amoureux, dites-vous; ce gamin se permet d'être amoureux sans permission! Ce gamin est majeur, s'il vous plaît. Il a bien le droit de faire quelques sottises. Qui n'en fait pas de temps en temps? « Mais, de qui es-tu donc amoureux? — Ah, voilà! je suis épris d'une... — Quelque dévergondée, c'est sûr. — Pourquoi m'interrompez-vous? Je suis épris d'une jolie, d'une belle... — Hélas! si elle est belle, cet enfant est perdu. — Si vous l'aviez vue, chère tante, vous me pardonneriez, vous la trouveriez belle aussi; elle a des couleurs si brillantes, une taille si élégante! — Mais il va se ruiner, le malheureux! — Oh! pour cela, non, c'est déjà fait. Je viens de recevoir un compte qui me met à sec. 871 fr. 95 sur une seule facture. Il n'y a que Rothschild qui reçoive de ces coups-là sans frémir. Mais il me suffit de la voir, de l'admirer, de la caresser, d'appuyer sur elle mon front et les cheveux qui me restent, et j'oublie tout : les tribulations, les inquiétudes et jusqu'aux comptes des fournisseurs. Il y a si longtemps que je l'aime, que je la convoite, ce qui est peu biblique, j'en conviens, et il y a si peu de temps qu'elle m'a accordé ses faveurs! — Mais parle donc; dis-nous le mal pour que nous cherchions le remède. Nomme-nous cette créature détestable. Dis-nous au moins de qui il s'agit! — Eh! de qui voulez-vous qu'il s'agisse, sinon de ma toque d'agrégé? »

Il y a bien une autre toque que je n'ai pas encore, mais à laquelle j'ai droit. Celle-là ne m'a pas coûté 871 fr. 95 ; elle a bien son charme aussi, c'est ma toque d'hôpital, que quelqu'un de vous me fera certainement. Celle-là est plus solide que l'autre. Mais que voulez-vous! l'homme est ainsi fait. Il y a un mois que je l'ai, j'y suis habitué déjà, je n'y pense presque plus. La toque d'agrégé est toute récente, au contraire. Je suis encore dans la lune de miel, et vous me pardonnerez bien d'y penser plus souvent qu'à sa sœur aînée.

Certes, je mentirais, mes bons parents, si je vous disais que je ne suis pas content, très content pour moi ; mais savez-vous ce qui me rend plus heureux encore? C'est la joie presque naïve de mon père. Pauvre père! Je le vois encore dans la cour de l'École de médecine, au moment où l'on a proclamé le résultat du concours. Il s'attendait bien à ma nomination; il savait même que je serais nommé le premier. Mais lorsqu'il m'a vu entouré, embrassé par mes nombreux amis et acclamé par la foule, il a été ému, il a presque pleuré. Il avait besoin d'embrasser quelqu'un. Il a rencontré Pajot, un candidat nommé à qui il s'intéressait beaucoup sans le connaître. Il s'est jeté dans ses bras et l'a embrassé avec effusion.

Je vous préviens que je le garderai ici le plus longtemps que je pourrai. Toute cette semaine est prise par des invitations. Il ne faut pas songer à le ravoir avant la fin de la semaine prochaine. Il y a trente-sept ans qu'il n'a pas pris de vacances. Vous pouvez bien lui laisser un peu de repos. Et puis, on n'a pas toujours un fils agrégé. Je vous demande une semaine, vous pouvez bien me l'accorder.

Je pense que tante Jourdit aura reçu avec plaisir la lettre d'Élie. On l'aime à Charlemagne comme si elle était de la famille. Georges parle souvent de Mme Jourdit.

Il y a bien longtemps que je ne vous ai écrit. Je ne vous raconte pas ce qui s'est passé depuis cette époque, Élie et mon père vous ont tenu au courant des principales péripéties du drame. Et puis il faut bien laisser quelque chose à raconter à mon père quand il sera de retour.

Vous savez que Virginie partira au commencement du mois d'août. Élie et moi, nous partirons ensemble le 16 ou le 17 août. Adieu, je vous embrasse tous tendrement.

Votre Paul.

8 décembre 1853.

Chers parents,

Je me félicite de n'avoir pas répondu hier, parce que je reçois ce matin une deuxième lettre. Voilà pourquoi l'état de mes finances vous a été dévoilé par Élie et non par moi. C'est que cet état n'est pas aussi délabré que vous paraissez le croire. J'ai encore assez d'argent pour terminer l'année. Seulement je n'en ai pas assez pour faire des organisations que je ferai lorsque j'aurai reçu votre second envoi. Je serais dans une belle aisance s'il ne m'avait pas fallu payer 187 francs pour mon costume d'agrégé, dépense que j'ai dû payer comptant parce que j'ai fait faire ce susdit costume par l'entremise de Mme Verneuil, ce qui m'a permis de réaliser 50 francs d'économie. Notez, de plus, que le premier mois de mes appointements à la Faculté a été retenu pour la caisse des retraites et que le fruit des examens ne me sera remis qu'à la fin du premier trimestre, c'est-à-dire que jusqu'au 1er janvier je servirai l'école pour ses beaux yeux. Mes articles et autres entreprises littéraires ne m'ont pas donné d'opulence, attendu que Victor Masson a payé chez l'imprimeur les 271 fr. 95 qui lui étaient encore dus pour ma thèse (je n'ai encore payé que 600 francs là-dessus) et qu'il faut beaucoup de colonnes de journal pour faire 271 fr. 95. Malgré toutes ces causes de débine, j'ai encore 130 francs, avec lesquels je finirai aisément le mois, mais à condition que votre envoi sera fait immédiatement après le 1er janvier. J'ai une terrible échéance ce jour-là : loyer, pension, domestique, étrennes, etc. A propos de mon entrée dans le journalisme scientifique, ma mère me donne d'excellents conseils auxquels je me conformerai, comme je m'y suis conformé, du reste, longtemps avant de les avoir reçus. Je me suis toujours attaché à être convenable dans la forme, quoique ferme dans le fond. Or, voici ce qui m'est advenu à l'occasion de mon dernier article sur le chloroforme. M. Robert, qui s'y trouvait seul en cause, n'y trouvait rien à redire. Il avait, disait-il, des réponses scientifiques à faire; mais, du reste, il me remerciait de la forme bienveillante de mes critiques. Cependant, M. le président de la Société de chirurgie ne l'entendait pas ainsi. Le professeur Denonvilliers, car c'est lui-même, n'a jamais usé beaucoup d'encre. C'est une organisation paresseuse et réactionnaire, qui, comme le chien du jardinier, ne mange pas de salade et veut empêcher les autres d'en manger. Il n'écrit pas et ne veut pas qu'on écrive. Il y a huit jours, après la séance, il réclama un comité secret, et, sans cesser de présider, il prononça un réquisitoire contre moi, disant que je manquais à toutes les convenances en me permettant d'écrire sur mes collègues. « Si ce n'était qu'un article d'analyse, à la bonne heure, mais il y a de la critique. — C'est cela, lui dis-je, vous voulez la presse, mais à la condition qu'elle vous flattera. Vous souffrez bien qu'on vous loue, mais non pas qu'on vous conseille. Que dirait Boileau s'il vous entendait? » Du reste, la Société tout entière s'est prononcée pour moi; ce que voyant, Denonvilliers a changé de tactique, disant que j'aurais dû faire profiter la Société des excellentes choses que je savais sur le chloroforme, et que, si chacun faisait comme moi, il ne resterait plus rien d'intéressant dans les séances de la Société; puis il s'est mis à faire l'éloge scientifique et littéraire de mon article, etc. Mais Gerdy se lève et dit : « De quel droit M. Denonvilliers remplit-il les doubles fonctions d'avocat général et de président? Qu'il descende du fauteuil s'il veut lui-même échapper au reproche d'inconvenance. »

Larrey, voulant ménager la chèvre et le chou, demande que la question soit divisée. Il y a ma personne, et il y a un principe à établir. Ma personne doit être d'abord mise en dehors du débat, attendu que la Société n'a encore établi aucun principe, et que MM. Vidal, Follin, Debout, Morel, Laborie, Malgaigne, Forget, chacun dans leur journal, ont fait de tout temps ce que je viens de faire moi-même. « Monsieur le président voudra bien, je n'en fais aucun doute, retirer le mot d'inconvenance qui blesse les justes susceptibilités de M. Broca, après quoi nous discuterons question de savoir si les membres de la Société doivent sur la pouvoir se critiquer dans la presse, et ici je me range à l'opinion de M. Denonvilliers. »

Broca : « J'appuie la demande de M. Larrey. Il faut diviser la question. Je demande donc à monsieur le président s'il maintient ou s'il retire ses expressions. » Le président parle d'autre chose, il ne répond pas ; il détourne l'attention, avec cette habile perfidie qui lui aurait assuré un bel avenir parlementaire. Mais je tiens bon, et, après cinq ou six interpellations successives et véhémentes, il se plaint de ce que je fais une question de personne de ce qui est une question de principes. Alors, voyant qu'il n'y avait rien à tirer de ce mur impassible, je fais un nouveau discours. Cette fois, j'étais en colère : « Le président nous considère comme de petits garçons et nous régente, il nous donne des leçons de conduite. Il refuse de me donner satisfaction, c'est la Société tout entière qui va juger *entre lui et moi*. Je demande formellement, au besoin j'exige qu'on la consulte sur le débat devenu tout personnel. » Laborie dépose un ordre du jour ainsi conçu : « La Société, considérant que M. Broca n'a manqué à aucune convention ni à aucune convenance, passe à l'ordre du jour. » Le président fait voter. Toutes les mains se lèvent, moins la sienne et la mienne; ce que voyant, pour n'avoir pas l'air vaincu, il lève aussi la main, le rusé, pour qu'on ne pût pas dire qu'on avait délibéré contre lui. Alors je me lève : « Tous nos collègues voudront bien constater que monsieur le président vient de lever la main. Il a déclaré ainsi, par conséquent, que je n'ai manqué à aucune convenance, et qu'il avait eu tort de blâmer, il y a un instant, ma conduite. Devant cette rétractation évidente, je n'aurai pas le mauvais goût d'insister davantage sur ce qui m'est personnel. Mais il y a un principe à décider, et je demande que la Société soit consultée sur la question générale que l'on a soumise à monsieur le président. » Alors le président fait un discours contre les abus de la presse, et il conclut en demandant qu'à l'avenir les membres de la Société n'écrivent pas sur ce qui se passe dans la Société. Laborie, Verneuil et Follin demandent que, sur cette proposition du président, on passe à l'ordre du jour (ce qui veut dire que la Société ne prend pas la chose en considération). L'ordre du jour étant appuyé, le président, malgré ses répugnances, est obligé de le mettre aux voix. Toute la Société se lève par acclamation à l'exception de Denonvilliers, Danyau et Larrey. Le président est battu sur tous les points. La liberté de discussion a triomphé. Mais je demande la parole pour faire remarquer que nous venons de perdre notre temps, attendu que les décisions de la Société, quelles qu'elles soient, ne sauraient en rien s'adresser à la conduite extérieure d'un de ses membres, pourvu qu'il ne manque pas aux lois vulgaires de la morale et de l'honneur. Voilà cette petite histoire sur laquelle on a beaucoup causé dans le quartier. Mon meuble de cabinet est vert parce qu'il était rouge, fané, et que je l'ai fait recouvrir.

Paris, 20 décembre 1853.

Vous m'avez mis, chers parents, une terrible affaire sur les bras. Votre M. Borviel, l'avocat de Mme Dascols, demeurait il y a un mois et demi rue de Tournon. C'était, en effet, sur mon passage. Mais aujourd'hui il a déménagé et demeure au haut de la rue Richelieu, à 3 ou 4 kilomètres de chez moi. Il ne se trouve chez lui que le matin à l'heure de ma consultation. Il rentre le soir de six à sept heures, dîne en un quart d'heure et sort pour ne rentrer qu'à l'heure du coucher. Je suis allé trois fois chez lui espérant le rencontrer de six à sept. Cela ne m'est possible que les jours où je ne fais pas mon cours. Je n'ai pas encore pu le voir. Je lui ai écrit, il m'a répondu, je vous envoie sa lettre. J'irai chez lui un de ces matins à onze heures. Jusqu'ici j'avais une autre affaire sur les bras. Devals avait fini ses épreuves dans le concours de l'internat. Il avait 26 points, juste assez pour être nommé. Il y avait assez de places pour nommer tous les candidats au-dessus de 26 points; il restait quatre places pour les candidats à 26 points. A égalité, les démarches sont permises; c'est pourquoi j'ai opéré le plus activement que j'ai pu pour obtenir que Devals fût dans les quatre privilégiés. J'ai pleinement réussi et il est le troisième avant-dernier. Il ira à Bicêtre, mais on n'en meurt pas. La chose a été rude, il y avait des provisoires et des externes de troisième année parmi les compétiteurs.

J'aurais dû vous parler déjà de tante Magdeleine, mais votre silence depuis cinq jours prouve qu'il n'est survenu dans son état rien d'inquiétant. Élie a reçu des nouvelles le même jour que moi ; je pense que s'il en avait reçu depuis, il se serait hâté de me les transmettre.

Le petit Conord est venu ce matin ; son père, effrayé du choléra, voulait le rappeler à Eymet. J'ai écrit quelques mots pour rassurer son père, et pour lui prouver qu'on n'avait pas plus de chances d'être pris par le choléra que d'être écrasé par une voiture. Et dans le fait, c'est parfaitement vrai actuellement. J'avais tout à fait oublié les lunettes de Mme X..., la sœur de Mme Rebeyrolles. Voilà maintenant que je ne retrouve plus la note que j'avais prise et que je ne sais pas si le strabisme était convergent ou divergent. Je m'en suis occupé deux ou trois jours après mon arrivée à Paris, puis Charrière et Nachet m'ayant dit que cela ne les regardait pas et qu'il fallait s'adresser quai des Tournelles chez un individu qu'ils m'ont nommé, j'ai renvoyé la chose et finalement je l'ai laissée tomber dans le sac de l'oubli. Donc, je demande si le strabisme est convergent ou s'il est divergent.

Le concours pour la place de chef des travaux s'avance. La nomination aura lieu après-demain. Il n'y a que deux concurrents : Jarjavay et Sappey. Tous deux ont fait sur l'anatomie, et sur l'anatomie pathologique, deux épreuves déplorables. Je me mords les doigts de ne pas avoir concouru ; et, du reste, Malgaigne me disait hier en montant à son examen : « Je regrette beaucoup de vous avoir détourné du projet que vous aviez de concourir. »

Adieu, je vous embrasse affectueusement.

BROCA.

Les Élie vont bien. Samedi dernier nous avons fait chez eux un si bon dîner, qu'il a été convenu que je vous en enverrais le menu :

Potage tapioca.
Entrées. — Saucisses truffées.
Macaroni gratin.
Rôti. — Lièvre succulent et saignant.
Salade.
Dessert. — Confiture de couetches.
Vins. — Cachet rouge.

Après quoi nous sommes allés dans le petit salon, où ils ont fait mettre une cheminée aux frais du gouvernement, et nous avons fait un whist où, contrairement à toutes mes habitudes, j'ai gagné *quatorze sous*. Le petit Élie a été second en histoire. Georges connaît toutes ses lettres. Je lui ai donné un livre avec des images.

———

Paris, 31 décembre 1853.

Voici la nouvelle année, chers parents, et, fidèle aux traditions de mon enfance, je choisis ce jour pour vous écrire. Non pas que je me propose de vous envoyer une de ces épîtres de circonstance, toutes pleines d'inutilités et qui n'ont de valeur réelle que lorsqu'elles sont signées : *ton respectable fils*. Je me souviens, il y a de cela quelque vingt-quatre ans, je me souviens de l'époque où j'écrivais de semblables lettres, où maman m'en faisait faire une pour papa, papa une pour maman, et, tous les deux ensemble, une troisième pour ma tante Jourdit, et une quatrième pour les tantes. Cela n'était pas sans charme alors. Cela vous permettait d'apprécier l'état de mon style et celui de mon écriture. Aujourd'hui il y a longtemps que mon style est stationnaire, et quant à mon écriture, hélas! trop de gens l'ont déclarée incurable pour que je puisse moi-même conserver encore à son endroit la moindre espérance. Donc, je vous embrasse à la ronde, une fois pour toutes, comme je le ferais vraiment si j'arrivais parmi vous, fût-ce même un jour autre que le nouvel an, et je reprends ma correspondance là où elle en était restée. Je répondrai d'abord à une question de ma mère, esprit positif qui demande toujours à voir le fond des choses, et quelquefois aussi celui de ma poche. Il y a un an à pareille époque, je crois, je vous parlais de l'année 1853 qui devait décider de mon avenir et je disais : 1853, gentille année, m'apporteras-tu quelque place d'agrégé ou de chirurgien d'hôpital? A celui qui m'aurait dit alors : tu auras l'une et l'autre de ces places, j'aurais certainement promis de ne rien demander à l'année 1854. Mais l'homme est insatiable. Vous croyez peut-être que je suis content? Eh bien, non! et ni vous non plus. Nous demandons encore quelque chose, dont ma mère m'a parlé dans sa lettre. Ah! 1854, jolie année, m'apporteras-tu... devinez quoi. — Une femme? — Vous n'y êtes pas; j'ai bonne envie d'attendre pour me marier qu'on rétablisse le divorce, ce qui n'aura lieu que le 23 mai 1857, c'est-à-dire le lendemain de la chute de Bonaparte, prédite par les tables tournantes. — La croix d'honneur? — Me prenez-vous pour un portier? M'apporteras-tu un client! Un client! je ne serais pas fier, je n'en demande qu'un seul. Faut-il que les gens soient aveugles pour ne pas apprécier le bonheur qu'il y a à être l'unique client d'un médecin! Comme il serait choyé, dorloté! et comme il serait sûr de n'être pas tué volontairement, car on ne détruit pas comme cela toute une clientèle d'un seul coup. Client, doux client de mes rêves et de mes pensées, ne serait-ce pas toi que je viens d'entendre sonner? On sonnait, en effet, mais savez-vous qui on vient d'introduire dans mon cabinet? Hélas! c'était le facteur de la poste aux lettres qui venait m'offrir son coûteux almanach. Des clients comme cela, il n'en manque point. Et voilà qu'au milieu de ce bavardage, le temps que je pouvais vous donner s'est écoulé. De telle sorte qu'il faut que je quitte la plume, et que, ma foi! sans le vouloir, je me trouve vous avoir écrit purement et simplement une absurde lettre de nouvel an. C'est ce qui me décide à signer :

Votre respectable
PAUL.

Entre le 3 et le 24 janvier 1854.

Chers parents,

Vous avez sans doute appris par Hippolyte que votre lettre était arrivée saine et sauve avec son utile contenu.

Je puis vous annoncer que tous mes vœux sont accomplis et que j'ai enfin un client, un client qui est parti de Rouen en demandant à Boutellier le nom des médecins qu'il devait consulter s'il devenait malade à Paris. Boutellier m'a désigné. Le client, arrivé à Paris, a eu la varioloïde et m'a fait appeler tout à l'autre bout de Paris. Le malheur c'est qu'il va très bien, qu'il sera bientôt guéri, et qu'il s'en retournera sans disséminer sa satisfaction au milieu des Parisiens. Toutes vos précautions contre le froid auront été inutiles. La neige a certainement été fondue avant que la collecte fût achevée. A propos de collecte, j'ai reçu ce matin la visite d'un superbe suisse de ma paroisse, qui venait m'offrir le pain bénit de la nouvelle année, et me demander des étrennes en échange. Je me suis efforcé de lui faire comprendre que je ne ferais aucun usage de son pain bénit. Il m'a répondu que je n'étais pas forcé de le prendre, mais que cela ne l'empêchait pas d'accepter mes étrennes. Je regrette quelquefois de ne plus être au temps de la régence. Maintenant que j'ai *des gens*, j'aurais plaisir à faire jeter certains êtres par la fenêtre. Vous ai-je parlé de la dernière scène du concours de chef des travaux anatomiques? Je ne crois pas. Il s'y est passé des choses étranges. Sappey avait trois voix depuis le premier jour. On avait même eu recours à de tristes intrigues pour introduire dans le jury Nélaton, qui devait lui faire sa troisième voix. Bérard et Denonvilliers, juges de droit, étaient décidés à voter pour lui quand même. Or, toutes les épreuves étaient terminées, excepté l'épreuve des pièces. Trois juges, Moreau, Cruveilhier et Cloquet, s'étaient prononcés pour Jarjavay. Malgaigne n'avait pas encore dit ce qu'il ferait, sous prétexte qu'il restait encore une épreuve; mais comme cette épreuve donnait, et tout le monde le savait, une supériorité énorme à Jarjavay, il paraissait probable que Malgaigne voterait pour ce dernier. Le parti Sappey fit assiéger successivement tous les juges qui furent inébranlables, et la voix de Malgaigne paraissait seule susceptible d'être détachée de Jarjavay. Ce fut à Malgaigne qu'on s'adressa. Bérard, *inspecteur général des écoles de médecine*, eut la naïveté d'écrire à Malgaigne une lettre de trois pages, et de lui dire que le ministre exigeait la nomination de Sappey. qu'il casserait le concours si Sappey n'était pas nommé! Malgaigne, qui hésitait, n'hésita plus. Mais il alla plus loin encore. Le lendemain, au moment du vote, il somma Bérard de lui donner des explications sur cette lettre. L'indignation fut grande dans le camp des jarjavistes. Bérard perdit la tête, il eut presque un coup de sang. Séance tenante on vota et vous savez le résultat. Cette affaire a eu pour conséquence heureuse de brouiller décidément Malgaigne avec les maîtres intrigants qui forment la queue de l'ancien parti Orfila. La joie est grande parmi nous. Gerdy, qu'on avait exclu du jury sous un prétexte illusoire, pour le faire remplacer par Nélaton, a appris avec délices la défaite de la coterie.

Quant à moi, je suis très content de la tournure qu'ont prise les choses. Décidément, il vaut mieux être brouillé avec la coterie que d'être dans ses eaux. Ce n'est pas un malheur, car, dès avant cette affaire, j'étais déjà de mal en pis avec Denonvilliers. Il a voulu une seconde fois m'aborder à la Société de chirurgie, et je l'ai repoussé avec perte en lui ôtant, je crois, l'envie de recommencer. Depuis lors, voyant qu'il ne pouvait me prendre par la violence, il s'est mis à me témoigner toutes sortes d'égards et même des amitiés. Je sais ce qu'en vaut l'aune, mais je laisse faire. J'ai dîné samedi chez les Élie avec M. Cadars. Mme Cadars écrit que Jules va admirablement bien. On m'a lu le vœu de ma tante Mariette à l'endroit de ma future épouse. Je tâcherai de m'y conformer, mais cela ne presse guère. Quant à l'événement auquel est subordonné mon mariage, M. Thiers prétend qu'il est bien plus prochain que ne l'indiquent les tables tournantes. Il va chez Perrotin, l'éditeur, lui porter un volume du *Consulat et de l'Empire*, et recevoir 50,000 francs. L'éditeur lit le manuscrit et trouve des choses qui lui font dresser les cheveux. « Vous allez nous faire saisir, dit-il à M. Thiers. — C'est vrai, répond celui-ci, mais imprimez toujours. Tout cela va s'écrouler pendant qu'on corrigera les épreuves. »

Illusion d'orléanistes. Les légitimistes ont toujours passé pour naïfs à cause de leurs illusions. Mais depuis la fusion les orléanistes les valent bien.

Car j'espère bien que vous n'ignorez pas, chers parents, que vous êtes définitivement fusionnés.

Je ne vous embrasse pas moins tendrement, du reste.

BROCA.

Paris, 24 janvier 1854.

Je soupçonne fort, chers parents, que c'est vous qui êtes en retard. Je ne trouve pas dans mon portefeuille de lettre plus récente que celle du 3 janvier, et je suis sûr d'avoir répondu à cette lettre qui, du reste, me portait un billet fort utile, ainsi que Devals a pu vous le dire, car il a assisté à la réception de la susdite. A propos de Devals, ne le laissez pas partir sans lui donner pour moi un volume dont j'ai besoin, et que je ne trouve pas ici, lequel volume, en assez mauvais état du reste, est dans la bibliothèque de mon père. Voici le titre : Andree Bom, *Thesaurus morbosorum ossium*. Amsterdam, 1783, in-4°. C'est un volume broché d'environ 200 pages. Du reste, si je n'ai pas eu l'avantage de recevoir de votre prose depuis longtemps, j'ai eu la légère compensation de déguster vos terrines qui sont venues nous apprendre que vous pensiez encore à nous. Que dis-je? Les Rochelais se sont piqués d'un légitime amour-propre, et ont décoché sur Charlemagne un convoi de saucisses, de perdreaux et de chapons. Il est résulté de tout cela qu'il y a eu un petit gala à Charlemagne, samedi dernier. Monsieur le proviseur honorait le dîner de sa présence. Quant à moi, j'avais un appétit merveilleux. Mais, ô douleur! ne m'était-il pas venu, derrière les dents incisives de la mâchoire supérieure, un maudit aphte qui se compliquait d'une affreuse névralgie dentaire toutes les fois que la moindre miette le rencontrait. Feu M. Tantale ne fut pas plus éprouvé que moi. Le pire de tout, c'est que le lendemain matin mon aphte empoisonna encore mon déjeuner. Je pris enfin le parti de le faire cautériser et depuis lors je suis tranquille. Vous avez eu des nouvelles des Élie, sans doute. Vous savez qu'ils vont bien. Mme Seigneuret est restée près d'un mois avec eux.

Adieu, chers parents, je n'ai vraiment pas autre chose à vous dire. Je ne connais pas un mot des affaires d'Orient, et c'est le seul point dont on puisse s'occuper. Quant à mes affaires, elles se réduisent toujours à la même gamme. Cours, examens, articles de journaux et très peu de clientèle.

Je vous embrasse tous.   BROCA.

Je reçois juste à temps pour y répondre avant le courrier la lettre materno-paternelle. Je m'occuperai des lunettes et je les remettrai à Peyrat, qui est docteur et qui passera par Sainte-Foy avant de rentrer dans son pays. Surtout j'éclaircirai la question relative au client mémorable dont Paquerée m'a parlé. Paquerée avait raison et vous n'aviez pas tort. Voici le fait. Une nuit, à deux heures du matin, pendant mon premier sommeil on me réveille. C'était le pharmacien qui demeure en face de moi et qui me priait de me lever pour donner des soins à M. le duc de Bellune, mon voisin. Je réponds à l'honorable pharmacien que je n'ai pas l'habitude de me lever pour les clients des autres. Une minute ou deux après, la porte s'ouvre encore et Frédéric me demande la permission d'introduire le marquis de Bellune, frère du duc. Le susdit marquis me raconte que son père est mort deux jours auparavant, que sa mère a été dérangée et qu'elle repose pour la première fois, que son frère vient d'être pris d'une maladie qui l'étouffe, que la chose presse, que lui, marquis, n'a pas osé réveiller sa mère, et qu'il me supplie de le tirer d'angoisse, et qu'au surplus l'hôtel de Bellune n'est qu'à deux pas. Ce discours fini, j'étais complètement réveillé. Je me suis donc décidé à me lever. J'ai trouvé un duc tourmenté par un accès d'asthme. Je lui ai fait une prescription, il m'a prié de revenir dans la journée. Ainsi fut fait. A ma seconde visite il allait très bien. Il me pria néanmoins de revenir le lendemain. Ce jour-là je le trouvai sortant de table et tout à fait rétabli. Je lui annonçai donc que je jugeais inutile de revenir. Sur quoi il m'annonça lui-même qu'il viendrait me remercier chez moi. Paquerée est arrivé précisément ce jour-là, et de là est venue son histoire. Quant au duc, point ne l'ai-je revu jusqu'ici. Sa carte, qu'il m'a envoyée au jour de l'an, m'a prouvé qu'il n'était pas mort. J'attends patiemment. S'il vient lui-même, et s'il paraît vouloir me garder pour médecin, je serai coulant sur la course de nuit; sinon, avant la fin de l'année, il recevra une note de 100 francs et je n'aurai pas trop perdu mon temps.

Dans la prochaine, je répondrai à la question de tante Jourdit sur mon page.

Paris, 10 février 1854.

Ouf, je respire enfin pour la première fois depuis plus d'une semaine. J'ai une longue narration à vous faire, mais le temps me manquait pour cela. M. Roux ayant été atteint d'une très légère attaque d'apoplexie, il a fallu désigner un agrégé pour le remplacer. Le doyen choisit qui bon lui semble parmi les agrégés, parmi ceux du moins qui en font la demande, et, pour éviter le favoritisme, les agrégés ont formé une société ayant pour but de forcer les sociétaires à ne passer que chacun son tour, lorsqu'il y a des remplacements à faire. En pareil cas, celui qui a droit au remplacement fait *seul* la demande, et le doyen est bien obligé de le choisir. Le dernier remplacement ayant été fait par Jarjavay, l'ordre suivant lequel le tour des agrégés de chirurgie doit venir est le suivant : Richet, Sappey, Broca, Richard, Follin, Jarjavay. J'étais le troisième sur cette liste, mais Sappey n'ayant jamais consenti à faire un remplacement de chirurgie, vu qu'il n'y entend rien, il était clair que c'était comme si j'étais le deuxième. La maladie de M. Roux laissait à l'Hôtel-Dieu un service de clinique, le plus beau remplacement de Paris. Voilà que l'idée vint à Richard de l'obtenir. Cloquet ne faisant jamais son cours, Richet s'attendait à être désigné pour le cours de chirurgie du 1er avril au 30 août. Depuis longtemps il préparait ce cours-là. Aussi, lorsque Richard vint le prier de lui céder l'Hôtel-Dieu, Richet, qui n'y tenait pas beaucoup, finit-il par y consentir. Cependant, parmi les agrégés de chirurgie, personne n'avait fait sa demande. Richet n'avait pas demandé, puisqu'il avait promis à Richard ; Sappey n'en avait nulle envie. Broca croyait que Richet demanderait conformément à son droit. Follin n'avait pas plus de prétention que Jarjavay. Voilà que vendredi dernier, arrivant à l'École un peu tard pour toucher mes appointements, je trouve sur le bureau une demande de Richard. Le secrétaire m'apprend que Richet refuse l'Hôtel-Dieu, et que Sappey a changé son tour avec Richard. N'admettant pas le changement de tour, je dépose moi aussi une demande, et je convoque la Société des agrégés pour régler le droit de chacun. Comme la chose pressait, et qu'il s'agissait d'empêcher le doyen, oncle de Richard, de terminer l'affaire en nommant son neveu, on a immédiatement décidé que Richet, dont les droits ne pouvaient être contestés, prendrait l'Hôtel-Dieu, et que la chose pressante étant terminée, on aurait plus tard le temps de régler la question des changements de tour.

Une commission, nommée immédiatement, a délibéré séance tenante et a nommé pour rapporteur Verneuil, ce qui indiquait à Richard que son affaire était perdue. Je dois ajouter qu'il a immédiatement retiré ses prétentions. Je restais donc le premier à placer, et c'était moi, par conséquent, qui devais faire le cours de Cloquet pendant le semestre d'été. Les choses en étaient là, lorsque, dimanche soir, un monsieur dont le père avait une hernie étranglée m'est adressé par des étudiants qui ont lu ma thèse, et vient me chercher pour aller à Provins. Je pars immédiatement, je roule toute la nuit, j'arrive à Provins à trois heures du matin, j'opère ma hernie, — il le fallait bien, mais c'était bien tard, et je n'espère pas grand'chose, — puis je prends une voiture qui me fait manquer le chemin de fer. J'avais payé ma voiture, elle était repartie, lorsque j'appris que je n'aurais pas de convoi avant le soir. J'étais dans un village de dix maisons, les Ormes, et les convois ne s'y arrêtaient que matin et soir. A six lieues de là, au contraire, se trouvait à Montereau une grande station où un convoi devait passer à deux heures après-midi. Je tenais à rentrer, parce que je dînais chez M. Loreilhe avec sa sous-préfète de fille (j'ai rarement vu, du reste, une femme plus sous-préfète que cela) et surtout parce que je faisais précisément mon cours ce jour-là à sept heures du soir. Donc, je décidai que je prendrais la traverse pour aller à Montereau. Il était dix heures. J'avais quatre heures devant moi. Le difficile était de trouver un véhicule ou un quadrupède. On me répond tout d'abord qu'aucun quadrupède de selle n'existe dans le pays, que le nommé Hippolyte a une charrette et un gros cheval et qu'il consentira peut-être à me conduire. Cet Hippolyte était au cabaret, il jouait, il gagnait, et ne se souciait guère de passer six à sept heures en charrette découverte, par la pluie et le vent. Il fallut lui donner 10 francs. Alors il se décida et nous partîmes, allant au trot, dans les chemins les plus étranges, recevant les intempéries dans cette charrette non suspendue, découverte et sans banc, moi étant obligé de me tenir d'une main et de protéger de l'autre mon chapeau contre le souffle d'Éole, souffrant de la faim, du froid et du sommeil. Enfin, j'atteignis Montereau cinq minutes avant le passage du convoi, j'arrivai à Paris à quatre heures et demie, je pris une voiture, je courus chez moi, m'habillai de la tête aux pieds, j'arrivai à cinq heures chez le commandant, et j'en partis à sept heures moins cinq pour aller faire mon cours. Voilà qu'au milieu de mon cours le sommeil me gagne; j'avais passé la nuit blanche, j'avais physiquement fatigué dans la carriole des Ormes, j'avais été fatigué aussi par les émotions d'une opération désespérée, longue et pleine d'incidents imprévus (il est bien clair que s'il se fût agi d'un cas simple, on ne m'eût pas envoyé chercher). De plus, j'avais mangé rapidement et abondamment en buvant du vin blanc de Bergerac. Bref, je m'endormis pendant mon cours, je rêvai même et j'eus une conversation avec Alexandre Dumas. Je ne me réveillai que quelques minutes avant la fin de la leçon, juste à temps pour m'apercevoir que je venais de finir les fractions de la colonne vertébrale. Je n'étais pas sans inquiétude. Je craignais d'avoir dit ou fait quelque bêtise. Cependant les élèves ne riaient pas.

ce qu'ils n'auraient pas manqué de faire. J'ai demandé des renseignements à mon préparateur, qui m'a dit que ma leçon avait été comme d'habitude. Il m'a montré ses notes, et il se trouve que j'ai fait, en dormant, car j'ai bien dormi et certainement rêvé, une leçon fort raisonnable. Je livre ce fait à vos méditations psychologiques. Je rentrai pour me coucher. Un autre incident m'empêcha de me coucher avant onze heures. En me déshabillant j'étais exténué et je me disais : « Avouons pourtant que j'ai bien gagné les 500 francs que m'a rapportés mon voyage à Provins. »

Le lendemain, à huit heures, Faure me réveille et m'annonce que je suis convoqué pour le même jour à dix heures pour une consultation. Suivez bien ceci : le surlendemain mercredi, un autre médecin vient me donner rendez-vous pour un second malade pour le jeudi. Suivez toujours : hier jeudi, un troisième médecin me convoque pour une autre consultation qui aura lieu demain samedi. C'est-à-dire qu'en une seule semaine ma clientèle m'a rapporté plus d'argent que je n'en avais encore gagné par le même moyen. Aussi, quand j'ai vu que ce matin personne ne venait me chercher pour une consultation nouvelle, j'ai été véritablement étonné. Ce n'était point tout : car je suis en veine de gagner de l'argent, et mieux encore. Mardi matin, je reçois une lettre de la Faculté, laquelle lettre m'apprend que M. Gerdy, ayant demandé un congé, j'ai été désigné pour le remplacer. Le remplacement n'étant que de deux mois, je ne perds pas mon tour et je reste le premier pour les remplacements ultérieurs. J'ignorais même que M. Gerdy fût malade. Je suis allé le voir. Il était repris des accidents qui l'ont déjà arrêté l'année dernière et pour lesquels ses amis lui conseillaient de passer un hiver en Italie ; cela n'était pas extrêmement grave, mais le repos était nécessaire. J'ai dû prendre mon cours là où il avait interrompu le sien, et c'est alors que j'ai appris que nous faisions précisément, lui et moi, la même chose à nos deux cours, c'est-à-dire les maladies des os ; et que nous nous faisions, par conséquent, concurrence. Actuellement, ce sera bien mieux encore. Je suis obligé de continuer mon cours particulier, puisque les élèves ont payé, et je me trouve faire à la fois les luxations à l'École pratique et les luxations à la Faculté. Ces deux cours sont assez fatigants, du reste. Quoi qu'il en soit, j'ai fait aujourd'hui mon début à l'École. J'ai consacré toute la leçon à des généralités historiques sur les diverses écoles qui ont avancé l'étude des luxations, c'est ce qu'on appelle le speech (prononcez spitche). Ma leçon a été goûtée et applaudie. Mon amphithéâtre contenait bien de quatre à cinq cents personnes. Somme toute, j'ai lieu d'être très satisfait de mon début.

Vous me demandez des détails sur mes impressions dans le monde, sous prétexte que je suis allé au bal il y a un ou deux samedis. Et quelle impression voulez-vous que j'en rapporte ? Un de mes anciens camarades, marié depuis quelques années, avait marié son frère et donnait un bal de noce. J'y suis allé, je n'y ai pas dansé et j'en suis revenu. Faut-il que je vous l'avoue ? En rentrant je me suis couché et j'ai bien dormi. L'abbé Vazillier n'a plus reparlé de son héritière. Mme Bouvier, chez qui j'ai dîné il y a neuf jours avec la belle comtesse polonaise dont Poyen père a failli devenir amoureux, Mme Bouvier, dis-je, m'a aussi proposé un parti. C'était un mariage surtout de position ; vous savez sans doute ce que c'est qu'un mariage de position. On m'en a déjà proposé dans ce goût-là ; mais, je vous le demande, vous qui savez quelle vie je mène, ai-je bien le temps de me marier ? Je puis vous faire un aveu. Le dernier feuilleton de la *Gazette hebdomadaire*, signé Dechambre, vous donnera une idée du poème étrange que vient de publier le professeur Piorry. Or, l'avant-dernier feuilleton renfermait une petite satire sur le même ouvrage; cette satire, qui a eu ici beaucoup de succès, a donné lieu à une foule de suppositions relativement à son auteur. On a prétendu que ce monsieur Bap. Lacour était un pseudonyme, et ne voilà-t-il pas qu'on a trouvé que c'était précisément l'anagramme de mon nom. Pour comble de hasard, Bap. Lacour ne rime pas avec le dernier vers, tandis que mon nom rimerait au contraire très bien. Piorry n'est pas content de moi. Mais la chose ne m'a nullement nui à la Faculté, où Piorry passe pour un fou qui mérite bien qu'on lui donne de temps en temps la douche. Or donc, maintenant, parlons de choses bien différentes. J'ai 400 francs d'appointements par mois en supplément de mes appointements ordinaires, à cause du cours de Gerdy. Cela durera jusqu'au 1er avril, époque où cela continuera puisque c'est encore moi qui ferai le cours de Cloquet. Profitons de cette prospérité financière pour réaliser un vieux plan. Il faut que maman s'habitue dès maintenant à l'idée de venir au mois d'avril avec ou sans (avec si c'est possible) tante Mariette. C'est moi qui paye le voyage de maman. Quant à tante Mariette, Virginie prétend qu'elle a des principes qui ne lui permettraient pas d'accepter une offre analogue. Nous ferons plus tard le siège en règle de tante Mariette. Ceci est surtout destiné à maman. C'est un premier avertissement, comme on dit aujourd'hui en parlant des journaux. Nous verrons bien ensuite si tante Mariette aura l'inhumanité de laisser voyager seule une personne *aussi imprudente qu'Annette*. Dites à tante Jourdit que je compte aller à Sainte-Foy, non pas à Pâques qui tombe je ne sais quand, mais du

1ᵉʳ au 10 avril, entre le cours de Gerdy et celui de Cloquet Gare aux pots de confit !

Adieu, je vous embrasse tous.

Broca.

Paris, 3 mars 1854, huit heures du matin.

Chers parents,

Je répare ma faute et je profite pour vous répondre du premier moment de répit que j'aie eu depuis bien longtemps. J'ai eu dans ma vie plusieurs périodes d'agitation, mais jamais plus que maintenant je n'ai eu besoin de mon inébranlable santé pour résister à la multitude d'occupations dont je suis assiégé. Veuillez prêter l'oreille à l'exposé de ma situation. J'ai commencé au mois de novembre mon cours payant; j'ai reçu d'avance le montant des cartes d'entrée, donc je suis obligé de continuer et de terminer ce cours. J'ai, de plus, sur les bras, le cours de chirurgie de la Faculté. Les examens me prennent deux à trois fois par semaine. Je prépare une livraison d'anatomie qui va paraître prochainement. J'ai, comme par le passé, le travail de la *Gazette hebdomadaire*, lequel consiste à lire tous les journaux étrangers, à en extraire la chirurgie, et de plus à rédiger les travaux originaux que je signe. J'ai commencé mon service du Bureau central, c'est-à-dire que je vais trois fois par semaine, et trois heures chaque fois, à l'administration où je fais la besogne fatigante de donner une centaine de consultations, et de recevoir tous les malades qui entrent ces jours-là dans les hôpitaux. Enfin, chose des plus importantes, j'ai un client, mais un vrai!

lequel était sur le point de faire connaissance avec mon bistouri pour une fistule dont il est atteint, lorsque, très heureusement pour moi, la veille de l'opération il fut pris d'une terrible fièvre de peur, laquelle l'a mis à deux doigts du tombeau et m'a forcé depuis vingt jours à lui faire régulièrement deux visites par jour. Il ne commence que depuis hier à aller passablement. Cette histoire ne vous rappelle-t-elle pas le vieillard cataracté nommé Cornard, que nous allâmes voir, mon père et moi, pour l'opérer de sa cataracte et que nous trouvâmes mort d'une hernie étranglée? Si, par hasard, nous l'avions opéré un ou deux jours plus tôt, on nous eût accusés de sa mort. De même, si j'avais eu le malheur de faire l'opération de la fistule vingt-quatre heures plus tôt, on n'aurait pas manqué d'accuser mon opération des accidents qui ont suivi. Or, voici maintenant quel est l'emploi de mon temps depuis que je ne vous ai écrit. Je vous ai envoyé le plan de mon appartement, je puis bien vous envoyer celui de mon existence :

Lundi. — 9 h. 1/2 à 10 h. 1/2, mon client et mon déjeuner. — 11 h. 1/2 à 12 h. 1/2, ma consultation particulière. — 1 h. à 3 h., examens. — 3 h. à 4 h., cours de Gerdy. — 7 h. à 8 h., cours particulier. — 8 h. à 9 h. 1/2, travail avec Beau pour mon atlas. — 9 h. 1/2, mon client.

Mardi. — 9 h. 1/2 à 10 h. 1/2, mon client et mon déjeuner. — 11 h. 1/2 à 12 h. 1/2, ma consultation particulière. — 1 h. à 4 h., Bureau central. — 4 h. à 5 h., Académie de médecine. — 8 h., mon client. — 9 h., préparation des cours du lendemain.

Mercredi. — 9 h. 1/2 à 10 h. 1/2, mon client et mon déjeuner. — 11 h. 1/2 à 12 h. 1/2, ma consultation particulière. — 1 h. à 3 h., examens. — 3 h. à 4 h., cours de Gerdy. — 4 h. à 5 h. 1/2, Société de chirurgie. —

7 h. à 8 h., cours particulier. — 8 h. à 8 h. 1/2, mon client. — 9 h. à 12 h. soir, à l'imprimerie pour la correction du journal.

Jeudi. — 9 h. 1/2 à 10 h. 1/2, mon client et mon déjeuner. — 11 h. 1/2 à 12 h. 1/2, ma consultation particulière. — 1 h. à 4 h.. Bureau central. — 4 h. à 6 h., dernière main au numéro du journal. — 8 h., mon client. — 9 h., préparation des cours du lendemain.

Vendredi. — 9 h. 1/2 à 10 h. 1/2, mon client et mon déjeuner. — 11 h. 1/2 à 12 h. 1/2, ma consultation particulière. — 1 h. à 3 h., examens. — 3 h. à 4 h., cours de Gerdy. — 4 h. à 5 h., Société anatomique. — 7 h. à 8 h., cours particulier. — 8 h. à 9 h. 1/2, travail avec Beau. — 9 h. 1/2, mon client.

Samedi. — 9 h. 1/2 à 10 h. 1/2, mon client et mon déjeuner. — 11 h. 1/2 à 12 h. 1/2, ma consultation particulière. — 1 h. à 4 h., Bureau central. — 4 h. à 5 h., Société de biologie. — 6 h. à 11 h., dîner à Charlemagne ou soirée. Je néglige mon client ce jour-là.

Il y a chaque semaine un jour de repos. A part le client qui ne se repose pas, toutes les autres institutions dont je fais partie me laissent tranquille ce jour-là. Mais je n'ai malheureusement pas fini toute mon œuvre le samedi soir, et c'est pourquoi je consacre le dimanche à la besogne du journal, lectures, analyses ou rédactions. Voilà à quoi j'ai passé mon carnaval, m'occupant fort peu des masques et des empereurs russes ou autres, et ne me permettant de flâner que le samedi soir pour aller manger certaines lamproies dont la succulence m'a expliqué les envies de feu notre cousine Baraton. Aussi, me suis-je flatté, en palpant à travers son enveloppe une boîte ronde que Devals m'a portée, que cette boîte renfermait une ou deux lamproies.

Me suis-je trompé? Je le saurai demain! comme disait Lacenaire, en parlant d'une chose qu'on n'a pas l'habitude d'accorder aux lamproies, et au moment d'entreprendre un voyage plus long que celui que je ferai demain en allant à Charlemagne.

Mon état s'améliorera, du reste, beaucoup à partir du 1ᵉʳ mai. Mon cours particulier sera fini, et je serai, pour quatre mois pleins, débarrassé de la lourde besogne du Bureau central. De sorte que je serai tout disposé à courir Paris avec les dames de ma famille qui me feront l'honneur de venir me voir au printemps. Vous ignorez, sans doute, que, depuis dix jours, il y a dans tous les bureaux des journaux un employé de la police qui lit toutes les épreuves pour empêcher qu'on ne parle des arrestations. A froid et sans cause connue, on a arrêté ce matin cent cinq légitimistes qu'on relâchera, puis on a pris à domicile, le 24 février, cinq cents républicains environ, et le lendemain on a ramassé dans les rues qui aboutissent à la Bastille environ deux mille personnes. Toutes les prisons regorgent. Il y avait quinze jours qu'on avait commencé à évacuer les prisonniers ordinaires pour faire de la place aux nouveaux. Mais il paraît décidément que l'impératrice est un ange de piété. Quant aux orléanistes, on n'en a pas arrêté par une raison fort simple, c'est qu'il n'en existe plus. Ils sont fusionnés, les malheureux! Quel suicide volontaire! Cela ne les empêche pas d'aller en prison, mais ils y vont maintenant comme légitimistes. Cette transformation ne m'empêche pas de vous embrasser affectueusement.

21 juin 1854.

Chers parents,

Je ne suis pas allé chez Élie, samedi dernier, mais je l'avais vu la veille; il m'avait donné de vos nouvelles, et m'avait annoncé l'heureuse terminaison de ce voyage qui fera époque dans l'histoire de la famille. Il m'a transmis, en même temps, une lettre d'Alphonse qui semble tout disposé à venir montrer sa gorge aux médecins de Paris. J'ai écrit à Alphonse pour approuver son plan. Je n'ai pas encore de réponse. Je n'ai pas vu cette semaine Élie, qui doit avoir reçu une nouvelle lettre de la Roche-Chalais. Ma mère m'annonce comme une chose presque surprenante que tante Jourdit, pendant son absence, a conduit le ménage sans la moindre difficulté. Je ne m'en étonne nullement, puisque c'est elle qui se charge de tout en temps ordinaire, et même en temps extraordinaire, lorsque j'encombre la maison. Il t'arrive, ma pauvre mère, ce qui est arrivé à ton roi Louis XVI, pendant son voyage à Varennes. « Tiens, dirent les Parisiens à son retour, on peut donc vivre sans roi; hier et avant-hier, pendant que Sa Majesté nous privait de sa présence, nous ne nous en sommes seulement pas aperçus. » Et ainsi périclita l'autorité royale. Je crains bien que ton autorité n'ait par là reçu une grave atteinte, car enfin il est démontré maintenant qu'on peut faire sans toi la soupe et même la lamproie. D'où je conclus que rien ne s'oppose désormais à un nouveau voyage.

Ne gâtez pas trop ma filleule, si vous voulez qu'on vous la confie encore. Retrouvez pour elle une partie de cette sévérité qui a présidé à mon éducation et qui m'a valu cette souplesse charmante que ma mère considère comme un de vos chefs-d'œuvre. Mes recommandations à cet égard s'adressent particulièrement à tante Magdeleine, qui me fait l'effet de devenir le page obéissant de sa petite-nièce. Deux kilogrammes de chair surabondante au pied de Cocote! Il y aurait peut-être de quoi faire un mémoire à l'Institut. Mais c'est une bonne fortune que d'avoir un cheval aussi instructif que celui-là! J'ai eu la visite d'Oscar Lachapelle. Il retourne à Sainte-Foy. Je lui ai remis deux brochures que j'avais oublié de remettre à ma mère. Mon père y trouvera un mémoire de moi sur les névroses des cartilages, mémoire écrit en français au milieu de plusieurs autres écrits en diverses langues.

Somme toute, il faut peut-être féliciter Destrilhes de l'ennui qu'il a éprouvé. Mieux vaut une vexation passagère qu'un malheur sans remède, dans un pays où le divorce a été catholiquement supprimé.

Adieu, chers parents, je vous embrasse tendrement.

BROCA.

J'ai reçu ces jours-ci la visite de M. Gintrac, qui m'a fait une foule d'amitiés. Je suis allé le voir, de mon côté, mais je ne l'ai pas trouvé.

7 juillet 1854.

Chers parents,

Je vous donne signe de vie, un simple signe de vie. Je fais mon cours dans un quart d'heure, et je n'aurai que le temps de vous dire quelques mots. J'en aurais pourtant long à vous raconter. Le numéro de la *Gazette hebdoma-*

daire, que vous recevrez avec cette lettre, vous apprendra que j'ai abandonné la rédaction du journal, mais il ne vous apprendra pas ce qui s'est passé dans les coulisses. C'est une longue histoire que je vous enverrai un de ces jours.

Félicitez Marchand et mon père du résultat qu'ils ont obtenu. Présentez à la pauvre Mme Dascols mes bien sincères condoléances. Adieu, je vous embrasse. Ma lettre n'avait pas d'autre but que de vous le dire.

BROCA.

Par la première occasion, mon père recevra le premier volume des œuvres posthumes de M. Roux. Il y a huit jours qu'il a paru. J'ai déjà commencé la publication du second volume.

Juillet 1854.

Mon cher père,

Je fais un rapport sur le cancroïde et je le lirai, je pense, mercredi prochain à la Société de chirurgie; ce que je viens te demander presse par conséquent beaucoup.

1° Depuis quand ma tante Joséphine avait-elle son cancroïde de la joue lorsque je l'enlevai il y a trois ans? 2° depuis quand Mme Mazières avait-elle son mal au nez? 3° enfin et surtout, qu'est devenue une femme des Bérards (et si je ne me trompe, c'était la mère de Jeannette) à qui nous avons fait en 1848 ou 1849 une application de pâte de Vienne sur un cancroïde de la paupière inférieure droite? Je voudrais savoir : 1° la date approximative du début; 2° l'époque de la cautérisation; 3° le résultat; 4° l'âge de la malade (et aussi l'âge des deux autres malades); 5° enfin, si elle vit encore et dans quel état elle est. Il est probable qu'elle aura gardé un ectropion.

Adieu; je n'ai rien de nouveau à vous dire, si ce n'est qu'il fait depuis deux jours une grande chaleur, ce qui est un événement fort heureux. Les récoltes du nord étaient perdues sans cela.

Je vous embrasse. BROCA.

P.-S. — L'opinion se prononce de plus en plus en ma faveur à propos de l'affaire de la *Gazette hebdomadaire*. Je ne parle pas de l'opinion des jeunes gens, celle-là est avec moi depuis le premier jour, mais de l'opinion des gens bien placés, des médecins et chirurgiens des hôpitaux, des académiciens. Il y a entre ces gens-là et la Faculté une rivalité dont je vous ai déjà parlé plusieurs fois, et ils sont bien aises de voir que quelqu'un a protesté contre les tendances dominatrices de monsieur le doyen.

Août 1854 (?).

Mes chers parents,

Élie, que j'ai vu avant-hier soir, m'a dit que vous lui demandiez de mes nouvelles et que vous sembliez trouver mon silence un peu long. Je trouve en effet moi-même, toute réflexion faite, que je ne vous ai pas écrit depuis une quinzaine de jours. Je me hâte de réparer cette négligence. Je n'ai, du reste, pas grand'chose de nouveau à vous apprendre. Chaque jour ressemble à la veille, pour ce qui me concerne du moins. Il y a bien par-ci par-là quelques histoires qui intéressent la Faculté, mais je ne vous en parle pas, parce qu'elles ne touchent en rien ma personne et qu'elles n'auraient par conséquent aucun intérêt pour vous. J'ai dîné deux fois chez Élie la semaine dernière, ce qui m'a permis de goûter comparativement les diverses espèces de vin que vous avez envoyées à Charlemagne. Votre vin des Bouhets de 1834 m'a paru de beaucoup supérieur aux autres. Celui de M. Jauge vient ensuite. Quant au vin des Gorains, — ne le dites pas au cousin Dupuy, — mais il a été classé le troisième à l'unanimité. Il y a quelque temps que je n'ai vu la famille Cadars. Jules n'allait pas très bien, mais il y a eu peut-être beaucoup de sa faute; son père se plaint qu'il n'est pas sage et qu'il fait précisément le contraire de ce qu'on lui prescrit. Devals conseille de l'éloigner de Paris. M. Cadars ne m'en a pas encore parlé. Tante Jourdit me chargera sans doute d'inviter Jules à passer trois mois chez elle, en attendant le moment de partir pour l'Italie. En tout cas, j'attendrai vos ordres avant de faire cette invitation.

Ma lettre a été interrompue par la visite de celui que mon père appelle le *jeune Bonizette*, jeune homme qui a simplement six ans de plus que moi. Il est plein de courage et d'ardeur, mais il aura un rude travail à faire avant de pouvoir subir ses examens, car il n'a fait aucune espèce d'études médicales. Je l'ai adressé à mon ami Dupré, qui prépare les candidats aux examens d'officier de santé. Je tâcherai d'adoucir son jury lorsqu'il en sera au moment des examens. Voilà tout ce que je puis faire pour lui. A propos d'examens, nous menons actuellement une vie de galère. C'est l'époque des examens de fin d'année, et, trois ou quatre fois par semaine, notre après-midi est absorbée par cette absurde occupation. L'examen de fin d'année est fait par trois juges; mais, comme on est obligé d'interroger douze élèves, on n'a pas le temps de les interroger successivement ; alors les juges se mettent chacun dans une chambre où les candidats viennent les trouver à tour de rôle. De cette façon on ne peut pas se reposer, on est obligé de parler tout le temps. Cela se passe dans les galeries vitrées du Musée, par des chaleurs intolérables, voilà pourquoi le métier est assommant. Il va durer encore jusqu'à la fin d'août. Je suis maintenant le premier sur la liste du Bureau central, c'est-à-dire que le premier service vacant dans les hôpitaux sera pour moi. Je dîne demain chez Élie au moment du départ de Virginie, laquelle par conséquent sera samedi à la Roche-Chalais.

Adieu, chers parents, je vous embrasse.

BROCA.

20 août 1854.

Chers parents,

Je viens de quitter les deux Élie, avec qui j'ai mené ce soir la vie de garçon, après avoir dîné avec eux à Charlemagne, et deux jours avant avec eux chez Mme Cadars. Le petit Élie prend assez bien son parti des thèmes que son père lui fait faire malgré les vacances. Toutefois, il commence à soupirer après le moment où son père et lui partiront pour la Roche. Je les verrai partir, pour ma part, sans pouvoir les suivre, mais je n'ai pas perdu pour cela tout espoir d'aller vous faire une visite avant la fin des vacances. Voici d'abord où en sont mes affaires. Je vous avais dit que j'étais le premier sur la liste de remplacement du Bureau central. Je suis maintenant le dernier, attendu que je viens d'être placé, en quoi j'ai eu un grand guignon et une grande chance. Un grand guignon, parce que je perdais mon tour pour un méchant remplacement de quinze jours dans le service de Chassaignac à l'hôpital Lariboisière, hôpital neuf et très beau du reste, — le plus beau du monde tout simplement, — mais situé à une distance considérable, 6 kilomètres environ, de chez moi. Mais ce grand guignon a été suivi d'une grande chance, puisque cela m'a permis d'être désigné comme agrégé pour remplacer Laugier à l'Hôtel-Dieu dans le grand service de clinique chirurgicale. En effet, mon remplacement de quinze jours expire le 1er septembre, et c'est ce jour-là précisément que commence le remplacement de Laugier. Laugier part pour un mois. Il est probable qu'il restera un peu plus que cela. Mais il annonce l'intention formelle de reprendre son service avant la rentrée, et si je me trouve ainsi libre pendant la seconde quinzaine d'octobre, je pourrai aller vous voir avant la réouverture des cours. Ce matin, Mme Cadars m'a fait prier de passer chez elle en revenant de Lariboisière. Elle m'a pris à part et m'a demandé si décidément je croyais le voyage de Jules à Cannes nécessaire. J'ai répondu que oui, parce que l'effet obtenu cet hiver a été étonnant, et que le pauvre diable maigrit, pâlit, tousse et dégringole avec une rapidité désespérante depuis qu'il est de retour à Paris. Seulement, ce voyage à deux ne paraissant pas beaucoup réjouir Mme Cadars, elle s'est demandé si un hiver passé à Sainte-Foy ne vaudrait pas autant, à quoi j'ai carrément et en toute conscience répondu que non. L'un des principaux motifs de leur hésitation, c'est la dépense. Il est clair qu'à Sainte-Foy leur dépense serait moindre, mais celle des autres s'accroîtrait d'autant. Sainte-Foy serait une ville bien ingrate si elle n'était pas sensible aux marques d'intérêt et d'estime qu'elle reçoit d'eux. Je suis écrasé par les examens de fin d'année qui reviennent en moyenne quatre fois par semaine. Maintenant ajoutez à cela l'hôpital qui me fait lever à six heures et demie contrairement à tous mes principes, et qui me retient en général jusqu'à onze heures, et vous verrez qu'il me reste peu de temps pour travailler et pour écrire. C'est là la cause de l'exiguïté de mon papier et de la rapidité avec laquelle je vous embrasse.

PAUL.

Paris, 1ᵉʳ septembre 1854.

Mes chers parents,

Pour éviter à la fois de commettre un petit mensonge et de dévoiler prématurément le départ d'Élie, dont l'arrivée a dû vous surprendre, j'ai renvoyé depuis plusieurs jours ma réponse à la dernière lettre de ma mère. Le retour de monsieur le proviseur a valu à MM. Élie II et III quelques jours de vacances de plus, c'est vous qui en avez profité; quant à moi, j'y ai perdu le plaisir de les recevoir à dîner mercredi dernier ainsi que cela était convenu entre nous. Hier j'ai terminé mon service à l'hôpital Lariboisière, et j'ai pris le jour même possession de mon service à l'Hôtel-Dieu. Ce n'est pas sans quelque satisfaction que je suis rentré en qualité de chef de service dans cet hôpital où j'ai été roupiou au commencement de mes études, et où j'ai passé la plus grande partie de mon internat. J'ai retrouvé à l'Hôtel-Dieu, comme directeur de l'établissement, le même M. Annocet qui était jadis directeur à l'hôpital Beaujon et avec qui j'eus une si curieuse affaire à propos d'une certaine bouteille cassée, et d'un certain infirmier qu'il m'accusait d'avoir assassiné avec préméditation. J'ai dû vous raconter cette histoire dans le temps, et vous dire comment il fut plongé dans la confusion et comment je me vengeai de lui en retournant à plusieurs reprises le fer dans la plaie ; ma mère, qui a bonne mémoire, se souviendra de tout cela. Or, je n'avais point revu le susdit Annocet depuis cette époque, ou plutôt je n'avais fait que l'entrevoir, lorsque hier matin j'ai reçu sa visite dans la salle de réunion des médecins. Il m'a fait toutes sortes de compliments, m'a assuré qu'il avait gardé le meilleur souvenir de nos anciennes relations, et a ajouté qu'il avait prédit bien des fois que je ferais mon chemin. O hypocrisie! Me voilà donc pour deux mois à la tête du premier service chirurgical de Paris ; je vais en profiter pour m'exercer à l'enseignement clinique. Je commencerai ma clinique lundi prochain, dans des conditions assez défavorables, attendu que la plupart des élèves sont en vacances. Mais il en reste toujours quelques-uns. Je m'efforcerai de leur apprendre le chemin des salles de la clinique chirurgicale, chemin qu'ils ne connaissent guère et qui est fort peu fréquenté depuis la mort de Dupuytren. L'école est fermée et je commence à respirer. Depuis un mois environ, j'ai été écrasé par la corvée des examens qui se multiplient toujours beaucoup pendant le mois d'août. Je vais donc rentrer en possession de mes après-midi, et j'en profiterai pour donner une ou deux livraisons de mon atlas. Je n'ai pas trempé dans l'accident de Dupleix et, par conséquent, ma mère peut se tranquilliser à cet égard. L'événement important de la semaine, c'est ma mise en ménage. J'ai pris le parti de déjeuner chez moi, et j'ai mangé ce matin le premier bifteck de Frédéric. J'ai acheté une pièce de vin chez M. Cadars, et j'ai environ trois cents bouteilles dans ma cave, ce qui me durera très longtemps comme vous pouvez croire. J'ai prié Mme Cadars de m'éclairer pour l'acquisition de mes ustensiles de cuisine, puis j'ai acheté des verres, des assiettes, des couteaux, voire de l'argenterie. Oui, de l'argenterie ; mais mes douze fourchettes, plus six cuillères, et six petites cuillères ne m'ont pas coûté plus cher que ne m'avaient coûté il y a quelques mois une demi-douzaine de petites cuillères en véritable argent. Vous devinez, par conséquent, que mon argenterie est en métal artificiel dont la misère est cachée sous le procédé Ruolz. Je viens de recevoir la visite de ce pauvre diable de Bonizette, que mon père m'avait recommandé sous le couvert du curé Lapeyre. J'ai fait pour lui ce que j'ai pu, mais voilà qu'un décret impérial vient de le frapper en pleine poitrine. A l'avenir, les certificats d'études ne serviront plus pour les examens d'officier de santé. Il faudra justifier de douze inscriptions et d'un séjour de trois ans au moins dans une école de médecine. Or, Bonizette n'a pas les moyens d'attendre aussi longtemps, et il est disposé à faire ses paquets pour partir demain. Le choléra diminue toujours un peu. Il est loin d'être grave ici comme il l'est dans certains départements. Les Parisiens ont cessé de s'en inquiéter. En revanche, on parle beaucoup du choléra de l'armée d'Orient. Les journaux ne disent que la minime partie de la vérité. Des lettres particulières et médicales annoncent qu'à la date du 10 août, il était déjà mort 6,000 soldats du choléra, ce qui veut dire 1 sur 12. Les Anglais ont beaucoup moins souffert. Nos troupes sont démoralisées au delà de toute expression. L'empereur, qui est rentré à Paris depuis qu'il n'y a plus de danger du côté du choléra, devrait bien aller un peu là-bas pour relever le moral de ses guerriers, ou plutôt de ses enfants, comme il les appelle dans ses proclamations. Vous me dites dans votre dernière lettre que les dames Destrilhes sont attendues à Sainte-Foy. J'espère qu'elles y seront encore lorsque ma réponse vous parviendra, et que vous pourrez leur transmettre directement mes compliments affectueux et mes regrets de n'avoir pu me joindre à vous pour profiter de leur visite.

Mme Cadars a été un peu dérangée la semaine dernière; je suis allée la voir trois ou quatre fois. Elle ne m'a plus reparlé de son voyage.

Adieu, chers parents, je vous embrasse tous affectueusement.

Broca.

Sans date, septembre 1854.

J'ai vu Élie hier matin et je l'ai revu ce soir. Il m'avait invité à dîner avec lui ce soir; j'avais compris que c'était pour demain samedi, suivant l'usage traditionnel. De sorte que je ne suis pas allé au rendez-vous. Il a cru que j'étais malade, et est venu lui-même, en sortant de table, pour avoir de mes nouvelles. Il m'a trouvé, suivant ma louable habitude, dans le meilleur état possible, et m'a dit que pour ma peine je ne mangerais demain que les restes de la pièce de veau d'aujourd'hui. Je l'ai bien mérité. Mais la punition n'est pas grande. Mes opinions politiques me font un devoir d'aimer le veau froid.

Je n'attendais Élie que dimanche. J'ai donc été agréablement surpris de son arrivée. Une autre visite inattendue a été celle de mon ami Lebert, qui est aujourd'hui professeur de clinique à la Faculté de Zurich et qui est venu pour quelques jours à Paris. Il y avait dix-huit mois que je ne l'avais vu. Je l'ai invité à déjeuner chez moi demain avec Follin et Robin, nos amis communs. J'aurais voulu avoir Élie, mais il a refusé absolument, prétendant qu'il est obligé de recevoir les parents des élèves à cette heure-là.

Je continue à faire une clinique prospère, quoique depuis plus de dix jours je sois entièrement privé du privilège de faire des opérations. Une épidémie de pourriture d'hôpital s'est déclarée dans mes salles et a atteint onze malades en trois jours. Grâce aux précautions particulières et nouvelles que j'ai prises, l'épidémie s'est arrêtée; aucun autre malade n'a été atteint depuis lors. Mais les sujets déjà atteints ne sont pas tous guéris, et tant qu'il restera de la pourriture d'hôpital sur une seule plaie, je me ferai un devoir de ne pas faire d'opération nouvelle. Malgré cette condition défavorable, puisque beaucoup d'individus vont aux cliniques de chirurgie, principalement pour voir faire des opérations, mon amphithéâtre continue à être très bien garni.

Vos recherches pour mon domestique sont désormais inutiles. J'ai mon affaire. Mon nouveau groom s'appelle Isidore. J'en suis très content jusqu'ici. C'est un garçon de dix-neuf ans, beau-frère du gargotier chez lequel mangeait Frédéric. Pour se donner de l'importance, Frédéric s'était posé dans cette maison comme le protecteur des malades; il m'a imposé plus d'une corvée gratuite et m'a fait signer plus d'un billet d'hôpital en faveur de ses compagnons de table. La famille même du gargotier m'avait à plusieurs reprises demandé des consultations. Voilà comment je suis entré en relation avec cette famille. On m'a proposé Isidore qui arrive de province et qui a accepté les conditions que je faisais à Frédéric. L'affaire a été conclue en un tour de main. Et voilà.

Je n'ai pas de nouvelles de M. Laugier. Il n'est pas de retour à Paris. Reprendra-t-il au 1er octobre ? C'est ce que j'ignore. Je serai incertain sur ce point pendant deux ou trois jours encore.

Adieu, je vous embrasse tous à la ronde.

Broca.

Lundi, 16 octobre 1854.

Chers parents,

Je ne vous écris qu'en courant, n'ayant que de courts instants à vous donner, et ayant, par-dessus le marché, égaré votre dernière lettre que j'ai prêtée à Alphonse, et que je n'ai pu retrouver. J'ai été grippé ces jours derniers, et même ma voix enrouée m'a empêché de faire ma clinique ce matin. Je vais tout à fait bien aujourd'hui, parce que j'ai eu soin de garder la chambre pendant toute la journée d'hier; j'ai même eu le courage, avant-hier soir samedi, d'aller faire une apparition chez Élie au moment du dîner, et de ne pas me mettre à table afin de ne pas subir les exigences d'un estomac qui transige si facilement avec le devoir. Je me souviens très bien qu'il était question dans votre lettre d'un envoi de liquide. J'accepte cette proposition avec empressement et reconnaissance. Élie a eu jusqu'ici la gracieuse attention de m'envoyer de son cachet rouge dans les deux circonstances où j'ai eu du monde à déjeuner. J'ai accepté parce que, entre nous, la piquette que M. Cadars m'a cédée est bonne pour moi, mais n'est pas présentable aux autres. Toutefois, je ne voudrais pas abuser de l'obligeance de mon excellent cousin, voilà pourquoi vos offres de liquide me trouvent dans les meilleures dispositions.

J'ai conduit Alphonse chez Barth et chez Trousseau. Je

les ai revus l'un et l'autre depuis lors. Tous deux m'assurèrent de la manière la plus positive une chose que mon père et moi savions déjà depuis longtemps, savoir que la poitrine d'Alphonse est dans l'état le plus absolument normal qu'on puisse désirer. Depuis ce jour, Alphonse se porte comme le pont Neuf. Il est même arrivé que l'assurance donnée à Alphonse a eu le meilleur effet sur la gorge d'Élie, lequel ne pouvait pas se défendre de comparer de temps en temps son état à celui de son frère.

J'ai extrait, vendredi dernier, deux énormes polypes qui remplissaient le nez de M. Jean Petit, de Flaujeagues. Mon homme va très bien, si bien que ce matin, quand je suis allé le voir, il était déjà parti pour aller voir enterrer ce grand bandit qui avait pris le nom de Saint-Arnaud. Or, il viendra sans doute bientôt me demander ce qu'il me doit. Je ne veux ni le raser, ni me raser moi-même. Il n'est venu à Paris que pour se faire opérer ; son neveu Guignard l'a accompagné pour qu'il ne fût pas seul. J'en conclus qu'ils sont à leur aise. Veuillez me renseigner par le prochain courrier sur l'état de la fortune de mon malade, et me dire à peu près ce que je dois lui demander. A un inconnu, je prendrais 500 francs. A un compatriote, j'aurais l'intention de demander 300 francs. Qu'en dites-vous? Du reste, je n'ai jamais vu d'opéré plus courageux. L'opération a été longue, et il n'était pas possible d'employer le chloroforme. Malgré cela, le malade n'a pas poussé un seul cri. Alphonse finira probablement la semaine avec nous. Adieu, je vous embrasse bien tendrement. Je n'ai pas vu les Cadars.

Broca.

4 novembre 1854.

Je crois, chers parents, que je suis grandement en retard avec vous. Mais il y avait longtemps que mon temps n'avait été aussi rempli qu'il l'a été pendant toute la durée du mois d'octobre. D'abord, l'hôpital me prenait, chaque jour, depuis sept heures jusqu'à midi. Puis, j'avais dans la journée un service au Bureau central pour Follin d'abord, ensuite pour Depaul. En outre, il a fallu consacrer beaucoup de temps à la discussion du cancer. Ajoutez à cela qu'une série de circonstances fortuites a donné à ma clientèle des proportions gigantesques pendant quelques semaines, qu'enfin j'ai été un peu grippé pendant quelques jours, et vous aurez l'explication d'un silence qui s'est prolongé peut-être plus longtemps que je n'aurais dû. Aujourd'hui, les conditions ne sont guère changées; j'ai, il est vrai, quitté le service de l'Hôtel-Dieu. Mais, d'une part, l'École a quitté ses examens; d'autre part, je vais commencer un cours public sur les tumeurs, question brûlante, comme vous savez; troisièmement, je suis de Bureau central pour mon propre compte pendant les mois de novembre et décembre. Enfin, pour mes péchés, sans doute, le sort m'a désigné comme juge du concours de l'externat, qui va me consumer dix heures par semaine jusqu'à la fin de décembre. Le concours n'est ouvert que depuis quatre jours, et déjà je suis harassé de visites et de recommandations. Je n'ai pas besoin de vous dire que mes sympathies sont acquises d'avance et d'une manière toute spéciale aux candidats qui ne me sont pas recommandés, attendu que toute ma vie j'ai eu à lutter contre les gens qui l'étaient trop. J'ai eu le plaisir de recevoir, ce matin, la bonne visite de M. Laussac. Hier, j'ai rencontré Faisandier dans la rue. Je ne l'ai pas reconnu, mais il s'est nommé et l'histoire de ses amours m'est aussitôt revenue en mémoire. Je ne lui en ai pas soufflé mot, ni lui non plus. Et voilà. Sur ce, je me porte bien, je désire que vous en fassiez autant, et je vous embrasse.

BROCA.

Paris, 6 décembre 1854.

Chers parents,

Je suis confus d'être resté si longtemps sans vous écrire, mais je dois dire pour ma justification que jamais, dans le cours d'une vie qui a souvent été agitée, je n'avais été aussi bousculé que je le suis maintenant. Mon cours, les examens, les discussions de l'Académie, quelques malades dispersés aux quatre points cardinaux, et surtout cet affreux concours de l'externat qui me mange régulièrement trois heures par jour : tout cela, joint au service du Bureau central, dont je serai chargé jusqu'à la fin de décembre, absorbe tellement mon temps que je ne sais littéralement où donner de la tête.

Élie a été dérangé ces jours-ci. Il a d'abord eu une amygdalite, puis un embarras gastrique, pour lequel il a pris un vomitif hier. Ce matin, il allait mieux. Je lui ai conseillé de se lever et de prendre de la nourriture. J'espère que cela sera fini. J'ai mis à la poste la lettre de M. Cadars, qui est parti de chez lui sans l'avoir reçue, et qui est venu déjeuner ce matin avec moi. Il part demain ; il sera à Sainte-Foy lundi ; il y restera une semaine environ ; il mettra pied à terre à la maison. Il a de bonnes nouvelles. Jules va bien, et paraît même devenir très raisonnable.

Mais ce qui vient de si loin mérite confirmation, à cause de l'influence des Tartares sur les dépêches les plus officielles. A propos d'officiel, je puis vous raconter une anecdote sur la *Gazette hebdomadaire*.

Le ministère a fait une loi destinée à prélever sur chaque tête d'étudiant en médecine 175 francs de plus que par le passé, ce qui élève à 1,260 francs le prix total des frais universitaires. C'était son droit. Mais il a commis une petite maladresse. Jadis les inscriptions se payaient 50 francs, ce qui faisait 200 francs par an. Les examens ne se payaient que 30 francs, de telle sorte que les élèves payaient le gros de la dépense en commençant et le petit de la dépense à la fin. Considérant qu'il y avait beaucoup d'élèves refusés aux examens, et qu'il y avait intérêt pour la caisse à profiter de ces échecs, Son Excellence a décidé que le prix des inscriptions serait diminué et le prix des examens augmenté. Désormais, par conséquent, les inscriptions ne se payeront que 30 francs, et les examens reviendront, l'un dans l'autre, avec les frais et les faux frais, à la somme exorbitante de 120 francs la pièce. Quant à la thèse, elle reste, comme par le passé, cotée à 165 francs. Comme il y a en moyenne, chaque jour, trois élèves refusés à la Faculté de Paris, Son Excellence a calculé qu'elle pourrait réaliser ainsi, sur la seule Faculté de Paris, environ 360 francs de bénéfice par jour, car il est bien entendu que les examinateurs ne seront pas plus payés que par le passé. Ainsi, non seulement chaque étudiant rapportera désormais au Trésor 175 francs de plus dans le courant de ses études, mais encore le Trésor encaissera environ 480 francs par jour, résultant des examens manqués; car on peut admettre hardiment que les deux autres Facultés refusent à elles deux, en moyenne, un candidat par jour. Or, il entre dans toutes les écoles de France environ mille étudiants nouveaux par an, et un calcul bien simple montre qu'il y aura pour la caisse un bénéfice d'à peu près 430,000 francs par an, presque autant que les appointements de ce bon M. de Saint-Arnaud, s'il vivait encore. Cette arithmétique avait paru triomphante à monsieur le ministre, et Son Excellence dormait sur les deux oreilles, lorsque, quelques jours après la rentrée, le caissier des Facultés se présente timidement avec ces tristes paroles : « Monseigneur, la caisse est vide! » Voici ce qui était arrivé. Chaque étudiant paye ses inscriptions pendant quatre années, avant de passer ses examens. Sous le précédent régime, les inscriptions se payaient 200 francs par an; maintenant elles ne rapportent que 120 francs. Déficit, 80 francs par tête. Soit 80,000 francs pour tous les nouveaux étudiants. L'année prochaine, le déficit sera double, triple dans deux ans, quadruple dans trois ans; et ce n'est qu'au bout de quatre ans que les élèves du nouveau régime commenceront à passer leurs examens et à combler ce déficit temporaire. Dans quatre ans, ce sera l'Eldorado. Mais comment vivre d'ici là ? Hélas! disait Son Excellence, dans quatre ans y serai-je encore? C'est bien long, et les flots sont si changeants! Le besoin d'argent ouvre l'imagination. Son Excellence n'a trouvé rien de mieux que de lever un impôt sur les étudiants anciens qui ont payé les inscriptions au prix fort, et qui devaient passer leurs examens au prix doux. Elle a donc décidé que les susdits étudiants payeraient leurs examens au prix fort. Il en résultait que ceux dont les inscriptions sont entravées payeraient ainsi la somme totale de 1,580 francs, c'est-à-dire 485 francs de plus qu'ils n'auraient dû le faire et 320 francs de plus que ne payeront les nouveaux. Cette agréable nouvelle a circulé comme une traînée de poudre; plusieurs journaux de médecine ont annoncé qu'il était impossible que le ministre eût de pareilles intentions, et que sa religion, sans doute, avait été surprise. Ces bourdonnements ont déplu à Son Excellence, qui a chargé Dechambre de faire savoir au public, par la voie officielle de la *Gazette hebdomadaire*, que la loi nouvelle serait appliquée sans aucune exception. Dechambre a obéi, comme c'était son devoir. Cela se passait quelques jours avant le discours d'ouverture, qui devait être prononcé, le 15 novembre, par Bérard, inspecteur général de l'Université. Les étudiants ont demandé aussitôt une audience à Bérard, qui les a fort bien reçus, qui a avoué que la chose était injuste, qui a promis de la faire changer, et qui a dit aux étudiants qu'il leur transmettrait la réponse du ministre, le 14 novembre, à midi, dans l'amphithéâtre de chimie. Le bon Bérard va au ministère. Il intercède vainement. On lui répond que la caisse est vide. Il n'a pas insisté. Mais que répondre aux étudiants à qui il a fait des promesses? Il ne peut pas leur dire oui, il n'ose pas leur dire non. Alors il prend le parti de ne pas venir au rendez-vous qu'il leur a donné. Le 14, au matin, les étudiants arrivent. Ils attendent jusqu'à midi, jusqu'à une heure. Point de Bérard. Les jeunes gens sont furieux. Ils décident qu'ils payeront Bérard le lendemain. Nous arrivons le 15, pour la séance d'ouverture. Bérard a convoqué de grands personnages universitaires pour assister à son triomphe oratoire. O douleur! Il ouvre la bouche, on siffle. Il s'interrompt, on siffle. Le doyen réclame le silence, on siffle. Enfin, après une demi-heure de bruit incessant, l'orage paraît se calmer. On permet à Bérard de lire trois phrases. Il parle du ministre, on siffle; de l'empereur et de son oncle, on resiffle. Jamais, dans les plus beaux jours de nos luttes au Collège de France contre les jésuites, je n'avais entendu pareille harmonie. Enfin, après avoir sauté les trois quarts de son discours, après avoir affronté humblement les quolibets et les saillies de son auditoire, Bérard saute vingt pages d'un seul coup, lit une dernière phrase et se rassied. Aussitôt, le bruit cesse comme par magie, et on écoute dans un silence religieux la voix de l'assesseur qui lit pendant un quart d'heure la liste des lauréats, et celle des élèves de l'École pratique. L'infortuné Bérard, l'infortuné doyen, se hâtent d'aller au ministère. Il était trop tard. Ils écrivent. On leur répond une lettre que j'ai vue, et où l'on disait que les intérêts des élèves étaient fort respectables, mais que ceux de la caisse n'étaient pas à dédaigner. Bérard devait commencer son cours le lendemain. Il n'ose pas; il le renvoie au semestre d'été. Le doyen renvoie de même l'ouverture de sa clinique. C'était intolérable. Alors le ministre a reconnu qu'il avait fait un pas de clerc, et il s'est décidé, un peu tard, quinze jours après la séance d'ouverture, à faire une circulaire calmante où il dégrève les étudiants de l'impôt qu'on avait voulu lever sur eux. Cependant, un ministre de l'ordre de choses impérial ne peut pas avoir l'air de transiger avec l'émeute. Donc, on inscrit ceci dans la circulaire : « Je n'ai jamais eu d'autres intentions que celle-ci. *Je n'ai donné à personne le droit de dire le contraire.* » La circulaire arrive à la pauvre *Gazette hebdomadaire*. Bérard la porte lui-même et dit à Dechambre : « C'est vous qui êtes la cause de tout cela avec votre article soi-disant officiel. Insérez la circulaire et soyez plus sage une autre fois. » Dechambre, pur comme l'enfant qui vient de naître, court au ministère. On le reçoit très froidement. « Mais c'est vous, vous-même, dit-il au chef du personnel, qui m'avez dit de faire cet article. — Vous rêvez, bonhomme, lui répond-on. La preuve que le ministère ne l'entendait pas ainsi, c'est qu'il a dit le contraire dans sa circulaire. C'est bon pour une fois, mais ne recommencez plus. » Tout n'est pas rose dans le métier de journaliste officiel. Dechambre rentre chez Masson. Tout bien considéré, ces messieurs rédigent leur démission. Dechambre la porte au ministère. On la reçoit, tout est fini. Dechambre, en sortant de là, passe devant ma porte. Il entre. Il m'annonce la chose, et me propose de rentrer dans la rédaction. Je demande quinze jours pour réfléchir, pour voir venir, et pour faire mes conditions. Cependant la chose arrive au ministère, qui trouve la situation mauvaise. La démission de la *Gazette hebdomadaire* va faire du bruit. Tout le monde saura que le ministre a dit successivement blanc et noir, qu'il a capitulé devant les exigences de la foule; qu'après avoir manqué son coup de filet, il a eu la lâcheté de rejeter la faute sur un journal qui n'avait fait que lui obéir. Donc, cela ne se passera pas ainsi. Le journal restera officiel, parce que cela est mon bon plaisir. Le jeudi matin, jour où le journal s'imprime, on convoque Dechambre et Masson. On leur explique les rouages de la politique et les nécessités de la vie officielle. On leur permet de dire en tête de leur numéro que désormais la *Gazette* recevra ses inspirations du cabinet du ministre. Eh! d'où les receviez-vous donc auparavant? N'étiez-vous pas officiels? et que signifie cet enfantillage? Moyennant quoi, vendredi matin, la *Gazette hebdomadaire* a été distribuée avec son titre ordinaire. Vous devinez que cela a été accueilli avec un éclat de rire homérique. Quel guêpier, et que je suis heureux d'en être hors!

J'oubliais de vous dire que j'ai déballé votre belle caisse de vin, que je l'ai déployée dans ma cave. Une bouteille de Saint-Émilion, victime des cahots, manquait à l'appel; mais j'ai eu, du moins, la consolation de retrouver les fragments du verre. J'ai entamé, ce matin, avec M. Cadars l'un des pots de confiture de coing. Ce produit de votre industrie a été trouvé excellent. J'ai vu Devals, qui venait me demander des nouvelles de sa mère. Il était fort inquiet, et s'imaginait qu'elle avait le choléra. Je l'ai rassuré de mon mieux en lui montrant une lettre que j'ai reçue hier matin, et où on n'aurait pas manqué de me dire une chose aussi grave que l'arrivée du choléra dans notre ville.

Adieu, chers parents, je vous embrasse tous.

PAUL.

---

31 décembre 1854.

Chers parents,

Je crois me souvenir que vous tenez à l'hommage du jour de l'an. Préjugé peut-être. . . . .

(*Ici manquent huit lignes.*)

Si vous aviez encore les Bouhets, je pourrais vous dire : Je vous souhaite d'être délivrés de l'oïdium et du coulage, de la grêle et de la gelée. Mais que vous ferait aujourd'hui ce souhait champêtre? Je pourrais encore, si c'était conforme à la charité chrétienne, vous dire : Je vous souhaite beaucoup de maladies — en dehors de la famille, s'entend — sur les clients qui ont de quoi payer. Mais on ne peut s'arrêter un instant à cette pensée inhumaine. Si vous étiez vraiment patriotes, si vous aimiez le pays, sa gloire et son élu, je vous souhaiterais de bons petits emprunts d'un milliard, de bons petits impôts croissants qui pourraient bien venir quoique je ne fasse aucun vœu en leur faveur; de bonnes petites levées de 140,000 hommes et une foule d'autres bonnes petites choses, toutes plus agréables les unes que les autres. Mais votre fibre patriotique est desséchée et votre enthousiasme est descendu au-dessous de zéro. Je ne trouve donc qu'une seule chose à vous souhaiter : une bonne année! C'est déjà quelque chose, une année sans désappointements, sans maladie. . . . .

(*Manquent encore huit lignes.*)

Il est très lié avec un certain M. Mourgues, receveur général dans le département de la Haute-Saône ou dans quelque département voisin. Le susdit receveur général, quoique catholique apostolique et non romain, comme l'un des journaux de ma tante Mariette, a fait la sottise — c'est lui qui le proclame — d'épouser une personne qui n'était pas du même sexe que lui. Depuis lors, adieu la paix, la tranquillité et le bonheur. Toutes sortes d'hommes noirs ont envahi sa demeure. Sa fille, qu'il élevait protestante et qui a maintenant quatorze à quinze ans, a été assiégée et effrayée par madame sa mère et par toute la calotte du canton. Elle est devenue cataleptique, ne parle que de la vierge et des saints, et vient tout récemment de recevoir le don de prophétie. L'infortuné père n'en peut mais. Il a voulu chasser les corbeaux. Sa fille a failli en mourir, et il a fallu les lui rendre. Ce que voyant, l'ami de mon ami a fait vœu de consacrer le reste de ses jours à empêcher les mariages mixtes. Une dame Lablée, de ce pays-là, dont j'ai soigné le fils et qui me veut beaucoup de bien, lui a parlé de moi. Lorsque Jourdier est allé accompagner chez elle cette dame qui venait de perdre son fils, M. Mourgues, qui le connaissait déjà depuis longtemps, lui a proposé de me marier. « Mariez-le, a dit Jourdier; mais je veux pour mon ami des écus, de la famille, des relations et même de la beauté. Trouvez-moi cela, ou bien je le marie avec une catholique. »

A cette proposition menaçante, l'honnête huguenot a bondi sur sa chaise et s'est immédiatement mis à l'œuvre. Je vous tiendrai au courant de sa campagne. J'ai déjà dîné deux fois avec Jourdier à Versailles pour m'entendre avec lui sur la diplomatie. M. Mourgues, qui vient souvent à Paris, mais que je n'ai pas encore vu, a déjà trouvé des tanches que nous n'avons pas trouvées suffisamment grasses, quitte à nous contenter peut-être plus tard d'un simple goujon, comme le héron au long bec emmanché d'un long cou ; vous voyez que je suis dans de bonnes dispositions matrimoniales. Je me laisse faire, vous ne pouvez exiger rien de plus. J'ai vu le père Cadars ; il a déjeuné avec moi, j'ai dîné avec lui chez Élie. Repas flambard, ma foi, où brillaient votre chapon et une foule de produits lorrains. Élie déjeune demain matin chez moi avec son fils pour le nouvel an. Nous boirons à votre santé une bouteille de Saint-Émilion. J'ai trouvé, non sans peine, un Berquin de famille. Ce qui nous a fait le plus de plaisir ici, c'est le portrait de gaga, quoiqu'elle fasse un peu la moue et qu'elle ait les joues un peu fardées. Mes entrailles de parrain se sont émues à l'aspect de ces deux bonnes grosses joues, que je vous prie d'embrasser pour moi le plus souvent que vous pourrez. Achetez-lui n'importe quelle babiole et donnez-la-lui de la part de son parrain. Allons, ne voilà-t-il pas que moi aussi, malgré le début philosophique de ma lettre, je donne dans les bêtises du nouvel an ! Je charge spécialement *tante Jourdit* de cette mission.

Adieu. Je vous embrasse, *y compris toute la famille*, et ce marmot d'Élie, et l'oncle Broca, et Thérèse, et Méloé. Voilà bien des embrassades. Adieu encore.

BROCA.

Janvier 1855.

Je crois vraiment, chers parents, que je ne vous ai pas écrit depuis la nouvelle année. J'ai eu de vos nouvelles par les Charlemagne, et je suppose qu'ils vous ont donné des miennes aussi. J'ai dîné ou déjeuné plusieurs fois avec eux : d'abord chez eux, puis chez Mme Zévort, à l'occasion des Rois, et enfin chez moi où nous avons déjeuné tous ensemble dimanche dernier. C'était un retour des Rois, en payement de la fève que j'avais reçue chez Mme Zévort. Vous voyez que nous faisons le carnaval aussi. Il m'est revenu que vous vous livrez à des excentricités gastronomiques, dont il n'y avait pas d'exemple dans la famille lorsque nous étions habitants de Sainte-Foy. Des truffes partout, peut-être même dans la salade!

Ici, il y a eu beaucoup d'agitation depuis quelque temps. Un monsieur Nisard, professeur à la Sorbonne, a professé qu'il y avait deux morales : la morale du vulgaire, qui consiste à ne pas voler, ni mendier, ni tuer, ni trahir ses serments, etc., et, en outre, la morale des grands hommes et des gouvernants, lesquels ne sont pas tenus de se conformer à ces minuties. Tout cela à propos de Tibère, avec des allusions bonapartistes. Alors les étudiants ont décidé que M. Nisard serait sifflé. Pendant trois jours de suite ils ont renouvelé à la Sorbonne les scènes auxquelles je prenais part quand j'étais jeune. Ils ont sifflé Nisard, rossé les sergents, puis la force armée est arrivée; on a arrêté en trois fois une centaine d'étudiants. Les autres sont dans un état d'exaltation où je ne me souviens pas de les avoir vus. L'autre jour ils sont allés chez Nisard, à son domicile, pour lui faire un charivari. Ils ont, au nombre de deux cents, traversé tout Paris, pénétré en colonne dans le jardin des Tuileries, où ils ont crié : *Vive la liberté!* sous la statue de Spartacus. Ce n'est pas tout. David d'Angers est mort il y a quelques jours. Il y a eu à ses funérailles une foule de plusieurs milliers d'étudiants, qui ont porté Béranger en triomphe au cri de : *Vive la liberté!*

On avait la veille placardé ce qui suit à l'École pratique : « Les étudiants patriotes sont invités à se rendre aux funérailles de David d'Angers pour honorer la cendre de ce grand et pur républicain. » Jarjavay, chef des travaux anatomiques, aperçoit le placard, l'arrache avec indignation, le foule aux pieds, et se retourne vers un groupe voisin en prononçant quelques paroles empreintes de beaucoup de zèle politique. Les étudiants ont alors décrété qu'une leçon serait donnée à Jarjavay. Ils ont envahi son cours à l'École pratique et ont exécuté le charivari le plus complet dont l'histoire fasse mention. Le cours a dû être suspendu; à la leçon suivante il y avait deux cents sergents de ville dans la cour, mais les élèves n'étaient pas revenus.

Les régions du pouvoir sont consternées de cette unanimité des étudiants de toutes les écoles. On ne sait que faire des captifs. Puis ce cri de ralliement, proféré au cours de Nisard par mille voix : « Fais-nous la morale du Deux Décembre! » Puis l'École normale tout entière qui s'est prononcée nettement contre les doctrines de Nisard; puis tout Paris qui trouve que c'est bien fait; puis l'École polytechnique qui refuse obstinément à la revue de crier : Vive l'Empereur! et qui va, dit-on, être licenciée pour cela. Les gouvernants sont démontés; ils s'aperçoivent que la France leur échappe. Cette époque rappelle l'état de Paris vers 1825. Dans cinq ans tous les jeunes gens seront à la tête de la France, et c'est alors que le gouvernement tombera.

J'imprime mon *Traité des anévrismes* depuis le 1er janvier. Je donne trois à quatre feuilles de seize pages par semaine, et j'espère avoir fini le volume pour le 15 mars.

Tout à vous.

BROCA.

---

15 janvier 1855.

Chers parents,

Je commence par répondre à une question de ma mère, afin de ne pas l'oublier comme je l'ai fait la dernière fois. On vous a dit vrai, il y a un Labrunie qui a la tête un peu dérangée, mais ce n'est pas Évariste. C'est Gérard Labrunie, son cousin, homme de lettres de second ordre qui signait des feuilletons sous le nom de Gérard de Nerval. Sa monomanie a commencé par le goût des collections d'antiquités, et il a fini par aller acheter dans les démolitions de Paris toutes les planches les plus vieilles dont il a rempli sa chambre. Quant à Évariste, il va très bien depuis trois semaines ; mais à cette époque il avait un petit panaris que je lui ai ouvert. Vous avez peut-être lu dans les journaux que mon mémoire sur le rachitisme vient d'obtenir un encouragement de 500 francs à l'Académie des sciences. J'ai gagné 500 autres francs ce même jour, et voici comment. Lorsque j'écrivis à la *Gazette hebdomadaire* ma lettre de démission, j'ajoutai en post-scriptum que j'y joignais la fin de mon mémoire sur les anévrismes. Je me hâtai de terminer la rédaction de ce travail, et je trouvai que la matière s'allongeait beaucoup sous ma plume. Du reste, je n'étais pas fâché de cela ; j'espérais que ce travail serait trop long pour passer dans le journal, et que, dès lors, la rédaction le refusant, je serais libre de le faire paraître ailleurs. J'allai donc voir Masson avec mon manuscrit, et lui proposai de publier le travail dans un volume séparé, et insérant simplement dans le journal une petite conclusion de quelques colonnes. Masson parut d'abord assez disposé, mais il vint me dire le lendemain que puisque le journal avait fait les frais des planches, il devait en profiter jusqu'au bout. Le fait est que Masson avait vu Dechambre, et décidé avec lui qu'on publierait mon mémoire et même qu'on le ferait durer longtemps, pour que le public ne s'aperçût pas de ma retraite. Donc on donna mes articles très rarement, à peine deux en trois mois, de sorte que le lecteur ne se souvenait plus du commencement; cela dura ainsi jusqu'à la fin de décembre. Le dernier numéro de décembre et le premier numéro de janvier sont les numéros de réabonnement et de grand tirage; on les expédie à une foule de gens qui ne sont pas abonnés. On n'est pas fâché de les meubler le mieux qu'on peut, et surtout d'y mettre des planches qui donnent dans l'œil des abonnés. On s'est donc arrangé de manière à faire tomber sur ces deux numéros-là le chapitre de mon mémoire qui est relatif aux instruments; on a ainsi utilisé toutes les planches, puis, douze heures avant le tirage du numéro de janvier, on me prévient que l'article en restera là et qu'on ne publiera pas la fin. La fin se composait seulement de vingt pages encore. Moi, bien content d'être délié de mon engagement et d'avoir fini toute affaire avec le journal, je traverse la place de l'École-de-Médecine, j'entre chez Labbé et je lui propose mon ouvrage à éditer. Je comptais que cette édition ne me serait pas payée du tout, attendu que le travail avait déjà été publié ailleurs en très grande partie. Labbé a accepté ma proposition avec empressement, m'a demandé deux heures pour préparer le marché, et m'a annoncé le lendemain que, vu la publication déjà faite une première fois de mon travail, il ne pouvait pas me payer cette édition à mille exemplaires plus de 500 francs. Moi, bien surpris, j'ai accepté sans sourciller, et voilà comment j'ai gagné 500 francs sans m'en douter. Je devais déjeuner à Charlemagne avec Virginie, mais son retour a été retardé, elle a dû arriver ce soir à neuf heures, et je ne la verrai que demain à l'heure du dîner. Du reste, rien de nouveau, si ce n'est que l'empereur a la goutte, qu'il est furieux contre son héroïque cousin qui a quitté Constantinople sans sa permission pour revenir en France, sans même s'être fait donner l'ordre qu'il a bien fallu, pour sauvegarder les apparences, mettre au *Moniteur*. L'emprunt a bien réussi, vu les belles primes accordées. Il s'est monté des tripotages incroyables, moyennant lesquels tout individu ayant 1,087 francs dans son portefeuille était sûr d'un bénéfice de 400 francs. Jugez s'il y a eu affluence.

Adieu, je vous embrasse tous affectueusement.

Broca.

Mardi gras 1855.

Chers parents,

Excusez ma distraction qui tient de l'ingratitude. J'ai reçu votre lettre, votre lamproie, votre demi-pièce de vin, et je ne vous ai pas remerciés de tout cela, je ne vous ai même pas accusé réception. Ce ne sont cependant pas les amusements du carnaval qui m'en ont empêché. Il n'y a plus de carnaval pour moi, et désormais je ne connais plus d'autres fêtes que les fêtes de Pâques. Aujourd'hui donc, mardi gras, pendant qu'une foule d'imbéciles se livrent à la chorégraphie, et qu'une autre foule d'imbéciles se remplit la panse en l'honneur du dieu des saturnales, je prends la plume à minuit sonnant pour vous remercier de votre double envoi. De la lamproie d'abord, qui n'est plus qu'un vain souvenir, mais les échos de Charlemagne retentissent encore des éloges qu'elle a reçus ; puis de la pièce de vin qui est une bonne et belle réalité et qui se repose actuellement dans ma cave, à une distance convenable du sol, en attendant qu'un tonnelier compatissant lui fasse subir l'opération de la paracentèse. Mon père, le docteur, vous expliquera la signification de cet argot. C'est-à-dire que ma cave va être comparable à celle de feu M. le comte de Monte-Cristo. D'abord environ deux cents bouteilles de vin du père Cadars. Cette piquette s'améliore un peu depuis quelque temps ; elle est maintenant très passable. Puis cent cinquante bouteilles des Bouhets, 1844 ; puis votre premier envoi de Roussel, de Baby, de Barsac et de Saint-Émilion, puis quatre bouteilles de fine eau-de-vie qu'Alphonse m'a envoyées, puis un panier de xérès et de madère dont Élie m'a fait cadeau. Il y a quelque temps, il me dit : « J'ai trouvé une personne sûre qui me fait venir du madère et du xérès ; si tu veux nous partagerons la caisse parce que j'ai déjà du madère. » J'acceptai. Le vin arrive, il m'envoie ma part, puis voilà qu'il ne veut plus de mon argent. J'aurai beau lui faire part de ma demi-pièce des Bouhets, il est clair que je resterai encore en arrière avec lui. Mais enfin, j'espère bien qu'il se trouvera quelque occasion de lui être agréable. Si vous lisez les journaux, vous avez pu voir que ce pauvre Labrunie a fini par se pendre. Labrunie le fou, bien entendu, et non pas Labrunie le médecin. On l'a trouvé pendu un matin au coin d'une maison en démolition. Il était encore chaud. On n'a pu le faire revenir, on l'a porté à la Morgue. Évariste m'a dit que plusieurs personnes du quartier ont cru qu'il s'agissait de lui. Mon livre sera mis sous presse le 1er mars et paraîtra le 1er avril. Je partirai pour Sainte-Foy vers la même époque et j'y resterai le plus longtemps que je pourrai. Peut-être vous présenterai-je ce monsieur Jourdier, qui viendrait passer les trois ou quatre premiers jours de mon séjour à Sainte-Foy. Je le lui ai proposé, pensant que cela ne vous serait pas désagréable. Il faisait des objections, mais sa tante a accepté pour lui, prétextant qu'il travaille trop et que quelques jours de repos le remettront de ses fatigues. Le fait est qu'il est à la tête de plusieurs publications agricoles, et en particulier d'un journal dont il est le seul rédacteur, de sorte qu'il est presque aussi surmené que moi. Thérèse était indisposée le jour où mon père m'a écrit. J'espère que cette indisposition n'a pas été grave, puisque vous ne m'en avez pas parlé depuis. Tout à vous.

Broca.

P.-S. — Vous me demandez ce qu'a coûté le port de la lamproie. Je ne m'en souviens guère. Je crois que c'est quelque chose comme 30 à 40 sous. Le quatrain est de Liadières.

Paris, 15 mars 1855.

Chers parents,

J'ai honte de vous avoir fait attendre si longtemps ma réponse. Mais je suis obligé de m'y prendre plus d'un mois à l'avance pour arranger mes affaires de manière à pouvoir m'absenter pendant les congés de Pâques. Élie est venu ce matin chez moi tout éploré, craignant qu'il ne fût arrivé malheur à gaga. Il avait trouvé votre silence bien long, et il paraît qu'il vous avait écrit d'une manière pressante lundi soir. Ce matin, ne recevant pas de réponse, il s'est fait toutes sortes de terreurs et est venu me trouver. Par bonheur, je venais de recevoir une lettre où il n'y avait pas un mot sur gaga. Cela l'a pleinement rassuré. Jourdier viendra; il me l'a fait savoir encore il y a quelques jours. Vous pouvez, par conséquent, compter sur lui. Mais surtout ne vous préoccupez pas trop de ce voyage; c'est un homme sans cérémonie. Je lui avais annoncé qu'il recevrait une invitation directe de mon père. Il paraît qu'il ne l'a pas encore reçue. Il serait bon que mon père lui écrivît quelques mots : A M. Jourdier, 5, rue Saint-Louis, à Versailles. Mon intention était de ne partir que le jeudi 5 avril, qui est, je crois, le jeudi saint, ou plutôt mercredi soir, de manière à arriver à Sainte-Foy jeudi à une heure après midi. Cela me gênerait beaucoup de partir plus tôt; mais, s'il n'y a pas d'autre moyen de voir Alphonse et sa famille, il est clair que j'en passerai par là. Dites-moi donc si le départ d'Aline est irrévocablement fixé au jeudi matin. S'il en est ainsi, il faudra que je trouve le moyen de partir mardi soir. A propos d'Aline, j'apprends que Mme Masmontet est nommée à Sainte-Foy. Ce sera une consolation pour Mme Dascols. Vous savez que nous attendons l'oncle Broca pour l'Exposition; qu'il déjeunera chez moi, dînera chez Élie et sera libre comme un poisson le reste du temps. Au surplus, nous causerons de tout cela plus amplement quand je serai là-bas. J'ai reçu des félicitations inattendues pour mes articles sur la discussion du cancer, de la part de... Devinez qui? Ce n'est pas feu l'empereur Nicolas, mais cela vaut presque autant, car, à part Sa Sainteté le pape de l'Église universelle, je ne connais aucun personnage plus important aux yeux des vrais croyants. Il s'agit simplement de monseigneur le duc de Bordeaux. Du fond de son château de Frohsdorff, ce roi de France et de Navarre continue comme son aïeul Louis XIV à protéger les arts et les sciences. Son médecin, qui vit avec lui dans une sorte de familiarité, est abonné au *Moniteur des hôpitaux*, et Sa Majesté ne dédaigne pas de parcourir de temps en temps nos colonnes. Pauvre prince oisif! N'ayant rien de mieux à faire, il a pris fait et cause pour le microscope. Les gens *à pied* sont toujours quelque peu révolutionnaires. De sorte qu'il a dit au docteur Carrère son médecin : « Quand vous écrirez à Paris pour renouveler votre abonnement, je tiens expressément à ce que vous fassiez savoir à M. le docteur Broca que le roi de France et de Navarre a les yeux fixés sur lui, qu'il apprécie son talent et son indépendance, et qu'il voit avec plaisir une plume aussi habile que la sienne au service de la science et du progrès. » N'est-il pas réjouissant de voir ce pauvre diable se prendre au sérieux ?

Toute médaille a son revers. Après m'avoir dit et fait dire cent fois que j'étais le seul micrographe de bonne foi, mon ami Velpeau vient de me faire l'honneur de publier un pamphlet principalement dirigé contre ma personne, avec de petites insinuations perfides sur ma délicatesse. Il m'accuse d'avoir altéré ses discours pour mieux les réfuter. Or, Baillière, éditeur des Bulletins de l'Académie, m'a mis au courant de la tactique. Velpeau attendait que tous les articles du journal eussent paru, après quoi il rédigeait son discours et en faisait disparaître les passages contestés. Puis, six semaines après la fin de la discussion, il est venu se plaindre et crier à la falsification. Il n'y a eu d'autre falsificateur que lui, et il a bien fallu le lui prouver. J'espère, du reste, que les choses en resteront là.

Adieu, répondez-moi promptement sur la question relative au départ d'Alphonse. Je vous embrasse bien affectueusement.

BROCA.

Avril 1855 (?).

Chers parents,

Je suis à peu près débarrassé des tracas qui résultaient de l'installation de mon nouveau domestique et de la nécessité de rétablir l'équilibre dans mes affaires interrompues par ma trop courte absence.

Le petit Élie III a eu un rhume assez fort, accompagné d'un peu de fièvre; Élie II a eu une angine pharyngée très douloureuse; enfin, Virginie elle-même, qui est si rarement malade, a trouvé le moyen de s'enrhumer aussi par la même occasion. De sorte que mercredi dernier, en allant à Charlemagne pour prendre des nouvelles de la Roche, j'ai trouvé à huit heures et demie du soir toute la famille au lit. J'ai fait de lit en lit une espèce de visite d'hôpital, et j'ai eu la satisfaction de reconnaître que cette épidémie de famille n'avait rien de sérieux. Jean est allé prendre de leurs nouvelles le lendemain et m'a rapporté une invitation à dîner pour samedi dernier, laquelle invitation m'a pleinement rassuré. Hier donc samedi, j'ai trouvé Virginie parfaitement rétablie; Élie II sur pied, quoique souffrant encore un peu de la gorge; Élie III toujours câlin, toussaillant de temps en temps, mais n'ayant pas la moindre apparence de fièvre, et Georges tout fier de me montrer son cahier terminé avec la note suivante écrite par son professeur : *Conduite très bonne, lecture très bien, écriture très bien, sage et appliqué.* Il m'attendait en haut de l'escalier, son cahier à la main, pour m'apprendre ce succès, et pour m'annoncer qu'il faisait déjà des *o*, après avoir franchi les *i* et les *u*. Il est tout joyeux d'aller en classe; sa bonne le conduit tous les matins à l'institution Jauffret. Il n'y allait d'abord qu'une fois par jour. Jeudi dernier il n'a pas voulu entendre parler de congé, et il a fallu absolument le conduire à l'institution. Voilà un beau zèle, il faut voir si cela durera.

Jean fait très bien son service. Il est intelligent, plein de bonne volonté, et j'espère que nous ferons bon ménage. Il m'assure qu'il ne s'ennuie pas, et qu'il est d'ailleurs dans son caractère de ne s'ennuyer nulle part. Il connaît déjà le chemin de Charlemagne, celui de la Bibliothèque et des imprimeries où j'ai affaire. De sorte qu'il est capable maintenant de faire mes principales commissions. Il est allé ce soir au culte évangélique de M. Bridel. M. L... et sa femme sont arrivés. J'ai fait l'opération hier avec l'aide de Paul Dupuy. Tout va pour le mieux, le cas était plus simple que celui de Mme Théophile et la malade ne s'est réveillée que lorsque le pansement a été terminé. Je vous parle de cela parce que vous avez connaissance de la chose; mais je dois vous inviter à n'en rien dire, M. L... désirant tenir la chose secrète. J'ai reçu ce matin une lettre de Causit, qui me dit que mon opérée de Castillon est guérie et enchantée et qu'elle trouve même que je n'ai été guère exigeant pour le prix. En arrivant à Paris samedi matin, ou plutôt vendredi soir, je trouvai une lettre du Bureau central me déléguant comme commissaire pour suivre les résultats de la méthode du docteur Landolfi dans le traitement du cancer. Le susdit docteur est un Napolitain orné d'un caustique déjà connu depuis longtemps, avec lequel il s'en va de ville en ville cautérisant toutes les mamelles qu'il rencontre. L'auguste princesse Mathilde s'est coiffée de lui, et notre auguste empereur a donné des ordres pour que l'illustre étranger fût placé à la tête d'un service d'hôpital. Grand émoi à l'administration des hôpitaux, qui ne s'en souciait guère. Les médecins de la Salpêtrière, où devait être placé ce nouveau service, ont eu une entrevue avec le directeur de l'Assistance publique, et en fin de compte on a fini par faire comprendre au préfet de la Seine qu'avant de donner un service d'hôpital au Landolfi, il fallait savoir si son moyen valait quelque chose. On s'est donc contenté de nommer une commission dont j'ai l'honneur de faire partie. La première séance a eu lieu le matin même de mon arrivée. Il nous sera bien difficile de résister aux influences augustes à l'ombre desquelles pousse la renommée de Landolfi; cependant la commission paraît décidée à faire son devoir.

J'ai eu ce matin à déjeuner M. Georges Subervie, qui a subi les côtelettes de Jean et qui a heureusement trouvé à prendre sa revanche sur le pâté de foie que vous m'avez donné et qu'il a trouvé excellent. J'avais invité Élie II à déjeuner avec lui; mais il n'a pas accepté, parce que sa gorge, dit-il, ne se prête pas encore au déjeuner en ville.

J'ai raconté à Virginie les scrupules que ma mère a manifestés à l'endroit de son col de dentelle. Pour lever ces scrupules, elle me charge de vous faire savoir, contrairement aux usages établis, que ce col n'a coûté que 14 francs. Il n'y a donc pas lieu de le tenir sous cloche.

Adieu, je vous embrasse bien tendrement. Dites-moi ce que deviennent les Briands. Nous ne savons rien de nouveau sur l'état de ma tante de la Roche.

BROCA.

J'ai reçu une lettre de Ferdinand, qui m'annonce que le chemin de fer de Clermont est livré et qui m'invite à aller le voir. Il y avait une autre lettre analogue pour Élie.

16 mai 1855.

Chers parents,

Vous savez que Georges a été malade, qu'il est guéri, mais qu'il a d'énormes amygdales dont il faudra bientôt que je le débarrasse. Il commence à s'habituer à cette idée. Sa maladie a refroidi son zèle scolaire, mais il a le temps de revenir à de meilleures dispositions. Mme Cadars est arrivée à Paris depuis deux jours. Je ne l'ai pas vue. Jules a quitté Cannes. Il court le Midi, il va aller à Gaillac, puis à Toulouse, puis à Sainte-Foy, où il sera environ dans un mois. Il paraît que depuis quelque temps il va un peu moins bien.

Mme Delachaud est repartie ce soir après m'avoir invité à dîner avec Paul Dupuy. Elle paraît fort satisfaite, et cette fois, du moins, après avoir examiné la tumeur, j'ai pu, sans mentir, affirmer que le mal ne reviendrait pas. Mon opérée vous enverra deux objets d'inégal volume : 1º une paire de ciseaux qui, je l'espère, auront votre approbation ; 2º une chemise qui, quoique sale et déchirée, servira avantageusement de modèle pour les nouvelles chemises que tante Jourdit veut me faire faire, ce que le respect que je lui porte me fait un devoir d'accepter. Cette chemise me va bien, elle me plaît, et je ne vois pas pourquoi j'irais courir les modes nouvelles.

J'ai appris avec plaisir, par une lettre qui est parvenue chez Élie, que Charles va mieux. Cette amélioration s'est sans doute accrue encore depuis et j'espère que la plaie commence à se refermer. Mon père ne m'a pas dit ce qu'était devenue la femme que j'ai opérée d'une tumeur de la langue. Encore une tumeur qui était de bonne nature et qui ne récidivera certainement pas.

Vous vous souvenez d'un certain dimanche où ma filleule Gabrielle voulait tant mettre sa robe à boutons, qu'elle demandait dans ses prières du soir du beau temps pour ce jour-là; cette confiance de l'enfant dans la Providence contraste péniblement avec l'endurcissement de son frère Georges. Ce même dimanche-là, Georges, remis de son amygdalite, se leva pour la première fois et joua dans la chambre toute la journée. A onze heures, sa mère s'habilla pour aller au temple. « Où vas-tu ? — Mon fils, je vais au temple. — Pourquoi faire ? — Pour remercier le bon Dieu qui t'a guéri. — Mais, maman, ce n'est pas le bon Dieu qui m'a guéri, puisque c'est Paul. » Virginie là-dessus a fait plusieurs discours pleins d'onction, mais elle n'a pu réussir à convaincre le petit morveux, qui a déjà des opinions arrêtées sur les effets et les causes.

Vous ai-je dit ce qu'a fait le gouvernement de notre choix à propos des places de chirurgien dans les hôpitaux militaires ? Si je ne vous en ai pas parlé, dites-le. Je réparerai cette omission dans ma prochaine. Que devient l'affaire des Briands ?

Adieu, je vous embrasse. BROCA.

Dites au père Imbert que son fils fait très bien mon affaire et qu'il a l'air content. Les autres domestiques de la maison voulaient le faire fumer. Je l'ai détourné de ce projet vicieux. Jourdier ne vous a sans doute pas écrit encore. Il a sur les bras une grosse affaire dans laquelle il m'a prié d'intervenir et qui absorbe tout son temps. C'est une affaire de presse, entre ses nouveaux journaux et l'ancien journal auquel il travaillait. Je suis de Bureau central pour les mois de mai et de juin.

Paris, 29 mai 1855.

Chers parents,

Vous me donnez, sur l'affaire des Briands, beaucoup plus de détails que je n'en avais demandé. Mais j'ai lu tout cela avec intérêt. Vous voilà plus riches que je ne le croyais, car je vivais dans cette idée que le chiffre total de votre héritage se montait à 28,000 francs seulement. Le but de ma question était de savoir quel était le lot qui vous était échu. Je suis bien aise que ce ne soit pas le lot des maisons. A qui ce lot est-il tombé en partage? Est-ce aux Mestre ou aux Pauvert? Cette maison était une vieille baraque où vous auriez pris des rhumatismes, si vous aviez voulu seulement y coucher trois jours de suite, et cela ne l'empêchait pas de figurer dans la valeur effective du lot. Il s'agit maintenant de savoir comment vous allez faire cultiver votre lopin. Allez-vous faire valoir ou prendre des métayers? Avez-vous de la vigne ou n'en avez-vous pas?

J'ai reçu une lettre de M. Lachaud, qui m'annonce que tout va pour le mieux. Vous vous obstinez toujours à ne pas me donner de nouvelles de la langue de Mme Dumas. Je tiens pourtant à savoir si la réunion, par première intention, a réussi. Du reste, la chirurgie n'a pas mal été ce mois-ci. La loge de Virginie a été payée par une jeune personne du département du Nord qui était venue se faire opérer du strabisme. Par conséquent, c'est une affaire différente du bec-de-lièvre dont vous me parlez. Quant à cette dernière opération, je l'ai pratiquée jeudi dernier, en présence de M. Monod. Malgré des conditions très défavorables qui rendaient les manœuvres difficiles, l'opération a été terminée heureusement et plus rapidement que je ne m'y attendais. L'enfant l'a très bien supportée et n'a pas eu un moment de fièvre. Hier, cinquième jour, nous avons levé le premier appareil. La plaie nous a paru réunie, mais nous n'aurons de certitude complète qu'après-demain, jour où nous enlèverons définitivement les épingles. Vous demandez l'histoire des chirurgiens militaires. La voici. Les chirurgiens et médecins des hôpitaux militaires ayant été appelés en Crimée, il a fallu les remplacer. En quatre jours, cent cinquante pétitions sont parvenues au ministre de la guerre, qui, tiraillé et embarrassé, s'est adressé au ministre de l'instruction publique. Celui-ci a chargé l'inspecteur général et le doyen de lui présenter des candidats. Pour ce qui regarde la chirurgie, il n'y avait que deux places à donner; une troisième devait devenir vacante au départ de l'empereur pour la Crimée, c'est-à-dire aux calendes grecques. Mais alors personne ne se serait permis de mettre en doute ce départ si bruyamment annoncé. Donc, le ministre demandait trois candidats. Bérard et Dubois ont naturellement choisi parmi les agrégés de chirurgie, ceux qui appartenaient au Bureau central, c'est-à-dire ceux qui présentaient une double garantie. Ils y trouvaient l'avantage de présenter en première ligne leur ami et neveu Richard, lequel comptait si fort sur sa nomination qu'il l'annonçait à tout le monde. Cela se passait pendant que j'étais à Sainte-Foy. La liste présentée fut la suivante : 1° Richard, 2° Broca, 3° Follin. C'est pourquoi le ministre n'a pris ni l'un ni l'autre, et a nommé Cusco et Depaul. Il y avait eu des démarches multipliées faites par d'augustes maréchaux et autres personnes éclairées. La nomination de Depaul a surtout beaucoup amusé. Il est agrégé d'accouchements, ne s'est occupé dans sa vie que d'accouchements, et n'a été nommé chirurgien du Bureau central que parce que la prochaine retraite de Dubois laissera vacante une place d'accoucheur à la Maternité. On se demande qui Depaul accouchera dans les hôpitaux militaires. Mais ce n'est pas tout. On nomme deux chirurgiens, puis on apprend qu'il n'y a qu'une place. Alors Depaul se trouvait à pied; mais il ne s'est pas tenu pour battu, et un revirement lui a donné une place de *médecin* des hôpitaux militaires. Tout cela s'est passé pendant que j'étais à Sainte-Foy; je n'ai donc pas eu le nez cassé. D'ailleurs, je savais parfaitement qu'aucun ministre du système ne me choisirait, mais ce pauvre Richard a été vraiment capot. Il s'agit d'une place de 3,000 francs, et pour un temps illimité qui pourrait bien se prolonger plusieurs années. J'ai rencontré Bérard. Je l'ai remercié de m'avoir mis sur la liste sans que personne le lui eût demandé pour moi. Il m'a répondu qu'il avait cru faire un acte de justice, mais que, s'il avait cru que le ministre dût se jouer ainsi de lui, il n'aurait fait aucune présentation quelconque. Quelle drôle d'organisation que celle de la France! Le ministre importuné s'est débarrassé des solliciteurs en les renvoyant à Bérard, puis il a fait les nominations à sa guise. Une farce exactement pareille a été jouée pour les nominations de médecins.

Voilà l'histoire que vous m'avez demandée. Le Landolfi m'occupe beaucoup; je vais à la Salpêtrière trois fois par semaine. C'est un vil charlatan, ignorant comme un capitaine de dragons. J'espère que nous lui travaillerons les côtes, et que Sa Majesté l'Empereur s'apercevra qu'elle est aussi forte en chirurgie qu'en stratégie transcendante. Paris est un chaos. On ne peut passer nulle part. La moitié des rues sont barrées pour réparation. Les bons étrangers ne savent que devenir. L'Exposition jusqu'ici n'a qu'un médiocre succès. Ce sera sans doute pour le mois prochain.

Adieu. Merci à tante Jourdit pour *ses* chemises. Je vous embrasse.

PAUL.

Juin 1855.

Chers parents,

J'ai besoin d'écrire à Sainte-Foy pour affaire, et je profite de l'occasion pour répondre à votre dernière lettre. Voici d'abord l'affaire en question. Mon ami et confrère Costello a besoin d'une pièce de vin, il désire la faire venir de Sainte-Foy. C'est du vin ordinaire, pour une table bourgeoise; vin de deux à trois ans, je suppose, car je n'y entends pas plus que lui. Il payera ce qu'il faudra; j'ai pensé qu'on pourrait lui avoir quelque chose de convenable pour 120 à 130 francs pris à Sainte-Foy. Que mon père voie Jouhanneau promptement, qu'il me réponde le plus tôt possible, afin que l'affaire soit terminée à la fin de la semaine. Beaucoup de nouveau. D'abord, j'ai vu plusieurs compatriotes, M. Viel-Castel, M. et Mme Edmond Loreilhe, et Henri Fourcaud. Mme Edmond m'a tout de suite demandé des nouvelles de Mme Lachaud. qu'elle ne connaît pourtant pas beaucoup. Décidément. c'est le secret de la comédie. A propos d'opération, mon opération de *gueule de loup* a parfaitement réussi, au delà presque de mes espérances. M. Monod est enchanté. La famille me témoigne beaucoup de reconnaissance, que je verrai à transformer d'ici à peu de jours en quelque chose de plus positif. Les anévrismes abondent. J'en traite un à Saint-Louis, dans le service de Malgaigne; c'était un mauvais cas, mais il est presque guéri. J'ai appliqué ce matin, en ville, un appareil sur un malade de M. Thierry, atteint d'anévrisme également. J'attends que ces deux faits soient complets, et qu'un troisième cas, actuellement en traitement de la même manière, à l'hôpital de Bordeaux, se soit terminé d'une manière quelconque pour publier mon traité des anévrismes. Le second volume de Roux va paraître d'ici une ou deux semaines. Ce sera le dernier. Il me tarde beaucoup d'être débarrassé de cette épine. Ce second volume n'était qu'ébauché par le brave homme qui commençait à radoter. Il pullulait de fautes, de contradictions, d'erreurs de toute sorte. J'ai dû rectifier tout cela, c'est une rude tâche. J'y ai perdu bien du temps. Il eût été plus court d'écrire entièrement le volume. Mais j'ai de la reconnaissance pour le père Roux, et je suis bien aise d'avoir trouvé cette occasion de le prouver.

La nouvelle du jour, c'est l'élection de l'Institut. Le parti impérial a fait les menées les plus étranges pour faire arriver Jobert, chirurgien de l'empereur. Il s'est joué des comédies bien singulières qu'il serait trop long de vous raconter. Bref, la commission a présenté Jobert le premier sur la liste, puis l'Institut a voté, et c'est Cloquet qui a été nommé. Je ne suis pas cloquiste, comme vous le savez sans doute, mais Cloquet est digne de figurer dans une Académie, tandis que Jobert est déplacé partout ailleurs que dans un corps de garde. Tout le monde est enchanté du camouflet que l'empereur vient de recevoir. On prétend que, de son côté, l'empereur est très monté contre l'Académie des sciences, et qu'il rumine un projet comme celui qu'il a exécuté contre l'Académie des lettres. Malgaigne continue à me témoigner la plus grande bienveillance. Il voulait me marier l'autre jour. Tout était fort séduisant, mais je lui ai présenté l'objection religieuse et tout a fini par là. Il m'engage à me présenter bientôt à l'Académie de médecine. Je n'avais pas l'intention de le faire encore, mais il a tâté le terrain et croit que ma nomination pourrait bien être la troisième dans les sections chirurgicales. Quoi qu'il en soit, je lirai bientôt quelque mémoire à l'Académie, pour prendre date. D'ailleurs, il n'y a pas encore de vacance.

Bonnes, très bonnes nouvelles de la Roche. Je n'ai pas vu les Élie samedi, parce que j'avais dîné avec eux le mercredi précédent. Adieu, je vous embrasse tous.

BROCA.

Juin 1855.

Chers parents,

Nous continuons à recevoir de la Roche-Chalais des nouvelles satisfaisantes. Puisse cette amélioration continuer! Je ne vous écris qu'en courant pour vous dire que M. Costello, mon ami, accepte le vin de 1847 au prix de 170 francs la pièce, prise à Sainte-Foy. Il faudrait lui expédier cette pièce le plus tôt possible. Il n'aurait pas le temps d'aller la chercher à la douane; il espère qu'il sera possible de faire, comme on dit, suivre les frais, et de lui faire parvenir la chose à domicile : chez M. le docteur Costello, place Saint-Sulpice, 6. Quant à moi, j'ai encore du vin pour près d'une année, et je n'avais pas l'intention d'en acheter maintenant. On m'avait dit que la récolte s'annonçait mal. Mais on ajoutait que, la consommation diminuant dans la même proportion que la production, le prix du vin, selon toutes probabilités, ne s'accroîtrait plus. Si vous en jugez autrement, faites-moi expédier aussi une pièce de 1847, à 170 francs. Ce n'est pas 10 ou

20 francs de plus sur une pièce de vin qui m'arrêteront, attendu que je ne bois pas même une pièce par an.

Rien de nouveau. Temps horrible; l'Exposition fait un fiasco imprévu. Les étrangers viennent pour cinq à six jours et s'en vont désappointés. Une foule de maisons qui avaient été transformées en hôtels garnis, attendent des voyageurs qui n'arrivent pas. Le Parisien du commerce est en général de mauvaise humeur. On n'a pas de nouvelles de Crimée. Le *Moniteur* avait annoncé, il y a une semaine, d'après une dépêche du 10, que la grande bataille aurait lieu du 12 au 15. Le 16, point de nouvelles. Même silence les jours suivants. Aujourd'hui, le bruit court que nous sommes rossés d'importance, et les fonds publics dégringolent à vue d'œil. Ajoutez à cela la perspective très prochaine d'un emprunt. On ne sait pas s'il sera de 800 millions ou d'un milliard. Nous nous sommes bien amusés, mais nous payerons les violons.

Je vous embrasse.

BROCA.

Paris, 12 juillet 1855.

Chers parents,

Je suis bien en retard avec vous. Depuis une dizaine de jours je renvoyais ma lettre de courrier à courrier, croyant avoir une grande nouvelle à vous apprendre. Or, il se trouve que la solution définitive de la chose en question est renvoyée à quelques jours encore. Dès lors, je ne veux pas vous faire attendre plus longtemps. Voici le fait. M. Malgaigne rédige depuis douze ans un journal qui porte aujourd'hui le titre de *Revue médico-chirurgicale*. Ce journal a eu autrefois beaucoup d'abonnés, mais depuis que Malgaigne est professeur, il l'a beaucoup négligé, et le chiffre des abonnés est descendu à 575; c'est le tiers de ce qui existait autrefois, de telle sorte que les appointements du rédacteur en chef sont réduits à environ 4,000 francs au lieu de 7,000 ou 8,000 francs.

Cela posé, Malgaigne me propose purement et simplement de prendre la rédaction en chef de son journal ; il en est propriétaire de compte à demi avec l'éditeur Paul Dupont. Il me propose de me céder cette propriété moyennant 1,000 francs par an pendant la durée du journal. Seulement si le journal continue à péricliter et s'il tombe tout à fait, nous serons libres de suspendre la publication, et je n'aurai plus rien à payer à Malgaigne. S'il se relève et prospère, je serai tenu de prélever chaque année 1,000 francs sur mes appointements de rédacteur en chef. Mes appointements actuels se trouveraient, par là, réduits à environ 3,000 francs. Chaque abonné nouveau qui pourra venir me rapportera 6 francs. 1,000 abonnés porteraient mes appointements à 5,400 francs. Au delà de ce chiffre, il me reviendrait seulement 5 francs par nouvel abonné, c'est-à-dire que si nous retrouvons les 1,600 abonnés que le journal avait il y a quelques années, mes appointements, avec déduction faite des 1,000 francs de Malgaigne, s'élèveraient encore à 8,400 francs.

Ce succès n'est pas impossible. Je n'y compte pas toutefois, mais je suis à peu près certain que le journal gagnera entre mes mains. Je n'ai, comme vous voyez, rien à perdre que peut-être un peu de temps, dans le cas où je ferais complet fiasco. En tout cas, c'est quelque chose que d'être choisi par Malgaigne pour continuer une œuvre à laquelle il a attaché son nom pendant douze ans. Puis, bien que je n'aie pas un centime à débourser, je deviens propriétaire, de compte à demi avec l'éditeur, d'une chose qui a une valeur mercantile réelle, chose dont Malgaigne ne tire actuellement que peu de profit, parce que les actions du journal sont en baisse, mais dont je tirerais un bénéfice beaucoup plus considérable si, le journal prospérant, il me prenait fantaisie de le céder à quelqu'un.

Paul Dupont, à qui Malgaigne avait déjà parlé de moi avant de me faire une première ouverture, est actuellement en voyage. On l'attendait chaque jour, et j'attendais ce moment pour vous écrire, attendu que la décision définitive ne peut être prise qu'avec son approbation écrite. Hier il a fait savoir qu'il ne rentrerait que dans les premiers jours du mois d'août. L'affaire reste donc en suspens jusque-là. J'ai consulté Élie qui croit l'affaire bonne. Je n'aurais pas eu le temps de vous consulter, je le fais aujourd'hui. J'ai un répit de quinze jours.

Imbert paraît content. Je ne lui ai pas parlé de ses gages, mais je me propose de lui offrir une gratification de 10 francs par mois. Je le ferai le 15 de ce mois, parce que c'est le 15 que je règle avec lui. Il a maintenant à s'occuper du jardin depuis les beaux jours, et s'ennuie beaucoup moins. Il prétend même qu'il ne s'ennuie plus du tout.

Je dîne demain chez Élie, avec M. et Mme Élie Reclus. J'ai enfin terminé le second volume des œuvres de Roux. La chose en restera là, attendu que les matériaux qui auraient fait le troisième volume ne sont pas suffisamment élaborés. Pour ma part, j'en suis bien aise, et je vais pouvoir mettre la dernière main à mon *Traité des anévrismes*, qui dort depuis trois mois sur mon bureau. J'ai eu certainement plus de mal avec ce second volume de Roux que si je l'avais écrit moi-même.

Dupleix a eu une petite piqûre anatomique sans gravité. Je ne lui ai pas autrement sauvé la vie. J'ai, au contraire, la satisfaction d'avoir tout à fait sauvé la vie à un enfant atteint du croup, à qui j'ai ouvert la trachée il y a neuf jours, mais dont les parents sont trop pauvres pour me payer. Remerciez ma tante Jourdit pour son projet de chemises, et présentez mes remerciements à Félix Jouhanneau pour la gracieuse faveur qu'il veut bien me faire.

Adieu, je vous embrasse.

BROCA.

Paris, 11 août 1855.

Chers parents,

Je ne sais trop quand je vous ai écrit, mais je crois qu'il y a longtemps. Je me souviens surtout que j'ai commis l'ingratitude de ne pas même accuser réception des chemises de tante Jourdit, quoique je les aie presque toutes portées. Mais vous m'avez déjà pardonné tant d'oublis, que j'espère que vous voudrez bien me pardonner encore celui-là.

J'ai vu depuis quelques semaines une grande partie de la population de Sainte-Foy, et plusieurs personnes, je pense, ont dû vous porter de mes nouvelles. Ce matin encore j'ai vu M. et Mme Coste, qui ont bien voulu se charger de vous porter un paquet de brochures. C'est un tirage à part de mon rapport sur les fonctions de la moelle, rapport qui a produit une véritable émotion dans le monde scientifique; les vieux n'y ont pas encore répondu. Je sais que ce n'est pas l'envie qui leur manque. Il y a cinq ans déjà que cette révolution aurait dû se faire, mais Brown était un pauvre diable de républicain pauvre, inconnu, inhabile à parler et à écrire, qui n'avait pour lui que le mérite d'être tout simplement le premier physiologiste de notre époque; il était trop ou trop peu; on avait organisé autour de lui la conspiration du silence, et le malheureux, sans pain et sans appui, avait été obligé de quitter la France et d'aller gagner sa vie en Amérique. Il est revenu il y a deux mois avec quelques économies. J'ai trouvé que la plaisanterie avait trop duré et qu'il était temps d'y mettre fin. Lors donc que Brown est revenu parler de ses expériences à la Société de biologie, j'ai commencé par lui faire une opposition vigoureuse qui a occupé la Société pendant plusieurs séances, et il a bien fallu que le président, quoique *vieux*, se décidât à donner suite à la chose et à nommer une commission. Alors j'ai fait mon rapport, non pas pour les physiologistes qui l'auraient mis dans un coin, mais pour le public médical qui n'est indifférent aux questions scientifiques que parce qu'on ne les met pas à sa portée. L'opinion publique s'est donc prononcée pour Brown, qui a tout à coup pris l'importance qu'il mérite; on dit même que l'Institut va être obligé de lui décerner le grand prix de physiologie. C'est comme cela qu'on fait marcher les *vieux*, et je ne me repens pas d'avoir abandonné pendant quelques jours la chirurgie pour m'occuper de cette importante question de physiologie. Il y a dans le paquet un exemplaire pour mon père, un pour M. Dupuy, un pour Marchand, un pour Causit, et le cinquième pour qui vous voudrez. Parlons maintenant de moi. Je suis chirurgien de l'hôpital Saint-Antoine depuis le 1er avril. Mon service durera jusqu'au 1er novembre selon toutes probabilités. C'est un peu loin, mais j'ai un beau service. Il se trouve justement que Devals est mon interne. L'hôpital est trop éloigné du centre pour que je puisse songer à faire une clinique. Vous savez, ou vous ne savez pas, que Charles Bonaparte, prince de Canino, vient d'éprouver un échec à l'Académie des sciences, et que son auguste cousin est dans une colère bleue. On a donné 25 voix seulement au candidat impérial, et on a donné 35 voix à un orléaniste fort peu savant, l'amiral Dupetit-Thouars. Ce qu'il y a de plus grave et ce qui donne à cette élection un véritable caractère politique, c'est que Bonaparte est incontestablement supérieur par ses travaux, qui sont vraiment remarquables, à son heureux antagoniste. D'ailleurs on n'avait pas négligé les démarches et le prince lui-même avait fait des visites sans nombre. Voici même à ce propos une anecdote qui vous amusera. Samedi dernier un équipage princier s'arrête quai Saint-Michel, 19. Un grand laquais rouge descend et entre. « M. de Verneuil ? — C'est ici, répond le portier. — M. de Verneuil est-il chez lui ? — Non, il est d'examen à la Faculté. — Mon prince, dit le laquais rouge au personnage couché dans la calèche, M. de Verneuil est absent. — Alors, dit le prince, déposez cette carte, et dites que je l'ai cornée de mes propres mains. » Un quart d'heure après Verneuil rentre chez lui, à pied bien entendu. Son portier, plein d'admiration, s'incline respectueusement et lui remet la précieuse carte, sur laquelle, au milieu de toutes sortes d'abeilles, on lisait : « Le prince Charles Bonaparte. » Voici maintenant le mot de l'énigme. Il y a un certain M. de Verneuil, membre fort obscur de l'Institut dans une section plus ou moins hydrographique. Le Bonaparte, dans sa tournée, arrive dans le quartier Latin où demeurent bon nombre d'académiciens. Il demande l'adresse de M. de Verneuil, qui est beaucoup moins connu que son homonyme l'agrégé, et on l'envoie chez mon collègue qui, par le plus grand malheur du monde, n'était pas chez lui. Voyez-vous cette scène de vaudeville, s'il s'était trouvé face à face avec le prince susdit ?

J'ai reçu, lu et relu avec plaisir la lettre de mon oncle. Il me conseille de me marier; j'y suis prêt, je puis même dire, comme Arlequin, que cela est à moitié fait, puisqu'il ne manque plus que le consentement de l'autre partie. J'irais bien le demander si je savais où et à qui il faut que je m'adresse.

Quant à l'affaire Malgaigne, elle est toujours là, attendu que Paul Dupont n'est pas encore revenu. Germer-Baillière est venu me proposer autre chose. Il me demande simplement de lui écrire un traité de chirurgie en 12 volumes in-8°. Je suis peu disposé à entreprendre cette corvée lucrative. Pour en finir avec les propositions qui m'ont été faites, je vous dirai qu'un banquier de Lima, membre de la Chambre des représentants du Pérou, m'a proposé il y a quelques jours de me payer 100,000 francs par an pendant cinq ans si je voulais aller exercer la chirurgie à son bénéfice à Lima. Ceci est fort sérieux. Mais il n'y a que les Américains pour ces choses-là. Si quelque révolution me force à quitter la France, j'aurai cette corde à mon arc. Adieu, je vous embrasse.

BROCA.

Je ne sais pourquoi ma mère a si fortement insisté pour le prompt payement de mon vin; je voulais remettre la somme à Virginie, mais on m'a appris que Félix Jouhanneau allait arriver. Je l'ai donc payé directement avant-hier en déjeunant avec lui chez Élie. J'oubliais de vous dire que je suis le médecin de la famille Paniagua, qui est fixée à Paris et qui se rappelle au souvenir de papa.

Paris, lundi, 23 août 1855 (?).

Chers parents,

Je viens d'avoir une amygdalite aiguë qui m'a privé pendant deux jours du doux plaisir de parler et du plaisir encore plus doux d'avaler. J'ai même eu un tantinet de fièvre, et j'ai dû garder la chambre pendant deux jours. Ce qui me vexe le plus, c'est que personne ne veut me couper la seule amygdale qui me reste, et qui a été la seule cause de mes maux. J'ai repris avant-hier samedi mon service d'hôpital, que j'avais dû interrompre jeudi et vendredi. Aujourd'hui il n'en reste plus aucune trace, et j'ai pu ce matin, sans la moindre fatigue, faire ma clinique pendant une heure. La grande nouvelle, c'est que je ne suis plus à l'hôpital Saint-Antoine, mais à l'hôpital des cliniques, sur la place de l'École-de-Médecine, tout à fait au centre du quartier Latin. J'étais, comme vous le savez, désigné pour le service à Saint-Antoine, depuis le 1er août jusqu'au 1er novembre. Mais il y a une dizaine de jours, Nélaton, professeur de clinique, a été invité par la Faculté à désigner son suppléant pendant les vacances. Or, Richard et Follin étant placés à l'Hôtel-Dieu, Richet étant absent de Paris, Sappey qui renonce à la chirurgie ayant décliné sa compétence, Nélaton a dû choisir entre Jarjavay et moi. Il ne nous aime ni l'un ni l'autre, mais il préfère, dit-il, les porcs-épics aux serpents et c'est pourquoi il m'a désigné. En homme prudent, il m'a d'abord fait demander si j'accepterais. J'ai répondu qu'en premier lieu c'était mon devoir, qu'en second lieu je serais enchanté de faire une clinique dans le centre. Il ne s'agissait plus que de régulariser ma position à l'administration des hôpitaux. Mon bon ami le doyen a donc écrit à l'administration que j'étais requis par la Faculté pour faire le service de mon bon ami Nélaton, et j'ai pris possession de mon nouveau service. Vous voyez qu'il est bon d'avoir des amis. Comptant sur un plus long séjour à Saint-Antoine, j'avais eu l'imprudence d'y commencer une clinique à 6 kilomètres des populations. Plusieurs fois déjà la tentative avait été faite, mais elle n'avait eu qu'un médiocre succès. J'ai cependant eu la satisfaction de réunir un grand nombre d'élèves, au point que les sièges se sont trouvés insuffisants. Vous comprenez que mon auditoire n'a pas été fâché d'un changement qui transporte ma clinique au centre du quartier des études.

Oscar Pauvert vous a peut-être déjà donné de mes nouvelles. Il a dû partir de Paris hier soir et arriver ce matin à Sainte-Foy. Élie vous a écrit sans doute que son recteur le force à rester à Paris jusqu'au 7 ou 8 septembre sans la moindre utilité. J'ai reçu votre second paquet de chemises. Je ne sais plus où placer mon linge, quoique je n'aie que trois paires de draps de lit. Je me demande comment s'arrange Mme Lachaud qui a trois cent soixante-cinq paires de draps, si ma mémoire me sert bien.

Paris commence à être un peu moins insupportable. Les étrangers s'en vont. Pendant que la reine d'Angleterre était ici, il n'y avait ni air, ni aliments, ni place dans les rues. Le départ de la reine a éconduit beaucoup de badauds, et quelques cas de choléra qui se sont manifestés la semaine dernière ont fait peur à beaucoup d'autres. De sorte que la place devient un peu plus tenable.

J'ai vu Conord hier soir; il se propose de partir pour Eymet dans une quinzaine. Vous le verrez certainement peu de jours après. Bouny va partir aussi. Tout le monde me demande si j'ai des commissions. Si je profitais de toutes les offres de ce genre qui me sont faites, je pourrais vous envoyer pièce à pièce tout le matériel de l'Exposition.

A ce propos, je dois vous avouer que je n'ai pas encore vu l'Exposition susdite. Adieu, chers parents, je vous embrasse tous, depuis le plus grand jusqu'au plus petit, depuis le plus vieux jusqu'au plus jeune.

BROCA.

18 septembre 1855.

Chers parents,

La lettre de ma mère m'est parvenue précisément au moment où je venais de vous écrire, c'est ce qui explique le retard de ma réponse. J'aurais dû cependant, je l'avoue, mettre un peu plus d'empressement à remercier M. de Joannis de son offre généreuse. Jules Cloquet a publié deux atlas d'anatomie, l'un in-4° que je possède, l'autre in-folio, tout à fait différent du premier, et que je ne possède pas. S'il s'agit de ce dernier, je pourrai accepter l'offre de M. de Joannis, et je le ferai avec une reconnaissance proportionnée aux intentions du donateur et à la valeur *marchande* de l'ouvrage plutôt qu'à sa valeur scientifique. Cet in-folio, en effet, est rare et coûteux, mais il ne vaut pas grand'chose par lui-même, et c'est pour cela qu'il n'a pas trouvé place dans ma bibliothèque. Je doute fort, du reste, que l'exemplaire de M. de Joannis soit in-folio. En tout cas, priez mon oncle de le remercier bien sincèrement de ma part et de lui dire que je suis bien sensible à l'intérêt qu'il veut bien me porter sans me connaître personnellement. A propos de M. de Joannis, je suis maintenant, grâce aux études que ce polisson de Landolfi m'a forcé de faire, de première force sur le maniement des caustiques; puisque M`me` de Joannis est si effrayée de l'idée de bistouri, il sera facile de faire tomber sa tumeur en en détruisant la base avec des traînées de pâte de zinc. Vous avez dû recevoir de mes nouvelles par une foule de nos compatriotes. Hier encore Bouny et Conord ont pris leur essor pour le beau pays de Gascogne. Ce dernier a bien voulu se charger de vous remettre deux exemplaires photographiques de mon portrait. Le professeur Hannover, de Copenhague, qui était ici il y a quelque temps et avec lequel je me suis lié, m'a demandé mon portrait avec tant d'instance, que j'ai dû me décider à aller me mettre à la merci d'un photographe. Pour éviter à l'avenir pareille corvée, j'ai conservé l'épreuve négative, qui me permet d'avoir désormais des épreuves positives quand je voudrai et autant que je voudrai. Faites de ces deux épreuves l'usage qui vous paraîtra le plus convenable. Je suis toujours à la Clinique, où les élèves ne manquent pas malgré les vacances; quoique le théâtre soit moins grand que celui de l'Hôtel-Dieu, j'ai une affluence aussi considérable que l'année dernière. La clientèle va très bien. J'ai fait cette semaine deux opérations : l'une en ville, l'autre en province, à Gaillon, département de l'Eure, si je ne me trompe. La caisse est en bon état et mes recettes, depuis le 1`er` janvier, s'élèvent déjà à 7,000 francs, sans compter une quinzaine de cents francs qui me sont encore dus. J'ai reçu la malade que mon père m'a adressée il y a quelques jours. L'enfant ne sera pas obligée de rester à Paris. Nous avons appris à son père à l'électriser, et j'ai fait faire chez Charrière un appareil qui suffira probablement pour redresser le pied. Mon *Traité des anévrismes* prend des proportions inattendues. Je voulais d'abord ne traiter que de la compression, puis j'ai pris le parti de donner toutes les autres méthodes. Et aujourd'hui, enfin, voilà que je me décide à faire toute l'étude des anévrismes. Ce sera un volume de 600 à 700 pages. Il ne pourra guère paraître avant la fin de 1855. J'y travaille tous les soirs, mais je n'y avance pas autant que je le voudrais, parce que je cours toute la journée. Je me suis remis à cette besogne depuis quinze jours seulement. Je l'avais abandonnée pendant l'été pour rédiger quelques articles assez bien payés, du reste, que j'avais promis à une revue anglaise. Verneuil est parti pour les Pyrénées, avec l'intention de vous faire en passant une courte visite. Je pense que vous êtes seuls maintenant et que les Élie sont déjà partis pour la Roche.

Adieu, chers parents, je vous embrasse tendrement.

BROCA.

Octobre 1855.

Chers parents,

J'ai vu deux fois seulement Élie et sa famille. J'y suis allé aujourd'hui, la maison était vide. J'y retournerai après-demain. Aline m'a promis d'acheter quelque chose pour Gabrielle; je voulais que ce fût une robe. Aline n'a pas été de cet avis, et, comme je n'ai jamais de volonté, j'ai cédé sans difficulté. Ta lettre m'a fait bien plaisir, chère mère; elle m'a prouvé que tu devais être très heureuse, et n'avoir aucun sujet de chagrin réel, puisque tu te crées des tourments imaginaires. Tu as donc pleuré en apprenant qu'Adrien se marie avec une femme que nous ne connaissons ni toi ni moi, ni lui peut-être encore. Mais alors ne lis pas la troisième page des journaux politiques, car tu y trouverais chaque jour l'annonce d'une foule de mariages qui pourraient te donner les mêmes regrets. Qu'un collégien devienne amoureux sur parole, sans avoir vu l'objet de ses rêves, cela se conçoit. Mais toi, ma pauvre mère, tu ne devrais plus cultiver ainsi le champ de l'imagination. Tu étais en veine, du reste, ce jour-là, et après avoir constaté que j'étais incomplet à l'endroit de la rêverie amoureuse, tu as trouvé que j'étais bien plus incomplet encore à l'endroit de tout ce qui n'est ni anatomie ni chirurgie. Moi, qui me reprochais jusqu'ici de consacrer trop de temps à l'histoire, à la littérature, à la poésie, à la philosophie, voire à la théologie, je ne m'attendais pas, je l'avoue, à cette accusation. Pourquoi tout cela ? Parce que je ne suis pas encore allé me frotter dans cette cohue épaisse qui encombre l'Exposition de l'industrie. Si j'avais déclaré ne pas vouloir y aller, passe encore. Je serais en droit de m'excuser en disant que, depuis ma plus tendre enfance, j'ai une horreur profonde pour les coudoiements de la foule. J'ai voulu attendre que l'approche de l'hiver eût déblayé. Dans quinze jours, il y aura cent mille imbéciles de moins à Paris (où il en restera encore près d'un million). C'est alors que j'irai voir les produits de l'industrie. Je ne suis pas autrement pressé. Pour les beaux-arts, c'est autre chose, et en déjeunant, hier, avec Verneuil, qui m'a noirci auprès de vous, j'ai eu la satisfaction de le coller sur l'Exposition des beaux-arts que je connais mieux que lui.

A propos de Verneuil, il lui est arrivé ces jours-ci une drôle d'histoire. Il a fait l'été dernier le cours de physiologie, à la place de Bérard, qui était en tournée d'inspection; il a eu à traiter de la physiologie du système nerveux, et il a commis le crime de rester dans son sujet et de ne pas parler de l'âme. Puis, il a parlé de la génération, et il s'est égaré jusqu'à dire que le rapprochement des sexes est une loi de la nature. Après quoi, il est allé se promener en province, et dîner avec vous. Le jour même où il profita de votre hospitalité, le R. P. Veuillot, qui rédige l'*Univers* avec tant de modération, fit un premier-Paris contre lui et contre le titulaire de la chaire, M. Bérard, inspecteur général des écoles de médecine. Il dit en substance que « Verneuil exerçait son talent à démontrer que la chasteté était une vertu anti-physiologique, et que l'âme mourait avec le corps. Chose peu étonnante, puisque M. Bérard, inspecteur général de l'Université, avait imprimé que l'homme était un bimane (animal à deux mains) ». L'article se terminait par une péroraison fulminante, où il était dit que la science replongeait la société dans la barbarie. Au lieu d'envoyer un avertissement au journal, le ministre de l'instruction publique a fait venir Bérard et l'a prié d'envoyer à l'*Univers* une profession de foi de catholicisme. Bérard, pour éviter la tuile, a mis Verneuil en scène, et il a été convenu que Verneuil écrirait une lettre à M. Veuillot. Après avoir d'abord refusé, Verneuil, sur une invitation plus pressante, a écrit à l'*Univers* une lettre fort sèche; il n'a rien répondu sur le vœu de chasteté et s'est contenté de parler de l'âme, en disant simplement qu'il ne s'en était pas occupé dans son cours. attendu que cela ne rentrait pas dans son sujet. Fortoul a voulu voir la lettre avant qu'elle ne fût envoyée. Il l'a trouvée très bonne, il en a approuvé le commencement et la fin, mais il a demandé que Verneuil remplaçât la phrase sur l'âme par une protestation énergique en faveur de l'âme, de ses attributs et de son immortalité; refus de Verneuil. Le ministre le mande. Il y va, il est très bien reçu; le ministre lui dit sur les ultramontains les choses les plus piquantes, mais il ajoute qu'il faut bien faire taire ces gens-là, etc. Après une longue conversation, Verneuil l'a quitté en disant qu'il ne pouvait rien ajouter à sa lettre;

moyennant quoi, Fortoul a jugé qu'il valait mieux qu'elle ne parût pas, et l'affaire en est restée là.

Je vous dis que ce gouvernement est stupide. Il a pour lui la force, l'argent, la victoire à l'extérieur, la terreur au dedans, la Banque, l'école des filous, et l'inépuisable classe des imbéciles. Il s'est donné le droit, et il en use, de ne laisser ni parler ni écrire contre lui; il est voltairien comme tous les diables, il ne croit qu'à l'homœopathie et aux tables tournantes. Et voilà qu'il se laisse harceler par l'imperceptible secte des ultramontains, et qu'au lieu d'écraser ces dangereux insectes, il leur demande grâce en les méprisant. Il leur fait la révérence par devant et la nique par derrière, puis il fait venir des philosophes en leur disant : « Vous voyez ce Veuillot crapuleux, baveux et crotté, baisez-lui le cul! » Amen!

---

8 novembre 1855.

Chers parents,

Vous vous êtes donc bien inquiétés de la légère indisposition que j'ai éprouvée il y a quelque temps. Je dis légère, parce qu'elle n'a eu absolument aucune gravité, quoiqu'elle ait été fort désagréable pour moi. Vous me demandez si je suis bien guéri. Vous vous figurez que je mène ici la dangereuse vie gastronomique que vous m'avez fait subir dans le temps à Sainte-Foy. Chez vous, en effet, une affection intestinale, comme celle que j'ai éprouvée, aurait eu beaucoup de tendance à récidiver. Mais ici, livré à ma raison, et à un régime qui est toujours régulier, je me suis trouvé radicalement guéri au bout de vingt-quatre heures. Monsieur le maire est venu avant-hier soir me porter de vos nouvelles. Nous avons été fort aimables l'un pour l'autre. Je le chargerai probablement de vous porter deux autres épreuves de mon portrait, que vous m'avez demandées. Je suppose que vous avez partagé les deux premières épreuves entre vous et les tantes. Je destine les deux nouvelles épreuves à l'oncle Broca et à M. Méloé, car je suppose que ce sont là les personnes qui vous en ont demandé. J'ai vu M. Laussac qui a passé aujourd'hui même une heure avec moi. Mais surtout, la grande nouvelle, c'est que j'ai vu l'Exposition de l'industrie ! Je ne mourrai pas sans avoir vu l'Exposition de l'industrie ! Vous voyez que je suis un fils obéissant. J'y ai passé trois heures entières que j'aurais pu beaucoup mieux employer. Maintenant que j'ai fait ma punition, vous me permettrez de réclamer ou au moins de me justifier. Vous ne savez donc pas que la vraie Exposition universelle est en permanence dans les rues et sur les boulevards de Paris, que toutes les belles choses qui se fabriquent dans tous les pays du monde se vendent à Paris, parce que c'est à Paris que sont les grands acheteurs ? Les *montres* des magasins renferment donc des choses aussi belles que celles qu'on a casées à l'Exposition, à l'exception des diamants de la couronne que je n'ai pas eu la curiosité de voir ; coupable indifférence ! Mais il aurait fallu pour cela me mettre à la queue de deux ou trois mille oisons qui attendaient leur tour depuis deux heures, et qui, au bout de ce temps, étaient admis à s'incliner une demi-minute devant ce hochet. L'Exposition ne pouvait avoir qu'un but qui a été sottement manqué. Il aurait fallu mettre en présence pour chaque industrie les produits de tous les pays. Alors on aurait comparé. Au lieu de cela, c'est un fouillis, un chaos. Une photographie autrichienne est suspendue entre une lime autrichienne et une dentelle autrichienne. Et si l'on veut comparer cette photographie aux autres, il faut faire 1 kilomètre pour trouver une photographie anglaise suspendue entre un quart de cercle anglais et la machine à faire des enveloppes. Gloire à Plon-Plon! Il est aussi fort sur cela que sur les batailles. Je n'ai pas encore reçu votre caisse. M. Jay m'a annoncé l'arrivée prochaine d'Alphonse. J'irai demain à Charlemagne pour être mieux fixé sur ce point. Adieu, chers parents, je vous embrasse bien tendrement, quoique vous m'ayez fait avaler l'Exposition de l'industrie.

Broca.

Sans date.

Chers parents.

Je suis indigné contre moi-même, en songeant que depuis très longtemps je vous laisse sans nouvelles, et mon indignation redouble à l'aspect de ce petit papier à lettre que je suis obligé de prendre faute d'avoir le temps de vous en écrire plus long. Voici la cause de cette lenteur et de cette grande hâte. Labbé ayant été gentil avec moi, j'ai voulu l'être avec lui. D'ailleurs, j'étais bien aise de compléter mon travail sur les anévrismes, et d'y ajouter bien des idées qui n'avaient pu trouver place dans mes articles de journaux. Donc je me suis décidé à placer en tête de ce qui a déjà paru une première partie sur les anévrismes en général. Je me suis mis à la besogne avec activité, j'ai eu bien des recherches à faire; j'ai chez moi plus de cent volumes qui traitent des anévrismes, et que j'ai dû lire et extraire avant de me mettre à la rédaction. La besogne presse, parce que nous voudrions commencer l'impression du volume au 1ᵉʳ mars. Avec cela j'ai mes occupations courantes, et ma clientèle qui commence à *boulotter*.

Les Élie allaient bien samedi dernier. Je vaccinerai le moutard après-demain samedi. Tu as donc trouvé, chère maman, que mes derniers articles académiques étaient un peu trop décolletés, c'est très vrai; je l'avais fait à dessein, parce que les discours se succédaient et se répétaient sans idées nouvelles, parce que chacun voulait parler le dernier et redemandait la parole après les autres, parce qu'enfin la discussion semblait vouloir se perpétuer très inutilement. Le seul moyen de mettre une fin à ces parades, était de les ridiculiser. Je l'ai fait avec quelque succès, et beaucoup d'académiciens m'en ont félicité. Le fait est que lorsque j'ai fait mon article sur la triade, il y avait encore cinq ou six orateurs inscrits, et qu'à la séance suivante, ils ont déclaré renoncer à la parole, supposant bien qu'on pourrait s'amuser à leurs dépens dans la presse. Nous avons remporté une véritable victoire, l'opinion publique et les académiciens neutres sont pour nous. Velpeau, qui a provoqué la bagarre, s'en repent fort et ne décolère pas. Il dit cependant à qui veut l'entendre, et il me l'a répété à moi-même, que de tous ses adversaires le seul à qui il n'en veuille pas, c'est votre très humble serviteur. Je suis, d'après lui, le seul qui soit de bonne foi, et le seul avec qui il soit possible de s'entendre. Il en veut, au contraire, beaucoup à Verneuil qui ne l'a pas ménagé, et à Follin qui a été beaucoup plus anodin, mais qu'il considère comme un traître parce qu'il a été son élève. Sous prétexte qu'un homme a été son interne, il exige de cet homme à perpétuité une foi aveugle dans tout ce qu'il enseigne.

La morale de tout ceci, c'est que l'homme devient impropre à la science lorsqu'il prend de l'âge, qu'il faut travailler pendant qu'on est jeune, et que je retourne, après vous avoir tous embrassés, à mon *Traité des anévrismes*.

BROCA.

Voici un quatrain sur *Plon-Plon* (Napoléon Bonaparte) :

Du retour de Plon-Plon ne cherchez plus la cause,
Au-dessus de Cambronne il devrait être mis :
En présence des ennemis
Cambronne a dit le mot, Plon-Plon a fait la chose.

---

28 décembre 1855.

Chers parents,

J'ai retardé cette réponse parce que je prévoyais que j'aurais à vous apprendre une nouvelle que vous trouverez bonne, et que pour ma part je ne trouve ni bonne ni mauvaise. Mon traité avec la *Revue médico-chirurgicale* est rompu, et je ne deviendrai pas journaliste.

Ayant refusé de prendre le journal en me substituant à Malgaigne, sur l'ancien traité, parce que je ne voulais courir aucune chance commerciale, je m'étais réservé purement et simplement le titre de rédacteur en chef et des appointements fixes. Malgaigne conservait, avec l'imprimeur Paul Dupont, sa propriété reposant sur l'ancien traité. Tout était signé, et le numéro de janvier était déjà préparé, lorsque Paul Dupont, comparant un peu tard les clauses de l'ancien traité et celles du nouveau, s'est aperçu qu'il perdrait annuellement une somme de 1,200 francs, et que cette somme serait gagnée par son coassocié Malgaigne. Il m'a fait demander si je consentirais à annuler le traité; j'ai répondu que, désirant avant tout ne faire perdre d'argent à personne, j'étais prêt à donner mon consentement. Dupont est alors allé chez Malgaigne, qui a fini par consentir à réduire la durée du traité à un an au lieu de deux. Cette fois, j'ai déclaré refuser. Un an, c'est juste le temps de perdre les abonnés qui quitteront au départ de Malgaigne; ce n'est pas assez pour acquérir les abonnés qui pourront venir à cause de moi. Je n'ai pas voulu perdre un an de ma vie à me préparer à un fiasco, parce qu'au bout de l'an, Dupont n'aurait pas manqué de dire : « J'ai perdu 1,200 francs, c'est assez; le journal ne paraîtra plus. » D'ailleurs, il annonçait que c'était là son intention. Moi refusant ce moyen terme, et consentant d'ailleurs à déchirer le traité, Dupont est allé chez Malgaigne pour lui demander au moins une allégeance; Malgaigne a nettement déclaré que le traité était signé, qu'il serait exécuté. Il y a eu entre eux une explication assez vive; finalement, Dupont a payé 1,000 francs, abandonné à Malgaigne la propriété absolue du journal, et obtenu à ces deux conditions la résiliation du traité.

Quant à moi, je suis heureux d'en être hors. Je viens d'apprendre que les rapports commerciaux sont aussi difficiles avec Malgaigne que les rapports scientifiques ont été agréables pour moi jusqu'ici. Je ne voudrais pour rien au monde avoir affaire à ce rude propriétaire, avec lequel je serais fort exposé à me brouiller, ce que je veux éviter à tout prix.

Ce soir, on mange à Charlemagne une dinde truffée, venant de Rodez. J'ai envoyé Jean pour le service; mais je n'y pourrai aller moi-même, attendu que j'avais déjà promis de prendre part à la démolition d'une autre dinde truffée. Au reste, rien de nouveau, si ce n'est que mon *Traité des anévrismes* est terminé, et que Labbé, en le voyant, m'a proposé de me le payer 1,200 francs au lieu de 500 francs, qui était le chiffre convenu. Je n'ai eu garde de refuser.

Tout à vous,

Broca.

31 décembre 1855.

Ma chère tante Jourdit,

C'est à toi que j'adresse mes vœux de nouvel an, c'est toi que je charge d'être mon interprète auprès de toute la famille. Je te donne spécialement la mission d'embrasser ma filleule, qui te promettra d'être bien sage pendant toute l'année et de bien s'appliquer pour apprendre à lire. Achète-lui un joujou que tu lui donneras de ma part et dis-lui que, si elle étudie bien, je lui porterai un beau livre à Pâques, avec de jolies histoires pour les petites filles qui savent lire. Monsieur Émile Broca recevra ses étrennes par la poste. Je l'ai abonné à la *Presse des Enfants*, journal du jeudi, afin qu'il puisse s'instruire en s'amusant.

Quant à toi, ma chère tante, je te souhaite de longs jours et une continuation de bonne santé. Maintenant que tu es propriétaire, j'y joins des vœux pour que la gelée et la grêle respectent ton nouveau domaine.

Adieu, mes chers parents, je n'ai rien de nouveau à vous dire, puisque je vous ai écrit il y a peu de jours. Il ne me reste plus qu'à vous embrasser à la ronde.

Broca.

Sans date.

Chers parents,

Qui diable a pu vous mettre ainsi la puce à l'oreille et vous faire croire que je conspirais dans l'ombre pour me marier à votre insu? Jourdier, que je n'ai pas revu depuis le jour où il a déjeuné chez moi avec M. Mourgues et Élie, a pu avoir quelque conversation avec son ami le marieur; j'en suis innocent, et c'est vous qui me l'apprenez. Je dois vous confesser que, pour ma part, je n'ai plus songé à cette affaire, beaucoup moins importante à mes yeux que celles qui remplissent mon temps. M. Mourgues avait parlé d'une demoiselle Dollfus, qui est, à ce qu'il paraît, sa cousine, mais à laquelle je ne m'intéresse nullement, attendu que je ne la connais pas. Je ne sais si elle est brune ou blonde, grande ou petite; je ne sais pas son âge, à dix ans près, j'ignore absolument l'état de sa fortune, vous m'obligeriez infiniment de m'apprendre si elle a encore son père et sa mère. Je ne suis plus assez jeune, chers parents, et je ne suis pas assez vieux pour m'engager ainsi sur une mer inconnue, surtout sans vous en prévenir. Je ne suis pas homme à devenir amoureux d'une étoile comme Ruy Blas, ni d'un écu, comme les héros de vaudeville, et les bouquins et les tumeurs m'intéressent infiniment plus que la plus délicieuse inconnue du monde, quand même elle appartiendrait à la maison Dollfus. Laquelle maison Dollfus, par parenthèse, passe pour l'une des premières maisons manufacturières de l'Alsace. Du temps du régime parlementaire on voyait quelquefois dans les journaux le nom d'un Dollfus qui ne passait pas pour un génie politique, mais que ses millions avaient conduit à la Chambre des députés.

La cousine de M. Mourgues appartient-elle à cette branche? Vous me feriez bien plaisir de me l'apprendre.

J'ai reçu une lettre de Fouignet, qui me fait part de son mariage, je lui ai immédiatement répondu pour l'en féliciter. Vous devriez bien marier aussi mon pauvre ami Roudier. Je dis *pauvre*, parce que je crois que la solitude lui pèse, et parce qu'il vient d'être rudement frappé. Vous me parlez déjà d'envoyer des étrennes à Gabrielle. Vous me désappointez fort. J'espérais que ma charmante filleule viendrait à Paris avec sa mère. Il était même convenu qu'elle passerait l'hiver à Paris, et que je vous la ramènerais à Pâques. Il paraîtrait que vous avez changé ce projet. Si Élie y consent, je n'ai pas le droit de rien dire; mais je me promettais pourtant de câliner ma filleule cet hiver, et de la corriger des leçons de coquetterie que lui donne ma tante Mariette. Puisque vous le désirez, je ferai tirer quelques épreuves de mon portrait et je vous les enverrai par la première occasion. Adieu, chers parents, je vous embrasse de tout cœur.

BROCA.

P.-S. — N'en déplaise au *Moniteur*, il est bien certain qu'un des gardes du palais de Saint-Cloud a donné à Sa Majesté un coup de baïonnette dans la poitrine. L'arme a glissé sur la cuirasse et est allée égratigner l'auguste bras du souverain. Le même *Moniteur* a donné à notre bonne ville de Sainte-Foy, la grande, une célébrité qu'elle mérite bien pour avoir si patriotiquement harangué la sœur d'un guerrier victorieux.

6 février 1856.

Chers parents,

Je viens de payer mon abonnement annuel à la grippe. Cette fois mes amygdales ont été épargnées et je n'ai pas souffert; mais le larynx a supporté le choc et j'ai perdu la voix, d'où est résultée la nécessité de suspendre mon cours et mon service du Bureau central. La voix commence à revenir, et j'ai fait afficher la réouverture de mon cours pour après-demain. Je dois dîner demain avec Fouignet et sa jeune femme que je n'ai pas encore vue. Fouignet, comme tous mes amis, veut me marier. Il me propose quelque 800,000 francs dans le Lot-et-Garonne; mais il y a peu de comptant, et j'ai demandé à réfléchir. Puis, le moyen d'accepter des propositions aussi mesquines quand on a une mère qui vous découvre des héritières protestantes à 1,500,000 francs; sauf les cas rédhibitoires d'une trop grande laideur, d'une sottise trop prononcée (il faudrait qu'elle en eût un peu pour m'accepter), ou d'une scrofulisation trop évidente, je vous donne carte blanche pour celle-là. Arrangez tout à votre idée, et quand le moment sera venu, je marcherai à l'autel comme la vertueuse Iphigénie. Mais vous n'avez sans doute pas attendu mon autorisation, et je suis sûr que vous avez déjà déployé un réseau d'intrigues où les pasteurs jouent le principal rôle. Pendant ce temps, mon *Traité des anévrismes* marche bon train. J'ai déjà fait tirer les 150 premières pages. Le volume, qui sera énorme, paraîtra vers la fin de mars. J'ai donné aussi une livraison de mon *Atlas*, vous la recevrez incessamment. Les deux livraisons suivantes sont presque terminées.

Jean est justement tombé malade en même temps que moi. Il a eu un simple embarras gastrique dont je l'ai débarrassé au moyen d'un purgatif. Il est maintenant tout à fait rétabli. Le quartier Latin commence à se calmer. Les étudiants font bien encore quelques chansons, mais ils ont cessé de *nisarder* les professeurs suspectés de bonapartisme. L'autre jour, cependant, ils ont fait du chagrin à l'impératrice qui, malgré l'état intéressant où elle se trouve, était allée à l'Odéon pour voir la *Revanche de Lauzun*. Au moment où elle est entrée dans la salle, les malins ont chanté la romance du *Sire de Framboisy*, peu connue chez vous, mais très populaire ici. Le duc de Framboisy avait pris une femme dont on jasait, et ses infortunes conjugales sont rendues d'une manière très pittoresque dans la romance. Lorsque les chanteurs sont arrivés au couplet suivant :

> Ohé, madame,
> Que faites-vous ici?

ils se sont tournés vers la loge impériale. Chenavard, qui fait des mots, prétend que c'est plus grave qu'un coup de pistolet. L'impératrice a ri, mais on a arrêté quelques chanteurs qui sont à Mazas où ils chantent :

> Avait pris femme
> Le duc de Framboisy (*et la suite*).

Il y a aussi une chanson sur Nisard. Je vous répète que nous sommes en 1825.

Paris, février 1856.

Ma chère mère,

Dites à Aline et à Alphonse que je regrette vivement de ne pouvoir arriver à Sainte-Foy avant leur départ. Je m'arrêterai à la Roche en allant ou en revenant pour les voir. Mais je ne puis en aucune façon songer à partir d'ici avant le samedi de Pâques. Mon volume des anévrismes est annoncé pour le 1er avril, et il faut que l'impression en soit terminée pour cette époque. Ma présence sera surtout nécessaire pendant les derniers jours, parce que ce sera le moment de la table et de la préface. J'aurai également à dresser des tableaux qui nécessiteront ma présence à l'imprimerie. Je partirai d'ici au plus tard le 1er avril; cela ne coïncidera peut-être pas exactement avec le congé de Pâques, mais je n'aurai pas de service au Bureau central, et je m'arrangerai pour me faire remplacer à l'École. Cela tombera justement sur le commencement du second semestre, et je n'aurai pas besoin d'interrompre mon cours. Pour ce qui regarde Jean, j'avalerai la pilule. Peut-être l'enverrai-je à Sainte-Foy pendant la seconde quinzaine de mars; je tâcherai de trouver quelqu'un pour le remplacer. Frédéric, qui est actuellement sans place, pourra peut-être faire mon service. J'aimerais mieux cela que de laisser la maison seule avec des concierges malveillants. Vous savez que les Élie nagent dans l'opulence. Ils ont dû vous en écrire longuement. Quant à moi, je n'ai que le temps de jeter cette lettre à la poste avant la levée des boîtes.

BROCA.

Il est entendu que je paye le voyage de Jean.

13 mars 1856.

Chers parents,

Vous vous étonnez de mon silence. C'est que j'attendais le jour où il me serait possible de vous fixer la date de mon départ. Ce jour malheureusement n'est pas encore venu. J'ignore tout à fait, à une semaine près, quand je pourrai partir. Mon excellent maître Gerdy est dans un état qui ne laisse plus d'espoir. Ses deux frères sont auprès de lui, et je vais les rejoindre le plus souvent et le plus longtemps que je peux. Depuis une semaine ses forces ont décliné d'une manière tellement rapide que, si cela continue, il n'en a pas pour plus de trois à quatre jours. Il meurt phtisique ; il l'était depuis plus de trente ans, et avait prolongé ses jours en s'absentant de temps en temps de Paris. Mais, depuis cinq ans, il avait entrepris un ouvrage en huit volumes, et plus il sentait la vie lui échapper, plus il travaillait pour achever avant de mourir. Il a depuis lors cessé d'aller se retremper dans son pays et dans le midi, de sorte que son mal a fait de terribles progrès et qu'aujourd'hui il ne laisse aucun espoir. Cela a beaucoup retardé et retarde encore l'impression de mon volume. Les deux tiers seulement sont imprimés, j'ai interrompu mon cours pour aller plus vite. Je donne maintenant environ seize pages par jour. Mais je commence à craindre que tout ne soit pas terminé pour le 1er avril. L'ouvrage est pourtant annoncé pour cette époque. Quoi qu'il en soit, je presse l'imprimeur tant que je peux. Il vient de doubler le nombre de mes compositeurs, et nous aurons bien du malheur si nous ne sommes pas débarrassés vers le 6 ou 7 avril.

J'ai appris ce matin par M. Thierry la mort du général. J'ai aussi reçu, il y a quelques jours, la nouvelle que Mme Jodin était expirante. Mme Masmontet me priait, de la part de la famille Jodin, de faire savoir la chose à la famille Forestié, dont on ne savait pas l'adresse.

J'ai une lettre d'Alphonse; j'y répondrai le plus tôt que je pourrai, demain probablement.

Tout à vous,
Broca.

1er avril 1856.

Chers parents,

Je conçois et je partage votre impatience. C'était d'abord mon livre qui me retenait, maintenant c'est autre chose. Je ne pourrai partir de Paris que le 10 avril, mais ce sera le dernier délai. Voillemier, chirurgien de l'hôpital Lariboisière, est tombé malade samedi dernier et a demandé un congé jusqu'au 10 avril. J'ai été désigné pour le remplacer. Quoi qu'il arrive, et que Voillemier soit ou non rétabli, je partirai le 10 au soir, dussé-je moi-même demander un congé. Je me propose de rentrer à Paris le 22, pour commencer mon cours le 23. Mon père fera bien de donner rendez-vous pour le 12 aux malades qui désirent se faire opérer, surtout aux cataractés, que je ne puis me dispenser de voir au moins pendant une semaine.

Élie et Gabrielle sont partis pour Metz avant-hier, jour de paix et de lampions. Aujourd'hui grande revue, et ce soir des lampions. Lampions monstres il y a quinze jours à l'occasion d'un événement à jamais célèbre. Toujours des lampions. Dans les nuits noires de février 1848, quand les tuyaux de gaz étaient coupés et que toutes les rues étaient dépavées, les gamins de Paris imaginèrent de faire illuminer les maisons et créèrent le fameux air des *Lampions*. C'est même là, comme vous le savez, le reproche le plus sérieux qu'on ait fait à cette féroce révolution de février. Aujourd'hui ce ne sont plus les gamins, ce sont les sergents de ville qui sont préposés à la libre manifestation de l'enthousiasme parisien. Ils arrivent en grand uniforme, l'épée au côté, montent chez les bourgeois des façades et les invitent, de la part de monsieur le commissaire de police, à illuminer leurs maisons; puis, le soir, ils numérotent les fenêtres et dressent la liste des coupables qui n'obéissent pas; puis, à l'occasion suivante, ils reviennent chez vous en vous disant que monsieur le commissaire de police sait que vous n'avez pas illuminé la dernière fois et espère que vous serez plus sage aujourd'hui. Aussi il faut voir quelle extension prend le commerce des lanternes vénitiennes. J'oubliais de parler des drapeaux. Il faut des drapeaux pendant le jour, et, pour être bien vu, il faut même placer un aigle au bout de la hampe. Au besoin, si vous n'avez pas de drapeaux, on vous en fournit; on a même l'obligeance de venir les placer. Mais il n'y a que les gens sans cœur qui donnent cette peine à la police, et tout honnête homme qui a 3 fr. 50 dans sa poche achète un drapeau de ses deniers. C'est le plus juste prix. Pour cent sous on a un aigle de plus. Le pouvoir se consolide à pas de géant. L'année dernière, à pareille époque, l'empereur ne put obtenir à l'Institut que 28 voix pour son Jobert, et Cloquet fut nommé par 29 voix. Cette année on a eu 29 voix pour Jobert, et Longet n'en a pu réunir que 28. Ainsi il y a eu une conversion en un an. C'est un succès considérable. On peut dire qu'à partir de ce jour la France est sauvée de l'anarchie.

Élie et Gabrielle seront de retour après-demain. Dites à Conord que j'ai reçu pour lui 162 francs et des centimes; j'ai reçu aussi sa lettre ce matin, et je payerai les Christophle quand ils voudront.

Adieu, chers parents, je vous embrasse et à bientôt.

BROCA.

Je m'arrêterai à la Roche le 11 au matin; je serai à Sainte-Foy dans la nuit du 11 au 12.

Sans date.

Chers parents,

Je suis bien loin pour donner mon avis sur vos entreprises architecturales, dont j'ai appris le premier mot par la lettre de ma mère. Je ne savais pas que vous aviez commencé à bâtir, mais je savais qu'il en était question, et si je ne me trompe, ce n'est pas une idée venant des vieux, le plan que l'on a exécuté était à peu près celui que les jeunes avaient formé.

J'ai parfaite souvenance qu'aux vacances dernières, Élie, Alphonse et moi, ou au moins Alphonse et moi, visitant le vacant qui avait pris la place de l'ancienne fontaine, nous suscitâmes à mon père et à mes tantes l'idée de bâtir là-dessus des maisons. Le plan était de faire entre la serre et la guérite une maison à un étage, avec façade sur la rue et mur nu sur le jardin; puis, à la place de la guérite, une maison à rez-de-chaussée, recouverte d'une terrasse supportant un pavillon. En d'autres termes, la guérite aurait été transportée au premier étage et on y serait allé par un petit escalier tournant ou par une rampe extérieure. Voilà quel était le plan. Nous l'avions tous approuvé. Il avait même été question, par manière de plaisanterie, que les neveux prissent cette entreprise à frais communs, recevant le terrain des tantes en avancement d'hoirie, et palpant le revenu des locataires ultérieurs. Donc, s'il y a eu erreur, elle a été faite en commun, et j'ai cru devoir rétablir les faits pour soustraire mon pauvre père et mon infortunée tante Mag... à des récriminations imméritées. Maintenant vous dites que ce mur nu n'est pas beau à voir; c'est possible, mais ce qui y était auparavant n'était pas beau non plus. Le pan à cochons est affreux, la serre est affreuse; la guérite, considérée comme un chef-d'œuvre, me crispait chaque fois que je la voyais de loin et me révoltait toutes les fois que j'y pénétrais. Je crois que votre mur plat, masqué par un de ces rosiers gigantesques que vous savez si bien faire venir, ou par un espalier de lierre, serait beaucoup moins laid que tout cela.

Ce qui est beau, c'est la vue de la rivière, et je ne vois pas en quoi le nouveau monument vous gêne pour cela. Il est bien clair que depuis le jardin, ou depuis le rez-de-chaussée, personne, pas même Alphonse et l'oncle Broca, les deux plus hautes têtes de la famille, ne pourrait voir par-dessus le mur de clôture, ni par-dessus le toit de la guérite. Depuis le premier étage cela masque un petit coin du coteau, mais on en voit encore assez, et d'ailleurs personne ne réside au premier étage. Puis cet inconvénient n'existe que pour les croisées de ma chambre et de la bibliothèque, les fenêtres de la maison des tantes n'ayant point vue sur la partie du coteau que masque le nouvel édifice. Si j'avais vu les choses, peut-être changerais-je d'avis. Mais il est clair que je ne puis être convaincu à distance de la défectuosité d'un plan qui m'avait paru bon lorsque j'étais sur les lieux.

Vous voudriez, dites-vous, faire une oasis délicieuse sur cet emplacement; cela vous va bien de parler d'oasis, vous qui vous obstinez à déshonorer votre magnifique jardin avec vos choux hideux et vos asperges illusoires dont vous mangez une botte tous les deux ou trois ans. Pour une ou deux centaines de francs, vous feriez au centre un beau tapis de verdure, entouré de corbeilles de rosiers, et vous feriez planter sur les bords, pour masquer les murailles, un choix d'arbres ou d'arbustes plus ou moins exotiques. Je me souviens d'avoir fait la statistique de vos légumes et d'avoir démontré, par des chiffres irréfutables, que chacun des choux que vous mangez — grand bien vous fasse, par parenthèse — vous revient à un centime et demi au-dessous du cours.

J'ai vu Junior Jouhanneau, qui s'est chargé de vous remettre un exemplaire de *Mathilde*. J'ai aussi vu M. et Mme Matignon, qui m'ont annoncé qu'ils avaient vu *papa Broca* peu de jours avant leur départ.

Parlons maintenant de mes affaires. J'ai réussi au delà de mes espérances dans la clinique que j'ai entreprise. Je n'ai jamais eu plus de monde à aucune clinique; mon amphithéâtre, qui est de beaucoup le plus grand des amphithéâtres des hôpitaux, est presque entièrement plein, ce qui ne s'était pas vu depuis le temps de Dupuytren. Je ne sais trop ce que Laugier dira de ce contraste peu flatteur pour sa clinique déserte.

Un autre événement, c'est le départ de Frédéric. Il a trouvé chez le vicomte Descars, fils du duc Descars que vous savez, une place de tout point supérieure à celle qu'il avait chez moi, puisqu'il est nourri, blanchi, habillé, et qu'il reçoit, en outre, des gages presque égaux à ceux que je lui donnais. Le vicomte m'a fait dire par son homme d'affaires qu'il ne conclurait rien sans ma permission, ce qui était fort poli, sans aucun doute, mais ce qui ne pouvait rien changer. Donc, d'ici à la fin du mois, il faut que je trouve un domestique. Déjà le portier de l'hôtel m'a proposé d'entrer à mon service. Sa femme tient la loge et il cherche à se placer. Il aurait voulu travailler chez lui, pour ajouter quelque chose à son très modique salaire, mais monsieur le baron s'y oppose, parce que ce ne serait pas suffisamment noble. Ce sentiment est plein de grandeur; la conséquence naturelle serait de donner au portier un salaire assez fort pour le faire vivre, mais monsieur le baron donne 300 francs et l'éclairage, pas un centime de plus. De sorte que son concierge cherche à exercer, hors de sa loge, une industrie qui ne puisse pas offusquer les yeux de monsieur le baron. J'ai fait une réponse évasive ou plutôt j'ai demandé le temps de réfléchir. Il y a du pour et du contre en ceci. Le *pour* est que les conditions pécuniaires seraient bien meilleures pour moi. Cependant cela pourrait être compensé par la proximité d'un ménage qui pourrait bien exercer sur le mien une attraction incessante. Le *contre* est que j'ai besoin d'un certain degré de représentation; puisque je paye un domestique, il faut que le client soit convaincu que ce domestique est à moi, et qu'il ne puisse pas croire que je fais faire mon ménage par mon portier à 15 ou 20 francs par mois, suivant l'usage traditionnel de tous les portiers.

Voilà où j'en suis. Je verrai quelques personnes, je chercherai quelqu'un qui puisse me convenir, et, si je ne trouve pas, le portier sera toujours là comme pis-aller transitoire.

Éclairez-moi là-dessus de vos conseils. J'aurais consulté Élie s'il eût été à Paris.

Adieu, je vous embrasse tous sans aucune exception, et je charge Élie III d'exécuter pour moi cette distribution à la ronde.

BROCA.

Lundi, 2 avril.

Chers parents,

J'adopte votre dernier plan, c'est-à-dire qu'arrivant à la Roche à huit heures du matin, j'en repartirai le soir à huit heures pour prendre à dix heures, à Libourne, la diligence qui arrive à Sainte-Foy à une heure du matin. Jourdier ne s'arrêtera pas à la Roche. Il partira avec moi de Paris, mais il filera sur Bordeaux et la Teste où il a une petite affaire, puis il arrivera à Sainte-Foy le vendredi ou le samedi. J'ai mis le père Cadars en campagne pour vos fleurs, je lui ai donné une lettre pour le Jardin des plantes. Je vais aller moi-même voir le jardinier de la Faculté. Nous aurions du malheur si nous n'obtenions rien. Avouez que vous me prenez un peu au dépourvu. Huit jours plus tôt, je vous aurais fait avoir une superbe collection de graines. Pas de nouvelles de la Roche. Virginie m'en enverra sans doute ce soir. Mon groom est parti hier matin, 1er avril. Mon portier fait mon ménage; par conséquent, je suis tout disposé à prendre le petit Imbert. En relisant vos deux lettres qui m'arrivent par le même courrier, je vois que mon père arrivera jeudi matin à la Roche, et que probablement il en repartira jeudi soir avec moi. Raison de plus pour adopter le plan susmentionné.

Adieu, chers parents, je vous embrasse bien tendrement.

BROCA.

25 avril 1856.

Chers parents,

Mon voyage s'est effectué sans le moindre accident. En arrivant à Paris, j'ai trouvé une troisième lettre de l'administration qui m'invitait à prendre le service de Vidal. De sorte que me voilà par intérim chirurgien de l'hôpital du Midi, où je console de mon mieux les victimes de l'amour. J'espère que cela durera peu, car ces services spéciaux sont fort ennuyeux pour les suppléants. J'ai repris ma chaîne et commencé mon cours. On m'accable d'examens pour me faire rattraper le temps perdu.

Le grand événement du jour, c'est l'hommage *spontané* de la population de Paris à l'impératrice et au prince impérial. Il s'agit de faire souscrire tout le monde à un sou par tête. On a affiché le premier jour dans tous les quartiers la liste des personnes chez lesquelles on devait aller s'inscrire. L'empressement n'ayant pas été considérable, on est allé dans les maisons. Monsieur le commissaire de police du quartier Saint-Antoine est allé à l'hôpital de ce nom, où Follin fait actuellement le service. Il a dit au directeur : « Passez dans les salles, faites la liste des souscripteurs et donnez-moi aussi la liste de ceux qui ne souscriront pas. S'il y en a 100, nous ajouterons 500 centimes. Il faut que nous transmettions le plus grand nombre de souscriptions possible. » De sorte que les malades qui refusent de signer ont deux avantages : 1° on les porte, malgré eux, sur la liste des souscripteurs; 2° on les garde soigneusement sur la liste des récalcitrants. On a voulu aussi faire souscrire les élèves et les chefs de service, mais il y a eu de la résistance de ce côté. Ce qu'il y a de plus curieux, c'est le procédé qu'on a suivi pour faire la liste officielle des receveurs de cet impôt. On a commencé par imprimer et tirer les listes pour chaque quartier, puis le commissaire de police est allé chez les notables leur dire : « Vous êtes un homme d'ordre, nous avons besoin de votre nom, laissez-nous faire, cela ne vous engage à rien. » La plupart se sont laissé faire. Cependant un M. Breton, fabricant d'appareils électriques, légitimiste avoué, a refusé catégoriquement, disant qu'il n'était pas homme politique, qu'il avait pris le parti de ne se mêler de rien, etc. On lui a permis de ne pas mettre son nom sur la liste ; mais une demi-heure après, en sortant de chez lui, il aperçoit l'affiche verte, la lit et se voit affiché au nombre des receveurs !

Cela a pour but « de préparer le règne paisible d'une sage liberté ».

Je prie mon père de me faire savoir le résultat du ptérygion. Je ne parle pas des cataractes. Je sais d'avance ce qui arrivera.

Adieu, chers parents, je vous embrasse.

BROCA.

Sans date.

Chers parents,

Je n'ai ouvert qu'en tremblant la dernière lettre de ma mère. Je m'attendais à y trouver des reproches mérités sur mon silence prolongé, et je me creusais déjà la tête pour trouver une excuse, lorsque je me suis aperçu que cela n'était pas nécessaire, puisque vous avez poussé l'indulgence jusqu'à ne me faire aucune remontrance. Ma conscience n'en est pas moins ulcérée, et je me promets bien d'être plus sage une autre fois. Je viens de dîner avec les Charlemagne, qui sont tous en bonne santé. Le petit Albert pousse à vue d'œil; c'est un superbe enfant, et il serait bien dommage vraiment qu'il ne fût pas venu au monde. Élie lui-même est obligé d'en convenir. Il y a eu ici une nouvelle alerte il y a quelques jours. Virginie a cru éprouver quelques symptômes qui ne la faisaient point rire; mais tout cela s'est dissipé, et le calme s'est rétabli dans la maison. Mon *Traité des anévrismes* est complètement imprimé, ainsi que la préface et la table des chapitres, mais il n'a pas encore paru parce que nous avons jugé nécessaire d'y ajouter une table analytique des matières. Cette malheureuse table m'a occupé, sans relâche, depuis quinze jours; elle est sous presse, et je pense que le volume sera mis en vente jeudi prochain.

Je n'en ai pourtant pas fini avec les imprimeurs. Ma thèse de concours sur les hernies est épuisée, et Masson va en faire une seconde édition. Il me demandait d'y faire des additions, mais je n'en ai vraiment pas le temps. C'est la première fois qu'une thèse de concours est jugée digne des honneurs de la réimpression, et je suis plus sensible à cela qu'au léger bénéfice que j'y pourrais trouver. La première édition avait été tirée à 500 exemplaires, et je n'en avais mis en vente que 250, les autres ayant été distribués gratis. Pendant les deux premières années, on en a à peine vendu un cent, puis le reste a été enlevé en trois mois; depuis lors, on en demande tous les jours à la librairie, et c'est ce qui décide Masson à faire une seconde édition. Je vous avais parlé d'un projet de monsieur le doyen, qui voulait nommer des professeurs suppléants au mépris des droits des agrégés. L'idée venait du ministre qui voulait spécialement récompenser Jarjavay d'avoir enlevé certaine affiche. La Société des agrégés s'est émue et a adressé une réclamation au conseil de la Faculté ; puis les journaux se sont emparés de la question. Fortoul a battu en retraite, et le malheureux Dubois a été obligé de prendre la responsabilité de cette mesure impopulaire ; il y a eu un grand éclat de rire, et le projet est tombé dans l'eau. Le bon Dubois, toujours plein de bienveillance pour la jeunesse, a formé un autre plan qui a soulevé une résistance tout aussi vive. Il veut simplement faire supprimer un service de chirurgie devenu vacant par la mort de Gerdy. La chose est encore en suspens, mais la Société des chirurgiens des hôpitaux a commencé des démarches. Une commission a dû voir le ministre aujourd'hui. S'il le faut, nous irons jusqu'à l'empereur. Dubois, dans ce moment, n'est pas du tout en odeur de sainteté. Il a commis la faute d'appliquer le forceps suivant le plus grand diamètre de la tête, et Napoléon IV a une bosse sanguine au milieu du front. C'est ce qui a fait courir le bruit qu'il était aveugle. J'espère que Fanny continue à aller mieux. La commission de Méloé sera faite. Adieu, je vous embrasse tous bien tendrement.

BROCA.

Que devient la fête de Jules pour la paix ?

Sans date.

Chers parents,

Depuis que je vous ai écrit il s'est passé bien des choses dans notre pauvre Faculté de médecine, qui aurait été complètement désorganisée si la résistance des agrégés et le bon sens du ministre n'avaient fait avorter les projets de notre étrange doyen. Nous en sommes quittes pour quelques contusions légères, désagréables seulement pour ceux qui les ont reçues, mais le danger qui nous menaçait est heureusement dissipé. Je veux vous raconter quelques-uns des détails de cette histoire, qui serait déjà intéressante par elle-même quand même elle n'aurait pas, à vos yeux, l'avantage de me toucher de près.

Vous vous souvenez peut-être qu'il y a près de trois ans le doyen a voulu me faire un passe-droit en faveur de son neveu Richard (avec lequel il s'est brouillé depuis); mon tour était venu de faire un remplacement à la Faculté, mais M. Dubois, sans en tenir compte, voulait désigner Richard à ma place. La Société des agrégés résista, et justice me fut faite; depuis lors, il a conservé pour le corps des agrégés une antipathie profonde qui vient de se manifester dans tout son jour. L'hiver dernier il conçut le projet de faire créer des *professeurs suppléants,* qui auraient été désignés sans la participation de la Faculté, qui auraient été chargés de tous les suppléments et qui auraient eu la survivance des chaires auxquelles ils auraient été attachés. Fortoul voyait d'abord d'un bon œil ce projet qui lui aurait permis de faire tout d'un coup vingt-six nominations, ce qui aurait supprimé le système de la présentation, beaucoup trop libéral, suivant lui; mais la chose transpira. Les agrégés s'émurent et dénoncèrent au conseil des professeurs des menées dont ils avaient été prévenus par hasard, et qui étaient jusqu'alors tout à fait souterraines. En apprenant ce complot, les professeurs s'indignèrent. Fortoul dénonça Dubois, qui se soumit en silence et retira son projet. Cela se passait au mois d'avril, pendant les quelques jours de congé que j'étais allé passer avec vous. Mais Fortoul mourut quelque temps après, et son successeur, nommé vers la fin de l'année scolaire, arriva au ministère sans connaître le premier mot de l'organisation de la Faculté. M. Rouland est avocat, et a été élevé à l'École de droit, où l'on donne le nom de professeurs suppléants aux fonctionnaires qui, à l'École de médecine, portent le nom d'agrégés. Dubois lui a donc persuadé aisément que professeur suppléant et agrégé n'étaient qu'une seule et même chose, et qu'en nommant trois professeurs suppléants pour remplir trois places vacantes par suite de démissions et de mutations, il ne nuirait à personne et ne changerait rien à l'ordre de choses établi. Ces trois professeurs suppléants (que Dubois devait prendre parmi d'anciens agrégés, ayant fini leur temps d'exercice pour rendre la chose plus acceptable) auraient été la première brèche faite à l'agrégation, un précédent bientôt suivi de nominations nouvelles. Cela se passait pendant les vacances, la plupart des professeurs étaient absents, et Dubois, pour tenir la chose plus secrète, n'avait même pas prévenu les trois personnes qui allaient être nommées. Un pur hasard a mis l'un d'entre nous sur la piste du complot, la veille précisément du jour où l'ordonnance allait être signée. Heureusement que M. Rouland, convoqué à Compiègne pour le conseil des ministres, renvoya la signature au lendemain. Pendant ce temps, quatre de nos collègues, délégués par nous, demandent une audience, l'obtiennent, et sont admis auprès du ministre avant la signature. Ils exposent leurs plaintes, et Rouland paraît d'abord fort étonné, puis il reconnaît qu'on l'a trompé, et s'emporte tout à coup. « Votre Faculté, votre Faculté, je l'ai en horreur ! » Il promet d'examiner l'affaire et de ne rien faire contre le règlement. Deux jours après, l'ordonnance a paru au *Moniteur*. Il n'y avait plus de professeurs suppléants. C'étaient simplement des agrégés en exercice qui remplissaient les places vacantes. Dubois continue par conséquent à être battu.

Ne pouvant frapper sur tous les agrégés à la fois, le doyen s'amuse maintenant à faire de l'arbitraire et il vient de faire tomber une tuile sur la tête de Verneuil. Par suite de la démission de Segond (qui, par parenthèse, s'est engagé aux Italiens sous le nom de Saviani, avec 60,000 francs par an), Verneuil s'est trouvé un moment seul agrégé de la section d'anatomie et physiologie. Or, il se trouve précisément que la chaire d'anatomie n'a pas de titulaire, et que le professeur de physiologie a demandé un congé. Par conséquent, les deux cours qui tiennent à la section dont Verneuil est le seul représentant, ont besoin d'être suppléés cet hiver. Verneuil n'avait donc qu'à choisir entre ces deux cours. Lequel croyez-vous qu'il va faire? Aucun. Béclard, l'un des agrégés remis en activité, fera le cours de physiologie. Jarjavay, *de la section de chirurgie*, fera le cours d'anatomie. Verneuil, en apprenant cette nouvelle, va chez Dubois pour savoir si elle est exacte. « Je n'en sais rien, dit Dubois de sa petite voix mielleuse, tout cela se fait au ministère. J'ai voulu m'en mêler l'année dernière, M. Fortoul m'a invité à ne pas recommencer. Je me le tiens pour dit, et en vérité ce que vous me dites là me surprend beaucoup. » Le soir, l'imprimeur de la Faculté porte à l'École les feuilles du semestre d'hiver, et Verneuil acquiert la certitude qu'il est mis de côté. Alors il va au ministère, a une entrevue avec le chef du cabinet (c'est le propre fils de Rouland), puis avec le chef du personnel, et ces messieurs lui disent qu'on s'en est rapporté purement et simplement à la demande écrite du doyen. « Cela m'étonne, dit Verneuil, car M. Dubois m'a dit hier qu'il ignorait tout. — Il l'ignorait si peu, dit le chef du personnel, que voilà sa lettre écrite de sa propre main. Le ministre a cru que tout cela était régulier. L'affiche est posée et la chose est sans remède, mais vous pouvez être certain que nous garderons note de cela, que nous ne nous laisserons plus surprendre et que vous ferez le cours l'année prochaine. »

Et voilà comment les choses marchent sous le régime du bon plaisir. Les professeurs, en apprenant tous ces tripotages, qu'on a eu bien soin de faire sans les consulter, ont manifesté une véritable indignation. Plusieurs d'entre eux parlent de demander un changement de doyen. Mais ils sont bien poules mouillées. Aujourd'hui, jour d'ouverture de la Faculté, tous les professeurs et agrégés se sont réunis dans la grande salle des thèses. Dubois errait comme une âme en peine, allait de groupe en groupe, et personne ne lui parlait. On dit partout que la position ne sera pas tenable et qu'il donnera sa démission. J'ai offert de parier qu'il n'en ferait rien, parce qu'il n'a pas même le sentiment de vergogne qui lui serait nécessaire pour cela. Les étudiants, de leur côté, sont très montés contre lui. Ils se sont tenus tranquilles pendant le discours d'ouverture, parce que les couloirs étaient pleins de sergents de ville. Mais ils ont profité d'un passage très sérieux du discours d'ouverture, où l'orateur, parlant de l'état de la Faculté au dix-septième et au dix-huitième siècle, disait que les doyens de l'École avaient toujours été des hommes éminents par leur caractère et par leurs travaux scientifiques. A ces mots, l'auditoire a éclaté de rire, et a ri pendant plusieurs minutes pour prouver que ce temps-là était passé.

Parlons maintenant d'autre chose. J'ai dîné ce soir à Charlemagne. Ils vont tous bien, et Albert en particulier est dans un état de prospérité vraiment remarquable. Nous avons appris pendant le dîner que Noémi Reclus venait d'accoucher d'un enfant mort. J'ai vu plusieurs fois cette semaine M. Nogaret, qui est venu passer quelques jours à Paris et qui a toujours de vives inquiétudes sur le seul œil qui lui reste. Je fais toujours le service à la Charité, mais cela ne durera, je pense, que jusqu'au 20 de ce mois. Je vais commencer après-demain mon cours à l'École pratique.

J'ai vu Mme Maillet avant-hier, elle m'a chargé de la rappeler à votre souvenir. Elle m'a appris que Jules Cadars avait quitté Sainte-Foy.

Adieu, mes chers parents, je vous embrasse tendrement.

Broca.

P.-S. — J'ai reçu, avant-hier, une lettre de Ferdinand qui m'invite de plus en plus. Nos parents de Clermont sont tous en bonne santé et vous font leurs amitiés. Mon vin est arrivé hier, celui d'Élie aujourd'hui. Élie a de sérieuses inquiétudes sur votre caisse de confitures qui n'est pas encore arrivée. Mlle Jeanne Maillet fait ses compliments à Mlle Gabrielle.

Sans date (1856?).

Chers parents,

La maladie de Dupleix n'a aucune gravité, c'était un simple embarras gastrique. Devals, que vous avez sans doute vu déjà, a dû vous le dire. Ainsi, vous pouvez rassurer Mme Dupleix. La dernière fois que j'ai vu le malade, si on peut l'appeler ainsi, je l'ai laissé en tête-à-tête avec une côtelette, et il était aisé de prévoir que l'un des deux allait avaler l'autre. Dupleix se proposait, au sortir de cette lutte inégale, d'aller faire un tour au Luxembourg par un beau soleil d'automne qui brillait alors, mais qui depuis a fait place à un brouillard anglais. Mais ne médisons pas de l'Angleterre, puisque c'est à l'insistance de cette alliée que nous devons l'expédition de la Méditerranée en faveur du roi Bomba. Lequel Bomba, par parenthèse, a écrit à Paris et à Londres certaine lettre que les journaux français ont eu la liberté de ne pas reproduire, parce que le Bourbon se permettait de dire qu'il avait fouetté, transporté, emprisonné ou exilé beaucoup moins d'honnêtes gens que son auguste collègue l'empereur des Français. J'espère qu'en apprenant cela votre indignation sera égale à la mienne, et que vous voudrez bien faire le raisonnement plein de sagesse : « Je n'ai pas été transporté, donc personne n'a été transporté. » Ma pauvre mère, toujours inquiète et toujours portée aux idées tristes, croit à tort que dans l'affaire dite de la Charité, j'ai tiré pour les autres les marrons du feu. D'abord, je ne me suis point du tout brûlé les mains. Dubois ne m'en veut pas plus qu'avant, et il me craint davantage. Ensuite, les marrons étaient pour moi ; que les autres en profitent, tant mieux pour eux, mais ils n'y gagneront pas plus que moi. Enfin et surtout, loin d'obéir à l'instigation de mes collègues, j'ai été obligé de les remuer à plusieurs reprises pour les décider à me seconder. Il vient de me tomber sur la tête une lourde tuile. Je n'ai jamais gagné à la loterie, et, à part mon tirage à la conscription, le tirage au sort m'est habituellement défavorable. De sorte que, pour la troisième fois en trois ans, mon nom est sorti de l'urne pour faire partie du jury de concours des hôpitaux. Je vais donc, pendant deux mois, gagner 35 sous par heure comme un cocher de fiacre. Plaignez-moi.

Les Élie vont bien, ou plutôt allaient bien lundi dernier. Je les ai vus ce jour-là parce que Marie était indisposée. Adieu, le jour baisse, le courrier va partir, et je vous embrasse.

BROCA.

P.-S. — Je m'étais déjà aperçu que Jean courait beaucoup. Je ne lui ai pas parlé de votre lettre parce que je ne voulais pas éveiller ses soupçons, et que je tiens à savoir s'il est vrai qu'il va chanter des cantiques tous les mardis soirs. Il sort régulièrement ces jours-là et reste quelquefois dehors trois ou quatre heures. Demandez à Conord comment je puis savoir si Jean va aux réunions du mardi. S'il y va, je le laisserai sortir; mais s'il va courir, vous comprenez que je lui fermerai la porte. Votre vin à 125 francs ne me séduit point. Priez Jouhanneau de m'expédier le plus tôt possible la pièce qu'Élie a retenue pour moi. Il me reste à peine dix bouteilles de vin ordinaire, et je ne voudrais pas boire tous les jours du vin cacheté.

Juin 1856 (?).

Chers parents,

On dit depuis plusieurs jours que les chemins de fer ont été coupés par les eaux et que les communications sont interrompues avec les départements du Midi. Mais il paraît qu'on a établi des services de bateaux qui désormais porteront les dépêches dans les endroits où le passage est interrompu. Je ne sais jusqu'à quel point cela est exact, mais je ne veux pas tarder plus longtemps à vous répondre, quand même cette lettre devrait rester quelques jours encore dans les bureaux.

On dit que les ravages des inondations ont été immenses, et j'ai entendu évaluer les pertes à plus d'un milliard. On parle de plusieurs centaines de victimes qui ont péri dans les eaux. On s'accorde généralement à dire que la Dordogne n'est pas sortie de son lit, et ce renseignement doit être exact, puisque nous connaissons les désastres qui sont survenus dans les plaines de la Garonne. La fête du 14 juin se trouve fort compromise. Les trains de plaisir ne seront pas possibles puisque les chemins de fer sont coupés. Mais on parle de supprimer toutes les réjouissances au moment où une grande partie de la France est dans la désolation. Seulement, l'empereur ne paraît pas se soucier de sacrifier la splendeur de son baptême. Le fait est que les millions qu'on va dissiper en fumée seraient bien mieux employés sur les bords du Rhône ou de la Loire. Mon *Traité des anévrismes* a enfin paru hier, vendredi, jour de mauvais augure, et le père Labé, mon éditeur, aurait préféré attendre un jour de plus pour la mise en vente. Mais je lui ai fait observer que le salut du genre humain s'était accompli un vendredi, et que ce jour, par conséquent, est le plus favorable de la semaine. Il s'est rendu à cette observation pleine de justesse. Par première occasion, vous recevrez ce gros livre qui n'a pas moins de 940 pages, et que mon père n'aura sans doute pas le courage de lire d'un bout à l'autre. Je suis chargé par la Société de chirurgie d'écrire l'éloge de Gerdy, qui doit être lu dans la séance du 2 juillet. J'ai pris la plume hier soir, et vous voyez que je n'ai pas grand temps devant moi. Dès que cela sera terminé, je m'occuperai de mon *Traité des tumeurs*.

Quelle est la personne inconnue dont ma mère m'a

transmis les conseils et qui paraît d'ailleurs bien informée? Jean a eu la migraine ces jours derniers, mais il est maintenant tout à fait bien.

J'ai dîné mardi chez les Charlemagne, avec Émile Baysselance et le jeune Guédon. Celui-ci est sur le point de se marier et est venu à Paris faire ses emplettes de noce.

En attendant patiemment que mon tour vienne aussi, je vous embrasse tous bien tendrement.

Broca.

P.-S. — Je vous dirai, si cela vous intéresse, que la maison André a perdu avant-hier 3 millions à la Bourse. Ce n'est que le sixième ou même le septième de leur fortune. Vous voyez qu'ils ont de quoi se consoler, puisqu'il leur reste une vingtaine de millions.

---

3 juillet 1856.

Chers parents,

J'ai attendu depuis plusieurs jours pour vous répondre, parce que j'étais absorbé par l'éloge de Gerdy que j'ai lu hier à la Société de chirurgie. Cette tâche était périlleuse, parce que la vie de Gerdy a été une longue lutte contre l'intrigue et l'injustice, de sorte que j'ai été obligé de révéler des vérités fort dures pour certaines oreilles. Quoique j'aie eu soin de ne dire qu'une faible partie de ce que je savais sur les morts, et de me taire sur les vivants, il y a bien quelques burgraves qui ne sont pas contents, mais ils se calmeront. Au surplus, j'ai été vigoureusement applaudi par les autres. A cette occasion, j'ai élevé Jean d'un cran dans l'échelle sociale : il est devenu mon secrétaire. C'est lui qui a recopié mon discours pour les journaux. Il n'a pas fait trop de fautes et s'est surpassé dans l'art de lire mon écriture. Mais il a failli être arrêté dans le cours de ses exploits. Dimanche dernier, en sautant dans le jardin suivant son habitude, il s'est tordu le pied droit et s'est fracturé le péroné à trois ou quatre travers de doigt au-dessus de la cheville. Je l'ai tenu au lit pendant un jour, puis je lui ai appliqué un appareil dextriné, et maintenant il va et vient en boitant un peu. Au surplus, il ne souffre plus du tout et dans vingt jours, peut-être avant, il sera guéri. Il a repris ses fonctions culinaires, et je dois dire qu'il ne fait pas trop mal la cuisine du pied gauche. Je ne vous ai pas écrit depuis la grande nouvelle qui a causé tant de joie dans la famille. Élie prétend que la croix va mieux aux gras qu'aux maigres. Les enfants sont très fiers d'avoir un papa décoré.

J'ai vu les Charlemagne vendredi dernier; nous avons dîné ensemble avec les Reclus, et nous sommes allés tous ensemble à l'Odéon voir la *Bourse* de Ponsard. J'ai fait le galant à bon marché, car il m'a suffi de remplir pendant une soirée, à la place de Verneuil, les fonctions de médecin du théâtre, pour avoir une loge à mettre à la disposition de ces dames et de ces messieurs.

Adieu, chers parents, je vous embrasse bien tendrement.

BROCA.

J'ai vu Itier ce matin chez une dame que je soigne et qu'il connaît. Il m'a donné de nouveaux détails sur les réjouissances publiques de la ville de Sainte-Foy, sur la prise de Malakoff, sur le bain russe de Jules, etc. J'espère que l'accident de Jules n'a eu aucune suite fâcheuse.

Mercredi, 22 juillet 1856.

Mes chers parents,

Je suis désolé de ne plus être malade et de ne pouvoir profiter de ce prétexte pour aller passer quelques jours avec vous. Mais j'ai repris ma vie habituelle depuis avant-hier lundi, et je me trouve en aussi bon état qu'il y a quinze jours. Voici mon histoire. Le vendredi, 11 juillet, légère amygdalite; le samedi, douleur en avalant; je juge prudent de ne pas aller à Charlemagne; le dimanche, Élie vient me voir et me trouve déjeunant; le lundi, je reprends mes affaires; le jeudi, légère diarrhée, je n'y prends garde; le vendredi (vendredi dernier) cela redouble. C'est pourquoi je me suis privé du plaisir de dîner samedi dernier chez Élie. Cet exercice aurait pu me faire aller *comme un rieo*, ainsi que disait je ne sais plus quelle dame des anciens jours. Donc, samedi, je ne suis pas allé à Charlemagne; dimanche j'ai gardé la chambre. Je n'ai eu de selle ni dimanche ni lundi, et hier matin j'ai eu la satisfaction de constater que l'ordre de choses était devenu aussi correct que possible.

Telles sont les phases émouvantes du drame que je viens de traverser. Ceci pour vous rassurer. Maintenant parlons d'autre chose.

Je ne saurais trop féliciter ma mère de son projet de voyage à Royan. Indépendamment du plaisir qu'elle y pourra prendre, cela, j'en suis convaincu, lui fera grand bien. Dites à Méloé que je n'ai pas oublié sa commission. J'ai eu plusieurs fois des occasions, mais elles sont venues me prendre à brûle-pourpoint. Vous m'aviez annoncé que Mme Saint-Clar devait venir passer quelques jours à Paris, qu'on me préviendrait de son arrivée et que j'aurais ainsi le temps de préparer les petits bandages pour l'époque de son départ. Il sera fait comme vous le désirez pour la toile cirée. Je vais commander les bandages ; on les tiendra prêts et, à première occasion, pourvu que je sois prévenu vingt-quatre heures d'avance, je vous les enverrai.

Il y a eu mercredi dernier à la Société de chirurgie une séance secrète assez orageuse. Quelques burgraves voulaient s'opposer à la publication de mon discours dans les bulletins de la Société. La Société a longuement discuté. Un parti opposé aux burgraves a demandé que le discours fût inséré non seulement dans les bulletins in-8°, mais encore dans les mémoires in-4°. Je n'ai pas cru devoir prendre part au débat, ni au vote. On est allé aux voix. Sept membres ont voté contre le discours, deux se sont abstenus comme moi, les vingt-quatre autres ont décidé la double impression. Les burgraves n'y ont gagné que de faire donner une double publicité au discours qui les avait choqués. Ils avouaient que tout ce que j'avais dit était vrai, et même que je m'étais servi d'expressions fort modérées; mais ils prétendaient que la mort efface toutes les fautes et que toutes les vérités n'étaient pas bonnes à dire. Mes amis ont répondu que l'histoire avait pour mission de flétrir les fautes qui échappent à la vengeance des lois. C'est un heureux présage. Il est clair que le sens moral reprend vie dans notre génération. Dites cela à mon oncle Broca.

Adieu, chers parents, je vous embrasse bien tendrement.

BROCA.

10 août 1856.

Ma chère tante Jourdit,

Tu dois te trouver bien seule dans ta grande maison, maintenant que ma mère est partie pour Royan. Je suis bien aise pourtant qu'elle ait entrepris ce petit voyage, car les bains de mer ne pourront que lui être très favorables. Je ne sais si l'une des tantes s'est décidée à l'accompagner. J'ai appris que Virginie était arrivée à bon port avec ses deux bambins. Ce renfort bruyant — je parle des deux bambins et non de Virginie — vous procurera des distractions. Il paraît que là-bas vous souffrez beaucoup de la chaleur. Nous avons aussi eu à supporter ici une température fort élevée, mais depuis deux ou trois jours le temps s'est un peu rafraîchi. Vous avez dû vous inquiéter beaucoup du petit accident arrivé à Élie. Élie le père en a été bien malheureux pendant deux ou trois jours. Il craignait que l'enfant ne restât fort défiguré. Maintenant que les contusions sont guéries, le dégât se réduit à fort peu de chose. Il y a une brèche sur les deux incisives supérieures, mais elle est beaucoup moins profonde et beaucoup moins disgracieuse qu'on ne le croyait lorsque la lèvre était gonflée. En faisant limer un petit angle saillant, la profondeur de la brèche diminuera de près de moitié. Au reste, cela ne gêne en rien la parole ni la mastication. Le gamin est encore très gentil, et je lui conseille, pour ma part, de rester comme cela sans se faire mettre des dents postiches. Vous voyez que cet accident se réduit à peu de chose. Je fais depuis samedi le service à l'hôpital Necker en remplacement de M. Lenoir, qui a demandé deux mois de congé. Je suis très satisfait de ce remplacement, car l'hôpital

Necker est peu éloigné; il me suffit d'un quart d'heure pour m'y rendre chaque matin. Dites à Virginie que Charlemagne est battu au concours général. J'ai dîné hier à Charlemagne pour célébrer le treizième anniversaire d'Élie III, et je me suis trouvé là avec le petit M. Thiénot, qui était tout ému et tout déconfit, car il paraît que sa classe n'a aucun succès. Si le roi Salomon eût connu l'institution du concours général, c'est pour le coup qu'il se fût écrié : Vanité des vanités!

Mais cette affaire-là, chère tante Jourdit, ne t'intéresse que médiocrement. Tu préfères que je te parle de ta récolte des Briands. Il paraît que vous n'avez pas été mal partagés pour le blé; vous ne me dites pas si vous comptez beaucoup sur la vigne. D'une manière générale, on a ici des renseignements très contradictoires. Les uns disent que la récolte du vin sera très belle, les autres qu'il n'y aura pas le quart des produits d'une année médiocre.

J'espère que Virginie a remis à Méloé son petit paquet. Faites-moi savoir si ce nouvel objet va bien.

Adieu, chère tante Jourdit; embrasse pour moi ma filleule sur les deux joues; dis-lui d'être bien sage et de bien apprendre à lire pour que je puisse lui envoyer de bien jolis petits livres.

Je t'embrasse tendrement. Broca.

Ma pauvre Virginie, je vous plains bien : il va y avoir ici, dans cinq jours, une belle fête et vous n'y serez pas. Encore une vanité des vanités.

23 août 1856.

Ma chère mère,

Je savais déjà par Élie que tu étais promptement revenue à Sainte-Foy après une courte excursion à Royan. Il paraît que le cousin Jean a continué à exercer envers les membres de notre famille son hospitalité écossaise. J'ai cependant reçu hier une lettre d'un jeune docteur de la Saintonge qui a été mon élève. Il y avait ce paragraphe, que je transcris textuellement : « M. Jean Eschauzier m'a chargé de vous prier et au besoin de vous supplier de passer le voir en vous rendant à Sainte-Foy. Si vous voulez bien lui écrire le jour de votre arrivée, il met ses voitures et ses chevaux à votre disposition. » Êtes-vous bien sûr qu'il n'ait pas encore quelque nièce à colloquer? Il y a quelque temps que je n'ai vu messieurs de Charlemagne ; je ne savais même pas que Martin dût les quitter. C'est toi qui me l'as appris d'une manière très sommaire. Ils viennent de s'absenter pendant quelques jours pour aller à Metz. Ils ont dû rentrer ce soir, car je les attends demain matin à déjeuner.

Je pense que M. et Mme Maillet doivent être arrivés à Sainte-Foy. Je les ai vus au commencement du mois ; ils devaient partir vers le 15. Je n'ai pas besoin de vous rappeler que cette famille est une de celles qui me témoignent le plus d'intérêt. J'ai le malheur d'avoir trop peu de temps pour entretenir avec eux des relations régulières ; mais toi, ma chère mère, qui n'as ni enseignement, ni clientèle, ni publications, et qui es libre de ton temps, je te serai reconnaissant de faire ce que tu pourras pour rendre agréable à Mme Maillet le séjour de notre Toboso. C'est d'ailleurs une très aimable dame, qui avait la migraine le jour où tu l'as vue à l'Entrepôt et qui est toute autre lorsqu'elle se porte bien.

Adieu, chers parents, je vous embrasse tendrement.

BROCA.

---

9 octobre 1856.

Il paraît que la leçon d'exactitude que j'ai reçue de Jean ne m'a guère profité, car je crains bien d'avoir été aussi inexact cette fois que l'autre. Je n'ai pas répondu à la note sur Mme Nicolas parce que Depaul a fait une petite absence. J'en ai parlé à plusieurs autres accoucheurs. Tous m'ont fait la même réponse : « Qu'on ne prenait jamais une nourrice sans l'avoir vue. » Il faudrait que votre protégée vînt à Paris s'installer dans un bureau de placement, où on la garderait jusqu'à ce qu'elle eût plu à quelque famille. Il est clair qu'elle n'y songe pas. D'une manière générale et une fois pour toutes, je dois vous dire que les mauvaises nourrices ont gâté le métier. Tout le monde va aux bureaux de placement, jusques et y compris Sa Majesté l'Impératrice.

Élie est arrivé sain et sauf il y a huit jours, Virginie et les gamins sont arrivés le matin. Je dîne demain avec eux. Élie père et les deux Reclus ont déjeuné dimanche dernier chez moi. Noémi s'arrondit tous les jours de plus en plus.

J'ai reçu par Élie le joli bonnet grec de Mme Isabelle et surtout les bonnes et belles chaussettes de laine de tante Jourdit, qui continue à me dorloter comme lorsque j'avais douze ans.

Tu souffres donc encore, ma chère mère, de tes douleurs rhumatismales? Tu m'expliques parfaitement que tu ne peux pas porter des caleçons de flanelle. Essaye de porter des jambes de flanelle remontant jusqu'à mi-cuisse, ou un peu plus haut, et fixées à la ceinture par des cordons. As-tu essayé de porter des caleçons de flanelle collants? ils sont beaucoup moins irritants que les autres. En tout cas, je t'engage à prendre quelques bains de vapeur que mon père excelle à donner.

Je n'ai plus mon service à l'hôpital Necker; mais j'ai toujours le service de la Charité, que je garderai quelque temps encore, jusqu'à ce que le successeur de Gerdy soit installé. Nous venons de mater d'importance monsieur le doyen de la Faculté, lequel voulait faire transporter à la Charité la clinique de Nélaton et faire supprimer le service chirurgical de l'hôpital des cliniques, pour rester seul empereur de ce dernier hôpital. Pendant huit mois, ce personnage a fait peur à l'administration qui le croyait tout-puissant, et qui n'osait pas prendre sur elle de lui résister. Tous les chirurgiens des hôpitaux s'étaient réunis et avaient désigné trois membres mûrs et modérés pour faire valoir les droits de la justice contre les prétentions toutes personnelles de M. Dubois. Pendant sept mois, nos trois collègues ont manœuvré comme il convenait à des burgraves, c'est-à-dire avec une modération craintive qui n'a abouti à aucun résultat. Ce que voyant, les jeunes têtes du parti ont décidé que les vieux étaient impuissants ici comme toujours, et, dans une réunion où nous étions sept, nous avons nommé une nouvelle commission composée des trois plus mauvaises têtes de l'endroit. Il est clair, d'après cela, que je faisais partie de ladite commission. Je me suis donc mis en campagne, avec plein pouvoir de mes deux collègues, et, au lieu de m'adresser aux subalternes, j'ai directement demandé audience au ministre. Vingt-quatre heures après, le ministre nous avait reçus. Je lui ai exposé la question avec une certaine véhémence qui ne lui a point déplu et qui a porté ses fruits, car trois jours plus tard l'administration recevait l'ordre de débouter Dubois de sa demande, de nommer le successeur de Gerdy à la chaire et de ne point supprimer de service dans les hôpitaux. Nos vieux burgraves sont enchantés du résultat, mais ils sont tout capots d'avoir échoué pendant plus de sept mois là où nous autres nous avons réussi en quatre jours. Tout cela parce qu'ils n'ont pas osé dire la vérité, et que nous l'avons dite crânement. « Je comprends, m'a dit M. Rouland dans notre entrevue, *M. Dubois voudrait s'arrondir.* » Ce mot a eu beaucoup de succès. « Il paraît, nous dit le directeur de l'Assistance publique, que M. Dubois a beaucoup moins d'influence qu'il ne veut le faire croire. » Ce pauvre doyen est tout à fait démoli. Maintenant qu'il n'a plus d'influence, l'administration est décidée à lui appliquer la loi des retraites, sous le coup de laquelle il est resté impunément depuis plus d'un an. Deux mois ne se passeront pas sans qu'il soit dépouillé de son service d'hôpital, ce qui fera une autre place pour nous. Ainsi, nous avons gagné deux places, et j'aurai, pour ma part, un service en 1860 au lieu d'attendre à 1862.

Je suis, moi aussi, en démolition, mais d'une autre manière. Les ouvriers, depuis dix jours, encombrent mon appartement et refont le parquet. Je suis en camp volant, infecté à tel point de l'odeur des peintres, que j'avais formé le projet d'aller coucher à l'hôtel; mais j'ai fini par m'habituer à cette odeur.

Tout à vous,
Broca.

La seconde édition de ma thèse de concours a été mise sous presse aujourd'hui.

Date inconnue.

Chers parents,

Voilà bien des jours que je renvoie cette lettre. Vous savez peut-être déjà que Mme Théophile a une petite récidive, que j'ai conseillé de faire l'ablation de cette petite tumeur, et que la malade veut absolument que l'opération soit faite par moi. Il était question de faire cette opération la semaine dernière; tout était prêt, et j'étais sur le point de vous envoyer une lettre qui était écrite, lorsqu'une lettre d'Alphonse m'annonçait que la pauvre malade demandait quelques jours de répit. J'ai donc laissé partir seule Aline, que je devais d'abord accompagner, puis j'ai attendu, supposant bien que sous peu de jours je recevrais un nouvel appel. J'attendais cela pour vous écrire. La chose est arrivée comme je l'avais prévu. Alphonse m'écrit ce matin de partir de Paris samedi soir (demain), et il m'annonce qu'il vous écrit en même temps pour que plusieurs d'entre vous viennent me voir à la Roche. Quant à moi, qui désire vous voir tous ensemble et qui ne veux pas aller si près de tante Jourdit sans l'embrasser, j'ai un autre plan, que je communique à Alphonse par le même courrier, et que voici :

J'arriverai à la Roche à sept heures et demie du matin. L'opération sera terminée à neuf heures. Je déjeunerai chez Alphonse ; je partirai à cheval à midi, avec un guide à cheval, et je serai à Menesplat, entre la Roche et Montpont (très près de Montpont), entre deux et trois heures. Langel m'y attendra avec une voiture, couverte si c'est possible, car il ne fait pas chaud. Je serai à Sainte-Foy à cinq heures environ, je passerai avec vous la soirée, la journée de lundi entièrement, je partirai de Sainte-Foy dans la soirée de lundi à mardi, de Libourne mardi matin ; je descendrai à la Roche pour voir mon opérée et enlever les épingles à neuf heures environ ; j'en repartirai le soir à quatre heures, et je serai à Paris dans la nuit de mardi à mercredi, vers quatre heures du matin. Je ne puis m'absenter plus longtemps par une foule de motifs. Que si mon père voulait venir m'attendre à la Roche, la chose serait bien facile. Il partirait de Sainte-Foy dimanche matin, vers trois heures, arriverait à la Roche vers neuf heures. Nous ferions l'opération ensemble, puis nous trouverions bien deux chevaux pour nous conduire à Menesplat (car je suis trop gros pour aller en croupe).

Ma chère tante Jourdit,

Mon voyage s'est heureusement terminé. Je suis rentré chez moi ce matin, à cinq heures et demie, et j'ai dormi jusqu'à midi. J'en avais besoin, car je n'avais presque pas fermé l'œil dans la nuit de lundi à mardi. Dès que je commençais à m'endormir, j'étais réveillé par un bruit que j'attribuais à des coups de pieds frappés par le cheval dans l'écurie. Je suis arrivé à Libourne quelque peu gelé.

à neuf heures moins quelques minutes, juste à temps pour prendre le train express. A neuf heures quarante minutes, j'étais à Saint-Aigulin. Mais là point de voiture. Alphonse comptait sur l'omnibus, et l'omnibus comptait probablement sur Alphonse, car je l'ai vainement attendu pendant vingt minutes. Il faisait un froid russe. Enfin, je suis parti à pied. Dans le village de Saint-Aigulin, j'ai aperçu une auberge intitulée *Hôtel de la Gare*. Devant la porte une méchante voiture découverte pleine de foin et non attelée. J'ai reconnu l'établissement de Bonniot le Cynique, comme l'appelait feu Trigant-Beaumont. Cet honorable entrepreneur de voitures, jugeant qu'il était peu lucratif de faire une course pour un seul voyageur, n'avait pas envoyé son cocher à la gare. Malgré ma timidité naturelle, je me suis permis d'entrer. J'ai trouvé plusieurs dames d'âge et de costumes divers, que j'ai cru reconnaître pour les Égéries de Bonniot. J'ai demandé une voiture, et je suis ainsi arrivé à la Roche, morfondu par le vent du nord, vers dix heures et demie. Mon opérée allait le mieux du monde; tout permet de croire qu'elle guérira plus vite encore que la première fois. Après avoir rapidement dîné chez ma tante, j'ai pris le train de quatre heures de l'après-midi. Je n'ai été ni brûlé ni écrasé. La température, qui était d'abord fort basse, s'est adoucie à mesure que j'approchais du nord. Aujourd'hui, il fait beaucoup moins froid à Paris qu'il ne faisait hier à la Roche et à Sainte-Foy. Adieu, chers parents, je vous embrasse tous affectueusement.

BROCA.

Paris, 10 décembre 1856.

Chère mère,

Mon silence actuel ne couve rien, — pour employer les expressions de ta dernière lettre, — il n'y a aucune anguille sous roche, aucun projet sur le tapis. Néanmoins, comme il peut m'arriver d'un jour à l'autre, dans six mois ou dans dix ans, de passer sous le joug du mariage, je garde précieusement ta lettre qui pourra me servir à cette occasion. Après ce préambule, je ne refuserai pas plus longtemps de vous donner des explications sur les grands événements qui viennent de se passer.

Lorsque Nogaret vint à Paris, il y a environ un mois, peut-être davantage, il me fit plusieurs visites, en partie pour me voir, en partie pour me consulter sur l'état de ses yeux. Il arrivait de Sainte-Foy, où il paraît qu'on lui avait dit que vous désiriez m'enrôler dans la corporation des époux. La conversation étant venue sur ce sujet, il m'engagea à aller dans le monde protestant; je lui avouai que j'avais eu dans le temps des relations avec quelques familles protestantes, mais qu'occupé d'autres soins, je les avais depuis longtemps négligées. Sur ce, il paraît qu'il alla voir Mme André avec laquelle il est très lié, et qu'il la pria de nous inviter, Élie et moi, à ses réceptions. Puis il alla rendre compte à Élie de cette démarche et quitta Paris sans me revoir. Or, je ne sais plus quelle circonstance m'avait empêché d'aller à Charlemagne le samedi de cette semaine. Élie me croyait au courant de la situation, tandis que je n'en savais pas le moindre mot. Grande fut donc ma surprise en recevant un certain mardi une lettre d'Élie, conçue à peu près en ces termes : « Il paraît que la chose marche plus vite que nous ne l'avions cru; nous sommes invités pour demain soir. Viens me prendre à huit heures, nous irons ensemble; tu as dû recevoir de ton côté une carte d'invitation. » Œdipe lui-même, le grand devineur d'énigmes, aurait été embarrassé; mais, connaissant mon cousin pour un homme incapable de me mystifier, je résolus de me rendre chez lui à l'heure indiquée, ou plutôt une demi-heure plus tard, parce que le rendez-vous était pris pour un mercredi, jour où je fais mon cours, qui a lieu de sept à huit heures. Avec une prudence qui me fera certainement le plus grand honneur auprès de vous, et, pour être prêt à tout événement, ne sachant où on allait me conduire, je pris un vêtement décent, mais j'eus soin de mettre dans la voiture un second costume encore plus décent. J'arrive chez Élie à huit heures et demie. Il avait entendu rouler la voiture, et je le rencontrai dans l'escalier. « Descendons vite, me dit-il, il est tard et il y a du verglas. — Un instant, lui dis-je, où allons-nous? — Tu n'as donc pas reçu la lettre de Mme André? » Là-dessus courte explication. Élie m'apprend qu'il s'agit d'une grande réception où se trouveront en foule des matadors protestants. « Eh bien, me dit Élie, tu ne descends pas? — Non, je monte, au contraire. — Pourquoi faire? — Pour me mettre à la hauteur de la situation, et pour appliquer sur mon individu un costume digne de la circonstance. » Élie me suivit en louant ma prudence. Je passai un habit noir, des bottes vernies et le reste. « Et maintenant, ajoutai-je, je suis prêt, partons. »

> Je pourrai, s'il le faut, victime obéissante,
> Tendre *aux mains* de Calchas une tête innocente.

Il y avait grande foule chez Mme André, qui nous fit un très gracieux accueil. Je rencontrai bon nombre de visages de connaissance. Après une heure de station, Élie me dit : « Il n'est pas dix heures, nous trouverons encore M. Cuvier à son whist. Il demeure près d'ici, qu'en dis-tu ? — Je ne dis rien, répondis-je, je suis passif ». et je lui répétai les deux vers de Racine. Il était minuit quand je rentrai chez moi, après avoir déposé Élie à Charlemagne. Voilà une soirée bien employée. Les choses en étaient là et je n'avais pas revu Élie, lorsque huit jours après, un mercredi matin, je reçus une invitation à dîner de Mme André pour le vendredi suivant. Vendredi, jour de cours. Je ne pus accepter, mais Élie alla s'asseoir à cette table hospitalière, et j'allai le rejoindre à neuf heures après mon cours. Mme André fut toujours très gracieuse, je fis la connaissance d'Edmond de Pressensé, qui me parla beaucoup de l'ami Goy. Puis, chose dont je me serais bien passé, la maîtresse de céans me mit aux prises avec une dame de ses amies qui se livre, par pur dévouement évangélique, à la pratique de l'homœopathie. J'ai reçu cette botte le moins sottement que je l'ai pu. Ma partenaire ne déparlait pas, et il s'écoula longtemps avant que je trouvasse l'occasion de me soustraire à ses tentations de prosélytisme homœopathique. Enfin un tiers, ou plutôt une tierce vint s'interposer entre nous, et, dès que la politesse le permit, je m'esquivai. Il était encore minuit quand je revins chez moi. Voilà, par conséquent, deux soirées bien employées. Vous n'aurez plus de reproche à me faire. Un agneau ne serait pas plus obéissant.

Adieu, je vous embrasse. BROCA.

Paris, 10 février 1857.

Chers parents,

Ma vie n'a été jusqu'ici qu'un long acte d'obéissance. Vous m'avez ordonné d'être pion, j'ai été pion; d'étudier la médecine, je l'ai fait; de travailler, je l'ai fait; de couper mes moustaches, je l'ai fait; de me marier, je suis prêt à le faire; donc vous m'ordonnez aujourd'hui de vous répondre courrier pour courrier, et je prends la plume quoiqu'il soit une heure du matin.

J'ai déjà chargé quelqu'un de m'envoyer votre gros protégé. On m'assure qu'il a travaillé depuis quelque temps, mais il avait fort à faire. Je connaissais déjà l'affaire de Festal. Boymier, qui est au courant de toutes les nouvelles et qui les épanche tant qu'il peut, m'avait appris qu'il était question de brider ce vétérinaire, à quoi j'avais répondu que si ses clients se prenaient pour des bêtes, avec ou sans cornes, on n'avait guère le droit de les contredire.

A propos de cornes... mais non, ce que j'ai à vous dire maintenant est sérieux, très sérieux, et je ne dois pas commencer par une mauvaise plaisanterie. Nous avons agité, Élie et moi, la question de savoir si nous vous raconterions ce qui vient de se passer. Réflexion faite, nous avons pensé que vous ne deviez pas l'ignorer, parce qu'il s'agit d'une question grave, qui n'est pas neuve, mais qui ne s'était jamais présentée dans de pareilles conditions.

M. D..., avocat, maire d'un des arrondissements de Paris, occupant une des positions les plus honorées et ayant les relations les plus solides et les plus élevées, est lié depuis longtemps avec mon collègue Becquerel, agrégé d'une des précédentes sections de médecine. « Comment se fait-il, lui dit Becquerel, que vous ne mariez pas votre fille? Elle a vingt ans, elle est jolie, instruite, intéressante sous tous les rapports : elle a *à elle*, actuellement, 10,000 francs de rente et le double au moins en perspective. Les prétendants ne doivent pas vous manquer. — Non certes, répondit M. D..., j'en ai même remercié de fort présentables. Mais ce sont ou des fats sans cervelle, ou des boursicotiers, des fractions d'agent de change, des commerçants, mais qui sont de force à prendre le Pirée pour un nom d'homme. Ma fille a reçu une forte instruction, et, comme dans ma pensée un ménage va mal quand l'homme est inférieur à la femme, j'attends qu'il se présente un prétendant digne de mon joyau, et celui-là, n'eût-il pas le sou, pourvu qu'il soit honnête et qu'il ait de l'avenir, je l'accepte avec empressement. — Parbleu, dit Becquerel, il vous faut un agrégé de la Faculté », et quoiqu'il ne connût pas mon intention à l'endroit du mariage, supposant que je ne ferais pas la sottise de refuser un parti si beau, il parla de moi dans des termes qui donnèrent envie à M. D... de prendre sur mon compte de plus amples renseignements.

L'enquête, à ce qu'il paraît, me fut favorable. Si bien qu'un jour M. D... chargea Becquerel et son vieil ami, le docteur Sarrazin, d'entrer en pourparlers avec moi. Becquerel ne m'ayant pas rencontré, ce fut M. Sarrazin qui, me croyant au courant de l'affaire, me fit la première ouverture.

Après m'avoir fourni les renseignements, qui m'ont été confirmés depuis par Becquerel ou par plusieurs autres personnes, il ajouta : « On a dit à M. D... que vous n'aviez rien, et que vous n'attendiez rien. Cela lui importe peu. On lui a objecté qu'avec vos goûts scientifiques, vous seriez peut-être homme à négliger la clientèle dès que vous auriez une fortune indépendante. Il a répondu qu'il vous laisserait parfaitement libre, que sa fille était assez bien pourvue de son chef pour se permettre d'épouser un savant, même pauvre, et que, si vous laissiez à vos enfants quelques centaines de mille francs de moins, vous leur laisseriez, en revanche, un nom dont ils pourraient être fiers. — Hélas! monsieur, répondis-je, tout cela est plus beau que je n'aurais pu l'espérer. Mais je dois vous parler d'une chose qui pourra faire naître un double obstacle, dans la famille de M. D... d'abord, et ensuite dans la mienne. C'est que je suis protestant. — La chose, reprit M. S..., n'a pas été prévue, mais je serais fort étonné que ce fût un cas rédhibitoire, car mon ami D... est quelque peu philosophe et ses dames sont des catholiques fort modérées. — Tant mieux, dis-je tristement; moi aussi je suis quelque peu philosophe, mais je n'en puis dire autant de mes parents, qui sont, eux, des protestants fort zélés. Je ne puis rien faire, en tout cas, sans les avoir consultés, et je prévois, dès maintenant, des difficultés très grandes. » Le lendemain Becquerel vint me voir à son tour et me porter la réponse du père. Il me dit que ma qualité de protestant n'était pas un obstacle, mais que Mme D... voulait que ses petits-enfants fussent catholiques. Il était clair que, dans une négociation de ce genre, les avantages n'étant pas de mon côté, il ne m'appartenait pas de faire les conditions, ni d'imposer les capitulations. On me faisait une offre, c'était à prendre ou à laisser sans marchander. Je quittai Becquerel en lui faisant entrevoir que, selon toutes probabilités, la chose en resterait là. Je ne voulus pas vous écrire, je me contentai d'aller voir Élie. Il se trouvait par hasard que le fils de M. D... était à Charlemagne. Élie avait eu l'occasion de voir le père et d'entendre parler de cette famille sous le jour le plus favorable. Mais, réflexion faite, nous décidâmes qu'on ne vous consulterait même pas, que j'irais voir M. Sarrazin et que je lui exprimerais mes regrets de ne pouvoir accepter la brillante alliance qu'il m'avait proposée. J'y suis allé le lendemain, et tout est fini depuis douze jours.

Vous respirez, et moi je soupire. Je ne me dissimule pas que je viens de laisser passer une occasion unique. Je pourrai trouver des femmes plus riches, mais je ne retrouverai pas une famille comme celle-là : une jeune fille qui estime assez l'étude pour avoir tenu, malgré sa fortune, à prendre le brevet d'institutrice de première classe. (C'est le baccalauréat ès sciences des femmes.) Un beau-père opulent, qui a horreur du veau d'or, dont les goûts sont les miens, dont les sympathies sont les miennes. Moi qui ne rêve pas beaucoup, c'était ce que j'avais rêvé. Plusieurs personnes qui ont été consultées et qui ont appris le dénouement, m'ont exprimé leur surprise, et ce qu'elles m'ont dit de la famille D... a redoublé mes regrets. Mais mon papier tire à sa fin, la nuit s'avance et il est temps de se coucher. Adieu, chers parents, je vous quitte en vous embrassant tendrement.

BROCA.

24 février 1857.

Chers parents,

Je n'ai pas encore pu fixer l'époque de mon voyage à Sainte-Foy, parce que je ne sais ce qui va se passer pour la suppléance du cours de M. Cloquet pendant l'été. Il est possible et même probable que je serai désigné parce que, pour divers motifs, ceux de mes collègues qui sont avant moi sur la liste désirent se soustraire à cette faveur. Suivant que je serai ou non chargé de cours, je partirai à la fin de mars ou dans la première quinzaine d'avril. Je désire qu'il soit bien entendu, chers parents, que si j'ai pris relativement au mariage proposé la détermination que vous avez approuvée, c'est uniquement à cause de vous, et nullement à cause de moi. Vous envisagez les choses à un point de vue qui a sa raison d'être dans votre pays, parce que c'est un pays mixte où le catholicisme s'agite beaucoup pour saisir la suprématie et pour s'emparer surtout des familles qui occupent une certaine position. A Paris il n'en est pas de même. Le clergé a de bons appointements; les enterrements, les baptêmes, les mariages, lui rapportent en outre des sommes fabuleuses. Enfin, il possède une part d'influence dont il se trouve très satisfait, et il ne pénètre dans les familles que lorsqu'il y est appelé. Quand on parle ici des inconvénients des mariages mixtes, on est accueilli avec un sourire d'incrédulité, parce que tout le monde connaît des mariages mixtes qui sont parfaitement heureux. Je ne dis pas cela pour changer votre manière de voir. Vous avez des principes huguenots que je respecte sans les partager. Je me suis promis de ne jamais vous affliger volontairement. C'est ce motif qui m'a dicté ma conduite, ce motif seul. Vous vous êtes assez dévoués pour moi, pour que je me dévoue aussi pour vous. Comment sortirai-je de cette situation? Je l'ignore, car voici maintenant une autre affaire.

Il y a quelques jours Mme André m'a fait prier de passer chez elle à une heure qu'elle m'a indiquée. Avait-elle un parti en vue? Je ne le lui ai pas demandé, mais elle m'a fait subir un petit examen de conscience qui a duré une heure et demie. Comme en fait de conscience j'ai celle de ne tromper personne, j'ai dû lui avouer que mes croyances étaient quelque peu délabrées et que le sens religieux était atrophié chez moi. « Cher monsieur, m'a dit cette excellente dame, lisez la parole de Dieu, elle vous convertira. — Eh! madame, je ne l'ai que trop lue, c'est elle qui m'a mené où je suis. » Je n'ai pas la prétention de vous reproduire toute cette conversation. Mme André ne m'a pas caché qu'il lui répugnait de confier la destinée et le salut d'une femme à un homme aussi peu favorisé du côté de la grâce. Elle a ajouté, il est vrai, que saint Paul comptait sur la femme pour convertir son mari, mais lorsque nous nous sommes quittés, dans les termes, du reste, les plus affectueux du monde, j'ai pu comprendre que son zèle pour mon établissement était quelque peu refroidi. Or, il est probable que toutes les familles protestantes un peu ferventes, à qui on me proposera, désireront avoir sur mon compte des renseignements analogues, et qu'à moins de devenir un abominable hypocrite, je serai obligé de faire une réponse analogue. Reste le parti Coquerel. Élie, qui en tient un peu, s'est adressé il y a quelque temps à M. Coquerel lui-même, qui a témoigné peu d'empressement et qui n'a pas paru éloigné de me conseiller un mariage mixte. « Ces mariages-là, a-t-il dit, sont très bons; quand le conjoint protestant est plus fort que le conjoint catholique, c'est un moyen de propagande! » Je le remercie bien de son opinion sur ma force; mais, s'il compte sur moi pour lui faire de la propagande, il se trompe un peu. Voilà la situation, et, s'il faut choisir entre le célibat et l'hypocrisie, mon choix ne sera pas douteux.

C'est aujourd'hui le mardi gras. J'entends sonner la trompe, mugir la corne, beugler les masques, grouiller la foule. Le vent qui s'engouffre dans mon jardin m'apporte le bruit lointain de ces honteuses folies. Ces bons idiots, mes frères, qui célébraient tristement il y a deux mois la fête du dieu Janus, célèbrent aujourd'hui joyeusement la fête du vieux Saturne. Demain ils se plaindront de n'avoir pas de quoi manger. Deux jours après ils arriveront à l'hôpital.

Adieu, chers parents, je vous embrasse tendrement. A bientôt.

BROCA.

---

28 février 1857.

Mes chers parents,

Ma dernière lettre s'est croisée avec la vôtre, mais je ne veux pas attendre votre réponse pour vous écrire de nouveau. J'ai hâte de dire à tante Magdeleine la part que nous avons prise à ses souffrances. Je suis allé jeudi à Charlemagne pour leur en parler. Ils avaient reçu de tante Mariette une lettre plus détaillée que celle de ma mère et tout aussi rassurante, de sorte que nous avons appris à la fois la maladie et la convalescence de notre chère tante. Je n'ai certainement pas besoin de lui recommander les précautions nécessaires pour éviter une rechute. Tante Mariette se chargera certainement d'empêcher toute imprudence.

J'espère que le voyage d'Aline ne l'empêchera pas de revenir à Sainte-Foy au commencement d'avril. Mes incertitudes relativement à la suppléance du cours de pathologie externe sont à peu près dissipées. Monsieur le doyen, à qui j'ai demandé cette suppléance, m'a d'abord reçu assez froidement, quoiqu'avec une politesse louangeuse qui m'avait tout d'abord inspiré peu de confiance. Il m'a dit que j'étais très capable, mais que dans sa pensée c'était Gosselin qui devait faire le cours. « D'ailleurs, a-t-il ajouté, c'est monsieur le ministre qui désigne, et je n'ai que le droit de présentation. — Souffrez alors, lui ai-je répondu, que j'adresse une demande au ministre et que, pour observer les convenances hiérarchiques, je dépose cette demande entre vos mains. » Il a consenti à se charger de ma missive et, quelques jours après, je me suis de nouveau présenté chez lui avec ma demande officielle. J'ai trouvé un homme tout à fait changé. Il ne connaissait plus d'autre candidature que la mienne. « Je crois pouvoir compter sur cette suppléance, a-t-il dit ; il faudrait que monsieur le ministre eût un parti pris en faveur de M. Gosselin, pour que votre candidature, présentée et appuyée par moi, fût rejetée. Je serais étonné que monsieur le ministre ne se rendît pas au désir que je lui exprimerai. » C'était moi qui étais étonné de ce revirement inattendu. J'en ai eu bientôt l'explication. L'affaire Verneuil, dont je vous ai parlé cet hiver, a été si mal accueillie par la Faculté, que le doyen, singulier assemblage de timidité et d'impudence, a pris le parti de consulter la Faculté pour les suppléances d'été, afin de n'avoir plus la responsabilité des désignations. Or, n'ayant rien à dire contre moi à la Faculté, et aucune candidature autre que la mienne ne s'étant produite, il a pris les devants et, dans l'intervalle de nos deux entrevues, il s'est décidé, pour éviter un échec, à appuyer ma candidature. Effectivement, le lendemain de notre seconde conversation, la Faculté a été fort étonnée de s'entendre consulter sur la désignation des suppléants, chose qui depuis le coup d'État ne lui était pas arrivée. J'ai donc été demandé par le conseil de la Faculté, et l'affaire peut être considérée comme terminée, car il est à peu près impossible que le ministre ne satisfasse pas à ce vœu. Je partirai donc le 1er avril, pour être de retour à Paris le 13 au soir, attendu que les cours d'été commencent le 14, c'est-à-dire le mardi après Pâques.

Le déjeuner qui vous intrigue tant a eu lieu chez moi il y a cinq ou six semaines. J'ai vu Dupleix, je l'ai aiguillonné, il passe son examen aujourd'hui. Je l'ai recommandé à deux de ses juges. J'ignore le résultat. Je suis étonné que Jean ne sache pas encore son numéro, puisque le tirage a eu lieu jeudi dernier. Peut-être ai-je mal compris et le tirage est-il seulement pour jeudi prochain.

Adieu, chers parents, je vous embrasse et à bientôt.

BROCA.

P.-S. — La souffrance que tu éprouves, ma chère mère, ne doit pas t'inquiéter, puisqu'il n'y a aucune tumeur. Les tumeurs ne deviennent douloureuses que lorsqu'elles ont un certain volume. D'ailleurs la douleur s'irradie dans le bras, et c'est un caractère qui appartient à la *névralgie du sein*. Dispose ton corset de manière à bien soutenir l'organe. Si la douleur continue, il faudra peut être appliquer un petit vésicatoire volant qu'on panserait avec de la morphine. Mon père jugera si le mal mérite ce remède un peu désagréable. En tout cas, tu peux te rassurer complètement.

1er mars. Dupleix est reçu. Il n'a plus maintenant que sa thèse à passer.

Jeudi, 26 mars 1857.

Chers parents,

Vous vous impatientez peut-être en attendant ma réponse, dans l'incertitude où vous êtes sur l'époque de mon départ. Je ne puis, à cet égard, vous dire rien de bien positif. Toutefois, mon intention est de partir mardi soir, ou mercredi soir.

Élie vous a dit que la question du remplacement de Cloquet était bien douteuse. Elle l'est devenue de plus en plus, et jamais peut-être le doyen et la Faculté n'ont éprouvé pareille humiliation. Le ministre que je n'ai point vu, et que je ne verrai point, mais sur lequel j'ai obtenu des renseignements précis, n'est qu'une marionnette entêtée, dont M. Magne, le protecteur de Jarjavay, tient les fils. Or, Jarjavay s'est imaginé qu'il y avait intérêt pour lui, candidat à la chaire d'anatomie, de faire désigner Gosselin, son rival, pour la suppléance d'une chaire de chirurgie. C'est la continuation d'une intrigue commencée il y a un an, interrompue par Fortoul, reprise à la mort du ministre, et rendue de plus en plus dangereuse par l'obstination ignorante de M. Rouland. La Faculté m'a présenté, le doyen m'a présenté, mais le doyen et la Faculté ont reçu une lettre dans laquelle M. Rouland se dit *surpris* qu'on lui présente un autre candidat que Gosselin. Le doyen, attaqué dans ses attributions les plus élevées, est immédiatement allé au ministère, arguant des règlements qui lui donnent le droit non seulement de présentation, mais même de désignation directe et définitive. Le ministre lui a dit que tout cela n'était pas sérieux, qu'il fallait lui présenter M. Gosselin. Le doyen, quoique peu énergique de son naturel, a répondu que Gosselin, candidat à une autre chaire, désirait ne pas faire le cours de chirurgie ; qu'entre deux candidats également capables, dont l'un (c'était moi) était plein de bonne volonté, tandis que l'autre manifestait de fortes répugnances, la Faculté n'avait pas dû hésiter. Le ministre a dit que les répugnances de Gosselin n'étaient pas sérieuses. Alors Gosselin est allé chez M. Rouland pour le prier d'éloigner de lui cette coupe. Il a reçu une réponse évasive, et il est probable que c'est lui qui, malgré vent et marée, sera chargé du cours. Cet abus de pouvoir me touche beaucoup moins que la Faculté. Du reste, le chef de division des facultés m'a dit expressément que dans toute cette affaire il n'y avait rien contre moi ; que la candidature de Jarjavay était la clef de la situation ; que le ministre était tout disposé à me charger, en dédommagement, d'un cours complémentaire, etc. J'hésite à accepter ce cours complémentaire, qui est insolite et que la Faculté verrait peut-être d'un mauvais œil. Entre un ministre qui passera et une Faculté qui doit rester, mon choix n'est guère douteux. Je ne prendrai donc aucun parti sans avoir de nouveau consulté le doyen. Voilà pourquoi je suis encore incertain sur la date précise de mon départ. Je ne sais pas mieux quand sera l'époque de mon retour. Tout cela est subordonné aux éventualités de l'intrigue ministérielle. J'avais et j'ai encore l'intention d'aller passer vingt-quatre heures à Bordeaux, où j'ai des amis et des confrères qui me pressent d'aller les voir. Peut-être irai-je en allant, peut-être en revenant, peut-être point du tout. Cela dépendra du temps que je pourrai consacrer à mon voyage, et ce temps lui-même dépend de circonstances que je ne puis pas prévoir.

C'est cette incertitude qui m'a empêché de vous écrire plus tôt. Je n'ai cependant pas voulu vous laisser plus longtemps sans réponse. En tout cas, je vous écrirai de nouveau quarante-huit heures avant mon départ. Je vous embrasse.

Broca.

Paris, mercredi 15 avril 1857.

Ma chère tante Jourdit,

Avant-hier matin, au moment de quitter Sainte-Foy, j'ai voulu t'embrasser, et je suis allé dans ta chambre, mais tu dormais si bien que je n'ai pas voulu te réveiller. Je m'empresse, suivant mon habitude, de te rendre compte de mon voyage, qui s'est heureusement terminé. En arrivant à Libourne, j'ai trouvé à la gare M. Destrilhes, qui m'a aussitôt conduit chez lui. Mais je n'y suis pas resté longtemps, car le docteur Vitrac est arrivé quelques instants après pour me conduire chez deux de ses malades. J'ai vu aussi Mme X... (la femme de l'historien), cousine germaine de Destrilhes ; elle est malade depuis longtemps et je crains bien que mes conseils ne la guérissent pas. Enfin M. Vitrac a tenu à me conduire à l'hôpital où se trouvaient réunis, par hasard, les membres de la Société médicale de l'arrondissement de Libourne. J'y ai vu Dutil, et j'y ai rencontré mon ancien camarade Deluze, de Coutras. A midi, nous sommes revenus chez Mme Destrilhes, qui nous attendait avec un fin déjeuner. Aline et Alphonse avaient été saisis par Destrilhes à leur descente de voiture, et conduits à l'hôtel des Princes avec leur oncle Gaste. Nous avons donc déjeuné tous ensemble. Tous ces bons parents, cousins et cousines, sont venus m'accompagner à la gare, et m'ont embarqué en joignant à mes bagages un superbe saumon, que Mme Destrilhes envoyait à Élie et que nous mangerons demain à Charlemagne. Le docteur Vitrac a fait route avec moi jusqu'à Paris, où il n'était pas venu depuis 1837. J'espère qu'il viendra déjeuner avec moi après-demain. Gabrielle a dormi presque sans interruption depuis Angoulême jusqu'à Orléans. Puis elle s'est réveillée et elle a voulu manger quelques pastilles de chocolat. Elle en a à peine pris trois ou quatre. Cela a suffi pour lui donner le mal de mer. Elle a vomi et s'est rendormie. Je suis étonné que des personnes de précaution comme les tantes aient si peu vêtu cette enfant pour lui faire passer une nuit en chemin de fer. La nuit a été extrêmement froide, j'ai dû plier la pauvre petite dans mon manteau pour la réchauffer; une autre fois il sera bon de lui donner un châle.

Adieu, chers parents, je vous embrasse tendrement.

BROCA.

La publication s'arrête ici, les lettres suivantes ayant trait au mariage étant trop personnelles pour y trouver place.

FIN.

Paris. — Typographie Paul SCHMIDT, 5, rue Perronet.

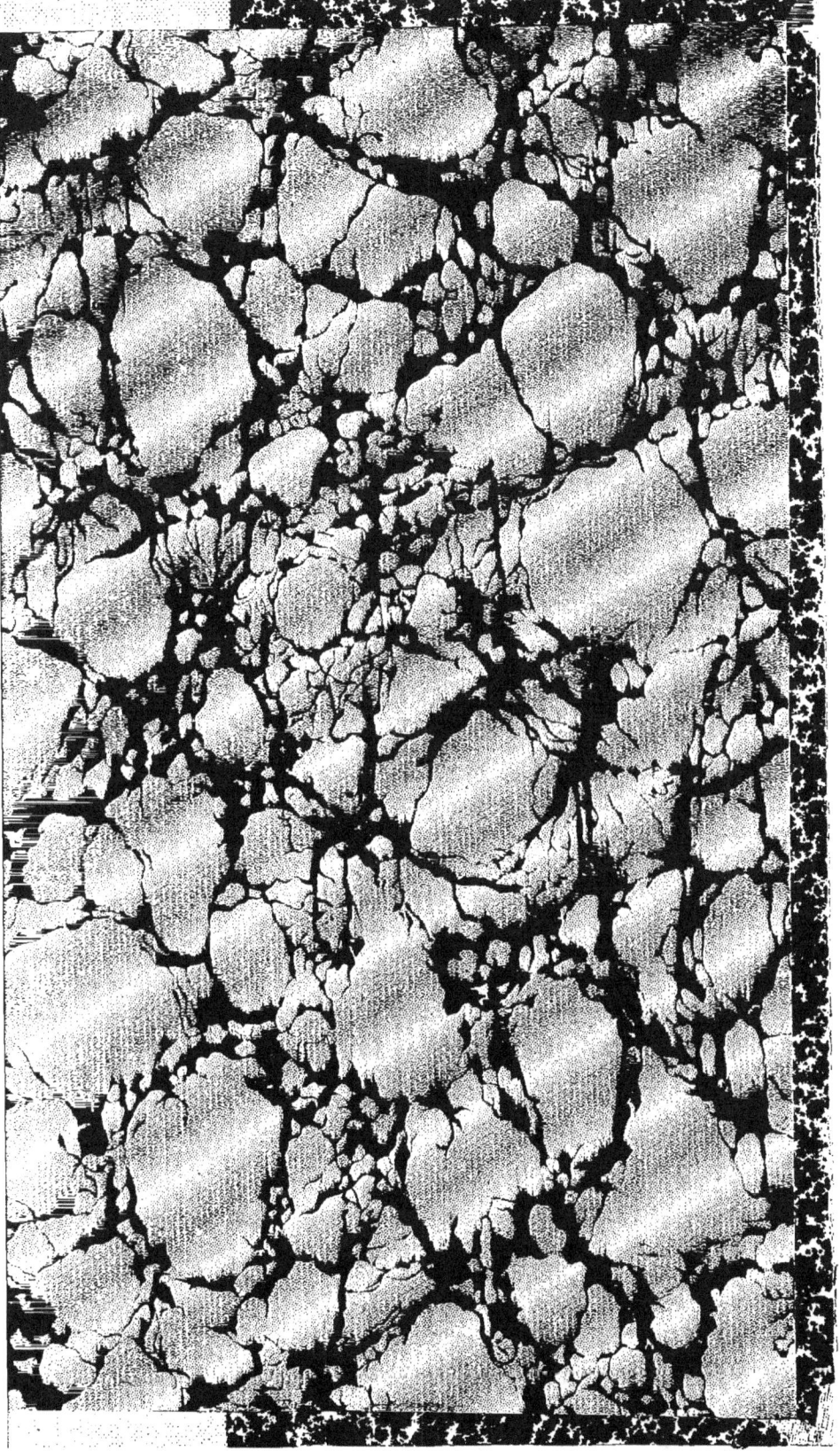

www.ingramcontent.com/pod-product-compliance
Lightning Source LLC
Chambersburg PA
CBHW070333240426
43665CB00045B/1648